与AIGC同行：

探索初中语文教学新可能

陈光跃 / 著

苏州大学出版社
Soochow University Press

图书在版编目(CIP)数据

与 AIGC 同行 ：探索初中语文教学新可能 / 陈光跃著. 苏州 ：苏州大学出版社，2025. 5. -- ISBN 978-7-5672-5233-2

Ⅰ. G633.302-39

中国国家版本馆 CIP 数据核字第 20257C2L24 号

YU AIGC TONGXING：TANSUO CHUZHONG YUWEN JIAOXUE XIN KENENG

书　　名：与 AIGC 同行 ：探索初中语文教学新可能

著　　者：陈光跃

责任编辑：沈　琴

助理编辑：周　雪

封面设计：刘　俊

出版发行：苏州大学出版社(Soochow University Press)

社　　址：苏州市十梓街 1 号　**邮编**：215006

印　　装：苏州市越洋印刷有限公司

网　　址：www. sudapress. com

邮　　箱：sdcbs@suda. edu. cn

邮购热线：0512-67480030

销售热线：0512-67481020

开　　本：700 mm×1 000 mm　1/16　**印张**：19. 75　**字数**：376 千

版　　次：2025 年 5 月第 1 版

印　　次：2025 年 5 月第 1 次印刷

书　　号：ISBN 978-7-5672-5233-2

定　　价：70. 00 元

序　一

《与 AIGC 同行：探索初中语文教学新可能》一书系统探讨了生成式人工智能（AIGC）在初中语文教学中的应用路径与潜在影响。本书强调，AIGC 凭借创造性输出、个性化生成等特征，可在备课、课堂互动、作文指导、阅读理解等教学环节提供智能支持，在自动生成教案、动态调整学习目标、个性化反馈等方面能为师生提供很多帮助。

随着 AI 的迅速发展，它为中小学教育教学的改革以及学校高质量发展提供了极大支持。AIGC 与语文教学的融合能突破传统教学“一刀切”的瓶颈，通过数据分析构建学生的学习画像，实现从知识传授到能力培养的转型。同时，本书也强调需平衡技术应用与教育本质，警惕数据隐私、伦理风险及对技术的过度依赖，确保 AIGC 作为辅助工具服务于学生核心素养（文化自信、语言运用等）的培养。此外，AIGC 推动教师角色从“知识传授者”向“学习引导者”转变，要求教师掌握技术工具并注重人文关怀。本书以 AIGC 为切入点，为初中语文教学变革提供了技术视角的系统方案，兼具实践指导价值与理论前瞻性，很值得中小学教师，尤其是语文教师认真阅读。

（一）

语言是人类伟大的发明之一。由于语言的发明，之后又有造纸术与印刷术的加持，人类实现了知识、技能与智慧跨越代际的传承，人类的文明一直在积累中不断地创新。

如今，AIGC 又带来了人类发展史上的一大革命。如果你与一位智者交流，他告诉你的只是他对这一世界的认知以及他在这一认知过程中积累的经验。然而，如果你与 AI 交流，它告诉你的将会是人类在生存与发展过程中所积累的文明的总和。这种与个体交流正是 AI 赋能的重要意义之一，并且，它在与你的交流过程中，能够识别出你的认知特点与智能强项，进而提供相应的内容或建议，以助力你的发展。

我相信，正是基于这种认知，作者开始探索借助 AI 改革初中语文教学的可能性，并介绍了各类平台的特点。

（二）

作为《与 AIGC 同行：探索初中语文教学新可能》的第一批读者，我看到了本书至少有以下亮点：

1. 突破了中小学传统教学模式的局限。书中特别指出了 AIGC 通过动态数据收集（如学习行为、情感状态）和自适应算法，解决了传统教学中个性化不足的痛点。例如，根据学生的阅读偏好推荐文本，针对写作弱点生成专项练习，使因材施教从理念变为可操作的流程。

2. 拓展了现实生活中的教学场景。书中提到的虚拟情境生成（如 VR 重现古诗场景）、跨学科整合（如语文与历史结合的主题式学习），打破了课堂时空限制，为抽象知识（如古文意境）提供了具象化载体，契合初中生认知特点，有助于深化学生对课文的理解。

3. 强调了教师角色重构的必要性。作者强调在 AI 时代，教师需从“执行者”转向“设计者”，如审核 AIGC 生成的内容、引导学生批判性地使用技术等。但现实中，教师的技术素养参差不齐，需配套培训体系（如 AIGC 工具操作、数据解读）以避免技术依赖替代教学创新。

尤其是，作者对教师在情感教育中不可替代的作用给出了明确的回答：AIGC 无法完全模拟教师的情感支持与价值观引导。例如，在讨论文学作品的人性主题时，教师的共情与深度对话仍是培养学生人文精神的核心路径。

这些都是当代中小学教师在面临 AI 挑战时必须给予充分关注，并在教学中切实落实的关键方面。

（三）

难能可贵的是，作者对如何平衡 AI 技术与学生安全（包括隐私保护）也给予了应有的关注。

事实上，AIGC 在收集学生情感、社交数据时，可能涉及未成年人心理边界问题。例如，通过面部表情分析情绪状态，若数据滥用或解读偏差，可能引发心理干预的伦理争议。

在教育中运用 AI 可能引起人文性消解风险——AIGC 的标准化反馈（如作文语法纠错）可能弱化语文学习中的审美体验与情感共鸣。例如，诗歌鉴赏中，算法难以完全捕捉文字背后的文化隐喻与个人感悟，可能导致“机械化解读”。

针对这些问题，作者也给出了一些很好的建议，中小学教师在运用 AI 的过程中，要警惕并走出“效率至上”的误区。书中提到 AIGC 可提升教学效率（如自动批改作业），但需警惕将语文学习简化为“技能训练”。语文的本质是语言与思维、文化的融合，过度依赖算法可能导致对文本深度解读的缺失。AIGC是工具而非目的，其价值最终需通过“技术赋能+人文引领”的协同实现。未来的探索应更聚焦于如何在效率与深度、标准化与个性化之间找到动态平衡点，真正推动语文教育从“知识传递”向“素养培育”转型。

在探索AI赋能教育教学的道路上，本书作者走出了可贵的一步。当然，这仅仅是第一步。我们期待，他能在这条充满艰辛的道路上不懈地走下去，为我国中小学的教育教学，尤其是语文教学带来更多的新范式。AI的特点之一就是持续迭代、自我更新，因此，保持终身学习的能力已成为当代教师必备的素养。

于上海华东师范大学丽娃河畔

序　二

DeepSeek 在语文教学备课中的运用
——一次借助 DeepSeek 备课的体验和思考

运用 DeepSeek 辅助备课、设计教学任务和教学活动，已经成为很多语文教师的一种备课方式。最近在准备《岳阳楼记》的教案时，我也借助 DeepSeek 进行了一次设计教学活动和教学任务的尝试，并在这次经历中形成了自己对于借助 DeepSeek 备课的一些想法。

（一）

首先，我让 DeepSeek 帮我设计一个《岳阳楼记》的教学方案。它经过“思考”，很快给出了这样一个教学方案。

课时安排：2 课时（90 分钟）

教学目标：

（1）语言目标：掌握重点文言词汇，疏通文意，积累“记”体散文的语言特点。

（2）思维目标：分析“写景—抒情—议论”的篇章结构，理解作者借景言志的写作手法。

（3）审美目标：赏析骈散结合的语言之美，感受“先忧后乐”的精神境界。

（4）文化目标：理解“士大夫精神”的文化内涵，思考其在当代社会的价值。

第一课时：文意通解·初探主旨

1. 情境导入（5 分钟）

（1）任务：展示岳阳楼实景图与“江南三大名楼”对比（配乐《渔舟唱晚》）。

（2）提问：滕子京为何要“重修岳阳楼”？范仲淹从未到过岳阳楼，

为何能写出千古绝唱？（预设答案：借楼抒怀，托物言志）

2. 预学检测（10 分钟）

（1）字词闯关（小组竞赛）：

注音：谪守（zhé）、霪雨（yín）、岸芷汀兰（zhǐ tīng）

解词：百废具兴（同“俱”）、薄暮冥冥（迫近）、宠辱偕忘（一起）

（2）文意速答（抢答）：

“迁客骚人”指什么人？（贬谪的官员、诗人）

“微斯人”中的“斯人”指谁？（古仁人/滕子京？引发悬念）

3. 诵读梳理（20 分钟）

（1）三读法：

一读（自由读）：圈画疑难句（如“浮光跃金，静影沉璧”）。

二读（分段朗读）：师生合作纠正断句（如“予/尝求/古仁人之心”）。

三读（配乐齐读）：感受骈散交错的语言节奏。

（2）结构导图（小组合作）：

板书关键词：重修缘由→洞庭全景→悲喜二境→仁人之心→明志归宗

4. 难点突破（10 分钟）

主问题：为何“前人之述备矣”，范仲淹还要再写岳阳楼？

点拨：对比李白《与夏十二登岳阳楼》、杜甫《登岳阳楼》，明确本文“重理轻景”；引用文末“微斯人，吾谁与归”，点明写作目的——借楼传道。

第二课时：景情共生·悟道明志

1. 写景深析（20 分钟）

（1）对比赏读（表 1）：

表 1　对比赏读

段　落	景象特点	情感色彩	修辞手法
第 3 段	阴风怒号、浊浪排空	悲凉	对偶、夸张
第 4 段	沙鸥翔集、皓月千里	喜悦	比喻（静影沉璧）

（2）语言品鉴：

删改对比：原句“阴风怒号，浊浪排空”vs 改句“冷风吹，浪很大”，体会四字短语的力度。

意象解码："虎啸猿啼"为何象征悲情？（文化符号：巴楚之地多喻哀愁）

2. 悟理明志（15 分钟）

(1) 金句研讨：

"不以物喜，不以己悲"是消极避世吗？（联系"居庙堂之高则忧其民"）

"先天下之忧而忧"中的"先"字可否替换为"同"？为什么？

(2) 背景勾连（资料助读）：

范仲淹生平：幼年丧父、划粥断齑、戍边西北、庆历新政失败。

北宋士风：结合《宋史·范仲淹传》中"每感激论天下事，奋不顾身"。

3. 文化传承（10 分钟）

历史回响：文天祥"人生自古谁无死"、林则徐"苟利国家生死以"与本文精神的联系。

当代价值：抗疫医生、扶贫干部是否践行了"先忧后乐"？

金句共创：学生仿写"先________，后________"（如"先环保之忧而忧，后青山之乐而乐"）。

4. 作业设计（分层）

基础题：绘制"《岳阳楼记》情感脉络图"。

提升题：以"假如我是滕子京"为题，写一篇 300 字的读后感。

挑战题：对比阅读《岳阳楼记》与《醉翁亭记》，撰写一篇以"北宋文人的济世情怀"为主题的小论文。

5. 教学特色

文言融合：在语境中积累词汇，避免割裂式翻译。

审美浸润：通过配乐诵读、意象解码唤醒古典审美体验。

思辨生成：设置矛盾性问题（如"消极 vs 积极"），培养批判性思维。

古今对话：从"士大夫精神"到"新时代责任"，实现文化精神的创造性转化。

6. 板书设计

岳阳楼记——范仲淹

景——→情——→志

（洞庭风雨图）——→（迁客骚人之悲喜）——→（先忧后乐之襟怀）

托物言志　　　　士大夫精神　　　　文化基因

设计说明：本方案紧扣语文核心素养，通过“文言—文章—文化”的层进式教学，引导学生在语言实践中感悟中华文化的精神品格。

看完这个教学方案，DeepSeek 的功能真的令我很震惊。这么快就设计了一个像模像样的教案。但坦率地说，它还是有不少值得改进的问题。(1) 教学目标的表述简单罗列。语言目标后面并不仅仅是“语言”；思维目标后面也不都是“思维”；审美目标和文化目标中的“感受”和“思考”的学习要求不具体、不明确，更不可检测。(2) 5 分钟的情境导入，展示岳阳楼实景图与“江南三大名楼”对比，并配乐《渔舟唱晚》，形式大于内容，对文本阅读欣赏以及后面的教学意义不大。(3) 采用“字词闯关（小组竞赛）”“文意速答（抢答）”的形式，不利于学生对文本的深度理解。(4)“语言品鉴”部分，通过删改对比体会四字短语的力度的方法虽然可取，但改句“冷风吹，浪很大”和原句“阴风怒号，浊浪排空”之间差距显著，缺少学习的张力和实际价值。(5) 全课的教学、言和文、形式和内容互相割裂，缺少整合。(6) 各个教学环节之间缺少内在逻辑，只是几个学习活动的拼凑。

（二）

有老师建议我，让 DeepSeek“按照黄厚江老师的风格设计《岳阳楼记》的教案”。给出这个提示后，DeepSeek 设计如下：

课时安排：2 课时

核心目标：

(1) 积累文言词汇，理解文章内容；

(2) 分析写景与议论的关系，把握作者情感脉络；

(3) 感悟“先忧后乐”精神，尝试迁移写作。

第一课时：文言筑基·感知文意

1. 导入：设疑激趣（5 分钟）

主问题：《岳阳楼记》全文未详写岳阳楼本身，为何能成为“楼记”千古绝唱？

（学生自由发言，教师归纳：借楼写志，景为情生。）

2. 自读·疏通文意（20 分钟）

(1) 自主标注：

学生默读全文，圈画疑难字词（如“霪雨霏霏”“岸芷汀兰”）。

(2) 小组共学：

组内互助解决字词障碍，教师巡视指导。

(3) 重点点拨：

一词多义：“观”（予观夫巴陵胜状/此则岳阳楼之大观也）。

古今异义：“去国怀乡”（国：国都）。

词类活用：“忧谗畏讥”（谗：谗言，名词作动词）。

(4) 文意梳理：

学生分段朗读，用白话简述段落大意，教师板书关键词：

重修缘由—洞庭胜景—悲喜二境—古仁人之心—点明志向。

3. 细读·初探结构（15 分钟）

任务：画出文中写景与议论的段落，思考二者如何衔接。

共生对话：

学生分享划分结果（第 3—4 段写景，第 5 段议论）。

追问：若删去写景部分，直接议论“先忧后乐”，表达效果有何不同？

（预设：缺乏情感铺垫，削弱说服力；景情相生，凸显心境对比。）

第二课时：品析共生·悟情明志

1. 精读·景情共生（20 分钟）

(1) 对比赏景：

任务：填写表格（表 2），对比“霪雨霏霏”与“春和景明”两段写景的差异。

表 2　对比赏读

对比维度	悲景（第 3 段）	喜景（第 4 段）
意象选择	阴风、浊浪、虎啸猿啼	沙鸥、锦鳞、芷兰皓月
色彩描写	昏暗压抑（日星隐曜）	明丽鲜活（一碧万顷）
情感倾向	悲怆凄楚	愉悦旷达

追问：景物描写如何服务于情感表达？

（明确：以景衬情，为后文“不以物喜，不以己悲”的议论张本。）

(2) 朗读体悟：

分组朗读悲喜两段，通过重音、停连传递情感差异。

教师示范朗读第 5 段，学生闭眼想象“古仁人之心”的胸怀。

2. 深读 · 悟志明理（15 分钟）

主问题：范仲淹为何要写滕子京“重修岳阳楼”？

（1）文本勾连：

滕子京“谪守”却“政通人和”——暗含对友人的劝勉。

“微斯人，吾谁与归？”——借古仁人精神自喻，表达共同理想。

（2）背景补充：

范仲淹写作时亦遭贬谪，却心系天下，凸显“逆境中的担当”。

（3）共生讨论：

“先天下之忧而忧”在当今社会是否有现实意义？（结合抗疫、扶贫等事例）

3. 写读 · 迁移共生（10 分钟）

（1）写作任务（二选一）：

扩写练习：选择文中一处写景片段（如“浮光跃金，静影沉璧”），展开想象，添加细节描写，200 字左右。

议论仿写：以“吾尝求古仁人之心”开头，仿照第 5 段的句式，表达你对“责任”的理解。

展示点评：选取学生作品现场评改，聚焦语言准确性与情感真挚度。

（2）作业设计（分层可选）：

基础层：整理文中“然则”“若夫”等虚词，总结其用法。

拓展层：结合《醉翁亭记》，比较欧阳修的“乐”与范仲淹的“乐”有何不同。

挑战层：以“新时代的忧乐观”为题，撰写一篇 300 字的议论文。

4. 教学特色说明

本色语文：紧扣文言字词、篇章结构、情感主旨，避免过度拓展。

共生教学：通过主问题串联课堂，师生共同生成对文本的理解。

读写融合：以读促写，以写悟读，落实语言运用能力的培养。

朴实严谨：摒弃花哨的形式，注重扎实的文本细读与思维训练。

板书设计说明：核心框架为“景—情—志”三层递进，侧板书标注重点字词与学生生成的观点。

此设计体现了黄厚江老师“语言为本、问题驱动、读写共生”的教学风格，力求在朴实的课堂中实现学生语文素养的扎实生长。

应该说，从这个教案中似乎能看到我的教学风格或者教学追求的一点影子；尤其是最后的说明，与我的教学追求基本一致。但整体而言，这肯定不是我的课堂，甚至不是我喜欢的课堂，其中不少教学活动是我并不赞同的：

(1)“《岳阳楼记》全文未详写岳阳楼本身，为何能成为‘楼记’千古绝唱?”“范仲淹为何要写滕子京‘重修岳阳楼’?”这样两个主问题，前一个问得非常突兀，也失之于太大；后一个则没有聚焦文章的重点。如果要问，我或许会问：文章为什么要写“滕子京谪守巴陵郡”? 因为滕子京“重修岳阳楼”和文章理解的关系不大，而学生从文章也看不出滕子京为什么要“重修岳阳楼”；至少说“滕子京重修岳阳楼”没有“滕子京谪守巴陵郡”和文章的结构主旨关系更紧密。

(2) 我肯定不会设置“画出文中写景与议论的段落，思考二者如何衔接”这样的任务。一是这样的任务太简单，甚至算不上任务。我更不会追问：“若删去写景部分，直接议论‘先忧后乐’，表达效果有何不同?”因为这样的问题没有思考的空间，更没有思维的张力。我也不会设置“填写表格，对比‘霪雨霏霏’与‘春和景明’两段写景的差异”这样的任务。这种填空式的任务，着眼点完全在于知识学习，缺少听说读写等实践性的语文学习活动，思维空间也比较逼仄。

(3) 我不会让学生讨论“‘先天下之忧而忧’在当今社会是否有现实意义”这样的问题，更不会结合扶贫等事例来进行讨论。我一贯不主张把语文教学的“情感态度与价值观”培养混同于简单说教式的思想政治教育。事实上，也不会有学生认为“先天下之忧而忧”在当今社会没有现实意义。既然理解没有分歧，就没有讨论的必要；简单的肯定或者否定，缺少思辨。

(4) 我不会安排“选择文中一处写景片段（如‘浮光跃金，静影沉璧’），展开想象，添加细节描写，200 字左右”，或者“以‘吾尝求古仁人之心’开头，仿照第 5 段的句式，表达你对‘责任’的理解”这样的仿写活动。前一个写作任务不符合写作规律，范仲淹因为没有到过岳阳楼，所以写不出细节；我们的学生大多也没有去过岳阳楼，也写不出细节。“浮光跃金，静影沉璧”也只是一种概念化的写景，说不上是真正的细节。后一个议论性仿写，突然转换到“责任”的话题，脱离了文本情境和教学情境，就成了一个单一学习句式的写作活动，脱离文章整体背景学习一种句式或者说学习一种段落结构，我一般不会这样做。

（三）

我想借助 DeepSeek 备课的初衷，就是能帮助我再设计一些情境任务，以丰富我的教学。于是，我又给它布置了任务，让 DeepSeek 为我设计《岳阳楼记》教学的驱动性学习任务。下面是它的成果：

1. 核心任务框架

总驱动任务：为“岳阳楼文化周”设计沉浸式体验馆

任务目标：通过解构文本，将文学意境转化为可体验的文化产品

素养聚焦：语言建构·审美创造·文化理解

2. 分阶任务设计

第一课时：破译文言密码

子任务 1：古今建筑师的对话

绘制“岳阳楼结构说明书”（梳理“增其旧制”等建筑术语）

对比滕子京重修与当代古建筑修复原则（渗透《营造法式》知识）

制作文言实词活页卡（重点攻克“谪”“属”等 23 个高频字）

子任务 2：全景扫描洞庭湖

创建气象监测站（标注“霪雨/春和景明”的物候特征）

制作动态光影图（用色块标注朝晖夕阴的光影变化）

撰写 AI 训练指令（区分“浊浪排空”与“波澜不惊”的描写差异）

第二课时：解码情感图谱

子任务 1：情绪“过山车”

制作情感波动折线图（以“登斯楼也”为节点标注悲喜变化）

设计多感官体验装置（用气味/声音还原“虎啸猿啼”场景）

创作心理独白剧本（补写迁客骚人凭栏时的内心独白）

子任务 2：忧乐“方程式”

建立精神坐标轴（横轴“庙堂江湖”，纵轴“忧乐境界”）

设计思想碰撞桌游（卡牌含“先天下之忧”vs“穷则独善其身”）

制作古今人物谱系图（连线范仲淹与文天祥、林则徐的精神传承）

第三课时：文化转译与创造

子任务 1：沉浸式展馆设计

空间规划组：设计“四时之景”光影走廊（对应阴晴变化）

互动体验组：开发 AR 眼镜诗词滤镜（扫描实物触发名句）

文创产品组：设计“忧乐精神”主题盲盒（含微缩碑刻/情感书签）
子任务2：新时代忧乐论坛
撰写跨界演讲稿（如“从《岳阳楼记》看生态文明建设”）
制作观点碰撞视频（采访不同职业人士的忧乐观）
设计社会责任积分卡（将“后天下之乐”转化为公益行动）
3. 特色活动设计
文脉寻踪：
对照《水经注》中洞庭湖的记载，考证地理变迁
沿京广线虚拟研学（岳阳楼/黄鹤楼/滕王阁文化对比）
跨界艺术：
将“浮光跃金”转化为波普艺术插画
用电子音乐谱写“渔歌互答”的现代变奏
思辨擂台：
辩论：“先忧后乐”在当代是道德枷锁还是精神灯塔
4. 评价工具包
过程性跟踪表：
评价量表
反思工具：
忧乐精神自测雷达图（家国情怀/责任担当等维度）
学习足迹时间轴（标注关键突破点）
成果评估维度：

维度	评价标准
文化忠实度	是否准确传递原文精神内核
现代转化力	创新形式与传统文化结合程度
社会共鸣值	方案在现实中的可推广性

5. 技术支持建议
使用GIS（地理信息系统）地图标注文中的地理信息
通过AI（人工智能）绘画生成不同视角的岳阳楼
运用VR（虚拟现实）技术搭建虚拟楼阁漫游系统
创建在线忧乐精神词云墙（实时更新）
典型案例：某校学生完成的《岳阳楼记》数字展馆
文言区：互动式字词解谜游戏
情感区：心跳感应投影（随文本情绪变化光影）
传承区：忧乐精神全球传递地图（扫码上传践行案例）

成果价值：被岳阳市文旅局采用为研学课程资源

这种设计将静态文本转化为动态文化实践，使学生在解决“如何让千年古文触动当代心灵”的真实问题中，完成从文言解码到文化创新的深度学习循环。

坦率地说，我真的非常佩服 DeepSeek 的“思考”能力。但恕我直言，它设计的情境任务，真的让我很“惊艳”：虽然非常高大上，貌似非常好地体现了“大概念、大情境、大任务”等新的课程理念，而实质上已经高度“非语文化”。我只会把它作为一个虚假情境任务的典型案例，试列出几点加以说明。

（1）总驱动任务为“‘岳阳楼文化周’设计沉浸式体验馆”，这完全脱离学生实际。

“岳阳楼文化周”是什么样的活动？是什么人组织的？有哪些人参加？有哪些活动？在哪里进行？学生都不得而知。对于“沉浸式体验馆”，什么是“沉浸式”？有什么要求？投入多少经费？是什么样的运作方式？这些也都不明确。“将文学意境转化为可体验的文化产品”这样的任务目标，别说是一个学生、一个班级的学生所能承担和完成，一个学校也未必能够胜任。而“解构文本”和“将文学意境转化为可体验的文化产品”之间如何形成逻辑关联，有什么样的路径，如何操作，前面的方式又如何达成后面的结果，也令人费解。

（2）6 个子任务以及相关活动几乎都不可行。

如何创造条件进行“古今建筑师的对话”？如何绘制“岳阳楼结构说明书”？如何进行滕子京重修与当代古建筑修复原则对比？多少学生读过或者能够读到读懂《营造法式》？至于创建气象监测站（标注“霪雨/春和景明”的物候特征），制作动态光影图（用色块标注朝晖夕阴的光影变化），撰写 AI 训练指令（区分“浊浪排空”与“波澜不惊”的描写差异），以完成全景扫描洞庭湖的任务，更是异想天开，而且和阅读欣赏《岳阳楼记》完全是南辕北辙。如果说制作情感波动折线图（以“登斯楼也”为节点标注悲喜变化），创作心理独白剧本（补写迁客骚人凭栏时的内心独白），制作古今人物谱系图（连线范仲淹与文天祥、林则徐的精神传承），和语文、文本还算是有一定关联，还像是语文活动；而设计多感官体验装置（用气味/声音还原“虎啸猿啼”场景），就和语文课程风马牛不相及了。至于如何建立精神坐标轴（横轴“庙堂江湖”，纵轴“忧乐境界”），设计思想碰撞桌游（卡牌含“先天下之忧”vs“穷则独善其身”），则实在令人费解。

(3) 任务完成方式高度专业化，疏离了和普通学生学习语文的关联。

沉浸式展馆的设计，要有一个空间规划组，设计“四时之景”光影走廊（对应阴晴变化）；要有一个互动体验组，开发 AR 眼镜诗词滤镜（扫描实物触发名句）；要有一个文创产品组，设计“忧乐精神”主题盲盒（含微缩碑刻/情感书签）。这样的安排，没有一个专业团队根本无法完成，有了一个专业团队也未必能很好完成。即使“新时代忧乐论坛”子任务中的撰写跨界演讲稿（如“从《岳阳楼记》看生态文明建设”）、制作观点碰撞视频（采访不同职业人士的忧乐观）、设计社会责任积分卡（将“后天下之乐”转化为公益行动）这三项活动，也不是一般的学生能够完成的任务，而且也算不上是语文学习任务。而这一系列学习任务的评价，一般的语文教师都无法承担。

(4)“特色活动”完全脱离语文学科和学生实际。

对照《水经注》中洞庭湖的记载，考证地理变迁，沿京广线虚拟研学（岳阳楼/黄鹤楼/滕王阁文化对比）的文脉寻踪；将“浮光跃金”转化为波普艺术插画，用电子音乐谱写“渔歌互答”的现代变奏的跨界艺术，语文的影子越来越远。别说初中生，即使高中生、大学生也力不能及，哪怕是专业人士，要完成这样的任务，也并非轻而易举的事。或许，只有组织“先忧后乐”在当代是道德枷锁还是精神灯塔的辩论，还是比较切实可行的语文活动，但也不是一般的初中生所能承担的学习任务。

看完这个教学情境任务的设计，我倒不是对 DeepSeek 失望，而是为这样的任务的确在我们部分教学设计中存在而深感担忧。

（四）

在放手让 DeepSeek 为我设计教学方案、设计学习活动和任务都收获不大的情况下，我想，还是以我为主，让它完成我设计的任务吧。于是我提出了两个我准备在教学中让学生根据课文回答的问题，结果倒是带给我不小的收获。

1. 从《岳阳楼记》中哪些地方能看出作者没有去过岳阳楼？

DeepSeek 的回答是：

一、景从“意”生：虚化地理与模式化意象

1. 模糊的地理定位

文中仅以“巴陵胜状”概称岳阳楼所在，未提具体方位、建筑形制，仅用“衔远山，吞长江”这类宏大虚指，明显依赖滕子京提供的《洞庭晚秋图》及前人诗文想象，而非实地观察所得。

对比亲历者的描述（如杜甫《登岳阳楼》“吴楚东南坼，乾坤日夜浮”），范仲淹的写景更显抽象，缺乏地理坐标的精准性。

2. 符号化的天气两极

“淫雨霏霏”与“春和景明”的极端天气描写，实为文学化的情感投射，而非洞庭湖真实气候记录。范仲淹通过“阴晴—悲喜”的二元对立构建说理逻辑，这种刻意设计的天气反差，恰暴露其未亲临的创作意图。

二、文借“势”成：文献转述与概念化表达

1.“前人之述备矣”的谦辞

开篇直言“前人之述备矣”，承认自己未添新景，仅以“然则”转折，将重心从写景转向言志。若亲临其地，必难回避对“前人之述”的具体点评或补充。

2. 对滕子京政绩的虚写

文中仅用“政通人和，百废具兴”八字概括滕子京治岳州之功，却对重修岳阳楼的具体过程（如工期、耗资、工艺）只字未提。若亲临现场，或会详述楼阁新貌以赞友人政绩，而非如此笼统带过。

三、理因“境”显：借题发挥的议论倾向

1. 景为理设的篇章结构

全文仅用 1/4 的篇幅略写岳阳楼本身，却以 3/4 的笔墨铺陈“迁客骚人”的悲喜与“古仁人之心”。这种“重理轻景”的失衡结构，暗示作者无须依赖实地观察，只需借楼为“引”，托出胸中块垒。

2. 议论与写景的逻辑断裂

从“览物之情”到“先忧后乐”的升华，缺少内在情感的自然升华，更多地依赖儒家理想的推导，而非景物对心灵的直接触动。如曾亲临，或会如欧阳修《醉翁亭记》般以细腻的“山水之乐”自然引出“与民同乐”，而非直接跳脱至形而上的哲学命题。

结语：未至之憾与超越之思

范仲淹的“未至”，反而成就了《岳阳楼记》的文学超越——他剥离了具体的地理细节，将岳阳楼升华为士大夫精神的象征。文中“楼”的缺席，恰恰让“志”的在场更为夺目。这种“以虚击实”的创作智慧，恰是中国古典文学“重意轻形”美学传统的绝佳诠释。

2. 滕子京读到《岳阳楼记》之后会怎么说？

DeepSeek 的回答是：

一、酬知己：以文相和的文人风骨

1. 叹文采斐然

滕子京读至"衔远山，吞长江"等句，当击节称叹："希文兄虽未登楼，竟如亲临洞庭，此等笔力，非胸有丘壑者不能为！"

2. 感志趣相投

滕子京读至"不以物喜，不以己悲"等句，不禁含泪自语："知我者，希文也！谪居二载，唯此句可慰平生。"

二、省己身：宦海沉浮的悲欣交集

1. 悟劝诫深意

滕子京读至"政通人和，百废具兴"时，或许会感慨："兄以'微斯人'刺我，是劝我勿耽楼阁之华，当思民生之艰。"

2. 叹进退维谷

滕子京虽勤政却屡遭弹劾，读"居庙堂之高则忧其民，处江湖之远则忧其君"时，恐生悲愤："庙堂不容我忧民，江湖不许我忧君，天地之大，竟无范兄所言仁人立锥之地乎?"

三、照古今：士人精神的苍茫回响

1. 慕青史留名

滕子京临终前想起《岳阳楼记》，或会叹曰："千秋功罪，皆付此楼。吾名借兄之笔不朽，足矣！"

2. 泣理想虚妄

北宋党争愈烈，二人皆成政治牺牲品。若预见范仲淹"庆历新政"的败局，滕子京或掷卷长叹："先忧后乐，终究纸上空谈！你我皆困于时，徒留此记警醒后人耳。"

3. 历史留白处的文学想象

滕子京读《岳阳楼记》后感叹不已，而民间传说更添戏剧性。

版本一（士林佳话）：滕子京设宴岳阳楼，酹酒江天："有此文在，楼可永存，吾可去矣！"

版本二（悲情演绎）：滕夜读至"吾谁与归"，推窗北望汴京，呕血题壁。

结语：楼记之外的沉默对答

滕子京真实的回应早已湮没于历史烟尘中。但《岳阳楼记》之所以不朽，恰因其承载了中国文人"穷达兼济"的理想范式。当后世登楼者吟诵"先忧后乐"时，实则完成了一场跨越千年的对话——滕子京的沉默，早已化作洞庭湖的波涛，在范仲淹的笔墨间永恒激荡。

很显然，DeepSeek 对两个问题的回答，思路广阔，角度多样，对很多文献和资料的利用和处理也超出了我的知识视野（需注意，人工智能生成的文献或资料未必完全准确，建议通过权威来源交叉核验），的确给我的备课带来了很大的启发。我相信，我能借助它创设两个很有意义的学习活动和学习任务。

（五）

最后，回过头来说说在这次借助 DeepSeek 备课过程中形成的几点认识。

1. DeepSeek 功能强大，在备课中大有作为。

概括地说，DeepSeek 的主要优势就是速度快、信息广、梳理加工能力超强。通过前述内容可以看出，即使专业功底深厚的教师，在知识积累和学术视野方面也无法和 DeepSeek 相比；而它的速度更是任何人都无法企及的。我觉得，在下面三种情况下，借助 DeepSeek 备课尤其必要。一是当我们需要一个比较常规的教学方案时，DeepSeek 基本可以满足我们的需要。它生成的教学方案，我们只要稍微做一些加工和处理就可以使用。二是当我们有了前期的设想之后，可以借助 DeepSeek 验证预案的可行性，丰富我们的认识和材料。三是在我们无处下手的情况下，DeepSeek 可以给我们带来一些启发性的信息和材料。它的“胡思乱想”或许并不具备实用价值，但我们却可以从中获得非常有价值的启发。

2. DeepSeek 短板比较突出，在备课中绝不可完全依赖。

和人一样，DeepSeek 有其长必有其短，更何况人工智能本质上还是机器，并不是人，并不真正具备人的智能。DeepSeek 的主要问题就是受制于已有信息。对过去的东西它整理得快，但对未来的东西几乎一无所知，更缺少真正意义上的思考，尤其缺少具有原创意义和创新价值的思维成果。就是说，DeepSeek 所做的多是一种简单的罗列和整理的工作，而并不具备真正的思考能力。因为它的所谓“思考”，就是对已经有的数据进行整理，所以它思考的结果常常是缺少甄别和筛选的。比如，它为我完成的教学设计，一种是非常套路化、模式化的教学思路，一种是非常时尚的、过度超前的，实际上也是脱离实际、脱离语文的所谓情境任务。如果我们依赖 DeepSeek 来备课，就会产生误差。

3. 以“我”为主，用“我”的思考激发、引领它的“思考”。

DeepSeek 是为人服务的，这应该是大家的共识。准确地说，DeepSeek 是为“思考者”服务的。如果自己没有思考，面对 DeepSeek 强大的信息量，只会成为它的俘虏，被它巨大的信息量淹没。只有勇于思考、善于思考的人才能充分利用好 DeepSeek，才能激活它的思考，把它的优势变成我们更大的优势，使我们的思考具有更广阔的空间，思考也会更加敏捷、更加深刻，真正达成让 DeepSeek 为“我”所用的目的。从某种意义上说，DeepSeek 为我们提供的只是一堆柴火，只有用我们的思维去点燃它，才会爆发出智慧的火花。

DeepSeek 的优势是快，但常常会模式化；DeepSeek 的优势是广，同时会杂；DeepSeek 的优势是归纳整合，就难免鱼龙混杂。第一个教学设计的高度套路化和第三个教学设计的高度形式化，正是当前语文教学中的典型问题。而第一个教案中把四个核心素养直接作为教学目标的做法也是很多教师容易出现的问题。

目前，AI 赋能语文教学已经成为一个受到广泛关注的课题。陈光跃老师对适配初中生特点的 AIGC 语文教学有系统深入的研究。最近读到他即将出版的新著《与 AIGC 同行：探索初中语文教学新可能》，这是他个人探索 AI 与初中语文教学的成果总结，也是当前研究 AI 赋能初中语文教学的一项比较系统而非常有价值的成果，很值得探究这个课题的老师一读。陈老师嘱我作序，因为我对这个命题并没有系统深入的研究，很难提出有价值的观点，便惴惴以上面这篇文字忝为序言，谨请陈老师和各位读者原宥。

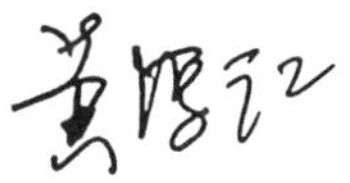

目　录

CONTENTS

第1章

AIGC 为教育带来新机遇

在当今快速发展的信息时代，人工智能技术正在深刻地改变着我们的生活和工作方式。作为人工智能领域的一个重要分支，生成式人工智能（Artificial Intelligence Generated Content，简称 AIGC）凭借其强大的创造力和适应性，正在各个领域展现出巨大的应用潜力。据估计，到 2033 年，40%到 50%的工作将使用 AIGC 智能算法实现自动化，这反映出生产力的提高和成本的降低。① 在教育领域，特别是在语文教学中，AIGC 的应用也引起了广泛的关注和探讨。

1.1 AIGC 的定义与特征

联合国教科文组织认为，生成式人工智能是一种根据自然语言对话提示词（Prompt）自动生成相应内容的人工智能技术。② 国家互联网信息办公室等七部门对生成式人工智能的定义是“具有文本、图片、音频、视频等内容生成能力的模型及相关技术”。③ 中国联通研究院认为，生成式人工智能是“一种基于学习大规模数据集生成新的原创内容的新型人工智能，其通过大量学习数据或语料库，生成全新的，或与原始内容相似但不限于原始数据的文本、图片、视频、代码等内容”。④ 中国信息通信研究院和京东探索研究院共同发布的《人工智能生成内容（AIGC）白皮书（2022 年）》中，则将 AIGC 定义为“既是从内容生产者视角进行分类的一类内容，又是一种内容

---

① Kemp A. Competitive advantage through artificial intelligence: toward a theory of situated AI [J]. Academy of Management Review，2024，49 (3)：618－635.

② Miao F C，Holmes W. Guidance for generative AI in education and research [EB/OL]. (2023－09－08) [2024－12－01]. https://unesdoc.unesco.org/ark:/48223/pf0000386693.

③ 国家互联网信息办公室. 生成式人工智能服务管理暂行办法 [EB/OL]. (2023－07－10) [2024－12－01]. https://www.gov.cn/zhengce/zhengceku/202307/content_6891752.htm.

④ 中国联通研究院，中国联通国际公司. 2024 中国生成式人工智能应用与实践展望 [R/OL]. (2024－11－01) [2024－12－01]. https://www.viewtao.com/post/2024zhong-guo-sheng-cheng-shi-ren-gong-zhi-neng-yi/.

生产方式，还是用于内容自动化生成的一类技术集合”。[①] 有研究者指出，AIGC“即利用人工智能技术来快速生成内容。2022 年 ChatGPT 的爆红出圈宣告了 AIGC 时代的到来，被认为是人工智能时代的新型内容创作方式。AIGC 能以优于人类的制造能力和知识水平，承担信息挖掘、素材调用、复刻编辑等基础性机械劳动，从技术层面实现以低成本、高效率的方式满足海量个性化需求。AIGC 可以自动生成内容，也可以辅助生成内容。AIGC 广泛应用在文本生成、图像生成、音频生成、视频生成等方面，推动了大量深度学习模型的不断完善”[②]。

综上所述，本书将 AIGC 定义为一种基于人工智能技术，通过学习大规模数据集，以自主生成文本、图片、音频、视频、代码等多模态内容的技术及应用集合。

其主要特征如下：

创造性输出：AIGC 不仅限于复制或变换已有数据，还具有生成从未存在过的原创内容的能力，如新的绘画、音乐、文本等。它基于深度学习方法，挖掘数据的内在模式，并生成新颖且富有创造性的结果。

多样性：AIGC 能生成结构不同、风格各异的多种内容。这种多样性确保了生成结果不仅在形式上有变化，还在内容和表现上展现出不同的特性。

上下文理解：AIGC 能基于给定的输入和上下文信息生成高相关度的内容。它通过自然语言处理和其他深度学习技术，解读并适应不同的语境需求，从而实现人性化和自然的交互。

可定制性：AIGC 可以根据用户指定的参数或需求生成相应的个性化内容。这种灵活性使其能在各类应用场景中满足特定用户的需求，如个性化推荐系统、定制广告生成等。[③]

学习能力：AIGC 的表现会随着训练数据的不断积累而提高，其生成质量和能力也会逐步增强。采用技术如生成对抗网络（GAN）和变分自编码器（VAE）等，AIGC 可以具备强大的学习和适应能力。[④]

实时性：AIGC 具有较高的响应速度，能在短时间内完成生成任务。这

---

① 中国信息通信研究院，京东探索研究院. 人工智能生成内容（AIGC）白皮书（2022 年）[R/OL].（2022-09-02）[2024-12-01]. https://www.caict.ac.cn/english/research/whitepapers/202211/P020221111501862950279.pdf.

② 丁艳. 人工智能基础与应用 [M]. 2 版. 北京：机械工业出版社，2024：105.

③ 薛达，韦艳宜，伏达，等. 一本书读懂 AIGC：探索 AI 商业化新时代 [M]. 北京：机械工业出版社，2024：182.

④ 陈雪涛，张子烨. AIGC 的未来：探索前景与市场机会 [M]. 北京：中国经济出版社，2023：18.

对于需要快速反馈的应用，如实时对话系统和即时创作工具，是至关重要的。

多模态：AIGC 能处理并集成多种数据形式，包括图像、文本、音频、视频等，并能跨模态生成内容，如文本描述生成图像、音频生成文本等。

可扩展性：AIGC 可应用于从简单到复杂的各种任务，它带来的灵活性和通用性使其成为诸多领域的有效工具。① 几十年来，基于 AIGC 的系统已经融入日常生活，并且近年来其普及速度显著加快，从推荐算法到虚拟助手、聊天机器人、自动驾驶汽车和人工智能驱动的医疗诊断，AIGC 正在成为现代社会不可或缺的一部分。②

自然语言交互：AIGC 通常具备自然语言处理能力，能理解并回应自然语言输入。这使得用户可以通过直观的语言指令与系统交互，提高操作的便捷性与效率。

持续进化：AIGC 随算法的进步和数据量的增加而不断优化。通过持续的研究和开发，其生成效果和效率不断提升，拓展了更多应用场景和可能性。

AIGC 的这些特征，正在深刻地改变着内容创作、交互方式以及各行各业的运作模式。随着技术的不断发展，它会在越来越多的领域得到应用，为人们带来更加智能化、高效化、个性化的服务，并将在未来展现出更强大的能力和更广阔的应用前景，为人类社会带来更多创新和进步。③

1.2 AIGC 的快速发展

近年来，人工智能技术的发展呈现出前所未有的加速态势，尤其是以 AIGC 为代表的新兴技术，正在引领一场深刻的技术革命。自 2022 年年底 OpenAI 发布 ChatGPT 以来，AIGC 迅速成为全球科技界和产业界关注的焦点，掀起了新一轮 AI 热潮。这些技术在自然语言处理、图像生成、语音合成等多个领域都取得了突破性进展，展现出巨大的应用潜力和变革力量。

在自然语言处理领域，以 GPT（Generative Pre-trained Transformer）为代表的大型语言模型实现了质的飞跃。这些模型能理解和生成人类语言，完成各种复杂的语言任务，如文本生成、问答、摘要、翻译等。ChatGPT、

① 梅中伟. 数字化时代的法治与智能：挑战与机遇［M］. 北京：九州出版社，2023：8.

② Lalot F, Bertram AM. When the bot walks the talk: Investigating the foundations of trust in an artificial intelligence (AI) chatbot［J］. J Exp Psychol Gen, 2025, 154 (2): 533－551.

③ 马天诣. AIGC＋机器人［M］. 北京：中国科学技术出版社，2024：247.

文心一言等对话式 AI 助手的出现，更是将人机交互推向了一个新的高度，使得人类可以用自然语言与 AI 进行流畅的对话交流。AIGC 不仅在客户服务、内容创作等领域大显身手，还在教育、医疗等专业领域展现出巨大潜力。特别是语言模型（LM），有可能使很多行业产生变革，尤其是在接触专家的机会有限的情况下。例如，在教育领域，专家指导对于培训新入门的教育工作者至关重要，但成本高昂，这成为大规模提高教育质量的重大障碍。而 AIGC 可以为教师扩展专业知识，缩小技能差距，创造一个所有学生都能获得高质量教育的未来。①

图像生成是另一个取得重大突破的领域。DALL-E、FLUX-1、Midjourney、Stable Diffusion 等 AI 绘画工具的出现，使得通过文本描述生成高质量图像成为可能。这些工具不仅能创作出令人惊叹的艺术作品，还能用于产品设计、广告创意、游戏开发等多个领域。AI 生成的图像在清晰度、创意性和多样性方面都达到了前所未有的水平，正在重塑视觉创作的边界。②

在语音合成领域，新一代 AIGC 也带来了革命性变化。现代语音合成系统能生成自然流畅、富有情感的人工语音，甚至可以模仿特定人物的声音。这种技术在语音助手、有声读物、配音等领域有广泛应用，同时也为视障人士等群体带来了新的交流和学习可能。③

AIGC 的快速发展，得益于几个关键因素的共同推动。首先是算法的突破，特别是深度学习和神经网络技术的进步。其次是计算能力的提升，高性能 GPU 和专用 AI 芯片的出现大大加速了模型训练和推理过程。此外，海量数据的积累也为 AI 模型的训练提供了丰富的“营养”。这些因素的结合，能够使得我们能训练出的 AI 模型实现更强大的生成能力。④

然而，AIGC 的快速发展也带来了一系列挑战和争议。首先是伦理和法律问题，包括 AI 生成内容的著作权归属、可能产生的偏见和歧视，以及潜在的滥用风险等。其次是对就业市场的影响，一些传统工作岗位可能面临被

---

① Wang R E，Ribeiro A T，Robinson C D，et al. Tutor CoPilot：A human-AI approach for scaling real-time expertise [J/OL]. arXiv，（2024－10－03）[2024－12－01]. https://arxiv.org/abs/2410.03017.

② Bandi A，Adapa P V S R，Kuchi Y E V P K. The power of generative AI：A review of requirements，models，input-output formats，evaluation metrics，and challenges [J]. Future Internet，2023，15（8）：260.

③ 杜雨，张孜铭. AIGC：智能创作时代 [M]. 北京：中译出版社，2023：23.

④ 李白杨，白云，詹希旎，等. 人工智能生成内容（AIGC）的技术特征与形态演进 [J]. 图书情报知识，2023，40（01）：66－74.

AI 取代的风险。此外，AIGC 的安全性和可控性也是亟待解决的问题，如何确保 AI 始终按照人类的意愿行事，是一个复杂而重要的课题。[①]

1.3 国内教育信息化的推进现状

我国始终高度重视教育信息化建设，将其作为推动教育现代化、提高教育质量的重要手段。从《教育信息化十年发展规划（2011—2020 年）》到《教育信息化 2.0 行动计划》，国家层面持续推动教育与信息技术的深度融合，为教育信息化发展制定了明确的路线图和行动纲领。

《教育信息化十年发展规划（2011—2020 年）》是我国教育信息化建设的重要里程碑。该规划明确提出了"三通两平台"的建设目标，即宽带网络校校通、优质资源班班通、网络学习空间人人通，建设教育资源公共服务平台和教育管理公共服务平台。这一规划的实施极大地推动了我国教育信息化基础设施的建设，为后续发展奠定了坚实基础。

在《教育信息化十年发展规划（2011—2020 年）》的基础上，2018 年教育部又印发了《教育信息化 2.0 行动计划》。这一计划进一步提出了"三全两高一大"的发展目标，即教学应用覆盖全体教师、学习应用覆盖全体适龄学生、数字校园建设覆盖全体学校，信息化应用水平和师生信息素养普遍提高，建成"互联网＋教育"大平台。这一计划的实施标志着我国教育信息化建设进入了新的阶段，从注重硬件设施建设转向更加注重应用与创新。

2021 年教育部发布了《关于加强新时代教育管理信息化工作的通知》，旨在提升教育管理数字化、网络化、智能化水平，主要目标包括形成教育管理信息化制度体系、充分发挥数据效能、建立多元参与的应用生态等。重点任务涉及加强教育管理信息化统筹协调、优化信息系统供给模式、提高教育数据管理水平、促进管理服务流程再造，以及提高基础设施支撑能力。文件意在通过这些措施提升教育管理效率和教育质量，为推进教育现代化奠定基础。

在国家政策的持续推动下，我国的教育信息化建设取得了显著成效。其一，各级各类学校的信息化基础设施不断完善。据统计，截至 2023 年 10 月，各级各类学校互联网接入率达到 100%，超过 3/4 的学校实现无线网

① 陈建兵，王明．负责任的人工智能：技术伦理危机下 AIGC 的治理基点［J］．西安交通大学学报（社会科学版），2024，44（01）：111－120．

络覆盖，99.5%的学校拥有多媒体教室。[①] 高等教育机构的信息化水平更是走在前列，大多数高校都建立了完善的校园网络和数字化教学平台。

其二，教师的信息技术应用能力不断提升。通过各种培训项目和实践机会，教师逐步掌握了信息技术在教学中的应用方法。越来越多的教师能熟练运用各种数字化教学工具，开发数字化教学资源，在教学过程中灵活运用信息技术手段。这不仅提高了教学效率，也为学生提供了更加丰富多样的学习体验。

其三，教育信息化的深入推进为新兴技术在教育领域的应用创造了有利条件。随着基础设施的完善和教师能力的提升，各种新兴技术（如人工智能、虚拟现实、大数据等）开始在教育领域得到广泛应用。这些技术的引入不仅丰富了教学手段，也为教育模式的创新提供了新的可能性。

在这一背景下，AIGC 作为新一代人工智能技术的代表，有望在教育信息化的新阶段发挥重要作用。AIGC 具有强大的自然语言处理、图像生成、语音合成等能力，这些特性与教育场景有着天然的契合点，同时也有助于培养学生的数字素养。[②]

第一，AIGC 可以在个性化教学方面发挥重要作用。通过分析学生的学习数据和行为模式，AIGC 可以为每个学生生成量身定制的学习计划和教学内容。这不仅能满足学生的个性化需求，还能帮助教师更好地了解每个学生的学习情况，从而提供更有针对性的指导。第二，AIGC 可以作为智能助教，为教师提供支持。例如，AIGC 可以帮助教师生成教学材料、设计作业和测试题，可以协助批改作业和解答学生的问题。这不仅能减轻教师的工作负担，还能提高教学效率和质量。[③] 第三，AIGC 可以为学生提供更加丰富和互动性强的学习体验。例如，AIGC 可以模拟对话、虚拟实验等生成交互式的学习内容，让学习过程变得更加生动有趣。此外，AIGC 还可以根据学生的学习进度和兴趣推荐个性化的学习资源，激发学生的学习兴趣。第四，AIGC 还可以在教育管理和决策方面发挥作用。通过分析海量的教育数据，AIGC 可以为教育管理者提供有价值的见解，帮助他们制定更加科学合理的教育政策并做出决策。

当然，我们也要认识到，AIGC 在教育领域的应用还面临着一些挑战。

---

① 数据来源：《数字中国发展报告（2023 年）》.

② 华子荀，王炜，吴开华，等. 如何发挥 AIGC 的教育效能?：基于响应面分析的数字素养高意识能力培养 [J]. 现代教育技术，2024，34 (9)：14-25.

③ 李胤汶. 生成式人工智能在中小学教学中的应用与影响 [J]. 课程教材教学研究（下半月），2024 (6)：27-29.

一是技术本身的局限性，如 AIGC 生成的内容可能存在错误或偏差，需要人工干预和校正。二是伦理和隐私问题，如何在利用 AIGC 的同时保护学生的个人信息和隐私权，是需要慎重考虑的问题。三是教育公平问题，如何确保 AIGC 的应用不会加剧教育资源分配的不平等，也是需要关注的重点。①

总的来说，我国教育信息化的持续推进为新兴技术在教育领域的应用创造了有利条件。AIGC 作为新一代人工智能技术的代表，有望在教育信息化的新阶段发挥重要作用。但同时，我们也需要审慎应对技术应用中的各种挑战，确保技术的应用真正服务于教育的本质目标，促进每个学生的全面发展。在未来，随着技术的不断进步和实践的深入，相信 AIGC 将为我国教育信息化建设注入新的活力，推动教育质量和效率的进一步提升。

1.4 教育信息化的需求与挑战

在教育领域，AIGC 正在开启一个充满机遇的新时代。这些技术在个性化学习、智能辅导、教学资源生成等方面展现出广阔的应用前景。

1. 从标准化到个性化的范式跃迁

AIGC 的一个重要应用是实现真正的个性化学习。通过智能辅导系统，AIGC 可以分析每个学生的学习数据，包括学习进度、强项和弱项、学习风格等，从而为每个学生提供量身定制的学习内容和反馈。这些系统能根据学生的理解程度和进展，动态调整学习材料的难度和节奏。例如，某智能辅导系统检测到学生在理解某个概念上遇到困难时，它可以提供更多的解释和练习；相反，如果学生已经掌握了某个主题，该系统可以加快进度或提供更具挑战性的内容。这种个性化的学习方式可以显著提高学习效果，每个学生都能以最适合自己的方式和速度学习，既不会因为跟不上进度而感到沮丧，也不会因为内容过于简单而感到无聊。这不仅能提高学生的学习成绩，还能增强其学习兴趣和学习动力。

此外，AIGC 驱动的个性化学习还可以帮助识别和支持有特殊教育需求的学生。AIGC 可以早期识别学习障碍或其他特殊需求，提供适当的支持和干预措施，确保这些学生得到所需的帮助。

2. 重构教师工作流

AIGC 可以对传统教学流程进行系统性重组与优化，使教师从繁重的事务性工作中解放出来，转向更具创造性和个性化的教学模式，进而提高教师

---

① 张静. 生成式人工智能赋能数智教育治理的风险与规避［J］. 教学与管理，2024（21）：32 - 37.

的工作效率，使其更专注于高价值的教学活动。[①] 传统教学中，教师需投入大量时间处理作业批改、考勤统计、课程安排等重复性工作。AIGC 的引入可自动化这些流程，教师可致力于一对一答疑、批判性思维培养等高价值工作，实现教育生产力的解放与重构。值得注意的是，这种重构并非要替代教师的角色，而是通过人机协同重新定义教育价值链的分工与协作方式。展望未来，教师的核心竞争力将转向教学设计、情感引导与创新能力等方面，而 AIGC 则成为推动教育公平和提升教育质量的关键杠杆，最终推动全球教育生态的系统性变革与升级。

3. 创新学习体验和方法

AIGC 正在推动学习体验和方法的创新。多模态 AIGC 可以整合文本、图像、音频和视频信息，创造沉浸式和交互式的学习环境。例如，将虚拟现实（VR）和增强现实（AR）技术结合 AIGC，可以为学生提供身临其境的学习体验。想象一下，学生可以通过 VR“亲身”体验历史事件，或者通过 AR 在现实世界中观察和操作 3D 分子模型，这些学习方式将使他们的学习事半功倍。AIGC 还可以生成高质量的文本、图像和音频内容，丰富学习资源。这些技术可以创造出逼真的模拟场景，生成个性化的练习题，甚至创作教育视频和动画，使学习材料更加生动有趣。

在语言学习方面，AIGC 驱动的语言学习助手可以生成个性化的对话练习和练习题，大大增加学生语言实践的机会。AIGC 助手可以模拟各种场景的对话，帮助学生提高口语和听力技能，而且可以随时随地使用，极大地扩展了语言学习的时间和空间。

这些创新工具不仅能让学习变得更加有趣和互动，还能通过增强学生对知识的理解和记忆，提高学习效果。例如，通过 VR 体验历史事件，学生可能会对历史产生更深刻的理解和共鸣，比单纯阅读教科书更有效。[②]

4. 实现智能教育管理

AIGC 在教育管理方面也有广泛的应用前景。通过分析大量的教育数据，AIGC 可以帮助优化资源分配、改进课程设计，并预测学生的学业表现。例如，AIGC 可以分析学生的学习数据，识别出有学业困难风险的学生，并及时提供干预措施。这使得教育者可以在问题变得严重之前，为学生提供必要的支持和指导。这种预防性方法可以显著提高学生的学业成功率，降低辍

① 乔哲，刘海龙，马宗亚．一种基于 AIGC 的云计算实验教辅机器人：CN202410022051.8 [P]. 2024-04-30.

② 奚锐．基于 HTC VIVE 的 VR 历史体验系统设计与实现［J］．中国科技期刊数据库　工业 A，2022（10）：79-82.

学率。

在教师评估方面，AIGC 可以提供更客观、全面的评估。传统的教师评估往往依赖于有限的课堂观察和学生反馈，而 AIGC 可以分析更多维度的数据，如学生的长期学习进展、教师的教学策略效果等，从而给出更全面的评估结果。这不仅可以帮助学校做出更公正的人事决策，也可以为教师的专业发展提供有价值的反馈。

在学校管理方面，AIGC 通过算法可以优化诸如课程安排、入学管理等操作性任务，提高整体教育管理效率。例如，AIGC 可以根据学生的选课情况、教室资源、教师可用性等因素，自动生成最优的课程表，避免时间冲突，提高资源利用率。

5. 弥合教育差距

AIGC 驱动的在线教育平台和自适应学习系统可以为学生提供平等获取高质量教育资源的机会，这对于偏远地区或教育资源匮乏地区的学生尤其重要。通过这些平台，他们可以获取世界一流的教育内容和学习方法，缩小与发达地区学生之间的教育差距。AIGC 还可以识别并支持有特殊教育需求的学生，确保他们得到适当的支持。例如，AIGC 可以通过分析学生的学习行为和表现，及时发现可能存在的学习障碍或其他特殊需求，并提供个性化的学习计划和支持措施。

6. 改变教师角色和教学模式

随着 AIGC 在教育中的广泛应用，教师的角色将发生重大转变。传统的知识传授者角色将逐渐淡化，取而代之的是学习引导者、教育设计师和 AIGC 应用专家等新角色。教师需要学习如何有效地利用 AIGC 工具来优化教学过程，设计更具吸引力和互动性的课程内容。例如，教师可以利用 AIGC 生成教学资料，为不同学习风格的学生创建个性化的学习材料。教师还可以使用 AIGC 分析工具来评估学生的学习进度，及时调整教学策略。这种新的教学模式将使教师从烦琐的重复性工作中解放出来，让他们有更多的时间专注于与学生的深入互动和个性化指导。

7. 促进跨学科学习和综合能力培养

AIGC 的发展模糊了传统学科之间的界限，为跨学科学习创造了更多可能性。通过 AIGC 驱动的学习平台，学生可以更容易地将不同学科的知识融会贯通，培养综合解决问题的能力。例如，在一个 AIGC 辅助的项目学习中，学生可能需要结合编程、数据分析、设计思维和社会学知识来解决一个复杂的现实问题。这种学习方式不仅能帮助学生掌握多学科知识，还能培养他们的创新思维和团队协作能力。

8. 提升教育系统的效率和可扩展性

AIGC 可以大大提高教育系统的运行效率和可扩展性。通过自动化管理流程、智能资源分配和预测性分析，教育机构可以更有效地利用有限的资源，为更多学生提供高质量的教育服务。例如，AIGC 可以帮助学校优化课程安排，根据学生需求和教师专长自动生成最佳的课程表。在高等教育领域，AIGC 驱动的在线学习平台可以让大学以较低的成本向全球学生提供优质课程，大大提升教育的可扩展性。

9. 推动终身学习和技能更新

在 AIGC 驱动的快速变化的就业市场中，终身学习变得越来越重要。AIGC 可以为个人提供个性化的学习建议，帮助他们不断更新知识和技能，以适应不断变化的职业需求。例如，基于 AIGC 的职业规划平台可以分析就业市场趋势，为个人推荐最适合的学习路径和技能培训课程。[①] 这种持续学习的模式将帮助人们在 AIGC 时代保持竞争力，实现职业的可持续发展。

10. 改变教育评估方式

AIGC 正在彻底改变教育评估的方式。传统的标准化考试正逐渐被更全面、动态和个性化的评估方法所取代。AIGC 可以通过持续监测学生的学习过程，收集和分析大量数据，提供更准确和及时的评估结果。例如，AIGC 可以分析学生在在线学习平台上的行为数据，评估他们的学习进度、参与度和问题解决能力。这种实时、多维度的评估方法不仅能更全面地反映学生的能力，还能为教师提供及时的反馈，帮助他们调整教学策略。

11. 增强特殊教育和包容性教育

AIGC 为特殊教育和包容性教育提供了新的可能性。[②] 通过个性化学习工具和辅助技术，AIGC 可以帮助有特殊需求的学生更好地融入主流教育环境。例如，对于视障学生，AIGC 可以提供实时的语音描述和触觉反馈，帮助他们理解视觉信息。对于有学习障碍的学生，AIGC 可以提供个性化的学习策略和辅助工具，帮助他们克服学习困难。这些技术的应用将大大提高教育的包容性，让每个学生都能获得公平的学习机会。[③]

---

① 杜修平，王崟羽，陈子尧．AIGC 赋能“中文＋职业教育”资源智能生成与质量进化：内涵、机理与模式构建［J］．电化教育研究，2024，45（5）：121－128．

② 杜雨，张孜铭．AIGC：智能创作时代［M］．北京：中译出版社，2023：126．

③ Gabriel J. How Artificial Intelligence（AI）Impacts Inclusive Education［J］. Educational Research and Reviews，2024，19（6）：95－103．

12. 促进全球教育合作和文化交流

AIGC 正在打破地理和语言的障碍，促进全球范围内的教育合作和文化交流。[①] 通过 AIGC 驱动的翻译工具和 VR 技术，来自不同国家和文化背景的学生可以更容易地进行交流和协作学习。例如，AIGC 翻译工具可以实现实时的多语言课堂交流，让不同国家的学生共同参与在线讨论和项目合作。VR 技术则可以为学生提供沉浸式的文化体验，让他们仿佛置身于不同国家的历史和文化场景中。这种全球化的学习体验将有助于培养学生的跨文化理解和全球视野。

13. 推动教育研究和政策制定

AIGC 为教育研究和政策制定提供了强大的数据分析工具。[②] 通过分析大量的教育数据，研究人员和政策制定者可以更好地理解学习过程，评估教育政策的效果，并制定更有针对性的教育策略。例如，AIGC 可以帮助研究人员识别影响学生学习成果的关键因素，为教育政策的制定提供科学依据。在政策实施过程中，AIGC 还可以通过实时数据分析，帮助决策者及时调整策略，优化资源分配。

14. 引发教育伦理和隐私问题的讨论

随着 AIGC 在教育领域的广泛应用，一系列伦理和隐私问题也随之而来。[③] 例如，如何保护学生的数据隐私？如何确保 AIGC 算法的公平性和透明度？如何平衡技术应用和人文关怀？这些问题都需要教育界和社会各界深入讨论和探索。这些讨论不仅关系到 AIGC 在教育中的健康发展，也为学生提供了思考技术伦理问题的机会，有助于培养他们的批判性思维和社会责任感。

15. 创造新的教育产业和就业机会

AIGC 的发展正在创造一个全新的教育科技产业，为教育领域带来了新的就业机会和创业可能。从 AIGC 教育软件开发到智能教学设备制造，从教育数据分析到 AIGC 课程设计，众多新兴职位正在不断涌现。AIGC 的发展正在推动各种全新的教育相关产品、服务和工作岗位的诞生，这些在过去是不存在的。这一趋势正在变革教育行业，为具备相关 AIGC 和教育技术技能的人才开辟了新的职业发展道路。

---

① 张晓明. 旗舰会展公司的生态战略 [M]. 武汉：华中科学技术大学出版社，2023：243.

② 齐凤林，沈佳杰，王茂异，等. 人工智能在高校信息化中的应用研究综述 [J]. 计算机工程，2025，51 (4)：1-14.

③ 梅中伟. 数字化时代的法治与智能：挑战与机遇 [M]. 北京：九州出版社，2023：27.

1.5 技术创新与教育本质的平衡

初中生的心智还不成熟，区分是非的能力还不强，而当前的 AIGC 虽然能处理和生成大量信息，但在真正理解信息含义和进行创造性思考方面仍有不足。它们也容易产生偏见和错误，有时会生成虚假或误导性的信息。因此，在教育中使用 AIGC 时，我们需要培养学生的信息辨别能力，使他们能理性地看待 AIGC 生成的内容。

作为教育者，一定要谨记教育的根本目标是培养全面发展的人，而不仅仅是传授知识和技能。在应用 AIGC 设计语文教学活动时，我们需要注意以下几点：一是教师的主导作用。AIGC 应该作为辅助工具，而不是替代教师。① 教师需要根据教学目标和学生的实际情况，合理运用 AIGC 设计和调整教学活动。二是隐私保护。在使用 AIGC 时，需要注意保护学生的隐私，确保数据安全。同时，也要培养学生正确认识和使用 AIGC 的能力。三是人文关怀。语文教学不仅是知识和技能的传授，更重要的是培养学生的人文素养和价值观。在设计教学活动时，要注重情感教育和价值引导。四是真实交流。虽然 AIGC 可以模拟各种语言情境，但不应完全替代真实的人际交流。教学中仍需保留足够的师生互动和生生互动。五是批判性思维能力。在使用 AIGC 生成的内容时，要培养学生的批判性思维能力，让他们学会辨别信息的真实性和可靠性。在拥抱 AIGC 的同时，我们不能忽视人文关怀、道德教育、情感培养等方面的重要性。②

同时，我们也需要关注 AIGC 在教育中应用的伦理问题。例如，如何确保 AIGC 不会加剧现有的教育不平等？如何在使用 AIGC 的同时保护学生的隐私和数据安全？如何避免学生过度依赖 AIGC，影响其独立思考和问题解决能力的发展？这些都是需要教育工作者、技术开发者和政策制定者共同探讨和解决的问题。

此外，AIGC 的快速发展也对教师的角色提出了新的要求。未来的教师不仅需要掌握传统的教学技能，还需要具备使用和管理 AIGC 工具的能力。他们的角色可能会从知识的传授者转变为学习的引导者和 AIGC 工具的管理者。因此，教师培训和继续教育体系也需要做出相应调整，以适应这种

---

① 朱永新，杨帆．ChatGPT/生成式人工智能与教育创新：机遇、挑战以及未来［J］．华东师范大学学报（教育科学版），2023，41（7）：1－14．

② 王莹．数智化发展与技术理性的交织：现代教育的挑战与前景［J］．现代教育科学，2024（6）：10－17．

变化。

总的来说，AIGC 的快速发展为教育领域带来了巨大的机遇和挑战。如何在充分利用 AIGC 优势的同时避免其潜在风险，如何在技术创新和教育本质之间找到平衡，将是我们需要不断探索和实践的课题。[①] 在这个过程中，我们需要各方面的协作，包括教育工作者、技术专家、政策制定者、学生和家长等，共同努力，构建一个更加智能、公平和有效的教育体系，为每一位学生提供更好的教育机会，助力他们在 AIGC 时代茁壮成长。

① 季正聚，赵学琳. 人工智能赋能文化治理：价值意蕴、问题表征、实践理路［J］. 中国编辑，2024（12）：4－13.

第 2 章

AIGC 与教育的融合

AIGC 与教育的融合正在开创个性化学习的新纪元，提升教学效率，改善学习体验，推动教育创新。AIGC 与教育的融合发展离不开大型预训练语言模型的支持。

2.1 大语言模型的原理与发展

大语言模型（Large Language Models，LLMs）是自然语言处理（NLP）领域的一项重大突破。这些模型基于深度学习和神经网络技术，能理解、生成和转换人类语言。

大语言模型的核心原理是通过大规模的文本数据训练，学习语言的统计规律和语义关系。最常用的架构是 Transformer，它采用自注意力机制来捕捉文本中的长距离依赖关系。训练过程中，模型通过预测下一个词或填充缺失的文本来学习语言模式。

大语言模型的发展可以追溯到 2018 年 Google 发布的 BERT（Bidirectional Encoder Representations from Transformers）模型。BERT 首次将双向编码器应用于预训练，显著提高了多项 NLP 任务的性能。此后，GPT 系列模型的出现标志着生成式预训练的兴起。2020 年发布的 GPT-3 以其 1 750 亿参数的规模和惊人的生成能力震惊了学术界和工业界。

近年来，大语言模型的发展呈现以下趋势：一是规模化。模型参数数量和训练数据规模不断增加。二是多模态融合。模型不再局限于纯文本，开始整合图像、音频等多种模态信息，如 DALL-E 和 Stable Diffusion 等。三是推理能力增强。模型在逻辑推理、因果推理、常识推理等多方面的能力均在不断提升。四是个性化适应。能根据用户特征和需求动态调整模型行为。五是知识增强。将外部知识库集成到模型中，补充实时知识更新机制，提高其对特定领域知识的掌握能力。六是效率优化。研究如何在保持性能的同时减小模型规模，如参数高效微调技术。七是跨领域融合趋势。愈加重视与传统 AI 技术的深度融合，与基础学科的交叉研究，与垂直领域的深度结合。

尽管大语言模型取得了巨大进展，但仍面临诸多挑战，例如，事实准确性、逻辑推理能力、常识理解等问题。未来的研究方向可能包括：进一步提高模型的推理能力和知识整合能力，探索更高效的训练和部署方法，开发更安全、可控和符合伦理的 AIGC。

2.2 NLP 技术在教育中的应用

NLP 技术正在变革教育领域，为个性化学习、智能评估和教育管理带来新的可能性。NLP 技术主要应用在以下教育领域。

智能辅导系统。NLP 技术驱动的智能辅导系统可以理解学生的问题，并提供个性化的解答和指导。这些系统能分析学生的语言表达，识别其知识盲点，并提供有针对性的学习建议。例如，Carnegie Learning 的 MATHia 就使用 NLP 技术来理解学生解答数学问题的过程，并提供实时反馈。

自动评分系统。NLP 技术可以自动评阅学生的作文和开放式问题的答案。这不仅能大大减轻教师的工作负担，还能提供更客观、一致的评分。ETS 的 E-rater 就是一个被广泛使用的自动作文评分系统。

语言学习助手。对于语言学习者来说，NLP 技术可以提供实时的语法纠错、发音指导和词汇建议。如 Duolingo 和 Grammarly 等应用就大量运用了 NLP 技术来帮助用户提高语言能力。

个性化学习内容推荐。通过分析学生的学习历史、兴趣爱好和语言表达，NLP 系统可以推荐最适合的学习材料和资源。这种个性化推荐可以提高学习效率，激发学习兴趣。

教育对话系统。基于 NLP 技术的教育对话系统可以模拟人类教师，与学生进行自然语言交互。该系统可以回答学生的问题，解释复杂概念，甚至进行苏格拉底式的引导。

学生情感分析。NLP 技术可以分析学生的文本和语音表达，识别其情绪状态和学习动机。这有助于教师及时发现并解决学生的心理问题，提供必要的支持。

学术文献分析。在高等教育和研究领域，NLP 技术可以帮助研究者快速浏览和总结大量学术文献，识别研究趋势和关键信息。

教育管理辅助。NLP 可以协助处理教育机构的大量文本数据，如学生反馈、课程评价等，帮助管理者做出更明智的决策。

无障碍学习支持。对于有特殊需求的学生，NLP 技术可以提供语音转文字、文字转语音等服务，使教育资源更易获取。

跨语言学习支持。NLP 的机器翻译技术可以帮助学生进行跨语言学习，使全球教育资源更易获取。

尽管 NLP 技术在教育领域展现出巨大潜力，但其应用仍面临一些挑战，如技术准确性、隐私保护、教育公平性等问题。未来，随着技术的不断进步和伦理规范的完善，NLP 技术有望在教育领域发挥更大作用，推动教育的个性化、智能化和全球化。

2.3 主流 AIGC 工具介绍

近年来，AIGC 工具的快速发展推动了各行各业的变革。

2.3.1 国内主流的 AIGC 工具

文心一言：百度推出的文心一言基于其强大的 NLP 技术，能用来生成文本、回答问题、参与对话等。

通义千问：由阿里巴巴达摩院研发的通义千问是一款超大规模多模态生成模型，具备图像生成和文本生成的能力。

盘古大模型：华为基于其强大的计算能力和深厚的技术积累，推出的大型 AIGC 模型，主要应用于语音识别、自然语言处理及图像生成等领域。

火山引擎智能创作平台：字节跳动推出的火山引擎智能创作平台，主要应用于内容创作，支持文本续写、短文生成等功能，并衍生出主要面向 C 端用户的 AI 助手工具“豆包”。

星火认知大模型：科大讯飞开发的星火认知大模型是一款大型语言模型，能进行高质量的文本生成和语言理解，广泛应用于客服、教育等领域。

SenseChat：商汤科技推出的 SenseChat 是一款对话生成工具，结合了三维视觉和自然语言处理技术，能与用户进行自然、流畅的互动。

混元大模型：腾讯云推出的混元大模型，支持文本生成、图像生成等多种应用场景，涵盖了从工业应用到创意设计等多个领域。

Kimi：北京月之暗面科技有限公司开发的人工智能助手 Kimi，擅长中英文对话，功能强大，支持联网和高达 20 万字的超长文本输入。

小米的智能助理：小米的 AIGC 模型应用于其智能家居和手机助手，通过 NPL 技术，可实现智能对话和情感分析。

360 智脑大模型：由 360 公司开发的 360 智脑大模型是一款大规模人工智能模型，采用了多模态技术，能处理文本、图像、语音等多种类型的数据，拥有知识图谱和推理能力，可以进行复杂的逻辑分析和决策。

DeepSeek：杭州深度求索公司开发的 AI 大模型工具，在编程、数学推理、数据分析等领域表现突出，其性能在多项基准测试中媲美国际领先模型。

上述工具和平台基本涵盖了中国当前 AIGC 的主要应用场景，这些公司持续投入研发与创新，推动 AIGC 在更多领域落地。

2.3.2 国外主流的 AIGC 工具

ChatGPT：由 OpenAI 开发的 ChatGPT 是当前知名的 AIGC 工具之一。它基于 GPT 系列模型，能进行自然语言对话、回答问题、创作文本等任务。ChatGPT 的特点是反应迅速、具有强大的上下文理解能力、输出连贯且富有创意。它被广泛应用于客户服务、内容创作、编程辅助等领域。

Claude：由 Anthropic 公司开发的 Claude 是一款注重安全性和伦理性的 AIGC 助手。它具有强大的自然语言处理能力，并且注重输出的可靠性和无害性。Claude 在学术研究、商业分析等需要高度准确性的领域有良好表现。

DALL-E：由 OpenAI 开发的 DALL-E 是一款强大的图像生成 AIGC 模型。它可以根据文本描述生成高质量、富有创意的图像。DALL-E 在艺术创作、产品设计、广告制作等领域有广泛应用。

Midjourney：Midjourney 是另一款备受欢迎的 AIGC 图像生成工具。它以其独特的艺术风格和高质量的输出而闻名。用户可以通过文本提示来生成各种风格的图像，从写实到抽象都能实现。

Stable Diffusion：由 Stability AI 开发的 Stable Diffusion 是一个开源的图像、视频生成模型。它不仅可以根据文本生成图像，还能进行图像编辑、风格转换等操作。由于其开源性质，Stable Diffusion 已被广泛集成到各种应用程序中。

Bard：由 Google 推出的 Bard 是一款基于 LaMDA（Language Model for Dialogue Applications）的 AIGC 对话系统。它能访问和处理最新的互联网信息，为用户提供及时、相关且准确的回答。Bard 在信息检索和知识问答方面表现出色。

Copilot：由 GitHub 和 OpenAI 合作开发的 Copilot 是一款面向程序员的 AIGC 编程助手。它可以根据上下文和注释自动生成代码，大大提高了编程效率。Copilot 支持多种编程语言，被广泛应用于软件开发领域。

Jasper：Jasper（原名 Jarvis）是一款专注于内容创作的 AIGC 应用。它可以生成各种类型的营销文案、博客文章、社交媒体内容等。Jasper 的特点是可以根据特定的营销框架和风格指南生成内容，非常适合企业和营销人员使用。

Grok：由 xAI 开发的 Grok 是一款多功能 AI 助手，旨在通过 X 平台（原推特）为用户提供实时信息查询、图像生成、代码辅助等功能。它还能回答被大多数其他 AI 系统拒绝回答的复杂问题，甚至还能就如何提问给出建议。

随着科技的发展，新的 AIGC 工具正不断涌现。它们在提高效率、激发创意和解决复杂问题方面展现出巨大潜力。然而，使用这些工具也带来了一些挑战和担忧，主要有：第一，准确性和可靠性。尽管这些工具非常强大，但它们仍可能产生错误或误导性信息。用户需要保持批判性思维，并验证重要信息。第二，隐私和安全。使用这些工具时，用户可能会输入敏感信息。因此，确保数据安全和隐私保护至关重要。第三，伦理问题。AIGC 生成的内容可能涉及著作权、偏见和滥用等伦理问题，需要建立相应的规范和指导原则。第四，就业影响。这些工具可能会取代某些工作岗位，同时也会创造新的工作机会。社会需要为这种转变做好准备。第五，依赖性。过度依赖 AIGC 工具可能会削弱人类的某些能力。保持人类判断力和创造力的重要性不容忽视。第六，法律和监管。随着这些工具的广泛应用，相关的法律和监管框架也需要及时跟进。

尽管存在这些挑战，但 AIGC 工具的发展势不可挡。同时，如何负责任地开发和使用这些工具，将成为科技界、学术界和整个社会需要共同面对的重要课题。

2.4 AIGC 技术在教育应用中的哲学意蕴与逻辑

AIGC 技术在教育领域的应用带来了许多新的哲学意蕴。随着技术的进步与常态化应用，教育形态和组织结构也在潜移默化中发生了改变，教育体系中的“自然人”概念已从面向“人”的单层次主体转变为“人＋技术”的复合型主体。首先，要明确知识建构和认知建构理应成为 AIGC 教育应用的核心逻辑。因为学习不仅是获取信息，更是通过现有知识不断构建新知识的结构化过程。其次，AIGC 技术可以在这一过程中发挥重要作用，即通过定制化和个性化的学习体验满足不同学习者的需求，促进全体学生对知识的理解和掌握。最后，技术的应用必须有度和价值导向，过分依赖技术，学习者可能陷入被动接收信息的状态；没有价值导向的易获得的学习，可能导致学习的碎片化，无法形成完整的结构化知识体系，辩证分析及决策创新等高阶思维能力将难以得到发展。

2.4.1 教育本质与 AIGC 技术的哲学意蕴

教育的本质在于促进知识的传递与认知发展，它是一种有目的、有体系的智力培养过程。传统教育模式高度依赖教师的讲授和教材的使用，从而实现知识的系统传递。随着 AIGC 技术的兴起，教育的面貌正在发生深刻的变化。AIGC 技术不仅提供了新的学习工具，还根本性地改变了知识的传播方式和认知建构过程，教师在教学过程中更多地发挥交互性作用，减少指挥性作用。[①]

AIGC 技术在教育中强调个性化、互动性和即时反馈。通过人工智能算法对学生的学习行为和知识掌握情况进行实时分析，AIGC 技术能为每个学生提供专属的学习路径和资源。这种高度个性化的学习方式不仅提高了学习效率，也激发了学生的学习兴趣和自主学习能力。同时，AIGC 技术所提供的即时反馈机制，可以帮助学生及时了解自己的学习进度和薄弱环节，从而进行有针对性的学习。

然而，教育的根本目的是促进学生的认知发展，帮助他们形成系统性、结构化的知识体系和认知模型。AIGC 技术的应用必须以此为目标，而不仅仅是提供便利和高效的学习工具。事实上，AIGC 技术的潜力和优势在于能更加精确地支持学生的认知发展路径，帮助他们从碎片化的信息中构建起完整的知识体系。

如何平衡技术的应用与传统教育的结构化认知发展，是一个需要深入探讨的重要问题。从哲学角度看，教育应该始终以促进学生的认知发展和人格成长为核心目标，技术的应用应是实现这一目标的手段而非目的。AIGC 技术的应用应该在遵循教育本质的基础上，服务于教育目的，要厘清人与技术间的共在关系，明晰彼此和谐交互的价值场域，[②] 帮助学生构建系统性的知识体系，同时提升他们的自主学习能力和创新能力。

2.4.2 AIGC 技术在教育中的应用逻辑

1. 支持结构化学习

AIGC 技术在设计教育工具和内容时，必须注重知识的结构化和认知的结构化，避免碎片化的学习模式。

AIGC 技术不应仅仅作为简单的教学工具，而应以人为本，需关注人、尊重人、彰显人的主体性，[③] 成为支持学生知识体系建构的有力系统。这需

---

① 斯伯克特，等. 教育传播与技术研究手册［M］. 任友群，等译. 3 版. 上海：华东师范大学出版社，2011：95.

② 李明超. 人工智能时代教师的技术隐忧与角色纾解：基于“主体性”教育哲学的视角［J］. 当代教育论坛，2023（6）：105 - 112.

③ 陈群志，李月雯. 教育人工智能的伦理问题及应对之策：基于海德格尔技术哲学的视角［J］. 浙江理工大学学报，2024，52（12）：686 - 692.

要设计符合学生认知发展规律的教学内容和路径，确保教育过程的系统性和连贯性。

教师应充分利用 AIGC 技术的优势，为学生提供结构化的学习内容。例如，在英语教学中，苏州大学附属昆山市兵希中学（以下简称兵希中学）面对几乎零基础的初一学生，针对他们没有词汇意义建构学习的困境，为他们设计“短文加油站”活动，利用延时服务时间每周开展两次语意建构的结构化学习。借助 AIGC 围绕小学 480 个基础词汇生成 40 篇不同主题的短文，短文由三句逐步进阶到八句。分成“捂耳读—闭眼背—挖空填—动笔默”四个步骤开展。通过近两个月的实验，这些英语几乎零基础的学生获得了史无前例的英语学习成就感，激发了他们对英语的学习热情。他们可以写 1—2 个简单的、语法正确的小短句。他们的词汇记忆逐渐从无意义的机械记忆转向结构化的意义群记忆。比如，说到“pet”，他们现在可以生成“I have a lovely pet. It is a dog.”这样的短句。

AIGC 技术应辅助课堂教学，增强教学内容的直观性和互动性。AIGC 越来越多地融入我们的学校生活中，为学生提供了全新的学习体验。例如，兵希中学的平台拥有近万个虚拟实验和学科原理可视化演示，让学生通过虚拟现实技术，直观地观察到理论知识在实际生活中的应用，从而加深理解，对于学生知识结构更新、科技创新意识形成、复合能力提升具有重要意义。同时，通过在线学习平台，学生可以进行课前预习和课后复习，及时巩固所学知识，形成良好的学习习惯。

AIGC 技术还可被用来进行智能评估和反馈，帮助教师及时了解学生的学习状况、学习难点、学习风格和认知状态，从而有针对性地设计教学内容和策略，更好地满足学生的个性化学习需求。例如，通过分析学生的练习数据，AIGC 系统可以生成个性化的学习报告，指出学生的薄弱环节，并提供相应的改进建议。这不仅有助于提高教学效率，也能帮助学生更好地掌握知识，实现自主学习和持续进步。在数学教学中，兵希中学教师利用 AIGC 技术生成系统性的练习题和学习路径，引导学生循序渐进地掌握各个知识点。在此过程中，教师将不同知识点之间的联系显性化，帮助学生理解知识的整体结构，而非孤立地记忆各个知识点。

2. 促进自主学习与创新能力的提升

在支持结构化学习的同时，AIGC 技术还可以为学生提供丰富的资源和多样化的学习环境，激发学生的自主学习意识，提升其创新能力。然而，教师在应用 AIGC 技术时，应引导学生保持批判性思维和创造性思维，以实现全面发展。

AIGC 技术可以提供个性化的学习资源，帮助学生根据自身兴趣和需求进行自主学习。例如，通过在线学习平台，学生可以访问丰富的学习资料和课程视频，根据自己的学习进度和兴趣进行选择性学习。这种灵活的学习方式，不仅能提高学生学习的自主性和主动性，还能给学生更充足的自主学习时间，发散思维、自由探索，激发他们探究问题的内在动力和兴趣，锻炼独立思考问题和解决新问题的能力。

AIGC 技术可以搭建多人合作学习平台，促进学生之间的合作与交流。例如，在虚拟实验室中，学生可以通过网络进行实时互动，共同探讨和解决问题。这种合作学习模式有助于学生形成团队协作意识和解决实际问题的能力，增强他们的社会适应性和创新能力。

然而，教育者在利用 AIGC 技术促进学生自主学习和创新能力提升时，需要精心设计学习任务，以激发学生的批判性思维和创造性思维①。例如，教师可以通过设计开放性问题和项目引导学生进行深度思考和探索，鼓励他们提出独特的见解和创意。这种教学方法不仅有助于学生掌握知识，更能提升他们的思考能力和创新能力。此外，教师应培养学生正确使用 AIGC 技术的能力，避免过度依赖技术进行学习，确保学生在使用技术的过程中始终保持独立思考和批判性分析的能力。在此过程中，教师还应关注学生的心理发展和人格养成，帮助他们形成积极的学习态度和健康的心态，促进他们的全面成长和发展。

所以，AIGC 技术在教育中的应用逻辑，应以支持结构化学习和促进自主学习与创新能力的提升为核心，帮助学生构建完整的知识体系和认知模型，培养他们的自主学习能力和创新思维。同时，教育者在应用 AIGC 技术时，应引导学生保持批判性思维和创造性思维，确保教育过程的有效性和可持续性。

2.5 AIGC 在教育领域的应用现状

AIGC 在教育领域的应用正在全球范围内快速发展，国内外均有许多创新案例，其主要集中在个性化学习、智能评估、自适应学习、教学辅助和学习分析等方面。这些应用不仅提高了教学效率和学习效果，还为教育工作者提供了宝贵的数据参考。

---

① 郑永红，王辰飞，张务伟. 生成式人工智能教育应用及其规制［J］. 中国电化教育，2024（05）：114－119.

2.5.1 国内外 AIGC 应用案例分析

AIGC 在教育领域的应用正在迅速发展，为传统教育模式带来了革命性的变革。通过分析国内外典型的 AIGC 应用案例，我们可以深入了解 AIGC 如何在实际教学环境中发挥作用，以及它们对学习效果和教育体验的影响。这些案例涵盖了从个性化学习平台到智能辅导系统等多个方面，展示了 AIGC 在提升学习效率、实现教学个性化和优化教育资源等方面的巨大潜力。

1. 国内案例

(1) 科大讯飞的“智学网”

科大讯飞是中国领先的智能技术公司之一，其“智学网”平台是一个综合性的智能教育解决方案平台。该平台利用语音识别、自然语言处理等人工智能技术，为中小学教育提供全方位的支持。“智学网”的主要功能包括：智能题库系统，根据学生表现自动推荐适合的练习题；语音评测系统，用于英语口语和朗读练习；智能批改系统，自动评阅作文和开放性试题；个性化学习报告，详细分析学生的学习情况和进度；教师辅助工具，如备课系统、试卷生成器等。

(2) 作业帮的“聪明学智能系统”

作业帮是中国最大的在线教育平台之一，其 AIGC 辅导系统“聪明学智能系统”利用自然语言处理和计算机视觉技术，为学生提供“24/7”的智能问答服务。该系统的主要特点包括：图像识别功能，可以识别手写题目和公式；智能问答系统，能理解复杂的学习问题并提供详细解答；知识图谱技术，将不同学科的知识点关联，提供全面的解释；个性化推荐系统，根据学生的学习历史推荐相关内容；实时学习分析，帮助学生了解自己的学习进度和薄弱环节。

(3) 好未来的“魔镜系统”

好未来是中国领先的教育科技公司之一，其“魔镜系统”项目是将 AIGC 应用于课堂教学的尝试。这个系统通过摄像头和麦克风收集课堂数据，实时分析教学效果和学生的反应。“魔镜系统”的主要功能包括：课堂行为分析，识别学生的专注度和参与度；情感识别，分析学生的情绪状态；教学内容优化，根据学生反应调整教学节奏和难度；个性化辅导建议，为教师提供有针对性的教学策略；自动生成课堂报告，帮助教师和家长了解学生的表现。

(4) 网易有道的“有道小 P”

网易有道是一家依托强大的互联网技术的教育科技公司，其“有道小 P”基于有道子曰教育大模型开发，旨在为学生提供全方位的学习支持。“有道小 P”的主要特点包括：全科覆盖，包括物理、语文、英语、化学、生物、科学等 10 个学科；个性化解答，根据学生的年级和学习阶段提供针对性的解题思路；引导式学习，主动引导学生提问，培养主动思考的习惯；知识点拓展，追问相关知识点，扩展学习内容；自适应学习，根据学生的提问意图推荐相关题目，无须额外寻找资源。

2. 国外案例

（1）Carnegie Learning 的 MATHia 平台

Carnegie Learning 是一家总部位于美国的教育科技公司，其 MATHia 平台是一个基于人工智能和机器学习的个性化学习平台，主要用于中学数学教学。该平台利用机器学习算法分析学生的学习行为和表现，为每个学生提供个性化的学习路径和练习题。MATHia 的核心功能包括：实时评估学生的知识水平和学习进度；根据学生的表现动态调整难度和内容；提供详细的反馈和解释，帮助学生理解错误；为教师生成详细的学生表现报告，辅助教学决策。

（2）Knewton 的自适应学习平台

Knewton 是一家领先的教育科技公司，其自适应学习平台被多所大学和教育机构采用。该平台利用 AIGC 分析学生的学习数据，包括学习时间、答题正确率、学习进度等，从而为每个学生创建个性化的学习计划。Knewton 的自适应学习平台的主要特点包括：跨学科的自适应学习系统，覆盖数学、科学、语言等多个领域；实时调整学习内容和难度，确保学生始终在最佳挑战区学习；预测学生的学习表现，提前识别可能遇到困难的学生；为教育机构提供大数据分析，帮助优化课程设置和教学策略。使用该学习平台的教育机构认为，学生的课程完成率和学习成绩都有显著提升。

（3）Third Space Learning 的在线辅导系统

Third Space Learning 是一家位于英国的教育科技公司，专注于提供在线一对一数学辅导服务。该公司使用人工智能技术和机器学习技术来分析学生和辅导员之间的互动，以提高辅导质量和效果。该系统的主要功能包括：实时分析辅导过程中的语音交互，评估学生的参与度和理解程度；为辅导员提供实时建议，帮助其更好地解释概念或调整教学策略；自动生成个性化的课后练习和复习材料；长期跟踪学生的学习进展，制定有针对性的改进计划。Third Space Learning 报告称，使用其在线辅导系统后，学生的数学成绩平均提高了两个等级。

（4）Duolingo 的语言学习应用

Duolingo 是全球最受欢迎的语言学习应用之一，广泛应用了 AIGC 来优化学习体验。该应用使用机器学习算法来个性化学习内容，并不断优化课程结构。Duolingo 的 AIGC 应用主要体现在以下方面：自适应测试系统，快速评估学习者的语言水平；个性化的复习计划，根据遗忘曲线安排复习内容；智能语音识别，评估发音准确度并提供反馈；自然语言处理技术，分析和评分用户的写作练习；A/B 测试和数据分析，持续优化课程内容和学习路径。Duolingo 的 AIGC 驱动方法使其成为语言学习领域的领导者，截至 2024 年 12 月，其全球注册用户总数已超 5 亿。

通过以上国内外案例的分析，我们可以看到 AIGC 在教育领域的应用已经相当广泛和深入。这些应用主要集中在以下几个方面：个性化学习，AIGC 能根据每个学生的学习进度、强项和弱点提供定制化的学习内容和路径。智能评估，AIGC 可以快速、准确地评估学生的知识水平和学习进展，为教师和学生提供及时反馈。自适应学习，通过实时分析学生的表现，AIGC 可以动态调整学习内容的难度和顺序，确保学生始终在最佳挑战区学习。教学辅助，AIGC 可以帮助教师更好地理解学生的需求，优化教学策略，提高教学效率。学习分析，利用大数据和 AIGC，这些系统可以深入分析学生的学习过程，为教育决策提供依据。智能问答，AIGC 驱动的问答系统可以为学生提供随时随地的学习支持，解答学生疑问。语言学习，在语言教育领域，AIGC 在语音识别、发音评估和个性化学习方面发挥了重要作用。

这些应用案例展示了 AIGC 在提高教育质量、个性化学习体验和教学效率方面的巨大潜力。然而，我们也应该注意到，AIGC 的应用并不是要取代教师，而是要增加和补充传统教学方法，使教育更加高效和个性化。

2.5.2 不同学科中的 AIGC 应用比较

AIGC 在当今的学科领域中发挥着重要作用，然而，其在不同学科中的应用程度和方式确实存在显著的差异。这既体现了其多样性和前沿性，也凸显了不同学科领域之间的适用性与独特性。

1. 语言学习（语文、英语）

语言学习是一个 AIGC 应用广泛的领域。主要应用包括：① 智能对话系统。如 Duolingo 的 AIGC 对话伙伴，可以模拟真实对话场景。② 发音评估。利用语音识别技术评估学习者的发音准确度。③ 写作辅助。AIGC 可以分析文章结构、语法错误，并提供改进建议。④ 个性化词汇学习。根据学习者的遗忘曲线安排复习计划。

语言学习中的 AIGC 应用效果显著，特别是在口语和听力训练方面。使用 AIGC 辅助工具的学习者通常能在更短时间内达到更高的语言水平。

2. 数学

数学是 AIGC 应用极为广泛和深入的学科之一。主要应用包括：① 自适应学习系统。如前面提到的 MATHia 平台和 Knewton 的自适应学习平台，这些系统可以根据学生的表现动态调整题目难度和学习进度。② 智能题库。利用 AIGC 生成大量变式题，满足学生的练习需求。③ 步骤分析。AIGC 可以分析学生的解题过程，识别错误并提供有针对性的指导。④ 可视化工具。利用 AIGC 创建交互式图表和模型，帮助学生理解抽象概念。

数学领域的 AIGC 应用相对成熟，效果也较为显著。研究表明，使用 AIGC 辅助系统的学生数学成绩有显著提高。

3. 科学（物理、化学、生物）

科学学科中的 AIGC 应用主要集中在以下几个方面。① 虚拟实验室。利用 AIGC 和 VR 技术创建安全、低成本的虚拟实验环境。② 数据分析。帮助学生处理和解释复杂的实验数据。③ 概念映射。使用 AIGC 生成知识图谱，帮助学生理解概念之间的关联。④ 预测模型。在物理和化学中，AIGC 可以帮助学生理解和预测复杂系统的运行情况。

科学学科中的 AIGC 应用相对数学和语言学习来说还不够成熟，但正在快速发展。初步研究显示，AIGC 辅助工具可以提高学生的科学探究能力和概念理解能力。

4. 社会科学（历史、地理、政治）

社会科学领域的 AIGC 应用相对较少，但仍有一些创新尝试，主要集中在：① 智能文本生成与分析[①]。帮助学生快速处理大量历史文献。② 地理信息系统（GIS）。结合 AIGC 进行空间数据分析和可视化。③ 舆情分析。在政治学习中，利用 AIGC 分析社交媒体数据，理解公众观点。④ 虚拟实地考察。利用 AIGC 和 AR 技术创建沉浸式的历史场景或地理环境。

社会科学中的 AIGC 应用还处于早期阶段，效果评估需要更多研究。但初步反馈表明，这些工具可以提高学生的参与度和理解深度。

5. 艺术（美术、音乐）

艺术教育中的 AIGC 应用正在兴起，主要包括：① 作曲辅助。AIGC 可以生成和谐的配乐，辅助音乐创作。② 绘画分析。利用计算机视觉技术分析艺术作品的构图和技法。③ 个性化练习。根据学生的表现生成定制的音乐练习曲目。④ 创意激发。AIGC 可以提供创意建议，帮助学生突破创作瓶颈。

---

① 万小军. 智能文本生成：进展与挑战 [J]. 大数据，2023，9 (2)：99 - 109.

艺术领域的 AIGC 应用仍处于探索阶段，其效果和接受度还有待进一步观察。

6. 体育

体育教育中的 AIGC 应用主要集中在动作分析和训练优化上，具体表现：① 通过计算机视觉技术对运动员的动作进行分析，能提供即时反馈。② 基于个人体能数据可以制定个性化的训练方案。

这些应用可以帮助运动员更精准地改进技术，提高训练效率，从而促进运动表现的提升。AIGC 为体育教育带来了新的可能性，使教练和运动员能获得更详细、客观的数据分析支持。

2.5.3 AIGC 教育应用的主要模式与特点

随着人工智能技术的快速发展，AIGC 在教育领域的应用日益广泛和深入。通过分析国内外的典型案例以及 AIGC 在不同学科中的应用情况，我们可以总结出 AIGC 教育应用的几种主要模式及其特点。

1. 个性化学习模式

个性化学习是 AIGC 教育应用中最突出和广泛的模式之一。这种模式利用 AIGC 分析学生的学习数据，为每个学生提供量身定制的学习内容、进度和方法。

其主要特点：① 制定自适应学习路径。系统根据学生的知识水平、学习风格和进度，动态调整学习内容的难度和顺序。例如，Carnegie Learning 的 MATHia 平台和 Knewton 的自适应学习平台都采用了这种方法。② 实时评估与反馈。AIGC 能实时评估学生的学习表现，提供即时反馈，帮助学生及时纠正错误，巩固知识点。③ 个性化推荐。基于学生的学习历史和表现，系统会推荐相关的学习资源和练习题，填补知识空白，强化薄弱环节。④ 生成学习分析报告。系统生成详细的学习分析报告，帮助学生、教师和家长全面了解学生的学习情况，为教学决策提供依据。

科大讯飞的“智学网”、网易有道的“有道小 P”、MATHia 平台和 Knewton 的自适应学习平台都采用了类似的个性化学习模式。这些平台覆盖了从小学到高等教育的多个学段，涉及数学、语文、科学等多个学科。

个性化学习模式的主要优势在于能充分照顾到每个学生的个体差异，让每个学生都能在最适合自己的节奏和难度下学习，提高学习效率和巩固学习成果。

2. 智能辅导模式

智能辅导模式是 AIGC 教育应用的另一个重要方向，它旨在为学生提供类似于一对一辅导的学习体验。

其主要特点：① 智能问答。利用自然语言处理技术，系统能理解学生的问题，并提供准确、详细的解答。② 知识图谱构建。通过构建复杂的知识关联网络，系统可以提供全面、系统的知识解释。③ 实时互动。系统能与学生进行实时对话，模拟真实的辅导场景。④ 多模态输入。支持文字、语音、图像等多种输入方式，方便学生随时随地提问。

作业帮的“聪明学智能系统”就是典型的智能辅导模式应用。它能识别手写题目和公式，理解复杂的学习问题，并提供详细解答。Third Space Learning 的在线辅导系统也采用了类似的模式，通过 AIGC 分析学生和辅导员之间的互动，提高辅导质量。

智能辅导模式的主要优势在于能为学生提供“24/7”的学习支持，满足学生随时随地学习的需求。它不仅能解答具体的问题，还能通过持续的互动帮助学生建立系统的知识体系。

3. 智能评估模式

智能评估模式利用 AIGC 对学生的学习成果进行自动化、智能化的评估。

其主要特点：① 自动批改。利用自然语言处理和机器学习技术，系统能自动批改作文、开放性试题等。② 语音评测。通过语音识别技术，系统可以评估学生的口语表达和发音。③ 过程评估。不仅关注最终结果，还能分析学生的解题过程，识别错误原因。④ 综合评价。结合多维度数据，给出全面的学习评价报告。

科大讯飞的“智学网”平台包含了智能批改系统，可以自动评阅作文和开放性试题。Duolingo 的语言学习应用则使用智能语音识别技术评估发音准确度。在数学领域，MATHia 等平台能分析学生的解题步骤，提供针对性的反馈。

智能评估模式的主要优势在于能大大提高评估的效率和客观性。它不仅能节省教师大量的批改时间，还能提供更加细致和个性化的反馈。研究发现，使用智能评估模式的学校报告，教师的工作效率明显提高，同时学生的学习成绩也有所提升。

4. 虚拟仿真模式

虚拟仿真模式主要应用于科学、历史、地理等学科，通过 AIGC 结合 VR/AR 技术创造沉浸式的学习环境。

其主要特点：① 沉浸式体验。创造逼真的虚拟环境，增强学习的趣味性和直观性。② 安全低成本。特别适用于危险或高成本的实验场景。③ 交互性强。学生可以在虚拟环境中进行各种操作和尝试。④ 数据分析。系统可以记录和分析学生在虚拟环境中的表现。

在科学教育中，许多学校开始使用 AIGC 驱动的虚拟实验室，让学生可以安全地进行各种化学实验。在历史和地理教育中，一些平台提供 AIGC 支持的虚拟实地考察，让学生能够“身临其境”地体验历史场景或地理环境。

虚拟仿真模式的主要优势在于能突破现实条件的限制，为学生提供更加丰富和安全的实践机会。《中国教育报》“智慧教育”专题报道显示，这种模式可以显著提高学生的学习兴趣和理解深度，使用虚拟实验室的学生在科学实验技能测试中的表现明显好于使用传统实验室的学生。

5. 智能教学辅助模式

智能教学辅助模式旨在为教师提供 AIGC 支持，帮助教师优化教学过程和提高教学效率。

其主要特点：① 课堂分析。利用计算机视觉和语音识别技术分析课堂情况，如学生的专注度和参与度。② 教学建议。根据学生反应，为教师提供实时的教学策略建议。③ 备课辅助。智能推荐教学资源，协助教师准备课程材料。④ 教学评估。自动生成教学效果报告，帮助教师不断改进。

好未来的“魔镜系统”项目就是典型的智能教学辅助模式应用。它通过摄像头和麦克风收集课堂数据，实时分析教学效果和学生反应，为教师提供针对性的教学策略建议。

智能教学辅助模式的主要优势在于能帮助教师更好地了解和管理课堂，提高教学质量。例如，好未来的“魔镜系统”，能很好地记录学生的学习数据，让老师全面地了解学生的学习情况。

6. 创意激发模式

创意激发模式主要应用于美术、音乐等创意学科，利用 AIGC 辅助创作过程。

其主要特点：① 创意建议。AIGC 基于大量数据分析，为学生提供创意灵感。② 技术分析。利用计算机视觉技术分析艺术作品的构图和技法。③ 协作创作。AIGC 可以作为创作伙伴，与学生共同完成作品。④ 风格模拟。学习和模拟不同艺术家的风格，帮助学生理解和尝试不同的创作方法。

在音乐教育中，已有一些 AIGC 工具可以辅助作曲，生成和声或配器。在美术教育领域，也有 AIGC 工具可以分析绘画技法，并提供创作建议。

创意激发模式的主要优势在于能拓展学生的创意思维，提供新的创作视角。虽然这一领域的 AIGC 应用还处于探索阶段，但初步反馈显示，使用 AIGC 辅助工具的学生在创作过程中表现出更高的创新性和多样性。

7. 运动技能优化模式

这种模式主要应用于体育教育，利用 AIGC 分析和优化运动技能。

其主要特点：① 动作分析。利用人工智能视觉系统对运动员的动作进行高精度量化分析。② 实时反馈。为运动员提供即时的动作纠正建议。③ 个性化训练。根据个人数据打造定制化的训练计划。④ 伤病预防。通过分析运动数据，预测和预防可能的运动伤害。

一些高级运动训练中心已经开始使用 AIGC 驱动的动作分析系统，帮助运动员优化技术动作。还有一些 AIGC 应用可以根据运动员的体能数据和目标，自动生成个性化的训练计划。

运动技能优化模式的主要优势在于能提供更精确、客观的技术分析，帮助运动员更快地提高技能水平。根据相关运动员的反馈，AIGC 能让他们更清晰地了解自己的技术问题，训练效率也得到提高。

总体来看，人工智能在教育领域的应用呈现出多样化和深入化的趋势，AIGC 正在教育的各个方面发挥着越来越重要的作用。这些应用不仅提高了学习效率和教学质量，还为学生提供了更加个性化和沉浸式的学习体验。尽管不同学科和领域的 AIGC 应用程度有所不同，但整体趋势是积极的。未来，随着 AIGC 的进一步发展和教育实践的深入，我们有理由相信，AIGC 将为教育带来更多创新和变革，推动教育向更加智能化、个性化和高效化的方向发展。

2.6 AIGC 对教育的潜在影响

AIGC 的快速发展和广泛应用正在深刻地改变教育领域的面貌。它不仅为教育带来了新的工具和方法，更重要的是，它正在推动教育理念、模式和实践等内容的全面变革。

2.6.1 教学模式的变革

AIGC 正在推动教学模式从传统的“无差别对待”向个性化、精准化方向转变。这种变革主要体现在以下几个方面。

1. 个性化教学的实现

AIGC 使得真正意义上的个性化教学成为可能。传统教育中，由于资源和时间的限制，教师很难针对每个学生的特点进行个性化教学。而 AIGC 可以通过分析学生的学习数据，包括学习进度、知识掌握程度、学习风格等，为每个学生量身定制学习内容和进度。

2. 教师角色的转变

AIGC 的应用正在推动教师角色从知识传授者向学习引导者和设计者的转变。AIGC 可以承担大量的知识传授和练习指导任务，这使得教师有更多时间和精力关注学生的全面发展，包括批判性思维、创造力、情感智能等方面的培养。

3. 混合式学习模式的普及

AIGC 正在推动混合式学习模式（线上自主学习与线下面授相结合）的广泛应用。AIGC 可以为学生提供高质量的在线学习体验，包括智能问答、个性化练习等，而面授课程则可以更多地用于深度讨论、实践操作和情感交流。

4. 沉浸式学习体验的增加

AIGC 结合 VR/AR 技术，正在为教育带来更多沉浸式的学习体验。[①] 这种技术特别适用于科学实验、历史场景重现、地理环境模拟等领域，可以突破现实条件的限制，为学生提供更加丰富和安全的实践机会。

5. 跨学科整合教学的加强

AIGC 可以快速处理和关联跨学科知识，这为跨学科整合教学提供了强大支持。AIGC 可以帮助学生建立更加全面和系统的知识结构，理解不同学科之间的联系。例如，在语文学习中，AIGC 可以结合地理、文化、经济等多个维度的知识，为学生呈现更加全面的历史图景。这种跨学科的整合教学有助于培养学生的综合思维能力和创新能力。

AIGC 正在深刻改变教育领域，推动教学模式向个性化、智能化方向发展。它不仅提高了教学效率和质量，还为学生提供了更丰富、更有针对性的学习体验。

2.6.2 学习方式的转变

AIGC 正在深刻地改变学生的学习方式，使学习变得更加主动、高效和个性化。这种转变主要体现在以下几个方面。

1. 自主学习能力的增强

AIGC 为学生提供了强大的自主学习工具。智能辅导系统可以随时回答学生的问题，提供详细的解释和指导，这使得学生可以更加独立地进行学习，不必总是依赖教师。

---

① Chamola V, Sai S, Bhargava A, et al. A comprehensive survey on generative AI for metaverse: Enabling immersive experience [J]. Cognitive Computation, 2024, 16 (6): 3286 - 3315.

2. 学习动机的提升

个性化的学习内容和即时反馈可以大大提高学生的学习兴趣和动机。AIGC 可以根据学生的兴趣和学习进度推荐适合的学习内容，这种量身定制的学习体验能让学生感受到学习的意义和成就感。

3. 批判性思维和创新能力的培养

AIGC 不仅可以提供大量的知识和信息，也促使学生更多地思考如何利用这些信息，如何判断信息的可靠性，如何创新性地解决问题。这实际上培养了学生的批判性思维和创新能力。

4. 主动高效的个性化学习

AIGC 使学习过程更加主动和高效。AIGC 可以根据学生的学习进度和表现，实时调整学习内容和难度，确保学生始终处于最佳的学习状态。这种自适应学习模式能大幅提高学习效率。

AIGC 正改变教育领域，为学生提供了前所未有的自主学习机会。它不仅提升了学习效率和动机，还培养了关键的思维能力。这种个性化、智能化的学习模式将为未来教育发展指明方向。

2.6.3 教育评价的新思路

AIGC 正在为教育评价带来新的思路和方法，使评价过程更加全面、客观和持续。这种变革主要体现在以下几个方面。

1. 多维度实时评估

传统的教育评价往往依赖于单一的考试成绩，而 AIGC 可以实现对学生学习过程的全方位、实时监测和评估。AIGC 可以收集和分析学生在学习过程中的各种数据，包括学习时间、参与度、错误类型、思维方式等，从而形成更加全面的评估。

2. 个性化进步评价

AIGC 使得对每个学生的个性化进步评价成为可能。AIGC 能够追踪每个学生的学习轨迹，评估其相对于自身起点的进步情况，而不是简单地与其他学生比较。这种评价方式更加公平，也更有利于激发学生的学习动力。

3. 形成性评价的深化

AIGC 为形成性评价提供了强大的支持。AIGC 可以持续收集和分析学生的学习数据，为教师提供及时、详细的反馈，帮助教师随时调整教学策略。这种即时反馈和调整大大提高了教学的针对性和有效性。

4. 能力导向的评价体系

AIGC 正在推动教育评价从知识导向向能力导向转变。AIGC 可以通过分析学生在解决问题过程中的表现，评估其批判性思维、创新能力、协作能力等核心素养。这种评价方式更加符合未来社会对人才的需求。

5. 教育大数据分析

AIGC为教育大数据分析提供了强大的工具，使得教育管理者可以从宏观层面分析教育质量和效果。通过分析大量的学习数据，AIGC可以识别出教育中的普遍问题和趋势，为教育政策制定和资源分配提供科学依据。

AIGC正在革新教育评价，实现多维度实时评估、个性化进步评价、深化形成性评价、建立能力导向评价体系，并提供教育大数据分析。这些创新将推动教育评价更加全面、客观、持续，最终提升教育质量和学生发展水平。

2.6.4 教育资源的重构与优化

AIGC正在推动教育资源的重构与优化，使得优质教育资源的获取和分配更加公平、高效。这种变革主要体现在以下几个方面。

1. 高质量教育内容的大规模生成

AIGC可以快速生成大量的高质量教育内容，包括课程材料、练习题、教学视频等。这不仅能减轻教师的工作负担，还能确保教育内容的及时更新和多样化。

2. 教育资源的个性化推荐

AIGC可以根据学生的学习历史、兴趣爱好和学习风格，为其推荐最合适的学习资源。这种个性化推荐不仅提高了学习效率，还能激发学生的学习兴趣。

3. 虚拟教育资源的创新

结合VR/AR技术，AIGC可以创造出丰富的虚拟教育资源，如虚拟实验室、历史场景重现、天文模拟等。这些资源可以为学生提供沉浸式的学习体验，突破传统教育的时空限制。

4. 教育资源的智能分配

AIGC可以通过分析大量数据，优化教育资源的分配。例如，根据学生的学习需求和教师的专长，合理安排课程和教学任务；根据学校的设备使用情况，优化实验室和图书馆等资源的使用效率。

AIGC不仅能创造丰富多样的教育内容，还能实现资源的个性化推荐和智能分配。通过优化教育资源的获取和利用，AIGC有望推动教育公平和质量的全面提升。

2.6.5 教育管理的智能化转型

AIGC正在推动教育管理向更加智能化、精准化的方向转变。这种转变主要体现在以下几个方面。

1. 智能化的教学管理

AIGC 可以帮助学校更好地管理教学过程，包括自动排课、学生考勤管理、作业批改等。这不仅能提高管理效率，还能为教师节省更多的时间来关注教学本身。例如，国内的一些学校开始使用 AIGC 驱动的智能排课系统，该系统可以考虑教师专长、学生需求、教室资源等多个因素，生成最优的课程安排。

2. 数据驱动的决策支持

AIGC 可以分析海量的教育数据，为学校管理者提供决策支持。例如，它可以预测学生的学业表现，识别出可能存在学习困难的学生，评估不同教学方法的效果等。华中科技大学开发的“智能学业预警”系统，通过构建智能学业预警与协同帮扶机制，能够及时发现、预警学生学业困难的问题，并建立智能化、个性化的学业帮扶模式，帮助学生顺利完成学业，促进学生成长。

3. 智能化的学校安全管理

AIGC 结合视频监测和物联网技术，可以大大提升学校的安全管理水平。例如，通过人脸识别技术控制校园出入，通过异常行为检测系统及时发现安全隐患。例如，深圳部分学校开始使用 AIGC 驱动的校园安全系统，该系统可以实时监测校园内的异常情况，如打架斗殴、可疑人员入侵等。使用这一系统的学校大大提升了校园内的安全指数。

4. 个性化的学生服务

AIGC 可以帮助学校等管理部门提供更加个性化的学生服务，如智能学习建议、心理健康咨询、职业规划指导等。这些服务可以帮助学生更好地适应学校生活，实现全面发展。例如，深圳市宝安区开发的高中发展指导平台搭载了选科抉择系统、学科潜能测评系统、专业兴趣测评系统、等级赋分管理系统、生涯探索系统和高考指南系统等。该平台会根据学生的兴趣、成绩，推荐相应的专业和选科组合以供学生参考。

AIGC 正在深刻改变教育管理方式，从智能化教学管理到数据驱动决策，从安全管理到个性化服务，都体现出 AIGC 的强大潜力。这种转变不仅提高了管理效率，还为学生提供了更优质的教育体验，推动教育事业向更加智能化、精准化的方向发展。

2.6.6 教师发展的新机遇与挑战

AIGC 的迅速发展正在深刻地改变教育领域，为教师带来前所未有的机遇与挑战。从角色转变到专业发展，从人机协作到培养模式，再到评价体系，教师面临着全方位的转型需求。

1. 教师角色的重新定位

随着 AIGC 承担越来越多的知识传授和练习指导任务，教师的角色正在从知识传授者向学习引导者、情感支持者和创新思维培养者转变。这要求教师具备更高的综合素质和专业能力。例如，新加坡教育部推动的“教师成长模型”改革，强调要培养教师的设计思维、数字素养和情商管理能力。参与这一项目的教师表示，他们在课堂管理、与学生沟通和创新教学方面的能力有显著提升。

2. AIGC 辅助教师专业发展

AIGC 可以为教师提供个性化的专业发展支持，如智能化的教学反馈、个性化的培训推荐等。例如，沈阳市浑南区教育局创建的“基于 AIGC 智能研修赋能教师专业发展”共同体项目，以人工智能助推教师队伍建设，构建教师教学基本技能 AIGC 实训室、课堂教学 AIGC 诊断室、虚拟教研室等多形态教研空间，提供模拟实训环境，创新教学、评价、研训和管理应用，促进教师专业化发展。

3. 教师与 AIGC 的协作

未来的教育将是人机协作的模式，教师需要学会如何有效地利用 AIGC 工具来提升教学效果。[①] 这包括如何设计 AIGC 辅助的教学活动，如何解读和利用 AIGC 生成的数据分析结果等。例如，麻省理工学院利用“AIGC＋教育”项目，探索了教师与 AIGC 的最佳协作模式。参与“AIGC＋教育”项目的教师表示，通过与 AIGC 的合作，他们能更好地了解学生的学习情况，并对学生的学习状态有更准确的把握。

4. 教师评价体系的变革

随着教师角色的转变，传统的教师评价体系也需要进行相应调整。未来的教师评价可能更加注重教师的创新能力、学生引导能力、情感支持能力等方面。例如，芬兰正在试点一种新的教师评价系统，该系统不仅考虑学生的学习成绩，还评估教师在培养学生创新能力、批判性思维等方面的表现。初步数据显示，这种评价方式能更全面地反映教师的综合能力，教师的工作满意度也有所提升。

---

① 祝智庭，韩中美，黄昌勤. 教育人工智能（eAI）：人本人工智能的新范式［J］. 电化教育研究，2021，42（1）：5－15.

5. 教师培养模式的创新

为了适应 AIGC 时代的需求，教师培养模式也需要创新。未来的教师教育可能更加注重跨学科知识的整合，以及数字技术、人工智能等新兴领域的知识储备。例如，新加坡南洋理工大学国立教育学院正在推行“未来教师”培养计划，该计划在传统教育课程的基础上，增加了人工智能、数据科学、设计思维等课程。参与该计划的学生表示，这种培养模式让他们更有信心应对未来教育的挑战。

面对 AIGC 时代的教育变革，教师需要不断学习和适应。通过拥抱新技术、提升综合能力，教师可以在这场变革中扮演更加重要的角色，引领教育走向更加智能、个性化和高效的未来。

2.6.7 教育公平的新机遇与挑战

AIGC 正在彻底变革教育领域，为推动教育公平带来前所未有的机遇。从优质资源普及到个性化学习，从特殊教育创新到缩小数字鸿沟，AIGC 的影响广泛而深远。然而，这一技术也带来了新的挑战。

1. 优质教育资源的普及

AIGC 可以帮助将优质的教育资源推广到更广泛的地区，特别是偏远和欠发达地区。通过在线教育平台和 AIGC 辅导系统，这些地区的学生可以获得高质量的教育内容和个性化的学习支持。

2. 个性化学习的普及

AIGC 使得个性化学习不再是少数人的特权。通过 AIGC 驱动的自适应学习系统，每个学生都可以获得符合自己学习节奏和风格的教育。例如，华中师范大学的“小雅智能教学平台”通过人工智能赋能学习，能够基于学生过程性学习数据和知识图谱进行分析，可视化呈现学情，根据不同的学习状态提供自主学习和个性化学习资源推荐。

3. 特殊教育的创新

AIGC 为特殊教育提供了新的可能性。凭借人工智能应用，可以增强特殊教育学生的身体器官功能，帮助他们提升生活和学习能力，更好地融入社会。通过语音识别和自然语言处理技术，可以帮助听障学生更好地参与课堂活动。通过智能辅助系统，苏州工业园区特殊教育指导中心为特殊学生提供“一生一案”的个性化学习支持。北京联合大学特殊教育学院利用科大讯飞的听见语音转写系统为听障学生授课；美国罗纳德·科尔教授的团队研发出智能导学系统来帮助听障儿童进行词汇学习，这有力地推动了特殊教育的创新发展。

4. 数字鸿沟的挑战

尽管 AIGC 为教育公平带来了机遇，但也可能加剧数字鸿沟。那些无法获得必要的技术设备或网络连接的学生可能会进一步被边缘化。为了应对这一挑战，一些国家和组织正在采取行动。例如，印度政府启动了“数字印度”计划，[①] 旨在为所有公民提供数字基础设施和互联网接入服务。在教育领域，该计划已经帮助数百万印度农村学生获得了在线教育资源。

5. 算法公平性的挑战

AIGC 的算法可能会无意中引入或放大现有的社会偏见，从而影响教育公平。假若 AIGC 在推荐学习资源或评估学生表现时存在偏见，可能会对某些群体造成不公平的影响。例如，联合国教育、科学及文化组织大会第 41 届会议上发布的《人工智能伦理问题建议书》就明确提出，人工智能算法可能复制和加深现有的偏见，从而加剧已有的各种形式的歧视、偏见和成见，由此产生新的伦理挑战。为了应对这一挑战，研究人员和教育工作者正在探索如何构建更加公平和透明的 AIGC。[②]

面对 AIGC 带来的机遇与挑战，我们需要积极探索，制定合理政策，确保技术发展与教育公平并行。只有妥善应对这些挑战，我们才能充分发挥 AIGC 的潜力，真正实现教育机会的均等化，为每个学生创造公平的学习环境。[③]

---

① 鲍世超. 时代聚变：数字经济与创新发展［M］. 北京：中国经济出版社，2024：46.

② 郑世林，姚守宇，王春峰. ChatGPT 新一代人工智能技术发展的经济和社会影响［J］. 产业经济评论，2023（03）：5－21.

③ 杜雨，张孜铭. AIGC：智能创作时代［M］. 北京：中译出版社，2023：215.

第3章

AIGC赋能初中语文教学变革

AIGC凭借其强大的自然语言处理能力和创造性输出能力，为传统语文教学注入了新的活力和可能性。它不仅能生成个性化的学习内容，还能提供智能化的教学辅助，为师生双方带来全新的教学体验。这种革命性的技术与传统语文教育的结合，不仅在理论层面上挑战了我们对语文教学的认知，也在实践中开辟了教育创新的新途径，同时对整个社会的语言文化发展产生了深远影响。

3.1 初中语文教学变革的需求

语文作为基础教育阶段的核心学科之一，对学生的综合素养培养具有不可替代的作用。它不仅是传承中华优秀文化、培养学生语言能力的重要载体，而且是塑造学生人文精神、提升思维能力的关键途径。然而，长期以来，传统的语文教学模式在激发学生兴趣、培养创新思维、实现个性化教学等方面存在诸多不足，难以满足新时代教育发展和人才培养的需求。近年来，语文教学改革不断深化，强调以学生为中心，注重培养学生的核心素养。《义务教育语文课程标准（2022年版）》（以下简称“新课标”）强调：

① 提高学生的语言运用能力。语文教学应注重培养学生在实际生活中运用语言的能力，包括口语表达、书面写作、阅读理解等多个方面。教学中应创设更多真实的语言运用情境，让学生在实践中提升语言运用能力。

② 培养学生的思维能力。语文教学应注重培养学生的逻辑思维、批判性思维和创新思维能力。通过引导学生进行深度阅读、分析、讨论、写作，帮助学生形成独立思考的习惯，提高分析问题和解决问题的能力。

③ 提升学生的审美能力。语文教学应注重培养学生的文学鉴赏能力和审美情趣。通过引导学生欣赏优秀文学作品，感受语言的魅力，培养学生的人文情怀和审美素养。

④ 实现个性化教学。教学应尊重学生的个体差异，针对不同学生的特点和需求，采用灵活多样的教学方法，实现因材施教。

⑤ 注重学生的主动参与。教学应创设开放、互动的学习环境，鼓励学生主动探索、思考和表达，培养学生的学习兴趣和自主学习能力。

实现这些教学改革目标，需要教育工作者在教学方式和手段上进行创新。而 AIGC 的飞速发展，为初中语文教学带来了新的可能性。AIGC“凭借其卓越的自然语言处理和内容创新能力”① 以及个性化推荐能力，在教育领域引起了广泛关注。这些特性与初中语文教学的需求高度契合，有望成为推动初中语文教学改革的有力工具。

3.1.1 紧跟技术发展趋势

随着 AIGC 的快速发展，教育领域正面临前所未有的机遇和挑战。作为基础教育的重要组成部分，初中语文教学必须与时俱进，充分利用新兴技术来提高教学效果。AIGC 在自然语言处理、文本生成、语义理解方面的突破，为语文教学提供了广阔的应用前景。具体而言，AIGC 可以从五个方面促进初中语文教学变革。

① 个性化学习资源生成：AIGC 可以根据每个学生的学习水平、兴趣和学习风格，自动生成适合其需求的阅读材料、练习题和学习任务。这种高度个性化的学习体验可以大大提高学习兴趣和学习效率。

② 智能写作辅助：AIGC 写作助手可以为学生提供写作建议，包括词语搭配、句式变换、逻辑衔接等，帮助学生提高写作水平。同时，它还可以根据学生的写作内容提供相关的背景知识和素材，拓展学生的思路。

③ 自然语言交互：基于自然语言处理技术的 AIGC 可以与学生进行自然对话，模拟各种语言交际场景，帮助学生提高口语表达能力和交际能力。这种互动式学习方式比传统的课堂练习更加生动有趣。

④ 智能阅读理解辅导：AIGC 可以根据学生阅读文本的情况，自动生成有针对性的问题和解释，引导学生深入理解文本内容，培养批判性思维能力。

⑤ 教学资源智能推荐：通过分析教师的教学风格和学生的学习需求，AIGC 可以为教师推荐最适合的教学资源和教学策略，从而提高教学效果。

将这些技术融入教学过程，可以大大增强教学的互动性和趣味性，使学生更好地适应数字时代的学习需求。

3.1.2 突破传统教学瓶颈

长期以来，初中语文教学一直采用传统的教学模式，以教师讲授、学生被动接受为主要方式。这种模式在培养学生基本语言技能方面发挥了重要作

---

① 吴军其，刘萌，王嘉桐，等. AIGC 辅助教师作文评价的效果研究［J］. 现代教育技术，2024，34（10）：53－64.

用，但在激发学生创造力、培养批判性思维和自主学习能力方面显然不足。在数字时代，学生获取信息的渠道日益多元化，单一的灌输式教学已无法满足他们的学习需求。

传统教学模式存在以下三个主要问题。第一，传统语文教学往往过于注重知识的灌输和记忆，忽视了学生主动探索和思考的过程。这种以教师为中心、以课本为主的教学方式，虽然可以在短期内提高学生的应试能力，但学生往往被动接受知识，缺乏主动思考和创新的机会，导致语文学习成为一种枯燥乏味的任务，而非充满乐趣的探索过程。第二，传统语文教学难以实现差异化教学。每个学生的学习基础、兴趣爱好和认知特点都不尽相同，但传统的大班制教学模式难以照顾到每个学生的需求差异。教师往往只能采用“一刀切”的教学方法，难以针对不同学生的特点提供有针对性的指导和帮助。这不仅影响了教学效果，也在一定程度上抑制了学生的发展。第三，传统语文教学在培养学生的语言运用能力、思维能力、审美能力等方面还有待加强。语文学习不应仅限于课本知识的掌握，更应注重培养学生的实际语言应用能力、逻辑思维能力、创新思维能力、文学审美能力。然而，受限于课时、教学资源等因素，传统语文教学往往难以兼顾这些能力的培养。

教学改革可以引入新的教学模式和方法，如基于 AIGC 的智能辅导系统、VR 情境教学等，更好地激发学生的学习兴趣和潜能。例如，利用 AIGC 创造虚拟场景，可以让学生身临其境地体验古典文学作品中描述的环境，大大增强学习的沉浸感和深度。这不仅能提高学生的学习兴趣，还能帮助他们更好地理解和感受文学作品的内涵。

具体来说，AIGC 可以通过以下五种方式突破传统教学瓶颈：

① 提供适切化学习路径：AIGC 可以根据学生的学习表现和进度，自动调整学习内容和难度，确保每个学生都能获得最适合自己的学习体验。

② 增强课堂互动：通过 AIGC 驱动的互动系统，教师可以更方便地组织课堂讨论、小组协作等活动，提高学生的参与度。

③ 实现即时反馈：AIGC 可以为学生的学习过程提供实时反馈，帮助他们及时发现和纠正错误，加深对知识的理解。

④ 拓展学习资源：AIGC 可以帮助教师和学生获取丰富多样的学习资源，突破教材限制，拓宽学习视野。

⑤ 促进自主学习：通过 AIGC 辅助的“自适应学习系统”,[①] 学生可以根据自己的兴趣和需求自主安排学习内容和进度，培养自主学习能力。

---

① 周琴，等. 智慧赋能教师专业发展［M］. 重庆：西南师范大学出版社，2021：129.

3.1.3 满足个性化学习需求

随着教育理念的不断进步和发展，学生对个性化学习的需求日益增长。在传统的教育模式中，我们常常采用所有学生接受相同的教学内容和方法的教学方式，然而这种方式忽视了学生之间的个体差异，难以满足每个学生的独特需求。事实上，每个学生都有自己独特的学习风格、兴趣爱好和知识基础，这些因素共同构成了学生的个性化学习需求。①

AIGC 的出现为实现个性化教学提供了强有力的支持。这种技术通过深度学习算法分析大量的学生学习数据，包括学习行为、成绩表现、兴趣倾向等多个维度的信息，准确识别每个学生的学习特点和薄弱环节，从而为每个学生量身定制学习内容和练习题。例如，对于写作能力较弱的学生，AIGC 可以提供更多的写作指导和范例。这些指导可能包括详细的写作技巧讲解、常见错误分析、优秀作文欣赏等内容。AIGC 还可以根据学生的具体问题，如遣词造句、段落结构、主题表达等方面的不足，生成针对性的练习题和写作提示。通过这种方式，学生可以在自己最需要提升的领域得到集中训练，从而快速改善写作能力。相反，对于阅读理解能力较强的学生，AIGC 则可以推荐更具挑战性的阅读材料，这些材料可能包括难度较高的文学作品、深度思考性文章或跨学科的综合性阅读材料。AIGC 还可以根据学生的阅读兴趣，推荐相关的扩展阅读材料，激发学生的学习兴趣，拓展其知识面。

这种个性化的学习体验不仅可以提高学习效率，还能增强学生的学习热情和自信心。当学生发现学习内容与自己的能力水平和兴趣爱好相匹配时，他们更容易投入学习，并在学习过程中获得成就感。这种正向的学习体验可以形成良性循环，进一步激发学生的学习动力。

此外，AIGC 还可以实现动态调整的个性化学习计划。AIGC 会持续监测学生的学习进度和表现，根据学生的实时反馈和学习成果，不断优化和调整学习内容和难度。这种灵活的学习方式可以确保学生始终处于最佳的学习状态，既不会因为内容过于简单而感到无聊，也不会因为难度过高而产生挫败感。

通过这种方式，每个学生都能获得最适合的学习资源和指导，真正实现因材施教。这不仅能满足学生的个性化学习需求，还能培养学生的自主学习能力和终身学习意识。在这个过程中，教师的角色也将发生转变，从知识的传授者转变为学习的引导者和促进者，更好地支持学生的个性化发展。②

---

① 郭振南. 关注个体差异：成就学生自身的进步与发展［J］. 黑龙江教师发展学院学报，2024，43（12）：112－116.

② 张红英. 基于核心素养的历史教学中的角色创新［J］. 新校园，2024（11）：55－57.

3.1.4 提高教学效率和质量

在传统的初中语文教学中，教师需要花费大量时间和精力在批改作文、设计教案、准备教学材料等工作上。这些烦琐的任务不仅消耗了教师的精力，也限制了教师在教学创新和个性化指导方面的投入。而 AIGC 的引入可以有效解决这些问题，为教师释放更多时间和精力，从而提升整体的教学质量。

首先，AIGC 辅助批改作文系统可以帮助语文教师极大地提高作文批改的效率和质量。这种系统能快速分析学生的作文，从词汇运用、语法结构、逻辑内容、主题表达等多个维度，提供全面的评估报告。与传统的人工批改相比，AIGC 不仅能节省大量时间，还能提供更加客观、详细和一致的反馈。例如，系统可以精确指出学生在用词、句式、段落结构等方面的优缺点，并给出具体的改进建议。这种详细的反馈可以帮助学生更清楚地了解自己的写作水平，有针对性地进行改进。

其次，AIGC 可以帮助语文教师根据学生的错误类型自动生成针对性的练习。例如，假若系统发现某个学生在使用修辞手法方面存在不足，就可以自动生成一系列关于修辞手法的练习题，帮助学生加强这方面的训练。这种个性化的练习不仅能帮助学生有效提高，还能让教师更好地了解每个学生的学习需求，从而提供更有针对性的指导。

此外，AIGC 还可以在教学设计方面为教师提供强大的支持。通过分析大量的教学案例和学生学习数据，AIGC 可以为教师提供丰富的教学资源和创新的教学方法建议。例如，系统可以根据教学目标和学生特点，自动生成教案建议和教学活动设计，包括课堂导入、知识讲解、课堂互动、总结反馈等各个环节的具体实施方案。这些建议可以激发教师的创新思维，帮助他们设计出更加有趣、有效的课堂活动。①

AIGC 还可以帮助教师更好地进行课堂管理和学生评估。例如，通过实时分析学生的课堂表现和学习进度，AIGC 可以帮助教师及时发现学生的学习困难，并给出干预建议。系统还可以自动生成详细的学生学习报告，帮助教师全面了解每个学生的学习情况，从而更好地进行个性化指导。

值得注意的是，AIGC 的引入并不是要取代教师，而是要赋能教师，使他们能将更多精力投入与学生的互动和个性化指导中。通过减少烦琐的事务性工作，教师可以有更多时间和精力关注学生的个性化需求，设计更有创意

① 陈增照，石雅文，王梦珂．人工智能助推教育变革的现实图景：教师对 ChatGPT 的应对策略分析[J]．广西师范大学学报（哲学社会科学版），2023，59（2）：75－85.

的教学活动，提供更深入的指导。这不仅能提高教学质量，还能促进教师的专业发展。

3.1.5 拓展教学应用场景

AIGC 在初中语文教学中的应用前景广阔，可以为传统教学模式带来革命性的变革。这种技术不仅能丰富教学内容，还能大幅提升学习体验的趣味性和实用性。AIGC 可以具体应用到初中语文教学的各个方面。

1. 语法教学

在语法教学中，AIGC 可以创造丰富的情境对话，让学生通过实际应用掌握语法规则。这种方法比传统的填空练习更加生动有趣，也更有利于学生将所学知识应用到实际交流中。

AIGC 可以根据特定的语法点生成各种对话场景。譬如在教授比喻句时，AIGC 可以生成下列更富有创意的对话：

学生 A："你看那朵云，像不像一只羊？"

学生 B："哇，真的呢！那朵云就像一只蓬松的小羊在天空中漫步。"

这种对话不仅帮助学生理解比喻的概念，还能激发他们的想象力和表达能力。

在教授复句时，AIGC 可以生成更复杂的对话情境：

爸爸："小李，你为什么看起来这么沮丧？"

小李："虽然我很努力地复习了，但是这次考试还是没有考好。我觉得很失望。"

爸爸："别灰心，失败是成功之母。只要你继续努力，相信下次一定会有进步。"

通过这个对话，学生可以学习到转折复句和条件复句的用法，同时也可以感受到积极的人生态度。

通过这些生动的情境对话，学生可以在实际的语言环境中理解和运用语法规则，从而更好地掌握语言知识，提高语言表达能力。

2. 阅读与鉴赏训练

在阅读理解训练方面，AIGC 可以自动生成有针对性的问题，引导学生深入思考文本内容。这不仅能提高学生的阅读理解能力，还能培养他们的批判性思维能力。

具体来说，AIGC 可以根据文章的主题、结构和难度，生成不同层次的问题，如基础理解问题，考查学生对文章主要内容的把握；深层分析问题，要求学生分析作者的写作意图、文章的结构特点等；延伸思考问题，鼓励学生将文章内容与自身经验或社会现实联系起来。

例如，对于一篇描述环境保护的文章，AIGC 可以生成如下问题：

文章提到了哪些环境问题？

作者使用了什么写作手法来强调环境保护的重要性？

你认为我们日常生活中可以采取哪些措施来保护环境？

通过回答这些问题，学生不仅能逐步加深对文章内容的理解，还能培养分析、评价和创新思维能力。

3. 表达与交流训练

在表达与交流训练方面，AIGC 可以充当虚拟对话伙伴，为学生提供丰富的交流练习机会。[①] AIGC 可以模拟各种对话场景，如日常交谈、学术讨论、演讲等，让学生在安全无压力的环境中练习口语表达。

AIGC 还可以实时分析学生的发音、语调、语速等，并提供即时反馈。例如，它可以指出发音错误，建议适当的语气变化，或提醒学生注意语速控制。这种个性化的反馈可以帮助学生有针对性地改进自己的口语表达能力。

此外，AIGC 还可以根据学生的兴趣和水平，推荐适合的表达交流主题和材料。对于初学者，AIGC 可以提供简单的日常对话练习；对于水平较高的学生，AIGC 则可以模拟更复杂的场景，如辩论或即兴演讲。

4. 作文教学

在作文教学中，AIGC 可以成为学生和教师的得力助手。AIGC 能根据不同的主题、体裁和难度要求，生成多样化的写作主题和提纲。这一功能可以有效地帮助学生突破思路瓶颈，激发创作灵感。例如，教师可以使用 AIGC 生成与当前社会热点或学生日常生活相关的写作主题，如“探讨手机使用对青少年学习的影响”或“描述一次难忘的校园活动经历”等。AIGC 还可以为每个主题提供详细的写作提纲，包括开头、主要论点和结尾的建议，帮助学生更好地组织思路。

此外，AIGC 还可以根据学生的写作水平和兴趣，个性化地推荐适合的写作练习。对于写作能力较弱的学生，AIGC 可以提供更多的引导和范例；而对于水平较高的学生，AIGC 则可以提出更具挑战性的写作任务，如要求运用特定的修辞手法或写作技巧。

通过这些多样化的应用场景，AIGC 可以极大地丰富初中语文教学的内容和形式，为学生创造更加生动、有趣且富有成效的学习体验。

---

① 杜雨，张孜铭. AIGC：智能创作时代［M］. 北京：中译出版社，2023：132.

3.1.6　培养学生的数字素养

在人工智能迅速发展的今天，培养学生的数字素养已成为初中语文教育改革的重要方向之一。数字素养不仅仅是掌握一些技术操作，更是一种在数字时代生存和发展的综合能力。它包括对数字技术的理解和应用能力、信息获取和处理能力、数字环境下的交流协作能力，以及数字伦理意识等多个方面。在初中语文教学中融入 AIGC，可以为学生提供丰富的学习体验，帮助他们从小培养这些关键能力。

1. 智能阅读系统：培养信息检索和关联思考能力

AIGC 驱动的智能阅读系统可以根据学生的阅读水平和兴趣推荐合适的文章，并提供互动式的阅读体验。例如，系统提供相关背景知识的链接，不仅可以激发学生的阅读兴趣，还能培养他们的信息检索和关联思考能力。

智能阅读系统还可以根据学生的阅读历史和兴趣偏好，推荐个性化的阅读内容。这种定制化的阅读体验可以帮助学生建立广泛的知识网络，培养他们的跨学科思维能力。同时，系统还可以根据学生的阅读进度和理解程度，动态调整文本难度和提问深度，实现真正的因材施教。

教师可以利用智能阅读系统的数据分析功能，了解学生的阅读习惯和难点，从而有针对性地进行指导。例如，假若系统显示某个学生在理解古文方面存在困难，教师可以为其提供更多的古文阅读材料和辅助解释。

2. AIGC 辅助写作：提升写作技能与技术应用能力

AIGC 写作助手可以为学生提供实时的语法纠错、词语推荐和文章结构建议。通过使用这些工具，学生不仅可以提高写作水平，还能学习如何有效地利用技术来优化自己的作品。例如，学生在写作过程中可以使用 AIGC 工具进行初步的语法检查和修改，但同时要学会对 AIGC 的建议进行判断和筛选。教师可以引导学生思考 AIGC 给出的建议是否恰当，培养他们的批判性思维能力。

此外，AIGC 写作助手还可以帮助学生扩展思路。当学生在写作中遇到瓶颈时，可以利用 AIGC 生成相关的创意点子或素材。这不仅可以激发学生的创造力，还能培养他们运用技术解决问题的能力。教师可以设计一些任务，让学生比较纯人工写作和 AIGC 辅助写作的结果，分析两者的优劣，从而加深对 AIGC 特点的理解。

3. VR 和 AR 技术：创造沉浸式学习体验

在语文教学中引入 VR 和 AR 技术，可以为学生创造身临其境的学习体验。[①] 例如，通过 VR 技术，学生可以“穿越”到过去，体验古典文学作品中描述的场景。在学习《桃花源记》时，学生可以通过 VR 设备“漫步”于陶渊明笔下的桃花源，感受“芳草鲜美，落英缤纷”的景象，深入理解作品所描绘的理想世界。

AR 技术可以将虚拟信息叠加到现实环境中，丰富学习内容。[②] 比如，在学习诗词时，学生可以通过 AR 应用，使用学习平板扫描相应的二维码，即可查看诗人的生平介绍、创作背景等补充信息，甚至欣赏到与诗词意境相符的动画效果。这种融合现实与虚拟的学习方式，不仅能激发学习兴趣，还能培养学生对新技术的适应能力。

教师可以设计一些基于 VR/AR 的协作学习任务。例如，让学生分组创作一个虚拟的文学场景，或在 AR 环境中共同完成一个互动故事。这类活动不仅能培养学生的创造力和团队协作能力，还能让他们体验到技术在文学创作和传播中的应用潜力。

通过以上方式，我们可以看到 AIGC 在语文教学中具有广泛应用潜力。这不仅能提高教学效果，更重要的是它可以帮助学生从小培养数字素养，为他们未来在数字社会中的学习和工作奠定重要基础。

3.2 丰富教学理论基础

AIGC 与初中语文教学的结合为教育理论研究提供了新的视角和方向。它促使我们重新思考语言学习的本质，探讨人工智能如何模拟和增强人类的语言能力。同时，它推动了教育技术理论的创新，激发了对智能化、个性化教学模式的深入探讨。

3.2.1 丰富初中语文人工智能教育应用理论

随着人工智能技术的快速发展，AIGC 已成为教育领域的一个重要研究方向。AIGC 在语文教学中的应用实践，将为人工智能教育应用理论的发展提供新的视角和案例支持。

① 王璐，崔丽红. 计算机虚拟现实技术［M］. 延吉：延边大学出版社，2020：44.

② 张丽君，焦雄飞. 虚拟现实与增强现实技术在学习资源建设中的融合应用［J］. 办公自动化，2024，29（23）：52 - 54.

一方面，可以探寻 AIGC 在初中语文教学中的应用模式。这包括探讨如何将自然语言处理、图像生成、语音合成等 AIGC 能力融入语文课程的不同环节，如阅读理解、写作训练、口语表达等。通过系统梳理这些应用模式，我们可以建立起一个较为完整的 AIGC 辅助语文教学的理论框架，为 AIGC 理论提供实践基础。另一方面，对 AIGC 在初中语文教学中的应用效果进行全面评估。这涉及如何设计科学合理的评估指标，如何收集和分析相关数据，以及如何解释评估结果等问题。通过这些研究，我们可以深入理解 AIGC 对语文学习效果的影响机制，为 AIGC 在教育领域的效果评估体系贡献新的方法和思路。

3.2.2 推动初中语文教学理论创新

AIGC 的引入必然会对传统的初中语文教学理论和模式产生深远影响。通过探索基于 AIGC 的新型初中语文教学实践，我们可以推动初中语文教学理论的创新和发展。

在教学设计方面，AIGC 可以为初中语文教师提供智能化的备课工具，生成个性化的教学内容和资料。这促使我们重新思考教学设计的理念和方法，探索如何结合 AIGC 能力优化教学设计流程，提高教学设计的效率和质量。在课堂组织方面，AIGC 可以作为智能助教参与课堂互动，为学生提供即时反馈和个性化指导。这推动我们重新定义教师和学生在课堂中的角色，探索构建人机协作的新型课堂模式，提高课堂教学的互动性和针对性。在评价方式方面，AIGC 可以提供更加智能和全面的学习评估。这促使我们重新审视传统的评价理论，探索利用 AIGC 实现过程性评价、形成性评价和总结性评价的有机结合，构建更加科学和人性化的评价体系。[①]

3.2.3 促进初中跨学科教学理论研究

AIGC 与初中语文教学相结合具有典型的跨学科特征，涉及教育学、语言学、计算机科学、认知科学等多个学科领域。通过这一研究，我们可以促进初中不同学科之间的交流与融合，为跨学科教学理论研究提供有益的尝试和经验。

从教育学的角度出发，AIGC 与初中语文教学实践相结合，是将先进技术与教育理念和方法相融合，以提高教学效果和学习体验。这推动着教育学

① 张衍标. 数据赋能中学语文教学评价运用与启示［J］. 华夏教师，2023（10）：73－75.

理论与实践的创新，为教育信息化和智能化发展提供新的思路。从语言学角度来看，AIGC 与初中语文教学实践相结合，能展现出 AIGC 在语言理解和生成方面的能力，这将为语言学习理论的发展提供新的视角，为理解语言的实际本质提供了新工具，也为语言习得过程研究带来新启示。从计算机科学的角度来看，AIGC 与初中语文教学实践相结合，有助于优化和改进 AIGC 算法，以更好地适应初中语文教学的需求。这将涉及自然语言处理、机器学习、知识图谱等多个技术领域的创新，推动 AIGC 在教育领域的深度应用。从认知科学的角度出发，研究 AIGC 如何影响学生的认知过程和学习策略，可为认知科学理论提供新的研究素材和实验场景。

总之，AIGC 与初中语文教学实践相结合在理论层面的意义是多方面的。它不仅能丰富人工智能教育应用理论，推动学科教学理论创新，还能促进跨学科教育理论研究的深入开展。这些理论创新和突破将为 AIGC 在初中语文教学中的实际应用奠定坚实的理论基础，同时也为整个教育领域的智能化转型提供重要的理论支撑。

3.3 激发教学实践活力

在数字化转型的教育新时代，AIGC 技术为语文教学注入了全新动能。这一技术突破不仅重构了传统的教学范式，更通过智能化、个性化、情境化的教学支持，让语文课堂焕发出前所未有的生机与活力。从构建富有生趣的学习场域，到培养学生的语文核心素养；从促进语文教师的专业发展，到推动教育公平，AIGC 正在全方位赋能语文教学实践，系统性地激发语文教学的创新活力，为初中语文教学实践提供有力支撑。

3.3.1 构建富有生趣的学习生态场域

AIGC 可以为语文教学创造全新的生态化学习环境，使教与学的过程更具互动性和生命力。首先，AIGC 能够基于生态教育理念，协助语文教师设计符合学生认知发展规律的教学方案，通过智能分析班级整体学情和个体差异，生成动态调整的教学内容和活动设计，使课堂呈现有机生长的特性。其次，在资源构建方面，AIGC 可以智能生成相互关联、梯度递进的学习素材群，如主题式阅读文本链、情境化写作任务组等，形成具有生态关联性的教学资源网络。最后，AIGC 支持建立生生互动、师生互动的学习共同体，通过智能匹配学习伙伴、自动组建讨论小组等方式，促进知识在群体中的自然流动与增值。

在构建生态化学习场域方面，AIGC 能展现出独特的优势。AIGC 能够根据学习者的认知轨迹，智能生成螺旋上升的学习任务序列，使知识获取呈现有机生长的特征。例如，AIGC 可以基于学生前期的阅读记录，推荐相关拓展文本和探究性问题，形成知识生长的闭环。同时，AIGC 创设的虚拟学习空间支持多角色互动，学生可以在模拟的真实社会情境中担任不同角色，通过相互协作完成语言实践任务，这种社会化学习模式能有效促进语言能力的自然习得。

3.3.2 培养学生的语文核心素养

在培养学生语文核心素养方面，AIGC 发挥着重要作用。

首先，AIGC 可以为学生提供多样化的语言实践机会。例如，AIGC 可以模拟不同身份和场景的对话者，让学生在各种情境中练习口语表达；还可以根据学生的写作内容给出即时反馈和修改建议，帮助学生提升写作水平。这些丰富的语言实践有助于全面提升学生的语言表达能力。

其次，AIGC 可以激发学生的创造性思维。通过与 AIGC 的互动，学生可以探索语言的多种可能性，尝试不同的表达方式和思路，从而培养创新意识和发散思维能力。例如，在写作训练中，AIGC 可以提供多种创意构思和情节发展建议，启发学生的想象力。

再次，在信息素养方面，学生在使用 AIGC 的过程中，需要学会如何有效地提问、筛选和评估信息，这有助于培养他们的信息获取、处理和应用能力。同时，与 AIGC 的互动也能培养学生的批判性思维，学生需要对 AIGC 给出的答案进行判断和验证，而不是盲目接受。

最后，AIGC 为学生提供了更多自主学习的机会。学生可以根据自己的学习进度和兴趣，利用 AIGC 进行自主探索和学习，这有助于培养他们的自学能力和终身学习意识。

3.3.3 促进初中语文教师的专业发展

AIGC 的应用为初中语文教师的专业发展带来了新的机遇和挑战。

首先，初中语文教师需要学习如何有效地运用 AIGC 来优化教学。这包括了解 AIGC 的功能和特点，掌握 AIGC 辅助教学的方法和策略，以及学习将 AIGC 与传统教学方法有机结合。这个学习和适应的过程本身就是教师专业成长的重要内容。

其次，AIGC 的应用促使初中语文教师重新思考自己的角色定位。在 AIGC 可以承担部分教学任务的情况下，教师需要更多地扮演引导者、组织者和启发者的角色，关注学生的全面发展和个性化需求。这要求教师不断提升自己的教育理念和教学能力。

再者，AIGC 使初中语文教师有更多时间和精力专注于教学创新和个性化指导。它可以帮助教师减轻一些常规性工作的负担，如批改作业、生成教学资料等，教师可以利用这些额外的时间深入研究教学方法，开发创新课程，或者为学生提供更多个性化的指导和关怀。

最后，AIGC 为初中语文教师提供了丰富的教学反馈和数据分析。教师可以借助 AIGC 深入了解学生的学习情况，发现教学中的问题和不足，从而不断改进和优化自己的教学实践。这种基于数据的持续改进过程，是教师专业发展的重要途径。

3.3.4 推动教育公平

AIGC 在推动教育公平方面具有重要意义。[①]

首先，AIGC 可以为每个学生提供个性化的学习支持，不论学生的地理位置、家庭背景如何，都能获得适合自己的学习资源和指导。这有助于缓解教育资源分配不均的问题，让每个学生都有机会获得高质量的教育。

其次，在师资力量相对薄弱的地区，AIGC 可以在一定程度上弥补优质教育资源的不足。例如，通过 AIGC，这些地区的学生可以获得由顶尖教师设计的课程内容，享受到个性化的学习指导，这大大提升了教育的整体质量。

此外，AIGC 有助于解决特殊教育需求方面的问题。对于一些学习障碍或有特殊需求的学生，AIGC 可以提供更具针对性的学习支持，帮助他们更好地融入主流教育。

AIGC 与语文教学的深度融合，标志着教育信息化进入智能化新阶段，这项技术革新不仅提升了教学效率，更重要的是重构了“教”与“学”的生态关系，为语文教育注入了可持续发展的新动能。随着技术的持续迭代与教育理念的深度融合，AIGC 必将持续激发初中语文教学的创新活力，推动其向更高质量、更具内涵的方向发展。

---

① 刘通，陈梦曦. AIGC 新纪元：洞察 Chat GPT 与智能产业革命［M］. 北京：中国经济出版社，2023：197.

3.4 推动智慧教学变革

在数字化转型浪潮下，教育领域已经历了以智能技术为驱动的结构性变革。AIGC 在初中语文教学中的应用正在重塑传统的教学场景，从教育适应性、管理科学化和技术伦理等维度构建语文教育新样态，使智慧教学成为教育现代化的核心驱动力。

3.4.1 应对人工智能时代的教育挑战

随着人工智能技术的迅猛发展和广泛应用，未来社会对人才的需求正在发生深刻而急剧的变化。传统的教育模式和内容已经难以应对这种变化带来的挑战。将 AIGC 引入初中语文教学，为应对这一挑战提供了创新性的解决方案。

首先，AIGC 可以为学生提供个性化的学习体验。通过分析学生的学习数据和行为模式，AIGC 能精准识别每个学生的优势和不足，从而为其量身定制学习内容和规划学习进度。这种个性化的教学方式不仅能提高学习效率，还能激发学生的学习兴趣和潜能。

其次，将 AIGC 引入初中语文教学有助于培养学生的批判性思维和创造力。AIGC 可以生成大量的文本材料和问题，为学生提供丰富的练习机会。在与 AIGC 的互动中，学生需要不断思考、分析和评估，从而锻炼他们的高阶思维能力。[①] 同时，AIGC 还可以模拟不同的写作风格和技巧，启发学生的创意思维。

此外，AIGC 的应用还有助于培养学生的数字素养，特别是对生成式 AI 的理解和运用能力。通过在日常学习中接触和使用 AIGC，学生可以逐步了解 AIGC 的工作原理、优势和局限性。这种实践性的学习经验将帮助学生在未来的工作和生活中更好地利用 AIGC，同时也能培养他们对 AIGC 的理性认识和批判性思考能力。[②]

3.4.2 推动教学管理科学化

AIGC 在初中语文教学实践中的应用结果，还可以为学校教学管理的科

---

① 大卫·施赖尔. 人机共舞：AIGC 时代的工作变革［M］. 姜振东，王天羽，译. 北京：中国科学技术出版社，2024：41.

② 吴军其，张萌萌，吴飞燕，等. AIGC 支持下“双师课堂”协作学习范式构建及应用［J］. 现代远程教育研究，2024，36（6）：93－101.

学化改革提供重要参考。对于教育管理者和决策者而言，二者结合过程中的发现和结论可以帮助他们制定更具前瞻性的教育发展规划，推动教育体系的整体优化。

首先，可以为教育资源的优化配置提供依据。通过分析 AIGC 在初中语文教学中的应用效果，管理者可以更好地了解 AIGC 在教育中的潜力和局限性，从而在教育投资和资源分配方面做出更明智的决策，确保资金、设备和技术的投入更加精准高效。

其次，可以完善初中语文教师培训和专业发展体系。随着 AICC 在教育中的应用，教师的角色和所需技能也将发生变化。通过 AIGC 实践的反馈，有助于学校制定新的教师培训计划，确保教师具备运用 AIGC 进行教学的能力。

此外，研究成果的推广应用有助于推动整个学校各学科教学的改革和创新。通过在语文教学中成功应用 AIGC，可以为其他学科教学提供可供借鉴的智能化教学范式。这种跨学科的创新思维有助于打破传统学科界限，促进学科融合和综合型人才培养。

3.4.3 促进人工智能技术的负责任发展

在教育领域应用 AIGC，不仅需要关注其带来的机遇，还需要特别关注伦理、安全和隐私等问题。通过深入探讨这些问题，我们可以为人工智能技术在教育领域的负责任发展提供重要参考。

首先，应关注 AIGC 在教育中应用的伦理问题。我们需要审慎地考虑 AIGC 对学生公平性和学习过程的影响。同时，要确保 AIGC 不会取代教师的角色，而是作为辅助工具，促进个性化学习和教学效率的提升。同时，还应关注 AIGC 可能带来的信息真实性问题和著作权问题。

其次，应关注数据安全和隐私保护问题。在使用 AIGC 进行教学时，不可避免地会涉及大量学生的个人数据。如何确保这些数据的安全存储和合理使用，如何保护学生的隐私权，都是需要深入研究的重要问题。

此外，还应探讨 AIGC 在教育中应用的公平性和包容性问题。如何确保不同背景的学生都能平等地受益于 AIGC，如何避免 AIGC 中可能存在的偏见和歧视，都是需要认真考虑的问题。

深入探讨这些问题，不仅有助于推动人工智能技术在教育领域的负责任发展，还可以为其他领域的 AIGC 应用提供有益借鉴。这种负责任的发展方式将有助于增强公众对 AIGC 的信任，推动 AIGC 在更广泛的领域中发挥积极作用。

AIGC 与初中语文教学的结合是一场正在进行中的教育革命，它不仅在理论、实践和社会层面带来了深刻变革，也为未来教育的发展指明了方向。然而，我们也应该清醒地认识到，技术虽然强大，但不能完全取代人类教师的作用。在享受 AIGC 带来的便利的同时，我们更需要重视人文关怀，培养学生的批判性思维和创造力。未来的语文教育应该是人机协作的智慧教育，既充分利用 AIGC 的优势，又发挥人类教师的独特价值。我们需要在实践中不断探索，找到技术与教育的最佳平衡点，制定相应的政策和伦理准则，确保 AIGC 在教育中的应用始终以促进学生全面发展为目标。只有这样，我们才能真正实现教育的创新和进步，培养出能适应未来社会需求的全面发展的人才，推动整个社会文化素质和创新能力的提升。

3.5 适配初中生特点的 AIGC 语文教学探索

初中阶段是学生成长过程中的重要转折点，不仅是身心发展的关键时期，也是学习能力和习惯形成的关键阶段。在这一阶段，学生的认知能力、思维能力和学习能力都有显著提升，但同时也面临着诸多挑战。针对初中生的特点和需求，设计富有吸引力和挑战性的语文教学活动，对于激发学习兴趣、提高教学质量和培养核心素养具有重要意义。而 AIGC 的应用，为解决这一问题提供了新的思路和工具。

在身心发展方面，初中生正处于青春期，生理和心理都发生着巨大的变化。他们开始注重自我认同，渴望独立，但又容易受同伴的影响。在认知能力方面，初中生的抽象思维和逻辑推理能力逐渐增强，能进行更复杂的思考和分析。然而，他们的注意力持续时间有限，容易分散。在学习动机方面，初中生的学习兴趣和动机可能出现波动，有些学生可能会对学习产生厌倦情绪。因此，设计语文教学活动时，需要充分考虑这些特点，以激发学生的学习兴趣，提高学习效果。[①] 针对初中生的特点，我们可以从以下几个方面设计富有吸引力和挑战性的语文教学活动。

1. 互动性和参与度

利用 AIGC，可以创建虚拟对话场景，让学生与 AIGC 角色进行交互，

① 周寅. 学习策略方法教学问题诊断与导引. 中小学信息技术［M］. 长春：东北师范大学出版社，2013：77.

模拟各种语言情境。[①] 例如，可以设计一个虚拟的文学沙龙，学生可以与不同时代的著名作家“对话”，探讨文学创作和语言表达技巧。这种互动性强的活动可以提高学生的参与度，激发他们的学习兴趣。

2. 个性化学习

AIGC 可以根据每个学生的学习进度、兴趣和能力，生成个性化的学习内容和练习题。例如，针对某个学生在修辞手法方面的薄弱环节，AIGC 可以生成一系列针对性的练习，帮助学生巩固和提高。这种个性化的学习方式可以满足不同学生的需求，提高学习效率。

3. 创意写作

利用 AIGC，可以设计一些创意写作活动。例如，让 AIGC 生成一个故事开头或一幅图画，然后让学生续写或描述。或者，让学生和 AIGC 轮流创作一个故事，培养学生的想象力和创造性思维。这类活动不仅能提高学生的写作能力，还能激发他们的创造力。

4. 实时反馈

AIGC 可以为学生提供即时反馈，帮助他们及时发现错误并纠正。例如，在写作练习中，AIGC 可以实时分析学生的文章，指出语法错误、用词不当等问题，并给出改进建议。这种即时反馈可以帮助学生更快地提高语言表达能力。

5. 跨学科整合

AIGC 可以帮助设计跨学科的教学活动。例如，将语文学习与历史、地理等学科结合，生成虚拟的历史场景或地理环境，让学生在这些场景中进行语言表达和写作练习。这种跨学科的学习方式可以拓宽学生的知识面，提高他们的综合素质。

6. 游戏化学习

利用 AIGC，可以设计一些有趣的学习游戏。例如，设计一个“成语接龙”游戏，学生可以与 AIGC 进行对战[②]，既能学习成语，又能体验游戏的乐趣。这种游戏化的学习方式可以有效提高学生的学习兴趣和学习积极性。

7. 模拟考试

AIGC 可以根据真实的考试题型和难度，生成模拟试题，帮助学生进行

---

① 王子威. 论 AIGC 对文本中心主义的发展与挑战［J］. 福建师范大学学报（哲学社会科学版），2024（1）：75－87.

② 王骥. ChatGPT、AutoGPT 与 10 亿岗位冲击：GPT－4、GPT－5 等迭代和 AIGC、AGI 生存［M］. 北京：华文出版社，2023：134.

针对性的练习和备考。这不仅可以帮助学生熟悉考试形式，还能提高他们的应试能力和心理素质。

8. 语言情境模拟

利用 AIGC，可以创建各种真实的语言使用情境，如面试、演讲、辩论等。学生可以在这些虚拟情境中进行语言实践，提高口语表达能力和应用能力。

9. 文学赏析

AIGC 可以生成多角度的文学作品赏析，帮助学生更深入地理解和欣赏文学作品。[①] 例如，对于一首古诗，AIGC 可以从韵律、意象、情感等多个角度进行解析，帮助学生全面理解诗歌的艺术魅力。

10. 错误分析与纠正

AIGC 可以收集和分析学生常见的语文错误，生成有针对性的练习和讲解。这可以帮助学生更有效地克服学习中的难点和弱点。

总之，针对初中生的特点和需求，运用 AIGC 设计富有吸引力和挑战性的语文教学活动，可以有效提高教学质量，激发学生的学习兴趣，培养他们的核心素养。但同时，我们也需要注意技术应用的限度，保持教育的人文关怀，助力学生全面发展。

① 宋俊锋，安仲禹. 基于人工智能生成内容（AIGC）的网络文学人机协同生产影响动因与生态演替［J］. 昆明理工大学学报（社会科学版），2024，24（3）：142－154.

第4章

课程标准视域下的AIGC应用

在新课标背景下，AIGC对初中语文教学的影响广泛而深远。新课标强调培养学生的综合素养和创新能力，AIGC恰好为实现这一目标提供了有力支持。通过提供多样化、多维度的教学支撑，AIGC不仅有助于提升学生的语文学科核心素养，还能促进教学策略多元化，推动教师角色的重塑。此外，AIGC在学业质量评价中的应用，显著提升了评价的客观性、时效性和准确性。这种创新的教学方式将助力初中语文教育与新课标要求的有效对接，推动教育的深层次变革。

4.1 初中语文教学任务与教学策略

新课标对初中语文教学提出了新的目标和要求，强调不仅要传授知识，更要注重培养学生的综合素质。语文作为基础学科，在培养学生核心素养方面发挥着至关重要的作用。为实现这一目标，教师要采用适当的教学策略，选择贴近学生生活的内容，通过生动有趣的方式，激发学生的学习兴趣和动机。同时，应引导学生养成良好的阅读、写作与批判性思考的习惯，设置合理的学习目标，并运用适当的奖励机制，培养学生的自主学习能力。通过跨学科的主题式教学和项目式学习，可以推动知识融合与能力迁移，从而实现学生的全面发展。

4.1.1 核心素养内涵下的AIGC应用

新课标的颁布标志着我国初中语文教育进入了一个新的发展阶段。新课标在继承原有课程标准优点的基础上，进行了深化和创新，更加符合当前教育发展的需求和学生的实际情况。新课标对初中语文教学提出了新的要求和目标，其重心在于培养学生的语文学科核心素养。这些核心素养包括文化自信、语言运用、思维能力、审美创造四个方面。这四个方面的核心素养是相互联系、相互促进的，共同构成了语文学科的整体素养体系。

1. 文化自信

文化自信是语文学科承担的重要文化使命。新课标强调培养学生的文化自信，使其了解中华优秀传统文化，同时也能理解和尊重不同文化。这一素养的培养不仅有助于学生形成正确的文化价值观，还能增强其民族认同感和文化自信心。

在文化传承方面，新课标要求学生能通过阅读经典文学作品，了解中华文化的精髓，增强文化自信。这就要求学生不仅要熟悉中国古代文学作品，还要理解这些作品所蕴含的文化内涵和价值观念。例如，在学习《论语》时，学生应能理解儒家思想的核心内容，并思考这些思想对现代社会的意义。在学习古代诗词时，学生应能感受中国传统审美观念，理解诗人的人生态度和价值追求。

生成式人工智能可以为教师和学生实现文化传承提供多样化的支持。首先，AIGC 可以根据学生的兴趣和学习进度，个性化推荐适合的传统文化学习资源，如古典文学作品、历史典籍等。其次，AIGC 可以创建虚拟现实或增强现实环境，让学生沉浸式地体验传统文化场景，如古代诗人吟诵诗词的场景或传统节日的庆祝活动场景。再次，AIGC 可以充当智能导师，通过对话的形式帮助学生深入理解传统文化概念，并引导学生思考这些概念在现代社会中的应用。此外，AIGC 还可以协助学生进行创作，如根据传统文化元素生成新的诗词或故事，激发学生的文化创新意识。

在文化理解方面，学生应具备开放包容的文化态度，能理解和尊重不同地域、不同民族的文化，培养跨文化交际能力。这要求学生不仅要了解本民族文化，还要学习和理解其他民族、其他国家的文化。例如，学生应能欣赏世界各国的文学名著，理解不同文化背景下的人生观和价值观。同时，学生还应具备跨文化交际的基本能力，能在与不同文化背景的人交流时做到相互理解和尊重。

生成式人工智能可以为培养学生的文化理解能力提供多元化的学习支持。首先，AIGC 可以实时翻译和解释外国文学作品，帮助学生更好地理解不同文化背景下的文学表达。其次，AIGC 可以模拟不同文化背景的对话伙伴，让学生进行虚拟跨文化交流，提高跨文化交际能力。再次，AIGC 可以收集和分析全球文化热点话题，为学生提供最新的国际文化动态，拓展其全球化视野。此外，AIGC 还可以根据学生的兴趣和学习需求，定制跨文化比较研究主题，并提供相关的学习资料和分析工具，帮助学生深入开展比较研究。通过这些方式，AIGC 可以成为学生探索多元文化的有力助手，促进其文化理解能力的全面发展。

需要强调的是，文化自信的培养应该贯穿于整个语文教学过程。

2. 语言运用

语言运用是语文学科最基本的素养，也是其他素养的基础。新课标要求学生能准确理解他人的表达，并能根据不同的场合和对象，选择恰当的语言形式进行得体的表达。这一素养的培养涵盖了口头表达和书面表达两个主要方面。

在口头表达方面，新课标强调学生应能清晰、流畅地表达自己的想法，并能根据交际对象和场合灵活调整自己的语言风格。这要求学生不仅要掌握基本的口语表达技巧，还要具备良好的语言应变能力和社交敏感度。例如，在与同学交谈时，学生可以使用较为轻松、随意的语言；而在与教师或长辈交流时，则需要使用更加礼貌、正式的语言。此外，学生还应学会运用恰当的语气、语调和肢体语言来配合口头表达，以更好地传达自己的意思和情感。

在书面表达方面，新课标要求学生能运用规范的书面语言，完成各种类型的写作任务。这包括正确书写汉字、正确使用标点符号，以及合理划分段落和安排文章结构。学生应能根据不同的写作目的和对象，选择合适的文体和表达方式。例如，在写记叙文时，学生应学会运用生动形象的语言描绘人物和场景；在写议论文时，则需要使用严谨、逻辑清晰的语言来阐述观点和论证。

为了培养学生的语言运用能力，AIGC 可以服务于个性化学习，[①] 为学生提供个性化的口头和书面表达反馈，模拟各种交际场景供学生练习，帮助他们根据不同情境调整语言风格。在写作任务中，AIGC 可以就句子结构、词汇选择和整体连贯性提供建议，提高学生的书面表达能力。此外，AIGC 能根据学生的兴趣生成相关的写作提示和材料，增强学习参与度，并分析学生的语言使用情况，为反思和改进提供依据。教师可以利用 AIGC 生成多样化的口语交际活动和写作任务，为学生提供更多实践机会。通过这些方式，AIGC 可以成为培养学生语言运用能力的有力工具，辅助教师实现新课标提出的教学目标。

此外，教师还应注意培养学生的语言意识和元语言反思能力。[②] 鼓励学生关注日常生活中的语言现象，分析不同语言使用的效果，并能对自己的语言表达进行评估和改进。通过这种方式，学生可以逐步形成良好的语言习惯

① 薛达，韦艳宜，伏达，等. 一本书读懂 AIGC：探索 AI 商业化新时代［M］. 北京：机械工业出版社，2024：182.

② 丁石庆，周国炎. 语言学及应用语言学研究生论坛（2014）［M］. 北京：中央民族大学出版社，2015：210.

和表达风格。

3. 思维能力

思维能力是语文学科培养学生的高阶思维能力的重要体现。新课标强调培养学生的直觉思维、形象思维、逻辑思维、辩证思维和创造思维。通过阅读、写作和口语交际等活动，学生应能提高分析问题、解决问题的能力。

在阅读方面，新课标要求学生能深入理解文本，分析作者的写作意图，评价作品的思想内容和艺术特色。这就要求学生不仅要理解字面意思，还要学会透过现象看本质，理解作者的创作动机和思想倾向。例如，在阅读鲁迅的小说时，学生不仅要理解故事情节，还要思考作品所反映的社会问题和作者的批判精神。AIGC 可以通过引导性提问、小组讨论等方式，帮助学生深入思考文本的内涵，培养其分析和评价能力。

在写作方面，新课标要求学生能有条理地组织材料，表达自己的观点。这就需要学生具备良好的逻辑思维能力和创造思维能力。在写作过程中，学生应学会收集、筛选和整理相关材料，并能根据写作目的合理安排文章结构。例如，在写议论文时，学生应能提出明确的论点，并通过合理的论证过程来支持自己的观点。AIGC 可以提供个性化的写作建议，帮助学生改进文章结构和逻辑，同时通过生成多样化的写作素材激发学生的创造性思维。

在口语交际方面，新课标要求学生能有理有据地阐述自己的观点，并能理性地看待不同意见。这就要求学生具备批判性思维能力和换位思考能力。在讨论或辩论中，学生应能清晰地表达自己的观点，并能用事实和逻辑来支持自己的论点。同时，学生也应学会倾听他人的意见，理解不同观点的合理之处，并能在此基础上进行理性的分析和判断。AIGC 可以模拟不同观点的辩论对手，帮助学生练习论证和反驳技巧，提高批判性思维和表达能力。

此外，AIGC 还可以针对每个学生的思维特点生成定制化的训练内容。而通过与 AIGC 互动，学生也可以获得即时反馈，反思自己的思维过程，从而提高元认知能力。教师则可以利用 AIGC 分析学生的学习数据，更准确地了解每个学生的思维发展状况，从而制定更有针对性的教学策略。

4. 审美创造

审美创造是语文学科独特的素养之一，体现了语文教育的人文特色。新课标要求培养学生的文学素养和审美能力，使其能感受语言文字的美，理解文学作品的内涵，并尝试进行文学创作。这一素养的培养不仅能提高学生的审美品位，还能丰富其精神世界，促进其人格的全面发展。

在审美鉴赏方面，新课标强调学生应能欣赏优秀文学作品的语言美、意境美，感受作品所表达的情感和思想。这要求学生不仅要掌握基本的文学知识，还要具备敏锐的审美感受力和深刻的理解能力。例如，在阅读古诗词时，学生应能感受诗词的韵律美和意象美，理解诗人所要表达的情感和思想。[①] 在阅读现代散文时，学生应能欣赏作者的语言风格，感受文字背后的生活体验和人生感悟。

在培养学生的审美鉴赏能力上，AIGC 可以提供多方面的支持。首先，AIGC 可以根据学生的阅读水平和兴趣，智能化推荐适合的文学作品，帮助学生接触更广泛的优秀文学作品。其次，AIGC 可以通过自然语言处理技术，对文学作品进行深度分析，提取关键词、主题和情感倾向，帮助学生更好地理解作品的内涵。再次，AIGC 可以生成多角度的赏析指导，比如对诗歌的韵律、意象、修辞手法等进行详细解析，帮助学生提升鉴赏能力。此外，AIGC 还可以创建虚拟朗诵环境，通过语音合成技术为学生展示不同风格的朗诵示范，让学生更直观地感受作品的音韵美。最后，AIGC 可以设计交互式的比较阅读任务，引导学生对比不同作品的特点，培养他们的批判性思维和审美判断能力。

在创造能力方面，新课标要求学生尝试运用优美的语言进行创作，表达自己的情感和思想。这不仅是对学生语言表达能力的考验，更是对其创造力和想象力的培养。学生应能运用所学的文学知识和技巧，进行诗歌、散文、小说等不同体裁的创作。例如，学生可以尝试写一首描绘春天景色的诗歌，或者写一篇记录自己成长经历的散文。

为了培养学生的创造能力，AIGC 可以提供多样化的辅助工具和方法。首先，AIGC 可以根据学生选择的主题、风格或情感倾向，生成个性化的写作提示和灵感建议，激发学生的创作灵感。其次，AIGC 可以提供智能写作辅助功能，如实时语法纠错、词语搭配建议、句式优化等，帮助学生提升写作质量。再者，AIGC 可以模拟不同作家的写作风格，生成示范文本，让学生通过模仿学习掌握不同的写作技巧。此外，AIGC 还可以设计渐进式的写作训练计划，根据学生的进步情况调整难度，持续提升其创作能力。最后，AIGC 可以为学生的创作提供即时反馈和建议，包括对作品的结构、情感表达、语言运用等方面的评价，帮助学生不断改进和完善自己的作品。通过这些 AIGC 辅助工具，学生可以更有效地学习写作技巧，培养创作自信，逐步形成自己独特的创作风格。

值得注意的是，审美创造能力的培养是一个长期的过程，需要在日常教

① 金陵. 微课程教学法与 AIGC 的不解之缘：读《微课程教学法视域下的古诗词教学新样态》有感［J］. 中国信息技术教育，2024（16）：70.

学中持续关注和培养。教师可以结合课内外阅读，引导学生欣赏不同时代、不同流派的文学作品，拓宽其审美视野。同时，也可以鼓励学生参与文学社团、阅读沙龙等活动，在交流和分享中提升审美鉴赏与创造能力。

在实际教学中，这四个方面的核心素养是相互联系、相互促进的。例如，在进行文学作品鉴赏时，不仅涉及审美创造的培养，也包含对语言运用的训练。同时，通过对作品中蕴含的思想内涵的分析，还能促进学生思维的发展和提升。此外，优秀的文学作品往往承载着丰富的文化内涵，在鉴赏过程中自然也会涉及文化理解与传承的内容。

因此，教师在设计教学活动时，应该注意各个素养之间的整合和联系，而不是将它们割裂开来。例如，在讲解古代散文《与朱元思书》时，教师可以同时关注以下几个方面：第一，引导学生分析文章的语言特点，感受古代汉语的魅力，提高语言构建和运用能力。第二，通过解读作者的写作意图和表达技巧，培养学生的思维能力和批判性思考能力。第三，引导学生欣赏文章的艺术美，感受作者的情感表达，提高审美鉴赏能力。第四，结合文章的历史背景和文化内涵，帮助学生理解中华优秀传统文化，增强文化自信。通过这种多维度、多角度的教学设计，可以有效地实现核心素养的综合培养，使语文教学更加丰富多彩，更具实效性。

新课标提出的这四个核心素养为语文教学指明了方向，教师要在教学实践中，运用 AIGC 不断探索和创新，以更好地培养学生的语文综合能力，为他们的终身发展奠定坚实的基础。

4.1.2 教学策略中的 AIGC 应用

在新课程标准的指导下，语文教学策略正在经历深刻的变革。新课标不仅强调知识传授，更注重学生综合素质的全面提升。教师需要采取多样化、灵活的教学策略，激发学生的学习动机，培养学生的学习兴趣、良好习惯，以及自主学习能力等。这反映了新课标对学生主体地位的重视，以及对培养终身学习者的期望。

1. 激发学生学习动机的教学策略

激发学生的学习动机是教育过程中尤为关键的一环。正如心理学理论所述，动机是推动个体行为的内在动力，是决定学习效果的重要因素。因此，教师如何有效地激发学生的学习动机，是每一个教育工作者需要认真思考和不断探索的问题。在这一过程中，教师不仅要注重教学内容的选取和教学方法的灵活运用，还应深刻理解和把握学生的心理特点，采用多样化的策略来激发学生学习语文的兴趣和内在驱动力。AIGC 在这一过程中可以发挥重要作用，从而增强教师策略的有效性。

（1）认识语文学习的重要性

语文是一门基础学科，它不仅在学术研究中占据重要地位，在日常生活中也具有极大的实用性。AIGC 可以通过模拟现实生活中的语言应用场景，帮助学生认识到语文学习的重要性，使他们明白掌握语文能力对未来发展的深远影响。例如，AIGC 可以创建真实的职场环境，让学生通过角色扮演体验如何在不同工作中应用语文技能完成任务。这样的模拟活动不仅能增强学生的参与感，还能使他们在实践中领悟到语文的重要性。另外，通过 AIGC，教师可以邀请虚拟校友或社会成功人士来分享他们的工作经验和语文技能在实际工作中的作用。AIGC 能模拟这些嘉宾的声音和形象，使讲述更加生动有趣。例如，通过虚拟案例展示，一名成功的企业家可以讲述如何在商业谈判中通过精确的语言表达赢得合同；一名律师则可以分享如何在法庭辩论中运用文字和语言技巧维护客户权益。通过这些贴近真实情境的虚拟故事，学生不仅可以得到启发，还能认识到语文学习与职业发展的紧密联系，从而激发他们的学习动力。在日常教学中，AIGC 可以通过多种渠道，如推荐多媒体资源、纪录片或访谈节目，让学生在耳濡目染中逐渐形成正确的学习观念，并在实际体验中不断巩固和深化语文能力在生活和职业中的重要作用。

（2）设置合理的学习目标

设置合理的学习目标是增强学生学习动力和激发其学习兴趣的一项关键措施。AIGC 可以基于每个学生的学习数据，为他们量身定制具体且可行的学习目标，同时具有挑战性，使学生在不断努力中取得成就感，增强自信心。教师可以引导学生通过 AIGC 分阶段设定目标，AIGC 能自动跟踪和评估学生的学习进展，为教师和学生提供及时、准确的反馈。在设定目标的过程中，AIGC 还可以鼓励学生自主参与目标内容的思考和决策，从而增强学生对目标的认同感和责任感。教师应定期与学生进行互动，利用 AIGC 提供的反馈帮助学生评估目标的完成情况，并根据实际情况进行调整。值得注意的是，在设定目标的过程中，还应考虑奖励机制的合理运用。当学生达到某个阶段性目标时，AIGC 可以自动记录并给予一定的奖励，这些奖励不仅可以增强学生的成就感，还可以进一步激励他们努力实现下一个目标。

（3）奖励机制的运用

奖励机制在教育过程中起到了至关重要的作用，尤其是在激发学生的学习动机和提高学习效率方面。AIGC 能设计和运用科学合理的奖励机制，以充分调动学生的积极性和创造性。首先，AIGC 可以根据学生的兴趣和需要，设计出多种形式的奖励机制。例如，AIGC 可以识别出喜欢阅读的学生，并设置书籍奖励；识别出喜欢表达的学生，可以提供在真实或虚拟的大会上发言的机会；识别出团队合作能力强的学生，可以组织他们参加真实或虚拟的校际比赛或合作项目。其次，AIGC 可以设定奖励的条件和标准，确保奖励具有一定的挑战性和实现难度。例如，AIGC 可以通过积分制，使学生每完成一项任务或达到一个目标即可获得相应积分，累计积分达到一定数值时即可兑换奖励。此外，AIGC 还可以确保评奖过程的公平性和透明度，避免出现偏袒或不公的情况。AIGC 可以通过数据记录和分析，确保评奖过程公正透明，同时通过班级微信群或邮件等形式公开奖励进展情况。最重要的是，AIGC 可以将奖励机制与学业目标紧密结合。例如，每月阅读一本书并完成读书报告的学生可以获得一定奖励，在作文比赛中表现优异的学生可以获得专项奖励等。这样，奖励机制不仅能激发学生的学习动机，还能有效地引导他们实现学习目标，提高语文水平。

（4）即时反馈与互动

AIGC 的另一个重要特点是能提供即时的反馈和解答，满足学生的即时学习需求。这种快速的互动不仅能帮助学生及时纠正错误，还能激发学生的学习积极性。在传统的课堂教学中，学生往往需要等待教师的统一讲解才能解决自己的疑问。而借助 AIGC，学生可以随时提出问题并获得解答。例如，在阅读理解练习中，学生可以随时向 AIGC 提问，获得解释和引导。这种即时互动的学习方式能让学生保持持续的学习动力，避免因为疑问得不到及时解答而产生的学习挫折感。此外，AIGC 还可以根据学生的回答提供个性化的反馈。对于正确的回答，AIGC 可以给予鼓励和肯定；对于错误的回答，AIGC 可以分析错误原因，提供针对性的解释和指导。这种即时、个性化的反馈机制能有效提高学生的学习动机和学习效率。

以上措施有助于激发学生的学习动机，然而，激发学生的学习动机不是一蹴而就的。教师需要在日常教学中不断尝试和调整策略，并利用 AIGC 形成长效机制。同时，教师应注重与学生之间的沟通，了解他们的学习需求和兴趣点，因材施教，使教学更加个性化和人性化。

2. 培养学生学习兴趣的教学策略

在当今教育改革的大潮中，新课标成为语文教师的重要指导，而培养学生的学习兴趣更是重要任务。现代教育不仅要注重知识的传授，更要重视学生在实践中的综合素质的提高。正是在这种背景下，教师需要制定多样化、灵活且贴近学生生活和认知的教学策略，为学生创造一个积极向上的学习环境。这不仅需要教师积极探索教学方法的创新，更要将理论与实际相结合，关注学生在学习过程中的心理变化，采取多种手段从根本上提升他们的学习兴趣。

（1）选择贴近学生生活的教学内容

对于语文教学来说，如何挑选贴近学生生活和心理认知水平的教学内容至关重要。语文教材中的许多内容对于学生来说可能是陌生的，而如果教师能将课文内容与学生的生活经验和兴趣爱好相结合，学生就更容易产生共鸣，从而激发他们的学习热情。利用 AIGC，教师可以根据学生特点，快速生成与课文主题相关的个性化案例和故事。例如，在进行《回忆童年》写作教学时，教师可以使用 AIGC 生成不同风格的童年趣事范例，为学生提供更丰富的写作灵感。此外，AIGC 还可以根据学生的反馈实时调整内容，确保教学材料始终保持新鲜感和相关性，从而激发学生的学习热情。

（2）采用生动有趣的教学方法

学生对传统的、常用的教学方法习以为常，因此难以被激发学习兴趣。教师在选择教学方法时，应该特别注重其新颖性和趣味性。AIGC 为教学方法的创新提供了新的可能。教师可以利用 AIGC 生成互动性强的多媒体教学资料，如定制化的动画视频、交互式图表等，使原本抽象的概念变得直观易懂。例如，在讲授《西游记》某一章时，AIGC 可以生成角色对话脚本，帮助学生更好地理解人物性格和情节发展。此外，AIGC 还可以设计个性化的游戏化学习任务，比如根据学生的学习进度和兴趣自动生成趣味问答，让学习过程更加有吸引力和挑战性。

（3）增加游戏化的学习元素

AIGC 可以将游戏化元素融入语文学习中，如设计闯关式的学习任务、创建虚拟角色对话等。这些富有趣味性的学习方式能激发学生的学习兴趣，提高其参与度。例如，AIGC 可以根据学生学习的古诗文内容，生成一个虚拟的历史场景，让学生扮演诗人或历史人物进行对话，深入理解诗文的创作背景和情感。这种沉浸式的学习体验不仅能加深学生对文学作品的理解，还能培养学生的同理心和历史想象力。另外，AIGC 还可以设计一些语文知识竞赛游戏，如成语接龙、诗词填空等。这些游戏不仅能巩固学生的语文知识，还能激发学生的竞争意识和学习热情。将学习内容游戏化，可以有效地减轻学生的学习压力，增加学习的趣味性，提高学生的参与度。

（4）开展丰富多彩的课外活动

开展丰富多彩的课外活动也是提升学生学习兴趣的重要途径。课外活动不仅仅是课堂教学的延伸，更是学生展示自我、拓宽视野的重要平台。AIGC 可以大大丰富课外活动的形式和内容。例如，在阅读分享会上，AIGC 可以根据学生推荐的书籍实时生成相关的讨论话题和延伸阅读建议，促进更深入地交流。在语文知识竞赛中，AIGC 可以根据学生的表现动态调整题目难度，确保每个学生都能获得适度的挑战和成就感。此外，AIGC 还可以协助教师设计创新的课外活动，如 AIGC 辅助创作工作坊，让学生体验用 AIGC 进行创意写作的乐趣，激发他们对语言和科技的双重兴趣。这些丰富多彩的课外活动，为学生提供了更多施展才华的舞台，让他们在参与中体会到语文学习的乐趣。

要培养学生的学习兴趣，教师需要充分利用 AIGC 的优势，从多个方面入手。AIGC 可以帮助教师更精准地选择贴近学生生活的教学内容，设计更生动有趣的教学环节，以及开展更丰富多彩的课外活动。通过 AIGC 的辅助，教师可以为学生创造一个更加个性化、互动性强、富有挑战性的学习环境，有效激发学生的学习兴趣，提高其学习的主动性。

3. 培养学生学习习惯的教学策略

培养学生良好的学习习惯是现代教育中不可或缺的重要环节，是提升学生综合素质的关键所在。如何引导学生形成良好的学习习惯，树立终身学习的理念，已经成为教师们亟须面对和解决的问题。良好的学习习惯不仅能帮助学生更好地掌握语文知识，还能在他们的日常生活和未来发展中发挥至关重要的作用。通过科学合理的教学策略和不断创新的教学方法，结合 AIGC 技术，教师可以更有效地引导学生养成良好的学习习惯，让他们在愉快的学习过程中逐步提高自己的语文能力。

（1）引导学生养成良好的阅读习惯

阅读是语文学习的基础，教师可以借助 AIGC 制定个性化的阅读计划，根据学生的兴趣和能力水平推荐适合的读物，鼓励学生每天坚持阅读文章。AIGC 可以通过分析学生的阅读历史和偏好，生成符合学生兴趣的阅读清单，并提供阅读难度的梯度建议。为了保持学生的阅读兴趣，教师可以利用 AIGC 生成有趣的阅读问题或讨论话题，定期举办线上或线下的读书交流会，让学生分享自己的阅读心得。AIGC 还可以为学生生成个性化的阅读报告，帮助他们更好地理解和记忆所读内容。这不仅能让学生在阅读中开阔视野，还能增强他们的表达能力和逻辑思维能力。通过 AIGC 辅助的有计划、有目的的阅读活动，学生能逐渐养成热爱阅读的好习惯，从而提升他们整体的语文素养。

（2）培养学生的写作习惯

写作能力的提升需要长期的积累，教师可以借助 AIGC 设计个性化的写作训练计划。例如，AIGC 可以根据学生的兴趣和生活经历生成日记写作主题或提示，激发学生的写作灵感。同时，教师可以利用 AIGC 布置一些主题作文，AIGC 能根据不同的写作主题生成相关的背景资料、论点建议和写作框架，帮助学生更好地组织思路。此外，AIGC 还可以提供即时的写作反馈，包括语法纠错、词语搭配建议和文章结构优化等，帮助学生不断改进自己的写作技巧。写作不仅是对学生语言表达能力的锻炼，更是对他们思维逻辑、情感表达和想象力的全方位培养。通过 AIGC 的辅助，教师能更精准地给予学生适当的激励和反馈，让他们感受到写作的乐趣和成就感，进而喜欢上写作，形成良好的写作习惯。

(3) 引导学生养成批判性思考的习惯

现代社会要求学生具备批判性思维能力，在语文教学中，教师可以利用 AIGC 创造更多的思考和讨论的机会。例如，在讲解《鲁滨孙漂流记》时，AIGC 可以生成一系列开放性问题，如“鲁滨孙为什么能在孤岛上生存下来？如果是你，你会怎样应对类似的困境？”此外，AIGC 还可以模拟不同角色的观点，为学生提供多角度的思考素材。教师可以引导学生利用 AIGC 生成的信息进行辩论或角色扮演，培养他们的批判性思维能力。AIGC 还可以根据学生的讨论内容生成反馈和延伸问题，进一步深化学生的思考。这种方法不仅能帮助学生更深入地理解课文内容，还能提高他们解决实际问题的能力，让他们在面对复杂的社会现实时能保持独立思考和理性判断，这对于他们未来的发展具有重要意义。

良好学习习惯不仅是学生在校学习之必需，更是学生终身受用的重要素养。通过结合 AIGC 技术，教师可以更有效地帮助学生养成良好的阅读、写作和批判性思考的习惯。AIGC 不仅能为学生提供个性化的学习资源和反馈，还能帮助教师更好地了解每个学生的学习进展和需求，从而制定更有针对性的教学策略。在这一过程中，教师的角色从知识的传授者转变为学习的引导者和促进者，他们需要不断更新自己的教学理念和技能，学会有效利用 AIGC 工具来优化教学过程。最终，学生将在 AIGC 辅助下形成的良好学习习惯的帮助下，逐步发展成为具有自主学习能力、批判性思维能力和全面素养的新时代人才，为他们未来的人生道路打下坚实的基础。

4. 培养学生自主学习能力的教学策略

在当前教育改革的大背景下，培养学生的自主学习能力显得尤为重要。自主学习能力不仅是学生在学习过程中必备的核心素养之一，更是学生终身学习和自我发展的重要保障。在新课标的要求下，初中语文教学实践尤其强调要通过各种教学方法和策略来培养学生的自主学习能力。通过培养有效的学习方法、自我管理能力和问题解决能力，教师可以帮助学生在学习过程中树立自主学习的信心，养成良好的学习习惯，为他们的未来学业和个人发展打下坚实的基础。

（1）让学生掌握有效的学习方法

这是培养学生自主学习能力的基础。教师在教学过程中，应教授学生如何运用合理的学习方法来提升学习效率，并根据自身实际情况对学习进度进行合理安排。AIGC 可以在这一过程中发挥重要作用。例如，AIGC 可以向学生推荐分散复习法、思维导图法、PQ4R（preview，question，read，reflect，recite and review）学习法等学习方法，并指导学生合理运用。按照计划安排自己的学习也是一种有效的方法，AIGC 可以通过分析学生的学习习惯和行为模式，帮助他们制定个性化的学习计划。此外，学生还需要学会利用各种学习资源，AIGC 可以提供即时的学习资源推荐，帮助学生更高效地获取信息、整理信息和应用信息。例如，AIGC 可以根据学生的学习进度和需求，推荐相关学习材料和在线课程，从而丰富他们的知识面，帮助他们提高学习效率。

（2）培养学生自我管理能力

自主学习需要学生具备良好的自我管理能力，包括时间管理、任务管理及自我监督等。AIGC 在这方面同样能提供帮助。教师可以推荐或教授学生使用一些基于 AIGC 的学习管理软件，通过这些工具来细化学习任务，安排学习时间，从而使学习变得更加系统和高效。例如，AIGC 学习管理软件可以自动生成每日学习计划、提醒学习任务，并跟踪学习时间。通过这些方法，学生可以培养良好的学习习惯，增强自我管理能力。另外，AIGC 还可以分析学生的学习数据，及时反馈学习效果，帮助学生做出相应调整。

（3）鼓励学生自主解决问题

面对自主学习过程中遇到的各种问题，教师必须鼓励并引导学生学会自主解决。问题解决能力不论是在学习中，还是在生活和未来工作中都极为重要。[①] AIGC 在这一方面也能发挥巨大作用。AIGC 可以为学生提供多种解决问题的资源和方法。例如，通过自然语言处理技术，AIGC 可以回答学生的具体问题，或者引导学生使用互联网数据库查找相关资料，阅读相关书籍以理解不懂的知识点。此外，教师可以结合 AIGC 的模拟和分析能力，组织探究性学习课题，让学生在实际操作和合作中寻求答案，进一步增强他们的创新和实践能力。[②] 遇到写作方面的问题，教师也可以利用

① 刘通，陈梦曦．AIGC 新纪元：洞察 ChatGPT 与智能产业革命［M］．北京：中国经济出版社，2023：204.

② 张辉．“以学生为中心的教学”内涵、价值与实践路径［J］．现代职业教育，2024（36）：9-12.

AIGC 辅助批改功能，让学生多读优秀的范文，通过模仿和借鉴来提升自己的写作能力和技巧。

培养学生的自主学习能力不仅是教育工作者义不容辞的责任，更是学生迈向成功的关键一步。在新时代的教育背景下，教师应该用心去发现并挖掘每一位学生的潜力，运用科学有效的教育方法，结合 AIGC 技术，帮助学生掌握有效的学习方法，培养自我管理能力，提升问题解决能力。唯有如此，学生才能在未来的学习和生活中自信地应对各种挑战，成为真正具备独立思考和终身学习能力的社会栋梁。而这也正是新课标的核心目标之一，即培养具有全面素质和良好学习习惯的新时代人才。

5. 提升学生语言运用能力的情境化教学策略

新课标强调，要“从学生语文生活实际出发，创设丰富多样的学习情境，设计富有挑战性的学习任务，激发学生的好奇心、想象力、求知欲，促进学生自主、合作、探究学习”。在这一理念的指导下，生成式人工智能技术为语文教学开辟了新的可能。它能有效地贴近学生的生活实际，构建真实而生动的语言应用场景，从而显著提升学生的语言运用能力。这种创新性的教学工具在激发学习兴趣、培养实践能力和深化语言理解方面展现出了巨大的潜力，为语文教学注入了新的活力。

（1）创设贴近生活的虚拟情境

AIGC 能快速、精准地创设各种贴近学生日常生活的虚拟场景和对话情境。这些场景涵盖了学生生活的方方面面，包括校园生活、家庭互动、社区活动等。例如，AIGC 可以模拟一场学校运动会的场景，学生可以在这个虚拟情境中练习如何写一篇生动的记叙文，描述比赛的激烈过程和同学们的表现。又如，在学习议论文时，它可以创造一个班级讨论的场景，让学生在其中练习如何有理有据地表达自己的观点。在学习描写性文章时，AIGC 可以生成学生熟悉的公园或商场场景，帮助学生更好地掌握细节描写和氛围营造的技巧。这些贴近生活的虚拟情境不仅让学习更加生动有趣，也使得所学知识更容易与实际生活联系起来，增强了学习的实用性。

（2）个性化情境设计

AIGC 的一大优势在于能根据每个学生的兴趣爱好和生活经历，量身定制个性化的学习情境。对于热爱体育的学生，AIGC 可以创造一个体育比赛解说的场景，让学生在模拟解说中练习口语表达和即兴发挥；对于音乐爱好者，AIGC 可以设计一个音乐会评论的情境，引导学生用优美的语言描述音乐的魅力。这种个性化的方法不仅能激发学生的学习兴趣，还能让每个学生在与自己生活息息相关的环境中学习，提高参与度和学习效果。通过这种方式，语文学习不再是枯燥的课本知识，而是与学生的日常生活和兴趣爱好紧密结合的有趣经历。

（3）模拟真实社交场景

AIGC 能生成逼真的日常社交对话和互动场景，如朋友聚会、购物交流、问路等，让学生在接近真实的语言环境中练习口语表达。例如，AIGC 可以模拟一个与陌生人交谈的场景，学生需要在这个情境中练习如何礼貌地打招呼、询问信息或寻求帮助。又或者，AIGC 可以创造一个参加社区活动的场景，让学生学习如何在公共场合表达自己的想法，与不同背景的人交流。这些模拟场景不仅能提高学生的社交语言能力，还能帮助他们更好地理解语言在不同社交情境中的使用规则和技巧，为将来的实际生活做好准备。

（4）提供生活化的即时反馈

在情境化学习过程中，AIGC 能实时分析学生的表现，并提供贴近生活实际的、个性化的反馈。例如，在口语交际练习时，AIGC 可以立即指出学生使用的不恰当用语，并提供更符合特定场合的表达建议。这种即时反馈不仅能帮助学生快速纠正错误，还能让他们理解语言使用的语境适应性。此外，AIGC 还可以识别学生在日常交流中的常见错误，如语法错误或书面表达中的用词不当，然后提供有针对性的练习和改进建议。这种贴近实际生活的反馈机制，能帮助学生更好地将课堂所学应用到实际生活中，提高语言运用的准确性和得体性。

（5）贴近实际，动态调整教学情境

AIGC 的另一大优势在于能根据学生的生活经验和语言水平，实时调整情境的复杂度。如果遇到学生不熟悉的生活场景，AIGC 可以自动生成相关的背景知识或简化解释，帮助学生更好地理解相应内容；如果学生在某个领域表现出色，AIGC 则可以增加更贴近实际生活的复杂情境，保持学习的挑战性和趣味性。例如，对于已经掌握基本描写技巧的学生，AIGC 可以引入更复杂的场景描写任务，如描述一个繁忙的城市街道或一个多元文化的社区活动。这种动态调整不仅能确保每个学生都在自己的能力范围内得到适当的挑战，还能保持学习内容与实际生活的紧密联系，提高学习的实用性和有效性。

通过这些策略，AIGC 在初中语文教学中模拟生活实际情境，为传统语文教学注入了新的活力。它不仅能提高学生的学习兴趣和参与度，还能帮助学生更好地将语文知识与实际生活相结合，培养他们在真实世界中灵活运用语言的能力。这种创新的教学方法无疑将为初中语文教学带来革命性的变化，使语文学习变得更加生动、实用和富有成效。

6. 促进综合能力发展的跨学科教学策略

新课标特别强调了跨学科学习的理念。跨学科教学打破了传统学科之间的壁垒，通过综合运用多学科知识，培养学生的综合素质和创新能力。在现代社会，知识的界限越来越模糊，不同学科之间的交叉与融合呈现出不可逆的趋势。特别是在信息爆炸时代，学生仅仅掌握单一的学科知识已无法适应社会的复杂需求和快速变化。跨学科教学不仅可以帮助学生更深入地理解和运用所学知识，更能培养他们多角度思考、解决实际问题的能力。① 借助 AIGC，跨学科教学可以更好地推进，主要有以下几种形式。

（1）主题式教学

在跨学科整合中，主题式教学是一种既创新又实用的教学方法。AIGC 可以通过提供丰富的数据资源和智能分析工具，帮助教师选择和设计具有跨学科教育意义的主题。例如，教师可以选择“环境保护”“科技创新”等主题，在语文教学中整合科学、地理、历史、政治等多学科知识。

以“环境保护”这一主题为例，教师可以通过讲解《植树的牧羊人》这篇课文，利用 AIGC 生成的讲解内容，引导学生讨论环境保护的重要性。AIGC 可以从语文角度出发，自动分析课文中的人物形象、情节发展和象征意义，同时结合地理、科学等知识生成详细的自然环境和环境污染的解说资料，提供环境保护运动的发展历程和法规简介。为了增强学生的参与感，AIGC 可以设计一些互动环节。例如，AIGC 可以生成有关如何从日常生活中减少污染的讨论题目或者设计环保倡议书的活动，并通过课堂反馈及时调整教学内容。此外，AIGC 还可以生成与环保专家线上交流的提纲，帮助学生准备相关问题。这种跨学科主题式教学，不但能帮助学生掌握更多的知识，还能激发他们的创新思维和探索精神。

（2）项目式学习

项目式学习是通过实际项目的推进，让学生在实践中综合运用多学科知识解决问题的教学方法。它更强调学生在学习过程中的主体性和主动性。项目式学习突出以解决具有现实意义的问题为导向，通过提出问题、规划方案、解决问题、评价反思等环节，让学生进行主动探究学习。② AIGC 可以在整个项目过程中提供智能支持和资源整合，以提升学生的学习兴趣和学习效率。例如，教师可以设计一个“校园文化节”项目，AIGC 可以根据项目

---

① 李玲娇，毛梦媛，蒋卿清．AIGC 技术在跨学科教学场景中的深度革新［J］．宁波教育学院学报，2024，26（6）：132－136．

② 林拱标，袁泽姬．翻转的项目式学习（PBL）及教学实践［M］．广州：中山大学出版社，2021：24．

要求自动生成活动方案范本、主持词、宣传稿等文本资料。项目开始时，AIGC 可以提供校园文化节的背景介绍，生成活动目标和任务说明；学生在项目策划阶段，可以使用 AIGC 提供的语文知识资源进行文案编写；在节目编排阶段，AIGC 可以生成宣传海报的设计方案和音乐编排建议。这种实际应用不仅巩固了学生的语文知识，还提高了他们的写作能力和表达能力。在项目实施和反馈阶段，AIGC 可以帮助学生生成总结报告，并进行数据分析和反馈。学生还可以结合现代信息技术，使用 AIGC 进行调查研究和信息搜集，如通过 AIGC 查询其他学校校园文化节的优秀案例。这种方法不仅拓宽了学生的视野，还培养了他们的信息素养和研究能力。

（3）融入其他学科知识

在初中语文教学中，AIGC 可以巧妙地融入其他学科的知识，使语文教学更加丰富多彩，帮助学生建立更广泛的知识体系。例如，在讲授描写自然景物的文章时，AIGC 可以自动提供地理背景和自然现象的解释，如讲解《答谢中书书》时，AIGC 可以生成江南地区的地理特点和气候条件的相关资料。此外，AIGC 可以提供科普文章的科学原理讲解、历史题材文章的背景介绍等，使学生对抽象概念有更直观的理解。例如，在学生阅读《时间的脚印》时，AIGC 可以提供化石的基本概念和应用领域的详细解释，并推荐相关视频和图片，增强学生对这些科学概念的直观认识。在教师讲述历史题材文章时，AIGC 可以生成相关历史背景的信息，帮助学生更好地理解文本。

（4）能力迁移

能力迁移是指将语文学科中培养的各项能力应用到其他学科或实际生活中，促进学生的综合素质提升。AIGC 可以在这一过程中提供多种支持。例如，语文教学中培养的批判性思维能力可以在 AIGC 的帮助下应用到历史和政治学科中。AIGC 可以生成历史资料和文献的分析模板，帮助学生评估不同历史观点的可靠性。表达能力的培养同样可以通过 AIGC 得到提升。AIGC 可以提供演讲稿、辩论赛发言的范本，帮助学生练习。同时，AIGC 生成的阅读理解题目和分析报告，可以帮助学生在科学、地理等其他学科中更好地理解和掌握知识。

通过跨学科学习，学生不仅可以获得丰富的知识积累和技能训练，还能培养出一种开放的思维方式和创新精神。AIGC 不仅能提高学生的学习效率，还能在不同学科间建立关联，实现学生的全面发展。学校和教师应利用 AIGC，不断探索跨学科学习的方式和方法，推动教育教学向更高层次发展，为学生的未来发展打下坚实的基础。[①]

① 叶毓睿，李安民，李晖，等．元宇宙十大技术［M］．北京：中译出版社，2022：276.

4.2 AIGC 在学业质量评价中的辅助作用

学业质量评价作为教学过程中的一个关键环节，不仅是对学生学习效果的检验和反馈，更是对其全面发展提供方向性指导的重要手段。近年来，AIGC 逐渐被应用于作业批改、成绩评定及个性化反馈等方面，极大地提升了教育评价的效率和准确性。

在传统的初中语文教学中，评价工作主要依赖教师手工完成。这种方式虽然能提供情感化的反馈，但也存在效率低下、主观性强等诸多问题。AIGC 以其强大的数据处理能力和自动化技术，能在很大程度上弥补这些不足。随着 AIGC 技术的不断进步，越来越多的教育工作者开始关注并探讨其在语文教学评价中的应用前景。

4.2.1 AIGC 辅助评价的优势

AIGC 在教育评价中的应用不但是技术的革新，而且是教育理念和方法的创新。它为教育者提供了一种全新的视角和工具，使教学评价能更加全面、精准地反映学生的学习状况。这种创新不仅能提高教学效率，还能为因材施教提供更加科学的依据，从而推动教育质量的整体提升。

1. 客观性

AIGC 基于预设的标准和参数，对学生的作业和表现进行客观评价，从而最大程度地减少人为因素的干扰。例如，在批改作文时，AIGC 可以依据预设的评分标准，从语法、词汇使用、文章结构等多个维度进行评分。这样不仅可以避免教师因为个人情绪或偏见对学生做出的主观评价，还能确保评价结果的公平性和一致性。在实际应用中，AIGC 可以通过大数据分析建立一套科学、全面的评价标准。这套标准可以涵盖语文学习的各个方面，包括语言表达能力、文学鉴赏能力、写作能力等。通过这种标准化的评价，可以有效减少不同教师之间评价标准不一致的问题，为学生提供更加公平、客观的评价环境。

2. 时效性

AIGC 具有强大的数据处理能力，能在极短的时间内完成大量的评价工作。这极大地提高了评价的效率，使教师可以将更多的时间和精力投入教学设计和个性化指导中。例如，AIGC 只需几分钟就能完成一个班级的作文初步评分，而这项工作如果由教师完成，可能需要数小时甚至更长时间。与此同时，AIGC 的高效率也使教师能更及时地向学生反馈他们的学习状况，从而提高教学效果。高效的评价过程不仅能减轻教师的工作负担，还能为学生提供更加及时的反馈。这种即时反馈对于学生的学习进步具有重要意义，它能帮助学生快速识别自己的错误，及时调整学习策略，从而更有效地提高学习效果。

3. 准确性

基于大数据和复杂的算法，AIGC 能提供高度准确的评价结果。它不仅可以准确识别出人类可能忽视的细微错误，还能持续学习和更新，不断提高评价的准确性。例如，在语法检查方面，AIGC 能比人类更容易发现一些隐蔽的语法错误，确保学生的作品在语法上更加严谨和规范。AIGC 的准确性还体现在其对大量数据的分析能力上。它可以从学生的历史表现中提取有价值的信息，精准地判断学生的学习进展和潜在问题。这种基于数据的精准评价，能为教师提供更加可靠的信息，帮助他们制定更加有效的教学策略。

4.2.2 AIGC 辅助评价的应用

AIGC 在作业批改和成绩评定方面，其智能化和高效性得到了显著体现。通过先进的自然语言处理技术和数据分析能力，AIGC 不仅能大大减轻教师的工作负担，提高教学效率，还能为学生提供个性化的学习反馈和指导，从而实现因材施教，全面提升学习效果和教育体验。

1. 作业批改

在初中语文教学中，AIGC 可以自动批改多种类型的作业，从拼写检查到阅读理解的答案评估，再到作文评分和详细反馈，AIGC 在各个方面展现出了其独特的优势。

错别字和病句检查：AIGC 能快速准确地识别并标注出学生作业中的错别字和病句等错误，同时提供相应的修改建议。这不仅能帮助学生及时了解自己的错误，还能在长期过程中显著提高他们的语言使用能力。AIGC 可以建立一个错误数据库，记录学生常见的错别字和病句，并根据这些数据提供个性化的练习建议，帮助学生有针对性地改正自己的错误。

阅读理解题的答案评估：AIGC 可以通过比对关键词和核心概念，评价学生在阅读理解题目中答案的准确性和完整性，指出不足之处并给予改进建议。AIGC 可以建立一个庞大的知识库，包含各种类型的文章和相应的理解要点，从而更加全面地评估学生的阅读理解能力。

作文评分和反馈：AIGC 可以从多个角度分析学生的作文，包括文章结构、用词、语法以及情感表达等方面，并给出详细的评分和改进建议。① 例

① 周建设，薛嗣媛．论语言智能教育［J］．语言战略研究，2023，8（4）：30－43．

如，生动具体的评价可以帮助学生更好地理解如何在写作中使用修辞手法，如何构建文章结构，以及如何选择合适的词语进行表达。这一功能对于培养学生的语言精细化表达能力具有重要意义。AIGC 可以根据上下文语境，判断某个词语是否使用得当，并提供更加贴切的同义词建议，帮助学生丰富词汇量，提高语言表达的准确性和多样性。AIGC 还可以通过分析大量优秀作文，提取其中的共性特征，为学生提供更加具体和可操作的写作建议。①

2. 成绩评定

AIGC 能根据学生在各类作业和测试中的表现，自动计算和生成综合成绩。AIGC 可以综合考虑多种因素，如日常作业完成情况、课堂参与度以及期中期末考试成绩，对学生的学习成果给出一个全面的评价。这不仅能减轻教师的工作负担，还能提供更客观和全面的成绩评定，帮助教师更准确地了解学生的学习进展和存在的问题。

AIGC 在成绩评定方面的优势还体现在其可以进行多维度的分析。例如，它可以追踪学生在不同时期的成绩变化，分析学生在各个知识点上的掌握程度，甚至可以预测学生未来的学习趋势。这些深入的分析结果可以帮助教师更好地了解每个学生的学习特点和需求，从而制定更加个性化的教学策略。

3. 个性化反馈

基于对学生学习数据的深入分析，AIGC 可以为每个学生提供量身定制的反馈和建议。例如，AIGC 可以根据学生的作文表现生成详细的改进建议，包括如何优化文章结构、丰富词汇使用等。这种个性化的反馈能帮助学生更好地了解自己的优势和不足，从而有针对性地进行改进，提高学习效果。

AIGC 的个性化反馈不仅限于学习内容本身，还可以涉及学习方法和学习习惯的指导。通过分析学生的学习行为数据，AIGC 可以识别出学生的学习风格和习惯，并提供相应的学习建议。② 例如，对于善于听觉学习的学生，AIGC 系统可能会建议增加听力练习；对于视觉学习型的学生，则可能推荐更多图表和视频资料。

此外，AIGC 还可以根据学生的学习进度和兴趣，推荐适合的学习资源和练习题目。这种智能化的资源推荐可以帮助学生更好地扩展知识面，激发学习兴趣，实现自主学习。

---

① 吴军其，刘萌，王嘉桐，等. AIGC 辅助教师作文评价的效果研究：以九年级语文作文为例［J］. 现代教育技术，2024，34（10）：53－64.

② 王红兵. 元宇宙科技与应用［M］. 北京：光明日报出版社，2022：162.

4.2.3 AIGC 辅助评价的局限

AIGC 在教育评价领域展现了许多优势，但也存在一些不可忽视的局限。为了更全面地了解这些局限性，我们需要深入探讨 AIGC 在技术、情感和依赖性方面所面临的问题，以及这些问题对教学实践和教育效果的潜在影响。①

1. 技术局限

尽管 AIGC 在评价工作中表现出色，但在理解文章的深层含义或创意性表达方面仍存在局限性。例如，对于那些需要高度创造力和情感表达的作文题目，AIGC 的评价可能显得机械和表面化。AIGC 对隐喻、象征以及文化背景的了解还远不如人类，这就导致其在评价具有深刻情感和丰富文化内涵的作品时可能不够准确。所以，对于一些文学性较强的作文，教师的人工评阅仍然是不可替代的。此外，AIGC 在处理非标准答案时也可能遇到困难。例如，在开放性问题的评价中，学生可能会提出独特的见解或创新性的解决方案，这些答案可能超出 AIGC 的预设范围，导致评价结果不够准确或全面。因此，在使用 AIGC 辅助评价时，教师需要保持警惕，及时发现和纠正 AIGC 可能出现的误判。

2. 缺乏人情味

AIGC 的评价往往缺乏人性化的关怀和情感支持。② 教师的评价不仅仅是给出分数，更重要的是能给予学生鼓励和指导，帮助他们在心理和情感上成长。AIGC 由于缺乏人类情感，可能无法像教师那样理解和回应学生的情感需求，无法提供适当的情感支持。例如，对于一个进步明显但成绩仍不理想的学生，AIGC 可能只是机械地给出低分，而不会像教师那样给予适当的鼓励和支持，这可能会影响学生的自信心和学习动力。教育过程中的情感交流和人文关怀是 AIGC 难以完全替代的。教师在评价过程中不仅关注学生的学习成果，还会考虑学生的努力程度、学习态度以及个人成长等方面。这种全面的、富有人情味的评价对于学生的全面发展至关重要。因此，在使用 AIGC 辅助评价时，教师需要注意保持与学生的情感联系，适时给予鼓励和关怀。

3. 易形成依赖性

过度依赖 AIGC 评价可能导致教师和学生丧失自主评价的能力。教师可能会逐渐失去独立进行评价和判断的能力，而学生也可能过分依赖 AIGC 的反馈，忽视了自我反思和评价的重要性。这不仅不利于培养学生的批判性思

---

① 林爱珺，常云帆. 人工智能大模型价值对齐的人文主义思考 [J]. 新闻界，2024 (8)：24 - 33.

② 邬晓燕. 数字治理中的技治主义：困境、根源与突破 [J]. 云南社会科学，2024 (6)：37 - 46.

维和自主学习能力，还有可能导致他们在没有 AIGC 辅助的场合表现不佳。因此，在实际教学过程中，教师应当科学合理地使用 AIGC 辅助评价，避免形成依赖。为了避免过度依赖 AIGC，教师可以采取以下措施：首先，保持对 AIGC 评价结果的批判性思考，不盲目接受 AIGC 的判断；其次，定期进行人工评价，与 AIGC 评价结果进行对比和分析；最后，鼓励学生进行自我评价和互评，培养他们的独立思考能力和评价能力。此外，学校和教育部门也应该制定相关政策和指导方针，规范 AIGC 在教育评价中的使用，确保 AIGC 辅助评价能健康、有序地发展，真正成为提升教育质量的有力工具。

AIGC 在初中语文教学的评价环节中展现出巨大潜力，能大幅提高评价的客观性、效率和准确性。然而，AIGC 辅助评价也存在一定的局限性。理想的做法是将 AIGC 评价与教师评价相结合，发挥各自的优势。教师应将 AIGC 作为辅助工具，而不是完全依赖它，利用 AIGC 进行初步评分和反馈后，再基于 AIGC 的结果进行深入分析和个性化指导。同时，教师还应注重培养学生的自我评价能力，引导他们批判性地看待 AIGC 的反馈，确保他们在面对多变的学习环境时也能保持良好的表现。

4.3 教师角色的重塑

在传统的初中语文教学中，教师一直扮演着知识传授者和课堂主导者的角色。这种模式要求教师投入大量时间和精力准备教学内容，设计教学流程，并在课堂上进行讲解、提问和互动。虽然这种教学方式能确保教学进度和内容的完整性，但往往忽视了学生的个体差异和学习需求。随着 AIGC 的快速发展和广泛应用，教育领域正在经历一场深刻的变革。特别是在初中语文教学中，AIGC 的引入为教师角色带来了革命性的转变，推动了教学模式的创新和优化。

1. 从知识传授者转变为学习引导者

在过去，教师主要负责向学生传授各种知识，例如文学背景、语法规则、语言技巧等。由于信息来源的局限性，学生获取知识主要依赖于教师的讲解和课堂教材。然而，随着 AIGC 的迅猛发展，这一传统的知识传递模式正在发生根本性的变化。AIGC 凭借其强大的知识库和信息处理能力，能为学生提供海量的学习资源和即时的问题解答。这一特性极大地改变了教师的工作重点。教师不再需要花费大量时间准备和传授基础知识，而是可以将精力集中在引导学生思考、分析和创造上。例如，在学习古诗文时，教师可以利用 AIGC 为学生提供丰富的背景知识和注释，包括诗人生平、创作背景、历史文化环境等。通过 AIGC 生成的大量资料，学生可以方便快捷地查阅到相关的知识，而教师就可以将更多时间和精力投入到引导学生深入理解诗文的意境和情感、培养学生的文学鉴赏能力和人文素养上。通过这种方式，教师能更好地激发学生的学习兴趣，培养其独立思考和创新能力，从而实现更高层次的教学目标。而这种深入的理解和审美的培养，正是传统的以知识传授为主的教学模式所难以达到的。

2. 从课堂主导者转变为学生的学习伙伴

AIGC 具有强大的个性化学习支持能力，可以根据每个学生的学习进度、知识基础和学习风格，提供量身定制的学习建议和反馈。这使得教师可以从单一的课堂主导者转变为学生的学习伙伴。在这种新的角色定位下，教师可以与 AIGC 协作，共同设计多样化的学习任务，监测学生的学习过程，并在适当的时候给予指导和鼓励。例如，在写作教学中，教师可以利用 AIGC 生成的写作建议和修改意见，与学生一起探讨如何提升文章质量。AIGC 可以提供关于词语使用、句式变化、段落组织等方面的具体建议，而教师则可以基于这些建议，引导学生思考写作的目的、情感表达和创意构思等更深层次的问题。这种协作模式不仅能提高教学效率，还能为学生提供更全面、更个性化的学习支持，从而更好地满足每个学生的学习需求。对于那些在特定领域有困难的学生，AIGC 可以提供专门的练习和强化训练，而教师可以针对这些练习结果进行有针对性的辅导和帮助。通过这种高度定制化的学习方式，学生能更加有效地克服学习中的瓶颈，取得更好的学习效果。同时，这种协作模式也能培养学生的自主学习能力，让他们在学习过程中更加主动、积极，以更好地发挥教育的主导作用，引导学生自主学习、积极思考，培养学生的创新精神和综合素质，实现教育的最终目标。无论是通过 AIGC 提供的各种学习资源，还是通过教师的引导和支持，学生都能在这一过程中不断提升自我，实现全面发展。AIGC 与教师的合作，将会创造一种全新的教育生态，使教育更加个性化、智能化和高效化，让每一个学生都能在适合自己的学习环境中，最大限度地发挥自己的潜力。

3. 从评估者转变为成长促进者

在过去，教师需要投入大量时间和精力批改作业、试卷，这不但是一项繁重的工作，而且教师往往难以给每个学生提供及时、详细的反馈。然而，AIGC 的出现彻底改变了这一局面。AIGC 技术能快速、准确地完成批改工作，并生成全面的分析报告。这不仅大大提高了效率，更为重要的是，它为教师提供了深入了解每个学生学习情况的宝贵数据。例如，在语文教学中，AIGC 可以对学生的作文进行多维度分析，包括词汇运用、句式结构、逻辑连贯性等方面，并提供详细的反馈意见。这些丰富的数据为教师制定个性化教学策略提供了坚实的基础。借助这些分析结果，教师可以更加精准地把握每个学生的学习状况，及时发现并解决学习中的问题。比如，对于写作能力较弱的学生，教师可以根据 AIGC 的分析，设计有针对性的写作训练计划，帮助学生逐步提升写作水平。对于已经具备较好写作基础的学生，教师则可以设计更具挑战性的写作任务，进一步激发他们的创造力。这种基于数据分析的教学方法不仅有利于学生的个性化发展，也为教师提供了不断反思和改进教学策略的机会。通过分析大量学生的学习数据，教师可以更好地了解教学中的普遍问题和难点，从而调整教学重点，优化教学方法。这种数据驱动的教学模式，正在推动整个教育体系向更加科学、高效的方向发展。

4. 从单一学科教学者转变为跨学科整合者

AIGC 拥有广博的知识储备，能轻松地在不同学科之间建立联系。这为教师提供了突破传统学科界限，设计更加丰富、有趣的跨学科教学活动的机会。例如，在教授描写自然景物的文章时，教师可以借助 AIGC 的知识，将语文学习与地理、生物等学科知识巧妙地结合起来。教师可以引导学生先了解某种自然现象的科学原理，然后思考如何用优美的语言来描述这种现象。这种教学方法不仅能帮助学生建立更加全面、系统的知识体系，还能培养学生的综合思维能力和创新意识。通过跨学科教学，学生可以更好地理解知识之间的内在联系，培养举一反三的能力。例如，学生在学习描写山川河流的文章时，不仅能掌握相关的写作技巧，还能了解地理知识，甚至可以探讨环境保护等社会议题。这种全方位的学习体验，有助于培养学生的批判性思维和问题解决能力。然而，要实现这种跨学科的教学模式，对教师提出了更高的要求。教师需要不断拓展自己的知识面，提升跨学科教学的能力。这意味着教师要主动学习其他学科的知识，了解不同学科之间的联系，并能灵活地将这些知识融入自己的教学中。

同时，我们也需要认识到，AIGC 的引入并不意味着教师角色的弱化或替代。恰恰相反，在这个新的教育生态中，教师的角色变得更加重要和多元。教师需要具备更高的信息素养和技术应用能力，能有效地利用 AIGC 工具来优化教学过程。同时，教师还需要保持批判性思维，能辨识和纠正 AIGC 可能出现的错误或偏差。更重要的是，教师应该发挥其不可替代的人文关怀作用，关注学生的情感需求和价值观培养，帮助学生在信息化时代保持人文精神和道德素养。

在拥抱 AIGC 的同时，我们也需要警惕一些潜在风险。[①] 例如，过度依赖 AIGC 可能会导致学生的主动学习能力下降，或者影响学生的创造力发展。因此，教师需要在运用 AIGC 和保持传统教学优势之间找到平衡，确保技术服务于教育的本质目标，而不是主导教育过程。

教师可以通过多种方式来适应这一转变。

首先，教师需要不断更新自己的知识结构，理解和掌握 AIGC 技术的基本原理和应用方法。这不仅有助于教师更好地利用 AIGC 工具提高教学效率，还能使教师在 AIGC 生成教学内容和反馈的过程中，及时辨识和纠正可能出现的错误和偏差。

其次，教师需要保持批判性思维，在使用 AIGC 工具时，始终保持对其结果的审视和评估，不盲目依赖。教师应当通过不断的实践和反思，找到 AIGC 技术与传统教学方法的最佳结合点，为学生提供更加科学、有效和人性化的教育方案。

再次，教育部门和学校也应当积极推动教师的技术培训和专业发展。通过组织学习培训、研讨会、技术沙龙等活动，提高教师的信息素养和技术应用能力，帮助教师更好地理解 AIGC 技术的潜力和局限性。

最后，应当加强教师之间的交流与合作，共享 AIGC 技术应用的经验和成果，形成良好的教学研究氛围，共同探讨和解决在技术应用中遇到的问题和挑战。

在未来的教育中，AIGC 与教师之间的协作将成为一种常态。这种协作不仅能提高教学效率，优化教学效果，还能促进个性化教育和创新教学的发展。通过合理运用 AIGC 技术，教师可以更好地发挥教育的主导作用，引导学生自主学习、积极思考，培养学生的创新精神和综合素质，实现教育的最终目标。

---

① Ihekweazu C，Zhou B，Adelowo E A. Ethics-Driven Education：Integrating AI Responsibly for Academic Excellence [J]. Information Systems Education Journal，2024，22 (3)：36 - 46.

第 5 章

AIGC 助推初中语文课堂教学

随着 AIGC 技术的不断进步，它正在逐步渗透到初中语文课堂的各个环节，为教师和学生带来全新的教学体验。在备课与教案设计、课堂互动与提问、作文写作与升格指导、阅读理解与文本分析、语法教学与练习等关键领域，AIGC 的应用都展现出了巨大的潜力。通过对这些领域的深入探讨，我们将看到 AIGC 如何赋能语文教学，提高教学效率和质量，为师生带来更加智能、个性化的教学支持。同时，我们也将讨论 AIGC 在促进教学创新、培养学生综合素质等方面的作用，为初中语文教学的发展指明新的方向。

5.1 备课与教案设计

备课与教案设计是语文教学的基础环节，直接影响课堂教学的质量和效果。在这一环节应用 AIGC，可以大大提高教师的备课效率，优化教案内容，为个性化教学提供支持。① 本节将从教学目标智能分解、教学资源智能推荐与生成、个性化教案自动生成三个方面，详细探讨 AIGC 在备课与教案设计中的应用。

5.1.1 教学目标智能分解

传统的教学目标设置往往比较宏观和笼统，难以直接指导具体的教学活动。AIGC 可以帮助教师将宏观的教学目标智能分解为具体、可操作的子目标，使教学更有针对性。

1. 目标分解的原理与过程

AIGC 通过深度学习算法，对大量的教学目标样本进行分析和训练，掌握了教学目标分解的一般规律和方法。当输入一个宏观的教学目标时，AIGC 能根据学科特点、学生认知规律和课程标准等因素，自动将其分解为

① 余江英，杨晓珊，郑开文. 人机共教：AIGC 赋能国际中文新手教师智慧备课的新生态［J］. 云南师范大学学报（对外汉语教学与研究版），2024，22（2）：49－59.

若干个具体的、可测量的子目标。①

这一过程通常涉及以下五个步骤：

一是语义理解。AIGC 需要准确理解输入的宏观教学目标的含义。这需要强大的自然语言处理能力，能识别关键词、理解语境，并捕捉目标中隐含的教学意图。

二是知识图谱匹配。AIGC 会将理解后的教学目标与预先构建的语文学科知识图谱进行匹配。这个知识图谱包含了语文学科的核心概念、技能要求、认知层次等信息，以及它们之间的关联关系。

三是目标解构。基于知识图谱的匹配结果，AIGC 会将宏观目标解构为多个子目标。在这个过程中，AIGC 会参考布鲁姆教育目标分类等理论，确保分解后的子目标涵盖知识、理解、应用、分析、评价和创造等不同层次。

四是难度梯度。AIGC 会对分解后的子目标进行难度评估，并按照认知难度由浅入深的顺序进行排列，形成一个合理的学习进阶路径。

五是表述优化。最后，AIGC 会对每个子目标的表述进行优化，确保语言精练、明确，便于教师理解和操作。

如对于“理解并欣赏诗歌的意境美”这一宏观目标，AIGC 可能会将其分解为以下子目标：

识别诗歌中的意象和象征手法。

分析诗歌的语言特点和修辞手法。

解读诗歌的情感基调和主题思想。

评价诗歌的艺术效果和审美价值。

创作简单的诗句，尝试营造特定的意境。

从这个例子中，我们可以看到 AIGC 能全面考虑诗歌教学的各个方面，包括技巧识别、语言分析、情感解读、艺术评价和创作实践。这种系统化、层次化的目标分解方法，无疑将为语文教学带来新的思路和可能性，促进教学质量的提升。

AIGC 在教学目标分解方面展现了强大的潜力。通过深度学习算法和多步骤的分析过程，它能将宏观的教学目标精确地分解为具体、可操作的子目标。这种智能化的目标分解不仅提高了教学设计的效率和精准度，还为教师提供了更清晰的教学指导。

---

① 李柏林. AIGC 产品在“目标+问题+结果”导向式教学中的应用：以设计心理学为例［J］. 中国科技期刊数据库科研，2023（10）：119－123.

2. 智能分解的优势与应用

AIGC 在教育领域的应用确实为教学目标的智能分解带来了革命性变革。它通过全面考虑各方面因素、建立清晰的层级结构、根据学生水平个性化生成目标、基于反馈动态调整、结合教育理论提供支持以及及时响应教育政策变化等优势，显著提高了教学设计的效率和质量。①

AIGC 辅助的教学目标智能分解具有以下优势。

① 全面性：AIGC 可以从多个维度考虑目标分解，确保覆盖知识、能力、情感等各个方面。相比人工分解，AIGC 能更快速、更全面地考虑各种可能的子目标，减少遗漏。

② 层次性：分解后的子目标形成清晰的层次结构，便于教师有序安排教学内容。AIGC 会自动将子目标按照认知难度和逻辑关系进行排序，形成一个科学合理的学习路径。

③ 个性化：根据不同班级或学生的实际情况，AIGC 可以生成难度和侧重点各不相同的目标分解方案。例如，对于基础较好的班级，AIGC 可能会增加一些挑战性更高的子目标；而对于基础薄弱的班级，则可能会增加一些基础性的子目标。

④ 可动态调整：随着教学进程的推进，AIGC 可以根据学生的反馈和学习效果，动态调整和优化目标分解。如果发现某个子目标过于困难或者过于简单，系统可以实时调整，增加或删减相关子目标。

⑤ 可提供理论支撑：AIGC 在进行目标分解时，会综合考虑多种教育理论和最新研究成果，如布鲁姆教育目标分类、建构主义学习理论等，确保分解结果具有坚实的理论基础。

⑥ 时效性：AIGC 可以快速响应教育政策的变化和课程标准的更新，及时调整目标分解的策略和内容，帮助教师始终保持教学目标的前沿性和规范性。

在实际应用中，教师可以通过 AIGC 快速生成教学目标分解方案，并根据自身经验和教学实际进行适当调整。这不仅能提高备课效率，还能帮助教师更全面、系统地思考教学设计。具体应用场景包括：

单元教学规划：教师可以输入单元教学目标，AIGC 会自动将其分解为每节课的具体目标，帮助教师更好地把握单元教学的整体脉络。

差异化教学设计：针对不同层次的学生，AIGC 可以生成难度各异的目

---

① 邓韵，施佐晨. AIGC 赋能智慧教学设计的模型构建研究［J］. 设计艺术研究，2024（3）：51－56.

标分解方案，支持教师实施分层教学。

教学反思与改进：课后，教师可以根据实际教学效果，通过 AIGC 重新调整和优化教学目标，为下一轮教学做好准备。

教研活动支持：在教研组活动中，教师可以集体讨论 AIGC 生成的目标分解方案，集思广益，进一步完善教学设计。这种集体智慧的碰撞可以帮助教师们更好地理解和运用 AIGC 辅助系统，同时也能促进教学经验的交流与分享。

AIGC 在教学目标智能分解方面展现出了巨大的潜力和优势。它不仅能提供全面、层次分明、个性化的目标分解方案，还能根据实际教学情况进行动态调整，并且具有坚实的理论基础和时效性。然而，我们也要认识到，AIGC 只是一个辅助工具，最终还需要教师根据自身经验和教学实际情况进行适当调整和应用，以实现教学目标的最优化。

5.1.2 教学资源智能推荐与生成

语文作为基础学科，在初中教育中占据重要地位。然而，传统的语文教学面临着诸多挑战，如教学资源匮乏、备课工作繁重、个性化教学难以实现等。AIGC 的出现为解决这些问题提供了新的思路和工具，为教学资源的智能推荐和自动生成提供了新的可能性，有效提升了教学效率和质量。①

1. 教学资源智能推荐

AIGC 可以根据教学目标、学生特点和教师偏好，从海量的教学资源库中筛选并推荐最适合的资源。这一过程涉及以下几个关键步骤。

(1) 资源标签化

对教学资源进行多维度标签化是实现精准推荐的基础。② 在初中语文教学中，可以从以下几个方面对资源进行标注：

知识点：古诗文阅读、现代文阅读、写作技巧等。

年级：七年级、八年级、九年级。

难度级别：基础、中等、高级。

资源类型：课件、教案、习题、视频、音频等。

适用对象：全班教学、小组活动、个别辅导等。

教学目标：知识传授、能力培养、情感态度与价值观的引导等。

---

① 张雨欣，王小根. AIGC 的智能教育应用：智能教学系统的功能升级［J］. 中国医学教育技术，2024，38（3）：311－318.

② Li F，Yang Y. Impact of Artificial Intelligence-Generated Content Labels On Perceived Accuracy，Message Credibility，and Sharing Intentions for Misinformation：Web-Based，Randomized，Controlled Experiment［J］. JMIR formative research，2024（8）：e60024.

通过精细化的标签体系，可以更好地匹配教师的具体需求。

(2) 用户画像构建

基于教师的使用历史、教学风格和反馈信息，系统会构建个性化的用户画像。例如：

教学偏好：是否倾向于使用多媒体资源、互动性教学方法等。

教学重点：是否更注重语言知识积累、阅读理解能力培养或写作训练等。

学生特点：所教班级的整体水平、学习兴趣等。

通过这些信息，AIGC 可以更准确地预测教师的需求，提供更贴合实际的推荐。

(3) 智能匹配

AIGC 运用机器学习算法，将教学需求与资源特征进行智能匹配，生成个性化推荐列表。例如，对于偏好使用多媒体资源且学生阅读兴趣较高的教师，AIGC 可能会优先推荐与课文主题相关的短视频或动画资源。

(4) 持续优化

根据教师的选择和反馈，AIGC 会不断优化推荐算法，提高推荐的准确性和相关性。譬如教师经常选用某类型的资源，AIGC 会在未来给他的推荐中增加此类资源的权重。

2. 教学资源自动生成

除了推荐现有资源，AIGC 还能根据教学需求自动生成新的教学资源，极大地丰富了教学素材库。在初中语文教学中，主要包括以下几个方面。

(1) 生成练习题

AIGC 可以根据课程标准和教材内容，自动生成各类型的练习题，具体如下：

阅读理解题：基于给定文本，生成符合初中学生水平的理解性问题。

语法练习：自动生成关于特定语法点的填空题或选择题。

作文题目：根据教学主题，生成富有启发性的作文题目。

这些自动生成的练习题不仅可以节省教师备课时间，还能为学生提供更多样化的练习机会。

(2) 制作课件

基于教学内容和教师的风格偏好，AIGC 可以生成初步的 PPT 课件框架。例如，在教授某篇课文时，AIGC 可以自动提取文章的关键信息，生成包含主要内容概述、重点词句赏析、写作特点分析等板块的课件框架。教师可以在此基础上进行个性化调整，大大提高备课效率。

（3）生成教学案例

AIGC 可以结合教学主题，自动生成贴近学生生活的教学案例。例如，在教师讲解某个写作技巧时，AIGC 可以生成一个与学生日常生活相关的小故事，来展示该技巧的运用。这些生动的案例有助于提高学生的学习兴趣和理解能力。

（4）创作多媒体资源

AIGC 还能生成与教学内容相关的图片、动画或短视频等多媒体资源。例如，在教授古诗文时，AIGC 可以生成相关的配图或动画，帮助学生更直观地理解诗文意境。这些丰富的多媒体资源可以有效地提升课堂的吸引力和教学效果。①

具体来说，AIGC 在以下几个方面显著提升了教学效果：

一是实现了个性化教学。AIGC 根据不同教师的教学风格和学生特点，提供定制化的资源推荐。这使得教师能更好地满足不同学生的学习需求，实现因材施教。

二是提高了教学效率和教学质量。通过智能推荐和自动生成，教师可以快速获取高质量的教学资源，大大减少了备课时间。例如，在准备一堂关于《水浒传》的课时，AIGC 不仅推荐了相关的背景资料和名家点评，还自动生成了一套针对学生常见理解误区的练习题，帮助教师更有针对性地进行教学。

三是丰富了教学资源。AIGC 的资源生成能力极大地扩充了教学素材库。在一些较难找到合适资源的主题上，如某些现代文学作品或新兴的写作技巧，AIGC 能根据需求快速生成相关的案例、练习和多媒体资料，为教学提供了更多可能性。

四是促进了教学创新。AIGC 生成的新颖教学素材激发了教师的创新思维。例如，在教授修辞手法时，AIGC 不仅提供了传统的例句，还可以生成一些融合时下流行元素的新示例，这些素材启发教师设计出更贴近学生生活的教学活动。

3．个性化教学方案自动生成

个性化教学是当前教育改革的重要方向，它强调根据学生的个体差异，采用适合每个学生的教学方法和内容，以实现因材施教的教育理念。在初中语文教学中，学生的语言基础、阅读能力、写作水平等方面存在较大差异，

① 洪世华，王玉龙，黄俊娜，等. AIGC 赋能中小学信息科技教学策略研究：以 ADDIE 教学设计模型为例［J］. 中国信息技术教育，2024（24）：94-97.

这就要求教师能针对不同学生的特点制定个性化的教学方案。

AIGC 的出现为解决这一难题提供了新的思路。它具有以下优势：

一是高效性。AIGC 能在短时间内生成大量个性化教案，极大地提高了教师的工作效率。

二是精准性。通过对学生数据的分析，AIGC 可以精准把握每个学生的学习特点和需求，生成更有针对性的教案。

三是创新性。AIGC 可以基于海量数据和先进算法，提出创新性的教学设计和活动方案。

四是适应性。AIGC 生成的教案可以根据教学实践的反馈不断优化，具有较强的适应性。

五是资源整合能力。AIGC 可以智能推荐和整合丰富的教学资源，为教案提供多样化的素材支持。

（1）个性化教案生成的原理

AIGC 在生成个性化教案时，主要基于以下原理：

① 数据学习：AIGC 通过分析大量优质教案样本，学习教案的结构特征、内容组织和表达方式。这些样本包括不同主题、不同难度、不同教学风格的教案，以确保 AIGC 能生成多样化的教案。

② 多维度考量：在生成过程中，AIGC 会综合考虑多个因素，以确保教案的个性化和实用性。一是教学目标因素。AIGC 能根据课程标准，智能分解教学目标，并据此设计相应的教学活动。例如，针对初中语文中的阅读理解教学，AIGC 可以设计从字词理解、句子分析到段落把握、主题提炼的层层递进的教学活动。二是学生特点因素。AIGC 会考虑班级或个别学生的知识基础、学习风格和兴趣爱好。比如，对于阅读能力较弱的学生，AIGC 可能会生成更多阅读策略指导和练习；而对于写作能力较强的学生，则可能会设计更具挑战性的写作任务。三是教学资源因素。AIGC 能智能推荐和生成与教学内容相关的资源，如经典文章、视频材料、在线练习等，并将这些资源有机整合到教案中。四是教学策略因素。根据教学内容和学生特点，AIGC 可以选择适当的教学方法和策略。例如，对于抽象难懂的古文，AIGC 可能会采用情境教学法；对于现代文学作品，AIGC 则可能会采用小组讨论的方式。五是时间安排因素。AIGC 能根据教学内容的难易程度和重要性，合理分配各个教学环节的时间，确保教学进度的科学性。六是教师风格因素。AIGC 会考虑教师的个人教学风格和偏好，以生成更符合教师个人特色的教案。这可以通过分析教师过往的教案和教学反馈来实现。

③ 自然语言生成：AIGC 运用自然语言处理技术，将上述考量因素转化为流畅、自然的教案文本，包括教学目标、教学重难点、教学过程等各个部分。

（2）个性化教案生成的流程

AIGC 辅助下的个性化教案生成流程主要包括以下步骤：

① 信息输入：教师需要输入基本的教学信息，如教学主题、课时、班级情况等。例如，教师可能会输入“初一年级，《论语》十二章，2 课时，45 名学生，其中 10 名学生阅读能力较弱”等信息。

② 模板选择：AIGC 会根据输入的信息，从预设的教案模板库中推荐合适的模板。这些模板可能包括传统讲授型、探究型、活动型等不同类型，教师可以根据自己的偏好选择。

③ 内容生成：AIGC 根据选定的模板和输入的信息，自动生成教案的主体内容。这包括教学目标、教学重难点、教学过程、板书设计、课后作业等部分。在这个过程中，AIGC 会综合考虑前面提到的多个因素，以确保教案的个性化和适用性。

④ 人工调整：生成的教案并非最终版本，教师需要根据实际需求对教案进行修改和完善，如调整教学步骤、增加或删减某些活动、修改作业要求等。这一步骤既能确保教案的质量，也能体现教师的主观能动性。

⑤ AIGC 优化：系统会记录教师的修改意见，并将这些反馈用于不断学习和优化生成算法。随着使用次数的增加，AIGC 生成的教案会越来越符合教师的个人风格和需求。

（3）AIGC 辅助下个性化教案的应用实例

以初中语文中的古诗文教学为例，AIGC 可以这样辅助教师生成个性化教案：

① 教师输入信息：初二年级，《野望》教学，1 课时，40 名学生，其中 15 名学生对古诗理解较困难。

② AIGC 推荐适合古诗教学的模板，如“情境导入—诗歌赏析—主题探讨—拓展应用”的结构。

③ AIGC 生成教案主体内容：

教学目标：理解诗歌内容，感受诗歌意境，掌握重要字词，品味诗歌语言美。

教学重难点：

重点：理解“树树皆秋色，山山唯落晖”等诗句的意境。

难点：体会诗人通过景物描写表达的思想感情。

教学过程：

1. 情境导入（5 分钟）：

播放秋天傍晚山林的视频，引导学生感受秋天日落的氛围。

2. 诗歌赏析（20 分钟）：

朗读诗歌，感受韵律美。

逐句解析，重点讲解“相顾无相识，长歌怀采薇”等句子。

对于理解能力较弱的学生，采用图文并茂的方式辅助理解。

3. 主题探讨（15 分钟）：

小组讨论：诗人为什么选择在秋天傍晚眺望远方？

引导学生体会诗人的迷茫心境、对人生的思考和对自然的感悟。

4. 拓展应用（5 分钟）：

鼓励学生用现代汉语描述一个秋天傍晚的景象。

为写作能力较强的学生布置创作小诗的任务。

板书设计：

[略]

课后作业：

1. 背诵全诗。

2. 选择诗中最喜欢的一句，说明理由。

3. 拓展阅读王绩的其他山水田园诗。

④ 教师根据实际情况调整教案，如增加朗诵比赛环节，或调整小组讨论的时间。

⑤ AIGC 记录教师的修改，用于未来教案生成的优化。

通过这种方式，AIGC 能为教师提供个性化、高质量的教案初稿，大大提高了教案编写的效率和针对性。同时，教师仍然保留了对教学过程的主导权，可以根据实际需求对 AIGC 生成的教案进行调整和完善。这种人机协作的模式，既发挥了 AIGC 高效和精准的优势，又保留了教师的创造性和灵活性，为初中语文教学的个性化发展提供了新的可能。

5.2 课堂提问与互动

在初中语文教学中，课堂提问与互动是至关重要的环节，直接影响着教学效果和学生的学习体验。随着生成式人工智能技术的快速发展，我们有机会将这一先进技术应用于课堂提问与互动环节，从而提升教学质量，促进师生互动，激发学生的学习兴趣。

5.2.1 智能提问

智能提问是 AIGC 在课堂互动中的一个重要应用。它能根据教学内容和目标，自动生成不同类型和不同难度的问题，帮助教师更好地设计课堂提问环节，提高教学效率和质量。

首先，AIGC 可以根据教材内容和教学目标，生成多样化的问题。这些问题涵盖知识点理解、文本分析、创意思考等多个方面，能够满足不同层次的教学需求。例如，在学习《桃花源记》时，AIGC 可以生成诸如“描述桃花源的景象”“分析陶渊明创作这篇文章的用意”“如果你是渔人，你会选择留在桃花源吗？为什么？”等不同类型的问题，既考查学生对文本的理解，又引导他们进行深入思考。

其次，AIGC 可以根据布鲁姆分类法对问题进行分类，确保问题覆盖不同的认知层次。布鲁姆分类法将认知过程分为记忆、理解、应用、分析、评价和创造六个层次。AIGC 可以自动生成并分类问题，确保教师在课堂上能全面培养学生的各项认知能力。例如，在学习《论语》选段时，AIGC 可以生成以下问题：

记忆层次：“学而时习之，不亦说乎？”请背诵这句名言。

理解层次：请用自己的话解释“学而时习之”的含义。

应用层次：你如何在日常学习中践行“学而时习之”的理念？

分析层次：比较“学而时习之”与“温故而知新”这两个观点的异同。

评价层次：你认为“学而时习之”这种学习方法在现代教育中是否仍然适用？为什么？

创造层次：请设计一个活动，让同学们能更好地理解并实践“学而时习之”的精神。

再次，AIGC 可以对教师设计的问题进行优化和建议。AIGC 可以分析教师提出的问题，评估其质量和难度，并提供改进建议。例如，教师的问题过于笼统或缺乏挑战性，AIGC 可以提供更具体、更有深度的问题建议，帮助教师提升问题质量。

最后，AIGC 还可以为不同类型的问题推荐适当的互动策略。例如，对于开放性问题，AIGC 可能建议采用小组讨论的形式；对于需要快速反馈的问题，AIGC 可能推荐使用课堂投票工具。这些建议可以帮助教师选择最适合的互动方式，提高课堂参与度和教学效果。

5.2.2 实时语音识别与互动

AIGC 结合实时语音识别技术，为课堂互动带来了新的可能性。这一技术可以实时记录课堂讨论内容，生成文字记录，并对讨论进行深入分析，为教师提供宝贵的教学反馈。

首先，实时语音识别系统可以准确记录课堂讨论内容，并生成文字记录。这不仅可以帮助教师回顾和分析课堂讨论，也为学生复习和回顾提供了便利。例如，在进行《水浒传》人物分析讨论时，系统可以记录每个学生的发言，生成详细的讨论记录，方便后续的深入分析和总结。

其次，AIGC 可以从讨论内容中提取关键概念和关键词。这有助于教师快速把握讨论的核心内容和学生的思考重点。例如，在讨论中国古代诗歌时，AIGC 可以识别出“意境”“比兴”“押韵”等关键概念，帮助教师了解学生对诗歌特征的掌握程度。

再次，AIGC 可以分析学生的情感倾向和参与度。通过语音识别和自然语言处理技术，AIGC 可以识别学生发言的情感色彩，如兴奋、困惑或不确定等，并评估每个学生的参与程度。这些信息可以帮助教师及时调整教学策略，关注需要帮助的学生。

最后，基于学生的回答，AIGC 可以提供实时反馈和建议。例如，AIGC 发现多个学生对某个概念存在误解，它可以提醒教师进行补充说明；如果某个学生的回答特别精彩，AIGC 可以建议教师请该学生进一步阐述。这种实时反馈机制可以帮助教师更好地把握课堂节奏，提高教学效果。

5.2.3 课堂讨论引导与总结

AIGC 在课堂讨论的引导和总结方面也具有巨大的潜力。它可以帮助教师更好地组织和管理课堂讨论，提高讨论质量，并为后续教学提供有价值的参考。

首先，AIGC 可以根据讨论内容将概念结构和知识联系进行可视化。通过分析学生的发言，AIGC 可以生成知识图谱或思维导图，直观呈现核心概念及其之间的关系。例如，在讨论《论语》中的核心思想时，AIGC 可以生成一个以“仁”为中心，包含“礼”“义”“智”等相关概念的知识图谱，帮助学生理解孔子思想的整体框架。

其次，AIGC 可以帮助教师及时调整讨论方向和深度。通过实时分析讨论内容，AIGC 可以识别讨论是否偏离主题，或者是否需要深入探讨某个观点。例如，在讨论《简·爱》的主题时，如果 AIGC 发现学生的讨论过于集中在故事情节而忽视了小说的深层主题，它可以提醒教师引导学生思考作品反映的人性和爱情观念。这种实时指导可以确保讨论始终围绕核心教学目标展开，并达到适当的深度。

最后，AIGC 可以总结讨论的要点和洞见，为后续教学提供有价值的参考。AIGC 可以分析整个讨论过程，提取关键观点，识别创新性见解，并生成综合性总结报告。例如，在讨论完《济南的冬天》后，AIGC 可以生成总结，包括学生对老舍先生散文风格的理解、对作品意境的感悟，以及学生自身对美的独特见解等。这种总结不仅可以帮助教师快速回顾课堂讨论的成果，也为调整教学计划和设计后续活动提供了依据。

通过智能提问、实时语音识别与互动，以及课堂讨论引导与总结这三个方面的应用，AIGC 可以显著提升初中语文课堂的互动质量和教学效果。它不仅能减轻教师的工作负担，还能为学生提供更加个性化、深入的学习体验。然而，在应用这些技术时，也需要注意确保技术只是辅助而不是取代教师的主导作用，从而真正实现教学质量的提升和学生综合素质的培养。[①]

5.3 作文写作与升格指导

在初中语文教学中，作文写作与升格指导是一项重要且具有挑战性的任务。随着生成式人工智能技术的快速发展，我们有机会将其应用于作文教学，为教师和学生提供更加智能、个性化的支持。

5.3.1 作文主题生成与拓展

AIGC 在作文主题生成与拓展方面，为教师和学生提供了丰富多样的写作灵感和素材。它不仅通过独特的视角激发学生的创造力和兴趣，提高他们的写作水平，还帮助教师设计更有趣、更具互动性的课程和练习，使写作过程变得更加生动有趣。[②]

1. 多样化主题生成

利用大规模语言模型，我们可以根据课程标准和课程要求，让 AIGC 生成符合初中学生认知水平的多样化作文主题。这种方法不仅能提供丰富多样的写作题材，还能确保主题与教育目标相一致。通过 AIGC 生成的主题可以涵盖记叙文、议论文和说明文等不同体裁，既能激发学生的写作兴趣，还能全面提升他们的观察能力、思考能力、表达能力、批判性思维能力、创新意识等。这些主题可以根据学生的年龄、知识背景和学习进度进行个性化调整，从而更好地满足不同学生的需求。此外，AIGC 生成的主题还可以紧跟

① Duran V. Analyzing teacher candidates' arguments on AI integration in education via different chatbots [J]. Digital Education Review，2024 (45)：68 - 83.

② 柯胜智．生成式人工智能赋能高中作文教学实践的困境与突破 [J]．语文天地，2024，31 (11)：35 - 38.

时事热点，帮助学生将所学知识与现实生活联系起来，提高他们的社会意识和写作能力。通过这种方式，AIGC 可以为教师提供更多创新性的教学资源，同时为学生创造更加具有吸引力的学习体验，从而全面提升他们的写作技能和思维能力。

根据教材的编排，我们可以生成涵盖记叙文、议论文和说明文等多种文体的写作主题。

记叙文主题示例：

《我与书的故事》：引导学生回忆与书籍相关的深刻经历，培养阅读兴趣。

《那次难忘的旅行》：鼓励学生描述印象深刻的旅行经历，锻炼观察和描写能力。

《校园里的一抹绿》：引导学生关注身边的自然环境，培养环保意识。

议论文主题示例：

《诚信的重要性》：引导学生思考诚信在个人和社会发展中的作用。

《科技发展对生活的影响》：鼓励学生分析科技给生活带来的变化，培养批判性思维。

《如何平衡学习与娱乐》：引导学生思考时间管理和自我规划的重要性。

说明文主题示例：

《我最喜欢的一项运动》：鼓励学生介绍自己喜爱的运动，锻炼说明和描述能力。

《家乡的特色美食》：引导学生介绍本地饮食文化，培养文化自信。

《如何制作一份 PPT》：鼓励学生学习并分享实用技能，提高实践能力。

除了传统的语文作文主题，AIGC 还可以结合其他学科知识，设计跨学科的写作主题，帮助学生在写作中综合运用多学科知识，多方面提升学生素养。

跨学科整合主题示例：

《如果我是一名考古学家》：结合历史学科，激发学生对历史探索的兴趣。

《未来城市的样子》：融合自然科学、地理和社会学知识，培养学生的想象力和创新思维。

《数学在生活中的应用》：将数学知识与日常生活联系起来，提高学生的逻辑思维能力。

AIGC 还可以生成紧密贴合社会现实的写作主题，引导学生关注时事热点，从而激发其社会责任感并培养批判性思维，更能增强他们的社会洞察力和参与意识，使他们能敏锐地洞察社会议题，并具备理性分析和创新解决问题的能力。

时事热点主题示例：

《疫情下的生活变化》：引导学生思考公共卫生事件对社会的影响。

《心理健康》：引发学生思考如何应对学业压力和社交焦虑。

《人工智能与教育》：启迪学生在科技飞速发展的背景下如何改变自身的学习方式。

为了帮助中学生更好地理解和表达自己的情感，AIGC 可以设计一些关于情感与人际关系的写作主题，引领学生探索自己的内心世界，提高情感智力，并学会更好地与他人相处。

情感与人际关系主题示例：

《应对压力和焦虑》：帮助学生识别压力源，学习有效的应对策略，培养心理韧性。

《培养同理心》：鼓励学生理解他人情感，培养关心他人的能力，促进良好的人际关系。

《表达和控制愤怒情绪》：帮助学生识别愤怒的原因，学习健康的情绪表达方式，掌握情绪管理技巧。

AIGC 还可以设计一些富有挑战性和创意的写作主题，激发学生的写作热情，鼓励学生跳出常规思维模式，探索新颖独特的想法，培养学生的创造力和问题解决能力。

创新思维主题示例：

《发明新交通工具》：让学生设计一种环保且高效的未来交通工具，激发学生的创新思维和环保意识，培养他们解决实际问题的能力。

《改变历史》：如果你可以回到过去改变一件事，你会改变什么？为什么？引导学生深入思考历史事件的因果关系，培养批判性思维和道德判断能力。

《未来职业构想》：让学生描述 50 年后可能出现的新职业，鼓励学生展望科技发展趋势，培养前瞻性思维和职业规划能力。

AIGC 也可以设计一系列与传统文化相关的写作主题，如探索地方节庆、家族传统和历史人物，以增强学生的文化自信和认同感，培养他们对文化遗产的欣赏和理解其在当代社会的重要性。

文化传承主题示例：

《我最喜欢的一个传统节日》：引导学生了解并传承传统文化。

《非物质文化遗产在我身边》：让学生关注身边的文化遗产，增强保护意识。

《中国文化符号的魅力》：培养学生对中国文化的认同感和自豪感。

AIGC 还能设计一些关于个人成长和自我认知的主题，这样的主题不仅能提升学生的写作技能和批判性思维，还有助于增强学生的自我认知和情感表达能力，促进学生在认知和情感方面的整体发展，为他们未来的成长奠定坚实基础。

个人成长主题示例：

《我的成长故事》：引导学生回顾自己的成长历程，增强自我认知。

《挑战自我的一次经历》：鼓励学生勇于尝试新事物，培养勇气和自信。

《我的时间管理秘诀》：帮助学生提高自我管理能力，为未来学习和工作做准备。

值得注意的是，在使用 AIGC 生成主题时，教师应当对生成的内容进行审核和调整，确保主题适合学生的认知水平和教育目标。此外，还可以鼓励学生参与主题的选择和讨论，增强他们的参与感和学习积极性。

通过使用 AIGC 来创建这些多样化的作文主题，我们可以为初中学生提供更广泛、更有趣的写作体验，同时也能帮助教师更好地根据学生的兴趣和需求来定制教学内容，从而提高教学效果，助力学生不断提升自身的写作水平和综合能力。

2. 个性化主题定制

AIGC 可以根据学生的兴趣爱好、知识储备和写作能力，为学生量身定制适合的作文主题。AIGC 通过分析学生的历史写作数据、阅读偏好和学习表现，生成既能激发学生兴趣又能适度挑战其能力的主题。AIGC 可以为不同类型的学生生成不同的主题。

对科技感兴趣的学生：

《未来智能家居的畅想》：激发学生对未来生活的想象，培养创新思维。

《人工智能如何改变我们的学习方式》：引导学生思考科技对教育的影响，培养前瞻性思维。

热爱文学的学生：

《我最喜欢的一个文学人物》：鼓励学生深入分析文学作品，提高文学鉴赏能力。

《如何理解“不以物喜，不以己悲”》：引导学生思考古典名句的现代意义，提高文化素养。

擅长描写的学生：

《雨后的校园》：鼓励学生运用丰富的感官描写，提高文学表现力。

《集市上的百态》：引导学生观察生活，捕捉细节，提高描写能力。

AIGC 通过为不同兴趣和能力的学生量身定制作文主题，可以极大地激发学生的写作兴趣，提高其写作水平，培养其思维能力和文学素养。

3. 主题拓展与素材推荐

AIGC 不仅提供作文主题，还能自动拓展相关内容，为学生提供丰富的写作素材和背景资料。以《保护环境，从我做起》为例，AIGC 可以生成以下拓展内容：

环境保护的重要性：

生态平衡的维护

人类健康与环境质量的关系

可持续发展的必要性

当前面临的主要环境问题：

空气污染

水资源短缺与水质污染

土壤退化

生物多样性减少

气候变化

日常生活中可以采取的环保行动：

垃圾分类与回收

节约用水用电

选择环保交通方式

减少一次性用品使用

参与社区环保活动

国内外环保典型案例：

中国的退耕还林工程

德国的可再生能源发展

日本的垃圾分类制度

荷兰的海洋清理计划

相关名人名言：

我们不要陶醉于我们对自然界的胜利。对于每一次这样的胜利，自然界都对我们进行了报复。

——恩格斯

人们常常将自己周围的环境当作一种免费的商品，任意地糟蹋而不知加以珍惜。

——甘哈曼

AIGC 还可以推荐相关的新闻报道、科普文章和统计数据，帮助学生更全面地了解主题，积累写作素材。

4. 写作提示生成

为帮助学生更好地展开写作，AIGC可以根据选定的主题，自动生成一系列写作提示和引导性问题。这些提示可以帮助学生理清思路，丰富作文内容。以“我的理想未来”为主题，系统可能生成以下写作提示：

你对未来的生活有什么期待？想象一下你理想中的生活场景。

你认为未来社会会发生哪些变化？在科技、教育、医疗等方面可能会有什么进步？

为实现理想未来，你现在应该做哪些准备？制定一个具体的行动计划。

你希望在未来的社会中扮演什么角色？你的理想职业是什么？为什么？

你认为理想与现实之间可能存在哪些差距？如何缩小这些差距？

在追求理想未来的过程中，你可能会遇到哪些挑战？如何克服这些挑战？

你的理想未来对他人和社会有什么影响？如何让个人理想与社会发展相结合？

这些提示不仅能帮助学生展开思路，还能引导他们进行深入思考和自我反省，提高写作的深度和广度。

5. 创意思维激发

AIGC还可以通过提供创意性的写作练习和思维游戏，激发学生的想象力和创造力。例如：词语联想、场景模拟、多角度观察、概念融合。

(1) 词语联想

教师给出一个核心词，让AIGC生成相关的词语网络，帮助学生进行发散性思考。如以“春天”为核心词，可能生成：

自然：花朵、绿叶、温暖、雨水、生机

文化：清明节、踏青、春联、春节

文学：《春天，十个海子》《春水》《春风》

情感：希望、新生、活力、温暖

(2) 场景模拟

AIGC可以生成各种虚拟场景，让学生在特定背景下进行写作。例如：

想象你是一个时间旅行者，来到了100年后的未来，描述你的所见所闻。

假设你是一棵古树，讲述你见证的历史变迁。

如果你可以和任何一位历史人物对话，你会选择谁？描述这次对话。

(3) 多角度观察

鼓励学生从不同视角观察同一事物或事件，培养全面思考能力。例如：

描述一场体育比赛，分别从运动员、观众、教练的角度进行叙述。

讨论“网络游戏”这个话题，分别从学生、家长、游戏开发者的角度阐述观点。

（4）概念融合

随机组合两个看似无关的概念，鼓励学生创造性地建立联系。例如：

“智能手机”和“古代文人”

“环保”和“太空探索”

“传统节日”和“人工智能”

通过这些创意性练习，学生可以突破常规思维模式，培养创新能力，同时也能增强写作的趣味性和吸引力。

5.3.2 写作升格指导

在学生进行写作的过程中，AIGC 可以提供实时的指导和反馈，帮助学生改进写作技巧，提高作文质量。这种即时指导不仅可以解决学生在写作中遇到的具体问题，还能培养其自主写作能力。

1. 语言结构分析与建议

在学生进行写作的过程中，AIGC 可以实时分析学生的语言使用和句段的整体结构情况，并提供相应的改进建议，帮助学生提高写作水平。

（1）词语使用分析

AIGC 能快速识别学生在写作中重复使用的词语，并提供同义词替换的建议。例如，当 AIGC 检测到学生多次使用“很好”这个词时，可能会提示：“您已多次使用‘很好’一词，建议尝试使用‘优秀’‘出色’‘卓越’等词语来增加表达的丰富性。”这种实时反馈可以帮助学生扩大词汇量，提高语言表达的准确性和多样性。

AIGC 能检查错别字。例如，当学生使用“锲而不舍”这个成语时，如果写成“契而不舍”，系统会提示：“‘契而不舍’中的‘契’字为错字，正确写法是‘锲而不舍’，意思是坚持不懈，努力不停。”

此外，AIGC 还能识别生僻字或不恰当的词语使用，给出更适合的表达方式。比如，当学生使用“不胜枚举”这个成语时，如果使用不恰当，AIGC 可能会提示：“‘不胜枚举’通常用于形容数量众多，难以一一列举。在当前语境下，建议使用‘数不胜数’或‘不计其数’可能更为贴切。”

（2）句子结构分析

AIGC 可以分析句子的长度和复杂度，提醒学生注意句式变化，避免单一或冗长的句子结构。例如，当 AIGC 检测到学生连续使用多个简单句时，可能会建议：“您的文章中出现了多个短句，建议适当使用复合句或并列句，以增加语言的流畅性和变化感。”

同时，AIGC 能识别病句或表达不清的句子，给出修改建议。比如，对于“我们都为祖国的发展感到骄傲和自豪”这句话，系统可能会提示：“‘骄傲’和‘自豪’意思相近，建议选择其中一个即可，如‘我们都为祖国的发展感到自豪’。”

(3) 段落组织分析

在段落层面，AIGC 可以评估段落的连贯性和逻辑性，提供改进建议。例如，当 AIGC 发现相邻段落之间缺乏明显的逻辑关联时，可能会提示：“建议在段落之间添加过渡句，以增强文章的连贯性。您可以考虑使用‘不仅如此’‘与此同时’等过渡词语。”

此外，AIGC 还能识别过长或过短的段落，建议调整结构。比如，对于一个超过 300 字的段落，AIGC 可能会提示：“当前段落较长，建议将其分为两个或多个段落，以增强文章的可读性和层次感。”

2. 标点符号使用分析与建议

AIGC 可以实时检测学生写作中的标点符号使用情况，并提供纠正建议，如逗号、句号的混用，引号的不当使用等，帮助学生提高语言规范性。例如，当学生写出“他说，我很喜欢这本书。”这样的句子时，系统可能会提示：在引用他人的话时，应使用引号。建议修改为“他说：‘我很喜欢这本书。’”

3. 内容深度与逻辑性指导

AIGC 不仅能在语言层面提供指导，还能对作文的内容深度和逻辑性进行分析，提供建议性意见，从而帮助学生提升写作的思维品质。

(1) 内容深度评估

AIGC 可以评估内容的深度和广度，提供拓展思路和补充角度的建议。例如，对于一篇描写春天的作文，AIGC 可能会建议：“您的文章主要描写了春天的视觉景象，建议加入其他感官描写，如春天的声音、气味等，以丰富文章内容。”

(2) 论点论据分析

AIGC 可以分析论点是否明确，论据是否充分，提醒学生调整或补充。例如，在议论文写作中，AIGC 可能会提示：“您的第二个论点缺乏具体例子支撑，建议增加一个生活中的实例来增强说服力。”

(3) 逻辑连贯性检查

AIGC 能检查段落之间、句子之间的逻辑关系，指出可能存在的逻辑漏洞。比如，当 AIGC 发现文章中出现前后矛盾的观点时，可能会提示：“您在第二段和第四段中对同一问题持有不同的观点，建议统一观点或解释这种差异的原因。”

4. 写作技巧提示

AIGC 能为初中生提供全方位的写作技巧指导，包括修辞手法、描写技巧、结构安排和语言风格等方面。通过智能分析和个性化建议，帮助学生掌握写作要领，有效提升整体写作水平和表达能力。

(1) 修辞手法指导

AIGC 能根据学生的写作内容和风格，适时提供修辞手法的建议，帮助学生增强文章的表现力。具体而言，AIGC 可以在以下几个方面辅助指导：

① 识别适合使用修辞手法的位置：通过分析文章内容和语境，AIGC 可以精准定位适合运用修辞手法的段落或句子，避免学生过度使用或不当使用修辞。

② 推荐合适的修辞手法：根据文章主题和情感基调，AIGC 可以建议学生使用比喻、拟人、排比等不同的修辞手法。例如，在描写自然景色时，AIGC 可能会建议使用拟人手法，赋予景物生命力；在阐述观点时，AIGC 可能会推荐学生使用排比手法，增强语言的气势。

③ 提供示例和解释：AIGC 不仅能推荐修辞手法，能提供相应的示例，还能解释如何恰当地运用这些手法。这种具体的指导可以帮助学生更好地理解和掌握各种修辞手法。

④ 评估修辞效果：在学生尝试使用修辞手法后，AIGC 可以评估其效果，指出是否恰当，是否达到预期效果，并提供进一步优化的建议。

(2) 描写技巧指导

在不同类型的写作中，AIGC 可以有针对性地提供描写技巧指导。

① 记叙文描写技巧。细节描写：AIGC 可以提醒学生加入更多细节描写，使场景和人物更加丰满。例如，描写人物时不仅要写外貌，还要写神态、动作等。多感官描写：AIGC 可以指导学生运用视觉、听觉、嗅觉、触觉等多种感官进行描写，使场景更加立体生动。情景交融：AIGC 可以建议学生将人物的心理活动与环境描写相结合，增强文章的感染力。

② 议论文论证技巧。举例论证：AIGC 可以指导学生如何选择恰当的例子，以及如何将例子与论点有机结合。对比论证：AIGC 可以建议学生通过正反对比、横向对比等方式，使论证更加深入和全面。引用论证：AIGC 可以推荐适合的名言警句或权威观点，并指导学生恰当地将其融入文章。

(3) 结构安排指导

AIGC 可以帮助学生优化文章结构，提高文章的逻辑性和可读性。

① 开头设计：AIGC 可以根据文章主题和类型，建议多种开头方式，如

设疑开头、引用开头、场景开头等，并解释每种开头的优缺点及适用情况。

② 过渡段落：AIGC 可以分析文章的逻辑结构，在需要过渡的地方提供建议，如使用过渡词、呼应前文等，使文章更加连贯流畅。

③ 结尾写作：AIGC 可以指导学生如何写出有力的结尾，如总结全文、升华主题、首尾呼应等，使文章形成完整的结构。

④ 特殊结构安排：写作记叙文时，AIGC 可以建议采用倒叙、插叙等特殊的叙事手法，增加文章的趣味性和张力。写作议论文时，AIGC 可以指导学生如何层层递进地展开论证，如提示使用“提出问题—分析问题—解决问题”的结构。

（4）语言风格指导

AIGC 能根据不同文学体裁、文章主题等，提供及时的语言风格指导。

① 文体匹配建议：AIGC 可以根据文章类型和主题，推荐适当的语言风格。例如，描写自然景色时，AIGC 可能建议使用优美抒情的语言，运用丰富的意象和富有诗意的表达；讨论社会问题时，AIGC 可能建议采用严谨客观的表达方式，使用准确的术语和逻辑严密的论述；写作科普文章时，可能建议使用通俗易懂的语言，结合生动的比喻和具体的例子。

② 语言基调分析：AIGC 可以分析文章的整体语言基调和节奏，并就如何调整风格以更好地匹配写作目的和内容提供建议。例如，写作记叙文时，AIGC 可能提醒学生使用更加生动形象的词语，增加细节描写，让故事更具画面感；写作议论文时，AIGC 可能建议采用更加正式和学术化的语言，使用更多的论证性词语和逻辑连接词；写作说明文时，AIGC 可能建议使用清晰简洁的语言，避免过于华丽或晦涩的表达。

③ 语言示例与解释：AIGC 还可以提供优秀的语言运用实例，并解释为什么在特定语境下某些表达或句式比其他更为合适。例如，在描写人物心理活动时，AIGC 可以提供“心如刀割”和“非常难过”两种表达，并解释前者为何更具表现力；在阐述观点时，AIGC 可以对比“我认为”和“普遍认为”两种表达，解释后者如何增加论点的可信度；在说明事物特征时，AIGC 可能会展示如何使用排比句式来突出重点，增强表达效果。

④ 语言修辞平衡：AIGC 可以帮助学生在运用修辞和保持语言自然之间找到平衡。例如，提醒学生避免过度使用华丽辞藻，保持语言的真挚感；引导学生恰当地融入成语典故，既提升文化内涵，又不显得生搬硬套；指导学生根据不同段落的功能调整语言风格，使全文风格统一又富有变化。

通过对修辞手法、描写技巧、结构安排和语言风格等方面的具体指导，AIGC 能显著帮助初中生更好地掌握写作要领，提高整体写作水平。

5. 分类分阶写作指导

传统的写作教学往往采用统一的标准和方法，难以顾及不同类别学生的差异。而 AIGC 的出现，为我们提供了一种能根据不同类别学生的特点量身定制写作指导的强大工具。通过深入分析学生的写作习惯、风格特点和学习需求，AIGC 能为不同类别的学生提供独特的写作建议和学习路径，从而最大限度地激发他们的写作潜能。①

（1）优势强化

AIGC 最显著的特点之一是其强大的分析能力。它能通过对学生多篇作品的综合分析，准确识别出不同类别学生的写作优势。例如，有些学生可能在人物描写方面表现出色，能生动细腻地刻画人物的外貌、动作和心理；有些学生则可能在议论文写作中展现出独特的思辨能力和逻辑推理能力。AIGC 不仅能识别这些优势，还能为学生提供相应的高级写作技巧，帮助他们将优势发挥到极致。对于擅长人物描写的学生，AIGC 可以推荐更加高级的描写技巧，如通过细节描写揭示人物性格，运用多感官描写增强画面感，或者使用对比手法突出人物特点等。AIGC 还可以为学生推荐优秀的文学作品，让他们学习大师们是如何塑造生动鲜活的人物形象的。通过这种有针对性的指导，学生可以在自己的优势领域不断深入，逐步形成独特的写作风格。对于善于议论的学生，AIGC 可以引导他们学习更加高级的论证方法，如类比论证、归纳论证、演绎论证等。同时，AIGC 还可以为学生推荐一些热点社会话题或者哲学问题，鼓励他们进行深入思考和探讨，从而培养他们的批判性思维能力和论证能力。通过这种方式，学生不仅能在写作技巧上有所提高，还能在思想深度上有所突破。

（2）弱点改进

除了强化优势，AIGC 还能精准识别学生的写作弱点，并提供有针对性的改进建议和练习。这种个性化的弱点诊断和改进方案，是传统教学方法难以实现的。例如，对于结构混乱的问题，AIGC 可以通过分析学生的文章结构，找出其中的逻辑漏洞和组织问题。然后，AIGC 可以为学生提供一套系统的写作大纲制定方法，教导他们如何进行主题分析、如何组织段落、如何安排过渡等。AIGC 还可以根据学生的具体情况，生成一系列的练习题，帮助学生逐步掌握文章结构的组织方法。对于论证不足的问题，AIGC 首先分析学生的论证过程，找出其中的薄弱环节。然后，AIGC 可以为学生提供一

① 于洪盛，荣维东．关于生成式人工智能赋能写作教学的思考［J］．中学语文，2024（31）：11－18.

套完整的论证方法训练，包括如何选择合适的论据、如何进行有效的论证、如何驳斥反对意见等。AIGC 还可以为学生推荐一些优秀的议论文范文，让学生通过分析这些范文来学习论证技巧。此外，AIGC 还能够根据学生的写作水平和进步情况，动态调整改进计划。例如，发现学生在某个方面取得了明显进步，AIGC 可以相应地提高难度；发现学生在某个方面始终难以突破，AIGC 则可以调整策略，尝试不同的教学方法。

（3）风格培养

每个学生都有自己独特的思维方式和表达习惯，这些都会在他们的写作中体现出来。AIGC 能通过分析学生的多篇作品，识别学生的写作倾向和特色，并给出建议以帮助学生在保持个性的同时不断提高写作水平。例如，AIGC 可能会发现学生的写作风格偏向于感性和抒情，善于运用优美的语言描绘自然景色和内心情感。针对这种情况，AIGC 会推荐一些优秀的抒情散文给学生阅读，帮助他们学习如何在保持感性特色的同时，增加文章的思想深度。AIGC 还会建议学生尝试在抒情中加入一些理性思考，从而使文章更加丰富多元。对于另一些可能偏向理性分析的学生，AIGC 可能会建议他们在严密的逻辑论证之外，也要注意增加一些感性元素，如生动的比喻或者富有感染力的描述，以使文章更加生动有趣。通过这种方式，AIGC 不仅能帮助学生认识到自己的写作特色，还能引导他们在保持个性的基础上不断拓展写作的广度和深度，逐步形成自己独特的写作风格。

（4）兴趣导向

兴趣是最好的老师。AIGC 可以通过分析学生的阅读偏好、课堂表现以及课外活动等多方面信息，准确把握每个学生的兴趣，进而推荐与之相关的写作主题和素材。这种方法不仅能激发学生的写作热情，还能让写作过程变得更加愉悦和富有成效。例如，对于热衷科技的学生，AIGC 可以推荐学生尝试科幻小说创作。它可以提供科幻文学的基本元素、经典作品赏析，甚至是未来科技发展趋势的相关资料，帮助学生构建自己的科幻世界。AIGC 还可以根据学生的写作进度，适时提供关于情节设置、人物塑造和科学设定等方面的建议，引导学生创作出既富有想象力又具有科学合理性的作品。对于热爱自然的学生，AIGC 则会建议尝试写景抒情散文。它可以为学生推荐优秀的自然描写作品，分析其中的修辞手法和表现技巧；教导他们如何运用细腻的观察力捕捉自然的美，如何运用丰富的感官描写使景色跃然纸上。同时，AIGC 还可以根据学生所在地区的地理特征和季节变化，推荐适合写作的自然景观和主题。通过这种方式，学生可以将自己对自然的感受和体验融入文字中，创作出富有个人特色的写景抒情散文。

（5）进阶写作指导

随着学生写作水平的逐步提高，AIGC 会适时引入更高级的写作技巧和文学理论，帮助学生不断突破自我，达到新的写作高度。这种进阶指导可以包括以下几个方面：首先是叙事视角的运用。AIGC 可以向学生介绍第一人称、第三人称等不同叙事视角的特点和适用场景，并通过经典文学作品的分析，展示不同视角如何影响故事的讲述和读者的感受。在学生尝试运用新的叙事视角时，AIGC 可以提供实时反馈和修改建议，帮助学生更好地掌握这一技巧。其次是意象的塑造。AIGC 可以引导学生学习如何通过具体、生动的描写来创造富有感染力的意象，从而增强文章的表现力和感染力。它可以提供丰富的意象运用实例，并帮助学生在自己的写作中尝试运用和创新。再者是主题的深化。随着学生思维能力的提升，AIGC 可以引导他们探讨更加深刻和复杂的主题。通过推荐相关的阅读材料、提供思考问题，AIGC 可以帮助学生逐步形成自己的观点和见解，并将其融入写作中。

此外，AIGC 还可以根据学生的写作进展，适时引入其他高级写作技巧，如结构安排、节奏控制、语言风格等，帮助学生全方位提升写作水平。

5.4 阅读理解与文本分析

在初中语文教学中，阅读理解和文本分析是培养学生语言能力和思维能力的重要环节。随着生成式人工智能技术的快速发展，其在阅读理解和文本分析中的应用为教学带来了新的机遇和挑战。

5.4.1 文本难度智能评估

AIGC 在当代教育领域发挥着重要作用，其中自动评估文本难度的功能为教师提供了强大支持，使他们能更好地选择适合不同学生水平的阅读材料。

首先，词汇分析是 AIGC 在评估文本难度水平中的重要一环。AIGC 通过识别文本中的生词和难词的比例来评估词汇的复杂程度。它能结合初中语文课程标准和学生已掌握的词汇量，从而判断文本的词汇难度是否适合特定学生群体。这种精确的词语分析有助于教师为学生选择恰当难度的阅读材料，从而提高学生的阅读理解能力和语言运用能力。例如，在分析一篇关于环境保护的文章时，AIGC 可能会识别出“生物多样性”“可持续发展”“碳中和”等专业术语。通过比对这些词语与初中学生的预期词汇量，AIGC 可以判断该文章的词汇难度是否合适。如果难度适中，教师可以利用这篇文章来扩展学生的环保相关词汇；如果难度过高，教师可能会选择一篇更基础的环保主题文章，如介绍日常节能小贴士的内容。

其次，句法结构分析是 AIGC 在评估文本难度时的另一个重要功能。AIGC 能分析句子的长度、复杂度和语法结构，进而评估文本的句法难度。例如，长句、复合句以及特殊句式的使用频率会直接影响文本的理解难度。AIGC 的句法分析功能可以帮助教师针对不同学生的语言能力和阅读能力选择合适的阅读材料，有效提高教学效果。比如，在分析一篇古典文学作品时，AIGC 可能会发现文中大量使用了倒装句、排比句等手法。对于刚开始学习古文的初中生来说，这种句式可能过于复杂。因此，教师可能会先选择一些句式较为简单的文言文，如《论语》中的一些名句，帮助学生逐步适应古文的语言特点。

再次，内容复杂性评估是评定文本难度的另一个关键因素。通过语义分析，AIGC 可以评估文本内容的抽象程度、逻辑关系的复杂性以及对背景知识的需求，从而综合判断内容的理解难度。教师可以借助 AIGC 的内容分析功能更好地了解文本内容的难易程度，有针对性地为学生选择适当的阅读材料，促进学生对知识的深入理解。例如，在评估一篇关于经济学原理的文章时，AIGC 可能会发现文章涉及了"供需关系""通货膨胀"等抽象概念，并且包含了大量的数据分析和图表解读。对于初中学生来说，这种内容可能过于深奥。教师可能会选择一些更贴近学生日常生活的经济学入门文章，如介绍家庭理财或者零用钱管理的内容，帮助学生逐步建立经济学思维。

最后，AIGC 可以识别文本的不同文体特征，如记叙文、说明文、议论文等，并根据不同文体的特点评估阅读材料的难度。了解文体特征有助于教师更全面地评估阅读材料的适用性，推动学生在不同文体下的阅读和文学素养的发展。比如，某篇议论文大量运用了复杂的论证结构和抽象概念。AIGC 可以识别出这一文体特点，并判断这篇文章的难度较高，可能不太适合初中学生阅读。教师可以根据这一结果，选择一些结构较为简单、语言表达较为生动的记叙文或说明文作为学生的阅读材料，培养他们的论述能力和文学素养。

总的来说，AIGC 为教育领域带来了巨大的变革和便利。通过 AIGC 的智能评估功能，教师可以更加精准地为学生选择适合的阅读材料，从而实现个性化教学，提高教学质量。学生也在这一过程中获得了更多自主选择阅读材料的机会，培养了他们的自主学习能力和阅读习惯。这种智能化的教学方式有助于学生全面发展，提高学生成绩，培养学生的终身学习能力，为未来的成长打下良好的基础。

5.4.2 关键信息提取与可视化

AIGC 在关键信息提取和可视化方面的应用，为教育领域带来了新的机遇。通过这些功能，学生能更好地把握文本的核心内容和结构，从而提高学习效率和理解深度。

首先，主题提取是 AIGC 在信息提取中的重要应用。AIGC 可以通过分析文本的词汇、句法和语义特征，准确识别出文章的主题和中心思想。例如，对于一篇关于环境保护的文章，AIGC 可以提取出“环境保护”“可持续发展”等关键主题词，帮助学生快速了解文章的核心内容。这种主题提取功能对于学生的阅读理解非常有帮助。在阅读过程中，学生常常会被大量信息所淹没，难以抓住文章的重点。借助 AIGC 的主题提取，教师可以引导学生关注文章的核心内容，并以此为基础展开深入讨论和思考，提高学生的理解能力和批判性思维。

其次，关键词提取也是 AIGC 在信息提取中的重要功能。AIGC 可以通过语义分析，识别出文章中最为重要和关键的词汇概念。这些关键词往往反映了文章的核心论点、重要事实和关键理论，是学生理解文章的关键所在。例如，在阅读一篇关于气候变化的文章时，AIGC 可以提取出“温室气体”“碳排放”“全球变暖”等关键词，帮助学生迅速把握文章涉及的核心问题。教师可以引导学生在阅读时关注这些关键词，并结合课堂讨论加深理解，从而提高学生的学习效果。

此外，AIGC 在分析文章结构方面也发挥了重要作用。AIGC 可以通过识别段落间的逻辑关系和语义联系，生成文章的大纲或树状图，帮助学生清晰地了解文章的组织结构。这种文章结构分析功能对于培养学生的阅读理解和概括能力非常关键。在阅读过程中，学生常常难以把握文章的整体框架，无法准确地理解作者的论述逻辑。借助 AIGC 生成的文章结构图，教师可以引导学生从整体上把握文章的脉络，并分析作者的论证方式，从而提高学生的阅读理解能力。

除了以上提到的信息提取功能，AIGC 在知识图谱生成和思维导图绘制方面也发挥了重要作用。通过分析文本内容，AIGC 可以自动生成知识图谱，展示概念之间的关联关系，帮助学生建立知识网络，加深对知识体系的理解。同时，AIGC 还可以根据文章内容自动生成思维导图，直观地展现文章的主要内容和逻辑关系。这种可视化呈现方式不仅有助于学生快速把握文章的核心要点，还能培养他们的逻辑思维和归纳总结能力。例如，在讲解一篇关于人工智能发展历程的文章时，教师可以引导学生查看 AIGC 生成的知识图谱，了解人工智能技术发展的关键节点和相互关系。同时，教师也可以让学生结合思维导图，总结文章的主要内容和论述逻辑，增强对知识的理解和运用。这些可视化工具不仅能帮助学生更好地理解和记忆文本内容，还能培养他们的逻辑思维和归纳总结能力。教师可以利用这些工具设计互动性更强的课堂活动，提高学生的参与度和学习效果。例如，教师可以让学生根据 AIGC 生成的思维导图，小组讨论文章的核心观点和论证方式，并进行分组辩论。这不仅能增强学生的主动学习意识，还能培养他们的批判性思维和表达能力。

AIGC 在关键信息提取和可视化方面的应用，为教育领域带来了新的发展机遇。通过主题提取、关键词识别、结构分析、知识图谱生成和思维导图绘制等功能，学生能更好地把握文本的核心内容和逻辑结构，从而提高学习效率和理解深度。与此同时，这些可视化工具也为教师创设了更加丰富多样的教学方式，有助于激发学生的学习兴趣，培养他们的批判性思维和自主学习能力。

5.4.3 多维度文本解读与赏析

AIGC 在文本解读和赏析方面的应用，为初中语文课堂教学带来了全新的可能性。通过多维度的分析和解读，AIGC 能为学生提供更加深层次和全面的文本理解和欣赏视角，促进他们的批判性思维和审美能力的发展。

首先，语言特征分析是 AIGC 在文本解读中的重要功能。AIGC 可以深入分析文本的用词、修辞手法、句式特点等语言要素，帮助学生更好地理解作者的语言风格和表达技巧。例如，在学习一篇古典诗歌时，教师可以引导学生使用 AIGC 对诗歌的词汇、句式进行分析。AIGC 可以识别出诗歌中运用的比喻、排比、对偶等修辞手法，并解释它们的表达效果。通过这种语言分析，学生不仅能欣赏诗歌的艺术魅力，还能深入理解作者的创作意图和审美追求。

其次，通过海量数据分析，AIGC 还能为学生提供与文本相关的历史文化背景知识，帮助他们更全面地理解文本的深层含义。比如，在学习一篇古代文学作品时，AIGC 可以为学生梳理出该作品的创作背景，如作者所处的朝代、社会环境、文化传统等。这些背景知识不仅能帮助学生更好地理解作品的内容和主旨，还能拓宽他们的文化视野，提升对经典文献的认知水平。

进一步地，AIGC 在情感倾向分析方面，也能为学生的文本解读提供有价值的支持。AIGC 可以分析文本中的情感表达，识别作者的情感倾向和态度，帮助学生感受文本的情感内涵。例如，在讲解一篇抒情散文时，教师可以引导学生使用 AIGC 对文章中的词语、句式进行情感分析。AIGC 可以识别出作者运用的一些富有感情色彩的词语，如“恬静”“悲伤”等，并解释它们所表达的情感。通过这种情感倾向分析，学生能更深刻地感受作者的内心世界，从而提高对文本的理解和共鸣。

同时，对于文学作品中的人物形象分析，AIGC 同样发挥了重要作用。AIGC 可以通过分析人物的语言、行为和心理描写，帮助学生更深入地理解人物形象。比如，在讲解一篇小说时，教师可以让学生使用 AIGC 分析主人公的性格特点。AIGC 可以识别出主人公在不同情境下的言行举止，并解释其背后所反映的心理动态。通过这种人物形象分析，学生能更立体地认知小说人物，从而提高对作品的理解和欣赏。

AIGC 还能基于文本内容，提出一些富有深度的主题思考问题，引导学生进行批判性思考和价值判断。例如，在讲解一篇议论文时，教师可以让学生结合 AIGC 提出的一些思考问题，如“作者认为当前社会存在哪些问题?”“作者提出的解决方案是否可行?”“我们应如何看待这一社会问题?”等。通过这种引导，学生能深入思考文本的核心观点，并结合自身经验和价值观进行评判，培养批判性思维能力。

除此之外，AIGC 还能在跨文本比较分析方面发挥作用。AIGC 可以在海量文本库中寻找相关作品，对它们在主题、风格、手法等方面进行对比分析，拓展学生的文学视野。比如，在讲解一篇古代诗歌时，教师可以让学生使用 AIGC 查找与该诗歌在创作背景、主题内容、艺术特色等方面相似的其他诗作，并进行比较。通过这种跨文本对比分析，学生不仅能加深对所学诗歌的理解，还能培养对经典文学作品的整体把握能力。

最后，AIGC 还可以对文本的艺术价值进行初步评估，培养学生的文学鉴赏能力。AIGC 可以根据作品的创新性、影响力等因素，给出相应的评价结果。教师可以引导学生结合 AIGC 的评估，进一步探讨作品的艺术价值和审美特征。例如，在讲解一篇现代诗歌时，教师可以让学生使用 AIGC 对该诗歌的创新性、文化影响等方面进行分析和评估。学生可以在此基础上，进一步探讨诗歌的艺术魅力，并结合自身的审美体验，提出独到的见解。这有助于培养学生的文学鉴赏能力，增强他们对经典作品的感悟和领会。

AIGC 在初中语文课堂教学中的应用，能引导学生从不同维度欣赏文本，培养他们的批判性思维和审美能力，也能激发学生的思考和讨论，促进课堂互动和深度学习。随着 AIGC 在教育领域的不断应用和优化，它必将成为初中语文课堂上不可或缺的智能化教学助手，为学生的全面发展注入新的动力。

5.5 语法教学与练习

在初中语文教学中，语法是学生理解和运用语言的基础，它不仅影响着学生的阅读理解能力，还直接关系到他们的写作表达水平。随着人工智能技术的快速发展，AIGC 作为一种创新的教学工具，正在为语文课堂的语法教学提供新的可能性。通过智能化的语法规则讲解、个性化的练习题生成以及定制化的错误分析，AIGC 可以更好地适应学生的学习需求，提升课堂学习的有效性。例如，AIGC 能根据每个学生的不同掌握程度，实时调整教学内容，提供更具针对性的学习支持，帮助学生在轻松愉快的环境中深入理解和运用语法知识。这种基于 AIGC 的创新教学方式，将为语文教学带来新的活力和发展空间。

5.5.1 语法规则智能讲解

AIGC 在初中语文课堂语法规则的智能讲解中应用广泛，凭借其自然语言处理技术，能有效地提升语法教学的生动性与易懂性。传统的语法教学往往依赖教师的单向讲解和书本上的理论知识，学生在理解语法规则时容易遇到障碍。相较而言，AIGC 可以根据学生的学习水平、兴趣、习惯等因素，提供互动式和个性化的讲解，提升学习效果。

1. *互动式讲解*

互动式讲解是 AIGC 在初中语文课堂中的一项重要应用，其核心在于通过实时互动，帮助学生更加深入地理解语法规则。这种教学方式充分利用了 AIGC 强大的自然语言处理能力，能灵活应对学生的具体问题，从而使学习变得更加个性化和有效。例如，当学生询问“什么是并列句”时，AIGC 不仅会给出定义：“并列句是由两个或多个相同结构的分句组成的复合句，这些分句之间没有主从关系”，还会提供示例句：“我喜欢篮球，也喜欢足球。”此时，AIGC 可以通过分析句子的结构，指出“喜欢篮球”和“喜欢足球”都是动宾短语，并展示它们如何组合在一起形成并列关系。这样的生动解释和实时互动，能有效地解答学生的疑惑。

AIGC 还能根据学生以往的提问记录，主动提出与其学习内容相关的问题，引导学生深入思考。例如，假设学生刚刚学习了并列句，AIGC 可以问：“你能找出生活中的一个并列句并解释它的结构吗?”这种引导式提问让学生在实际运用中加深对语法的理解。

AIGC 的互动式讲解不仅限于即时答疑，还可以根据学生的反馈不断调整讲解的深度和广度，提供更符合学生需求的学习内容。这种动态互动的学习方式，不仅加深了学生对语法规则的理解，同时也增强了学习的主动性和积极性，使学生在轻松愉快的氛围中掌握复杂的语法知识。这种现代化的教学方式能有效提高学生的学习效率，激发他们的学习兴趣。

2. 多媒体辅助

AIGC可以将初中语文的语法规则解释与多媒体材料相结合，使语法知识的学习变得生动而形象。这种结合的方式不仅提升了语法教学的效果，还能让学生在多感官刺激下更容易理解和吸收复杂的语法概念。通过动画、视频、音频和图像等多种媒介，学生能以多样化的方式参与到学习过程中，进而增强学习的参与感和趣味性。

（1）动画示例

AIGC可以通过动画演示不同句子的结构，让学生看到句子的构成过程。例如，在解释“主谓宾结构”时，AIGC呈现一个动画，显示“他（主）吃（谓）苹果（宾）”，使得抽象的语法概念变得更加易懂。

（2）视频教学

AIGC可以推荐相关的教学视频，帮助学生更好地理解语法规则。例如，在讲解“主谓宾结构”的时候，AIGC可以推荐一段课程视频，展示生活中如何使用这种句子结构。比如，在提及“妈妈做饭”和“孩子学习”时，视频中展示的实际场景，能让学生实时看到句子的应用方式。

（3）图文结合

AIGC可以将图表与语法规则相结合，通过图示化的方式帮助学生更好地理解句子，使得学习过程不再单一。如在讲解“时间副词”时，AIGC可以生成一张图表，列出各种时间副词的使用情况及相应例句。

通过多媒体辅助教学和AIGC的支持，初中语文的语法学习变得更加生动形象。各种多媒体材料的结合，不仅提升了教学效果，还提高了学生的学习兴趣和参与感。通过动画、视频和图文结合的方式，复杂的语法概念变得更加易于理解，学生能在多感官体验中轻松掌握语法知识。这种创新的教学模式无疑为语文教育带来了新的活力和可能性。

3. 自适应内容调整

AIGC的自适应能力是其在教育领域中的突出优势之一，它不仅能帮助教师设计课程，还能根据每位学生的具体表现和需求进行实时调整。这项技术通过不断分析学生的学习反馈、参与度、知识掌握情况和学习进度，能实时调整教学内容的深度和广度，以满足每位学生的个性化需求。这种动态调整不仅有效提升了学生的学习效率，还让每位学生在自己的节奏中学习，从而增强了学生的学习兴趣和自信心。

（1）学习进度调整

AIGC 通过分析学生在特定知识点的学习反馈，能对学习进度进行灵活调整。例如，当某一学生在“复句”部分的练习中表现不佳时，AIGC 会识别出其在该知识点上的掌握状态不稳定。通过分析该学生的错误类型和错误频率，AIGC 可以自动将时态相关的内容重复推送，帮助该学生进一步加深记忆和理解。此外，AIGC 还能及时反馈学生在学习过程中的进展状态，从而为教师提供更好的指导意见。比如，学生已经掌握句式变换的用法，AIGC 就会适时引入与之相关的更高级的语法结构，如句子的扩展与压缩，这样的安排确保了学习的循序渐进，使学生能不断挑战自我，掌握更复杂的知识。通过这种方式，AIGC 有效地帮助学生在相同的时间内获得更为丰厚的学习成果。

（2）差异化讲解

不同的学生在学习过程中会有各自的理解能力和学习节奏。AIGC 能针对这些差异提供量身定制的语言学习体验。例如，对于那些语法掌握能力较弱的学生，AIGC 可以提供简单明了的语法解说，并辅以更多的示例和解释，以确保这些学生能在初步建立的基础上继续学习。与此同时，对于进展较快、理解能力较强的学生，AIGC 则可以引导他们接触更为复杂的语法结构。这种差异化的讲解确保了所有学生在同一个课堂内都能获得最适合自己的知识传授，创造了一个更为包容和高效的学习环境。

（3）教学决策调整

AIGC 还可以通过数据分析，对班级进行整体的学习情况评估。通过汇总各个学生的学习数据，AIGC 能识别出班级中的普遍学习难点和知识盲区，从而为教师提供有针对性的教学决策。例如，多数学生对某一语法点表现出较低的理解能力，AIGC 会建议教师在后续课程中更聚焦于该知识点，从而进行针对性的补充和讲解。这种数据驱动的管理方法能帮助教师更加清晰地了解每个学生的学习情况，进而制定出更为精准的教学计划，确保所有学生都能“不掉队”，掌握必要的知识和技能。同时，这种做法还能提升教育质量，提升教学效果，因为教师的教学决策会更贴近学生的真实需求。

通过 AIGC 的自适应能力，教育领域迎来了更多个性化与高效的教学方式。AIGC 不仅能针对学生的不同需求进行学习进度调整和差异化讲解，还能为教师提供数据驱动的教学决策支持。这一技术不仅提升了学习效率和学生的自信心，还确保每个学生都能在自己的节奏中更好地掌握知识，为教育带来了新的活力和创新的可能性。

5.5.2 个性化练习题生成

个性化练习题生成是利用 AIGC 在初中语文课堂教学中提升学生语法学习效果的重要手段。针对初中学生的学习特点，AIGC 可以根据学生的学习进度、掌握情况及历史表现，自动生成具有针对性的语法练习题。这一应用不仅极大地提高了学习效率，还能满足每位学生的个性化学习需求，促使他们在语法学习上取得更好的效果。

1. 自动评估学生能力

AIGC 基于海量数据分析，能深入挖掘每位学生的学习数据，这些数据包括学生的过去考试成绩、完成作业的质量、课堂参与度、学习习惯等。通过智能算法分析，AIGC 能对学生的语文能力进行自动评估。通过对历史数据的挖掘，AIGC 可以准确识别学生在特定语法点、文学作品理解、写作技巧等方面的掌握情况。例如，学生在“成语运用”方面表现突出，AIGC 会评估其知识面来生成具有挑战性的复习题；而对于那些在基础语法上表现不佳的学生，AIGC 则会生成更基础的填空题或简单选择题，提供必要的复习，确保每位学生都能循序渐进。

2. 自适应学习路径

AIGC 的自适应学习路径功能使其能根据实际学习进度动态调整习题的类型和难度。如果某位学生在“复句类型”这一知识点上表现良好，AIGC 可以立即自动生成更难的习题，如涉及复杂长句、短句之类的句子结构的改写练习，来挑战其更高的能力；而如果某位学生在这方面的表现不佳，AIGC 会自动调整，提供更多基础的、定向复习的题目。

这种按需生成习题的个性化方式，能确保学生在最符合自己的学习节奏下进行学习，不必依赖于统一的学习进度，进而提升学习效率。相较于传统教学模式，这种方法更加灵活，能有效解决因基础差或能力不足而导致的学习挫折。

3. 多样化题型设计

AIGC 的另一显著优势在于其能设计多种类型的习题，涵盖选择题、填空题、改错题、阅读理解题，甚至是写作题。这种多样化的题型不仅能满足不同学生的学习需求，还能吸引学生的兴趣，激励他们积极参与学习过程。例如，在学习成语时，AIGC 可以通过提供成语填空题和句子改错题来帮助学生更全面地掌握成语的使用。

通过多样化的题型，AIGC 不仅满足了不同学习风格学生的学习需求，还能通过游戏化学习和成长积分等方式，激励学生自我挑战和完成习题。这种思维挑战与习题类型的创新，无疑对学生的学习兴趣有着积极的促进作用。

4. 基于兴趣的内容生成

AIGC 能根据学生的兴趣和背景信息，生成与之相关的习题，增强学习内容的关联性和吸引力。例如，对于热爱科幻小说的学生，AIGC 可以生成与科幻题材相关的语法题，或是围绕科幻小说主题展开的语句练习，这种内容上的符合性能打破传统教学的枯燥感，使学生在自然的环境中更深入地学习语言和文学。

基于兴趣生成的个性化内容不仅激发了学生的参与感，还促进了学生对语文知识应用的实际理解。这样的习题涉及实际生活场景，使学习内容不仅局限于教科书，而是扩展到更为广泛的应用情境中，变得更加生动和贴近生活。

5. 实时反馈与推荐

AIGC 生成的习题配备了实时反馈机制，使得学生在完成习题后，能即时了解到自己的学习情况和进展。这种即时反馈的方式，对于学生的自我反思和改进非常关键。AIGC 能即时分析学生的回答，指出其错误之处，并提供改进的建议。如若学生在写作练习中使用不当的句式、词语或语法，AIGC 能立即指出，并推荐相应的例句或修订建议。

与此同时，基于这些反馈，AIGC 还能进一步推荐相关的练习，帮助学生巩固那些表现不佳的知识点。如果学生对某类题型反应良好，AIGC 也会倾向于提供更多类似的题目以增强学习效果，这种细致入微的方式有效提高了学生提升自己的能力。

实时反馈不仅增强了学习的针对性，也帮助教师及时了解学生在各个知识点上的学习进展，以调整后续的教学策略。通过这种持续的互动，学生能主动接受知识，而不是被动学习。

6. 数据驱动的习题生成

随着生成习题的数据不断积累，AIGC 能通过分析学生的表现和进度，归纳出学习趋势和模式。这种数据驱动的生成模式能帮助教师更清楚地了解学生的整体学习情况，对他们的学习进度做出合理评估，以便能及时调整教学策略。例如，通过对某个学生在某一语法点上的表现进行统计，教师可发现哪些习题更具挑战性、哪些内容最受欢迎，从而调整自己对该学生辅导的教学重点，优化个别辅导的内容。通过 AIGC 的分析，教师可以更好地提高教学的针对性和有效性。这样的数据驱动方法，不仅使得学生能获得针对性的练习，还帮助教师制定更科学合理的教学计划，使得教育决策数据化、科学化，引导教育方法不断革新。

这种个性化的教学方式促进了学生的主动学习，培养了他们在学习过程中的思考能力和创新能力。随着 AIGC 的不断发展，其必将在初中语文教学中扮演越来越重要的角色，为学生提供更加丰富和有效的学习支持。

5.5.3 错误分析与纠正建议

在初中语文教学过程中，AIGC 能发挥其特有的优势，为教学带来深刻的变革，特别是在错误分析与纠正建议方面。这不仅帮助学生更快地理解和掌握知识，同时也极大地减轻了教师的工作负担。

1. 快速识别和分析错误

AIGC 通过强大的 NLP 技术，能高效、准确地检测出学生作文中的各种错误，如语法错误、书写错误、标点符号误用以及逻辑错误。这种快速识别功能不仅能将错误即时反馈给学生，还能帮助教师更好地了解学生的学习情况，从而进行有针对性的辅导。例如，一个学生在作文中写道："我非常喜欢这本书，因为它让我感到开心和学习。"这里的"和学习"显然是不恰当的搭配。AIGC 可以迅速识别出这一错误，并指出学生应该使用类似"因为它让我感到开心并热爱学习"的更恰当的表达方式。这种即时的错误识别和反馈机制，能够帮助学生在第一时间意识到并纠正自己的错误，从而提高写作能力。

同时，AIGC 还可以识别更为复杂的逻辑错误和语境不符的问题。例如，学生在议论文中可能会出现论据不够充分或者论点不明确等问题，AIGC 能通过对文章整体结构和内容的分析，指出这些逻辑上的缺陷。又如学生在写作中可能会用到不准确的逻辑连接词，或是论据与论点之间缺乏足够的相关性，AIGC 可以通过详细地分析，提示学生应该如何改进，从而帮助学生构建更为严密和有说服力的文章结构。

2. 个性化反馈和纠正建议

AIGC 不仅能识别种类繁多的错误，还能根据学生的具体情况，生成个性化的反馈和建议。这种个性化的辅导方式比传统教学更加有效，因为它能针对每个学生的独特需求，提供量身定制的学习资源。例如，某些学生在使用成语时常常出现误用问题，AIGC 可以精准识别出这些错误，并通过例句和详细的解释，帮助学生掌握正确的成语使用方法。例如，当学生误将成语"走马观花"写成"搭马观花"时，AIGC 不仅会指出这是一个错误，还会提供详细的解释，说明"走马观花"的正确意思是"骑马疾行时粗略地看事物"，并附上多个使用该成语的例句，帮助学生更好地理解和掌握。同时，

AIGC 还会解释为何“搭马观花”是错误的，并提供一些记忆技巧，帮助学生避免类似错误的再次发生。这种详细而有针对性的反馈，不仅能帮助学生理解自己的错误，更能从根本上提升学生的语言应用能力。

个性化的 AIGC 辅导还可以根据学生的学习习惯和水平，调节难度和内容。例如，AIGC 可以在分析了大量的学生习作后，了解每个学生常犯的错误类型，并有针对性地为不同学生提供不同的练习和建议。对一些基础较弱的学生，AIGC 可以多提供基础语法和词汇的练习，而对于基础较好的学生，AIGC 则可以提供更复杂的写作和逻辑训练。这种个性化教学方式能有效提升学生的学习效果，激发他们的学习兴趣，从而实现因材施教的目标。

3. 增强学生自主学习能力

AIGC 在教育领域的应用，尤其是对中学生的语文学习，有着显著的促进作用。通过增强学生的自主学习能力，这些智能系统能让学生在课后进行自我检查，并且提供即时反馈和纠正建议。这一功能不仅能帮助学生快速纠正错误，还能巩固课堂所学，提高学习效率。例如，学生想了解自己的作文用词是否恰当和语法正确与否时，他可以把作文输入给 AIGC，AIGC 会自动检测文章中的各种语言错误，如错别字、语法错误、不合逻辑的句子结构等。假设学生在作文中使用了“昨天晚上”这个词组，AIGC 检测到这个表达相对啰唆，建议用“昨晚”替代。AIGC 不仅提出建议，还会附带原因解释，告诉学生为什么“昨晚”比“昨天晚上”更简洁规范。这种反馈机制能够帮助学生掌握更标准的表达方式，优化语言运用。

除此之外，AIGC 还可以进行更深层次的语义分析。例如，在作文中，有时学生会用一些模糊或者意义不明确的词汇。AIGC 能识别这些问题并建议使用更精确的词语或句式。通过这个过程，学生不仅改正了错误，还能在改错的过程中学到新知识，加深对语言的理解。

AIGC 的即时反馈特点十分有利于学生的自主学习。传统的学习模式中，学生只能依赖老师的批改，反馈往往是不及时的。AIGC 的介入，使学生能在第一时间了解自己的错误，从而避免重复错误，迅速改进。

通过自主学习，学生还可以逐步养成自我检查和反思的习惯。这种习惯不仅对中学阶段的学习有帮助，对于未来的学术研究或职业发展也是极其宝贵的。AIGC 提供的不仅是语言上的指导，更是学习方法和思维方式上的指导。

4. 数据收集与分析

AIGC 在教学中的另一重要应用是对数据的收集与分析。通过记录学生的学习数据，AIGC 可以提供详细的反馈报告，帮助教师更好地理解学生的学习现状，从而制定更有针对性的教学计划。

AIGC 可以追踪学生在学习过程中的各种错误情况，包括错别字、语病、逻辑错误等。这些数据不仅记录了错误的具体类型，还统计了这些错误的发生频率和分布情况。例如，在一个学期内，某班级的学生普遍存在拼写错误的现象，AIGC 可以生成专题报告，将这一问题详细列出，并按学生个体和整体情况进行归纳总结。报告中会展示每个学生常犯的错误类型及频次，班级中的共性问题，以及趋势变化等内容。

不仅如此，AIGC 还能进行多维度的数据分析。例如，它可以分析学生在不同时间段的学习效果，找出学习效率较高的时间段，从而为教师调整课堂安排提供参考。另外，通过纵向数据分析，AIGC 可以追踪学生在不同阶段的学习进步情况，识别出哪些教学方法和手段对提升学生成绩最为有效。

对于教师来说，这些数据报告是宝贵的教学资源。教师可以借助这些数据，更加精准地把握学生的学习状态和需求。例如，报告显示学生某段时间内错别字频发，教师可以调整教学重心，增加拼写练习和相关讲解，或者组织专项训练，提高学生的拼写能力。此外，个性化数据报告还能帮助教师识别某些学生的特殊需求。例如，某位学生在语法上存在普遍性错误，这时教师可以在课后进行一对一辅导，帮助学生克服难题。

更重要的是，数据的收集和分析，使得教学评价不再是单纯依赖考试成绩。传统的评估方式往往只能反映学生在某一时刻的学习水平，而 AIGC 基于大数据的长期观测和分析，能全面评价学生的学习状况。这种全方位的评价机制，不仅给了学生更多的改进机会，也为教师改进教学提供了科学依据。

AIGC 通过大数据的收集和分析，为教育提供了新的视角和方法。它不仅能提高教学效率，帮助学生更好地掌握知识，还能优化教学流程，使教育资源得到更加合理的配置。未来，随着技术的发展和应用的推广，AIGC 在教育领域的作用将更加凸显，推进教育的智能化和个性化进程，为培养全面发展的新时代人才做出贡献。

综上所述，AIGC 在初中语文课堂教学中的应用，涵盖了备课与教案设计、课堂提问与互动、作文写作与升格指导、阅读理解与文本分析、语法教学与练习等多个方面。通过其智能解释、个性化教学资源推荐、智能生成练习、实时反馈以及数据分析能力，AIGC 不仅提高了教学效率与质量，还为师生提供了更加个性化、互动化的学习体验。展望未来，AIGC 必将继续推动语文教学的创新与发展，培养具备综合素质的新时代学生。

第 6 章

AIGC 辅助个性化学习

随着教育技术的迅速发展，个性化学习已经成为提升学生学习效率和学习成果的关键。在此背景下，生成式人工智能的应用为个性化学习带来了革命性的变革。AIGC 利用其强大的数据分析和内容生成能力，构建学生学习风格评估模型，深入洞察每个学生的学习风格、优势和不足，从而为学生量身定制学习目标和路径。这种技术不仅能为学生创建个性化的学习内容，还可以实时监测他们的学习进度，动态调整学习计划，并提供有针对性的反馈，使每个学生都能获得最适合自己的学习体验。通过这种智能化的学习方式，每一位学生都能获得专属的教育资源和支持，实现个性化的发展目标。

6.1 个人特征数据收集与分析

AIGC 通过全面而深入的数据收集和分析，为每个学生创建独特的学习档案，为个性化教育奠定坚实基础。这种数据驱动的方法不仅关注学生的学习表现，还深入探索他们的语言能力、兴趣爱好、情感状态等多个维度，从而形成对学生全方位的理解。

6.1.1 学习表现数据

学习表现数据是评估学生学习效果的直接指标，也是实施个性化教学的重要依据。在现代教育环境中，AIGC 为收集和分析这些数据提供了前所未有的可能性。[①]

1. 课堂表现

课堂表现是反映学生日常学习状态的重要窗口。通过 AIGC，我们可以全面、客观地捕捉学生在课堂中的各项表现指标。

（1）出勤率追踪

AIGC 可以通过面部识别技术或电子签到系统记录学生的出勤情况。这种方法不仅提高了考勤效率，还能确保数据的准确性。长期的出勤数据可以

① 石琬若，韩锡斌. 生成式人工智能对学习分析研究的影响：现状与前瞻：2024 年学习分析与知识国际会议（LAK24）述评 [J]. 电化教育研究，2024，45（12）：113－120.

反映学生的学习态度，同时也可能揭示潜在的问题，如学生的健康状况或学习动机的变化。教师可以根据这些数据及时干预，为学生提供必要的支持。

（2）课堂参与度评估

利用智能摄像头和语音识别技术，AIGC 可以全方位分析学生在课堂上的表现。这包括记录学生举手的次数、回答问题的积极性、与同学讨论的频率等。这些数据可以帮助教师了解每个学生在课程中的参与程度，识别需要鼓励的学生，以及调整教学方法以提高整体课堂参与度。

（3）回答问题的准确性

AIGC 可以实时分析学生回答问题的内容，不仅评估其准确性，还能深入分析学生的思维过程。通过自然语言处理技术，AIGC 可以识别学生回答中的关键概念、逻辑结构，以及与标准答案的相似度。这种分析可以帮助教师了解学生对知识点的掌握程度，以及他们的思维模式和表达能力。

（4）注意力监测

利用眼动追踪技术，AIGC 可以评估学生的注意力集中程度。这项技术可以识别学生视线的焦点和停留时间，从而判断哪些内容最能吸引学生的注意力。这些数据可以帮助教师优化课程内容和教学方法，提高学生的注意力和学习效果。此外，AIGC 还可以通过分析学生的面部表情和身体语言，进一步评估他们的情绪状态和参与度。

2. 作业完成情况

作业是学生巩固和应用课堂知识的重要途径。AIGC 可以全面分析学生的作业完成情况，提供深入的洞察。

（1）提交率统计

AIGC 可以自动记录作业的提交情况，包括按时提交率、延迟提交率和未提交率。这些数据可以反映学生的时间管理能力和学习态度。系统可以生成个人和班级的提交率趋势图，帮助教师识别需要关注的学生或时间段（如学期中后期作业提交率下降的现象）。

（2）完成质量评估

通过自然语言处理技术，AIGC 可以分析作业内容的质量。这包括评估文字表达的准确性、逻辑性和创新性。AIGC 可以检查语法错误、词汇使用的恰当性，以及句子结构的复杂度。对于创新性的评估，AIGC 可以通过比对大量作业样本，识别出独特的表达方式或观点。这种全面的质量评估可以为教师提供详细的反馈，帮助学生有针对性地改进。

（3）错误类型分析

AIGC 可以识别并分类学生在作业中出现的错误类型，如语法错误、逻辑错误、知识点理解错误等。通过建立错误类型数据库，AIGC 可以为每个学生生成个性化的错误模式报告。① 这些报告可以帮助教师了解学生的学习盲点，设计针对性的辅导方案。同时，学生也可以通过这些报告了解自己学习的薄弱环节，有意识地进行自我改进。

（4）进步趋势追踪

通过比较学生连续几次作业的表现，AIGC 可以分析学生的进步情况和学习曲线。AIGC 可以生成可视化的进步图表，展示学生在各个方面（如语法准确性、表达流畅度、内容深度等）的进步情况。这种长期追踪不仅可以激励学生，也可以帮助教师评估教学效果，适时调整教学策略。

3. 测验成绩

测验成绩是衡量学生学习效果的重要指标。AIGC 可以深入分析测验数据，提供全面的学习诊断，为学习者提供更具个性化的内容，具有实时反馈、智能辅导和技能发展的能力②。

（1）得分记录

AIGC 可以自动记录和分析学生在各类测验中的得分，包括单项测试和综合考试。AIGC 可以生成个人和班级的成绩分布图，帮助教师了解整体学习情况。通过对比不同类型测试的成绩，AIGC 可以识别学生在不同知识领域的优势和劣势。

（2）答题时间分析

记录学生在每道题目上花费的时间，分析其解题速度和思考模式。这些数据可以揭示学生的时间管理能力和解题效率。AIGC 可以识别出学生在哪些类型的题目上花费时间较多，从而推断出可能存在的困难点。这种分析可以帮助教师调整教学重点，也可以指导学生优化自己的答题策略。

（3）错题分布图

生成学生错题的分布图，识别其薄弱知识点和易错题型。AIGC 可以将错题与课程标准进行映射，生成知识点掌握程度的热力图。这种可视化的错题分析可以帮助教师快速识别需要重点复习的内容，同时也为学生提供了明确的复习方向。

（4）难度适应性分析

评估学生在不同难度题目上的表现，为个性化出题提供依据，绘制“难

① 何豪，范嗣强. 人工智能在中学物理实验评分中的应用：以“探究影响滑动摩擦力大小的因素”实验为例 [J]. 物理通报，2024（12）：118－121.

② 赵建华. 人工智能时代的教育转型与重塑 [J]. 电化教育研究，2024，45（12）：37－43.

度—表现”曲线。这种分析可以帮助教师了解学生的能力水平，从而在未来的测试中选择适合的题目难度，既能挑战学生，又不会造成挫折感。

4. 阅读量

阅读是语言学习和知识获取的重要途径。AIGC 可以全面追踪和分析学生的阅读情况。

（1）指定阅读完成情况

AIGC 可以追踪学生完成指定阅读材料的情况，包括阅读速度和理解程度。通过电子阅读平台，系统可以记录学生的阅读进度、停留时间和翻页频率等数据。结合阅读后的理解测试，AIGC 可以评估学生的阅读效果，生成个性化的阅读报告。这些报告可以帮助教师了解学生的阅读习惯和能力，从而调整阅读任务的难度和数量。

（2）课外阅读监测

通过与电子图书馆系统或阅读应用程序对接，AIGC 可以追踪学生的课外阅读情况，可以记录学生借阅或阅读的书籍类型、数量和频率。AIGC 可以分析这些数据，生成学生的阅读兴趣图谱，帮助教师和家长了解学生的阅读倾向，并提供个性化的阅读建议。

（3）阅读速度评估

定期进行阅读速度测试，评估学生的阅读效率。AIGC 可以设计适合不同年龄段和能力水平的阅读速度测试，并自动记录和分析结果。AIGC 可以生成学生的阅读速度发展曲线，帮助教师和学生了解阅读能力的提升情况。对于阅读速度较慢的学生，AIGC 可以推荐针对性的阅读训练方法。

（4）阅读理解评估

通过智能问答，AIGC 可以评估学生对阅读内容的理解程度。AIGC 可以根据阅读材料自动生成多样化的理解问题，包括事实性问题、推理性问题和评价性问题。通过分析学生的回答，AIGC 可以评估学生的理解深度和批判性思维能力。这种持续的理解评估可以帮助教师识别学生在阅读理解方面的强项和弱项，从而提供针对性的指导。

通过对这些学习表现数据进行全面收集和深入分析，教育工作者可以获得对每个学生学习状况的了解。这些数据不仅可以用于评估学生的当前表现，还可以预测未来的学习趋势，为制定个性化教学策略提供科学依据。同时，这些数据也为学生自我评估和改进提供了宝贵的参考。

6.1.2 语言能力数据

语言能力是语文学习的核心，也是学生综合素质的重要体现。随着人工智能技术的发展，我们现在能通过多种方式全面、深入地分析学生的语言能力。这种分析不仅仅局限于传统的考试评分，而是涵盖了词汇使用、句法结构、语法掌握和表达流畅度等多个维度。通过 AIGC 的助力，我们可以更加精确地评估学生的语言水平，并为其提供个性化的学习建议。

1. 词汇使用

词汇是语言的基础，也是衡量学生语言能力的重要指标。AIGC 可以从多个角度分析学生的词汇使用情况。

（1）词汇量评估

AIGC 可以通过分析学生的写作作品和口头表达，准确估算其活跃词汇量和被动词汇量。活跃词汇量指学生能主动使用的词汇，而被动词汇量则包括学生能理解但不常主动使用的词汇。这种评估可以帮助教师了解学生的词汇储备情况，从而有针对性地进行词汇教学。

（2）词汇多样性分析

AIGC 可以计算学生使用的不同词汇数量与总词数的比例，评估其词汇丰富度。这个指标反映了学生在表达时是否能灵活运用多样的词汇，避免重复使用相同的词语。高词汇多样性通常表明学生具有更强的语言表达能力。

（3）词汇准确性检查

AIGC 能分析学生在不同语境中使用词语的准确性，识别常见的用词错误，如近义词使用不当、褒贬义混淆、词语搭配不当等。通过这种分析，教师可以了解学生在词语使用方面的薄弱环节，有针对性地进行指导。

（4）词汇难度分级

根据词频和难度等级，AIGC 可以评估学生使用的词汇水平。这种分析可以帮助教师了解学生是否能恰当地使用符合其年龄和学习阶段的词汇，同时也可以发现那些在词汇运用方面表现突出的学生。

2. 句法结构运用

句法结构是一种“组合结构”①，它是语言表达的骨架，反映了学生组织语言的能力。AIGC 可以从以下几个方面分析学生的句法运用。

（1）句子复杂度分析

AIGC 可以评估学生使用的句子结构复杂程度，包括简单句、复合句和复杂句的比例。这种分析可以反映学生是否能灵活运用不同类型的句子，以及是否具备表达复杂思想的语言能力。

① 鲁川，王玉菊．汉字信息语法学［M］．济南：山东教育出版社，2008：208.

（2）句式变化统计

AIGC 能分析学生在写作中使用不同句式的频率和多样性，包括陈述句、疑问句、感叹句等基本句式，以及倒装句、强调句等特殊句式。句式的多样性通常表明学生具有更强的语言表达能力和文体意识。

（3）长句构建能力

AIGC 可以评估学生组织和表达长句的能力，包括逻辑连贯性和表达清晰度。这种分析可以帮助教师了解学生是否能通过复杂的句子结构来表达复杂的思想，同时保持语言的流畅性和清晰度。

（4）修辞手法识别

AIGC 能检测学生在写作中使用的修辞手法，如比喻、拟人、排比等。这种分析可以反映学生的语言表达是否丰富多彩，是否能运用修辞手法增强语言的表现力和感染力。

3. 语法掌握

语法是语言的规则系统，正确的语法使用是有效沟通的基础。AIGC 可以从多个角度评估学生的语法掌握情况。

（1）语法错误智能检测

AIGC 通过自然语言处理技术，可实现对中文语法错误的系统性识别。在词法层面，AIGC 能够检测实词与虚词的误用情况，包括名词、动词、形容词等实词的词性混淆，以及介词、助词等虚词的搭配不当。在句法层面，AIGC 可分析句子成分的完整性，识别主语缺失、宾语冗余等常见问题。

（2）语法错因深度分析

AIGC 不仅能识别表面语法错误，更能通过大数据分析技术追溯错误根源。AIGC 通过分析学生的历史答题记录和写作样本，建立个人语法错误档案，智能判断错误成因：是基础概念理解偏差、母语负迁移影响，还是语境理解不足所致。

（3）学习进展动态追踪

AIGC 能提供多维度的语法学习进展追踪功能，根据学生的历次练习生成个性化的语法错误分布热力图。针对初中三年的语法学习目标，AIGC 可设置分阶段的语法能力评估指标，包括基础句型掌握度、复句运用能力、修辞手法多样性等。通过横向比对同班同学的语法表现和纵向对比个人历史数据，AIGC 还能生成语法能力发展曲线，帮助教师识别学生的语法学习瓶颈。

4. 表达流畅度

表达流畅度是衡量学生语言能力的重要指标，反映了学生在实际交流中运用语言的能力。[①] AIGC 可以从以下几个方面评估学生的表达流畅度。

（1）口语流畅度评估

通过语音识别技术，AIGC 可以分析学生口头表达的流畅程度，包括停顿、重复和修正的频率。这种分析可以帮助教师了解学生在口语表达时的自信程度和语言组织能力。

（2）写作连贯性分析

AIGC 能评估学生写作中的逻辑连贯性和思路清晰度。这包括分析段落之间的过渡是否自然，论点之间的逻辑关系是否清晰等。这种分析可以帮助教师了解学生的逻辑思维能力和写作组织能力。

（3）表达速度测量

AIGC 可以分析学生在口头和书面表达中的语速，评估其思维和表达的协调性。适当的表达速度通常表明学生能流畅地组织语言，快速表达自己的思想。

（4）表情符合度[②]

通过面部表情识别技术，AIGC 可以分析学生在口头表达时的表情是否与内容相符，评估其表达的自然度。这种分析可以帮助教师了解学生是否能自然、生动地表达自己的情感和思想。

通过这些详细的语言能力数据，教师可以全面了解每个学生的语言能力水平和发展情况。这些数据不仅提供了学生当前语言能力的精确画像，还能帮助教师识别学生的优势和不足，从而制定更加个性化和有针对性的教学策略。

6.1.3 学习行为数据

学习行为数据反映了学生的学习习惯和方法，对于理解学生的学习过程和提高学习效率至关重要。AIGC 可以通过以下方式收集和分析这些数据。

1. 学习时间分配

科学合理的时间分配是提升学习效率的关键。了解学生在不同学科和任务上的时间投入情况，可实现时间资源的最大化利用。

（1）学科时间分配分析

学科时间分配是了解学生学习行为的重要指标。AIGC 可以详细记录学

① 杨林伟. 数字时代下的计算机辅助语言教学：理论与实践［M］. 济南：山东人民出版社，2015：17.

② 李智伟，李向飞. 一种动画角色中面部特征点的跟踪显示结构：CN112929619B［P］. 2022－04－19.

生在不同学科上花费的时间。对于语文学习，可以进一步细分为阅读、写作、语法练习等具体项目的时间分配。这种细致的时间追踪可以帮助教育者和学生本人了解学习重点和可能存在的薄弱环节。例如，教师发现学生在语法练习上花费的时间远低于阅读和写作，则可能需要调整学习计划，增加语法学习的比重。

（2）任务完成时长分析

任务完成时长的分析也是评估学习效率的重要手段。AIGC 可以记录学生完成不同类型学习任务所需的时间，如阅读一篇文章、完成一篇作文、解答一组语法题等。通过对比不同学生完成相同任务的时间，以及同一学生在不同时期完成类似任务的时间变化，可以得出有价值的结论。这些数据不仅可以帮助学生了解自己的学习速度，也可以让教师识别出需要额外帮助的学生或者特别具有天赋的学生。

（3）学习效率评估

学习效率曲线是通过比较投入时间与学习成果的关系而绘制的，用于评估学生的学习效率。AIGC 可以通过分析学生的学习时间和相应的测试成绩或作业质量，绘制出个人的学习效率曲线。这种曲线可以帮助找出每个学生的最佳学习时长，避免过度疲劳导致的效率下降。例如，有些学生在连续学习 2 小时后效率开始下降，而另一些学生可以保持 3－4 小时的高效学习状态。根据这些数据，AIGC 可以为学生制定个性化的学习计划，建议合理的学习时长和休息间隔。

（4）时间管理能力评估

时间管理能力评估是学习行为分析的另一个重要方面。① AIGC 可以通过分析学生是否能合理分配时间，是否存在拖延或过度集中于某一任务的情况来评估学生的时间管理能力。例如，AIGC 可以检测学生是否经常在截止日期前才开始完成作业，或者是否在某些不太重要的任务上花费过多时间。基于这些分析，AIGC 可以提供时间管理建议，帮助学生提高学习效率。

2. 学习频率

稳定的学习频率是知识积累和能力提升的重要保障，建立科学的学习周期能显著提升学习效果。

（1）每日学习模式分析

每日学习模式的分析可以揭示学生的学习习惯。AIGC 可以记录学生每

① 周小微．“互联网＋”教育背景下高中数学智慧课堂的构建［J］．数学学习与研究，2024（31）：34－37.

天的学习时段，分析其是否有固定的学习习惯。例如，有些学生倾向于在早晨学习，而另一些学生在晚上效率更高。通过识别这些模式，AIGC 可以帮助学生找到最适合自己的学习时间，并鼓励他们建立稳定的学习习惯。

（2）周学习时间分布统计

周学习时间分布的统计可以评估学生的时间管理能力。AIGC 可以分析学生在工作日和周末的学习时间分布，了解学生是否能平衡学习和休息。如果发现学生在周末几乎不学习，而在工作日过度集中学习，AIGC 可以提出建议，鼓励学生进行更均衡的时间分配，以提高整体学习效果。

（3）学习间隔分析

学习间隔分析是研究学生学习策略的重要工具。AIGC 可以分析学生是采用分散学习还是集中学习的方式。研究表明，分散学习通常比集中学习更有效，特别是对于长期记忆和深度理解。通过这种分析，AIGC 可以建议学生采用更有效的学习间隔，如每天学习一小时，而不是在周末集中学习几个小时。

（4）规律性评分

规律性评分是鼓励学生建立稳定学习习惯的一种方法。AIGC 可以根据学生学习行为的规律性给出评分，如连续学习天数、每周学习次数的稳定性等。这种评分机制可以激励学生保持良好的学习习惯，同时也可以帮助教师识别那些学习不规律的学生，及时提供帮助。

3. 复习模式

有效的复习模式是巩固学习成果的核心，科学复习有助于学习内容的长效保持和深度掌握。

（1）复习频率追踪

复习频率追踪是基于遗忘曲线理论的重要分析。AIGC 可以记录学生复习已学内容的频率，并与理想的复习间隔进行比较。根据艾宾浩斯遗忘曲线，学生应该在学习新知识后的 1 天、7 天、30 天等时间点进行复习，以巩固记忆。AIGC 可以根据这一理论，提醒学生在适当的时间进行复习，并追踪学生是否遵循了这些建议。

（2）复习方法识别

复习方法识别是通过分析学生的学习行为来了解其采用的复习策略。AIGC 可以通过学生的操作行为，识别其采用的复习方法，如制作思维导图、重点标注、练习题巩固等。不同的复习方法可能适合不同的学生或不同的学习内容。例如，对于概念性知识，制作思维导图可能更有效；而对于需要应用的知识，练习题可能更有帮助。通过识别这些方法，AIGC 可以为学生推荐最适合的复习策略。[①]

（3）复习效果评估

复习效果评估是检验不同复习方法有效性的关键。AIGC 可以通过定期测试或问答，评估不同复习方法的效果。例如，AIGC 可以比较使用思维导图复习和使用练习题复习后的测试成绩，从而得出哪种方法对特定学生或特定知识点更有效。这种评估不仅可以帮助学生选择最有效的复习方法，也可以为教育研究提供宝贵的数据。

（4）个性化复习建议

个性化复习建议是 AIGC 分析学习行为数据的最终目标之一。基于学生的复习模式和效果，AIGC 可以生成个性化的复习建议。这些建议可能包括最佳复习时间、推荐的复习方法、需要重点关注的知识点等。例如，AIGC 发现某个学生在使用练习题复习语法知识时效果特别好，但在复习文学作品时效果不佳，可以建议该学生在复习语法时多做练习题，而在复习文学作品时尝试其他方法，如阅读相关评论或制作人物关系图。

4. 资源使用情况

AIGC 在初中语文教学中的应用，为了解学生学习行为提供了新的视角和工具。

（1）电子课本

通过统计学生使用电子课本的频率和时长，AIGC 可以分析学生对电子课本内容的依赖程度。高频率、长时间的使用可能表明学生更倾向于将电子课本作为主要学习资源，而低频率、短时间的使用则可能意味着学生更多地依赖其他学习资源或方法。AIGC 还可以进一步分析电子课本的使用模式，反映学生的学习习惯，如是否倾向于在课前预习或课后复习。这些数据能够帮助教师更好地了解学生的学习偏好，从而调整教学策略，提高学习效率。

（2）在线视频

在线视频学习是现代教育的重要组成部分。AIGC 可以记录和分析学生观看教学视频的情况，包括观看次数、暂停及重播频率等，从而评估学生对视频学习的接受度。高观看次数可能表明学生对视频内容感兴趣或认为其有价值，而频繁的暂停和重播则可能意味着学生在努力理解复杂概念或需要更多时间消化信息。通过这些数据，AIGC 可以帮助教师识别最受欢迎的视频内容以及需要进一步解释或改进的部分。此外，AIGC 还可以提供个性化的学习体验，为不同学习进度的学生推荐匹配的视频资源。

---

① 李志民．人工智能如何赋能教育［J］．中国教育信息化，2024，30（9）：3-8.

(3) 练习题

练习题使用情况是评估学生自主学习能力的关键指标。AIGC 通过分析学生使用在线练习题的频率、正确率和完成速度，全面评估学生的自主练习能力。高频率的使用可能表明学生积极主动地进行自我测试和巩固知识，而高正确率则反映了学生对所学内容的良好掌握。完成速度可以揭示学生的思考过程和问题解决能力。AIGC 能识别出学生在练习中的强项和弱项。例如，快速且正确地完成练习题可能表明学生对该主题有深入理解，而完成速度慢但正确率高则可能意味着学生在仔细思考。这些分析有助于教师提供有针对性的辅导和支持。

(4) 补充资料

补充资料查阅行为可以反映学生自主拓展学习的积极性。① AIGC 可以追踪和分析学生查阅补充学习资料的情况，了解学生是否主动寻求额外知识，以及他们对哪些主题或领域特别感兴趣。频繁查阅补充资料的学生可能表现出较强的学习动机和好奇心，这对于培养终身学习的态度至关重要。AIGC 通过分析学生查阅的资料类型和内容，能够帮助教师了解学生的学习兴趣和需求，从而优化课程设置和学习资源推荐。

综上所述，AIGC 在初中语文教学中的应用，不仅能全面评估学生的资源使用情况，还能为教师提供深度分析和个性化建议，从而提升教学质量和学生的学习效果。

6.1.4 兴趣爱好数据

了解学生的兴趣爱好对于制定个性化学习计划和提高学习动机至关重要。AIGC 可以通过以下方式收集和分析这些数据。

1. 阅读偏好

通过 AIGC 分析学生的阅读偏好，教师能了解学生的兴趣点和知识需求，从而为他们推荐更符合个人兴趣的阅读材料和学习资源。

(1) 文学体裁喜好分析

文学体裁喜好分析是了解学生阅读兴趣的重要方面。AIGC 可以通过追踪学生在图书馆借阅记录、电子阅读平台的选择以及课堂阅读材料的反馈来收集数据。这些数据可以帮助教师了解学生对小说、散文、诗歌或其他体裁的兴趣倾向。

---

① 王树俊. 课改背景下再议成绩分化的原因与对策 [J]. 新课程研究（基础教育），2010 (6)：116 - 117.

（2）作者偏好追踪

作者偏好追踪能深入了解学生的文学品位。AIGC 可以记录学生经常阅读的作者，并分析这些作者的写作风格、主题和时代背景。这种分析可以帮助教师更好地理解学生的阅读倾向，从而推荐类似风格的作品或引导学生阅读不同类型的作品以拓宽视野。

（3）主题兴趣分析

主题兴趣分析是另一个重要维度。通过对学生选读文章主题的统计和分类，如历史、科技、人文等，AIGC 可以绘制出学生的兴趣图谱。这种分析不仅可以用于个性化阅读推荐，还可以在跨学科教学中发挥作用，从而帮助教师设计能吸引学生注意力的教学内容。

（4）阅读难度偏好评估

阅读难度偏好的评估可以通过分析学生选择的阅读材料的词汇复杂度、句法结构和内容深度来实现。这种分析有助于了解学生的阅读能力和挑战倾向，从而为学生提供适当难度的阅读材料，既能保持其阅读兴趣，又能逐步提高阅读水平。

2. 写作倾向

在初中语文教学中，了解学生的写作倾向对于提升他们的写作能力和兴趣具有重要意义。利用 AIGC 技术进行写作倾向分析，可以帮助教师更全面地掌握学生的写作习惯、兴趣和特长，从而制定更有效的教学策略。

（1）写作题材分析

写作题材分析可以通过对学生作文选题和日常写作内容的文本挖掘来实现。AIGC 可以识别学生经常写作的主题、人物或场景，从而了解学生感兴趣的写作方向。这种分析可以帮助教师设计更有针对性的写作任务，激发学生的创作热情。

（2）写作风格识别

写作风格识别是通过对学生写作作品的语言特征、修辞手法和结构组织进行分析来实现的。AIGC 可以识别学生是否偏好抒情、议论或叙事等风格。这种分析有助于教师了解学生的写作特点，并有针对性地指导学生尝试不同的写作风格，丰富其表达方式。

（3）创作频率统计

创作频率统计即通过记录学生进行自主创作的次数和时间间隔来评估其对写作的热情。AIGC 可以追踪学生在写作平台上的活动，包括草稿创建、修改和完成的频率。这种统计不仅反映了学生的写作兴趣，也可以用来评估写作习惯的养成情况。

（4）特长领域识别

特长领域识别需要通过长期的写作表现分析来实现。AIGC 可以对学生在不同类型的写作任务中的表现进行跟踪和评估，识别出学生在某些特定领域（如科普写作、文学创作、新闻报道等）的特长。这种识别可以帮助教师和学生更好地发挥个人优势，同时也为未来的学习和职业规划提供参考。

通过 AIGC 对学生写作倾向的全面分析，教师能够更有针对性地设计写作任务和指导方案，不仅可以提升学生的写作能力和兴趣，还为其将来的学习和职业规划奠定坚实的基础。在这一过程中，AIGC 扮演着至关重要的角色，推动着教育方式的创新与进步。

3. 课外活动

语文课外活动的参与记录可以通过学校的活动管理系统或专门的活动追踪应用来实现。AIGC 可以记录、分析学生参与诗歌朗诵、辩论比赛、读书会等语文相关课外活动的频率、持续时间和角色。这些数据可以反映学生对语文学习的兴趣和投入程度。

（1）活动表现评估

活动表现评估需要收集多方面的数据，包括获奖情况、教师评价、同伴评价等。AIGC 可以整合这些数据，生成学生在课外活动中的综合表现报告。这种评估不仅可以激励学生积极参与，还可以帮助识别学生在实践中的语言应用能力。

（2）活动偏好分析

活动偏好分析是通过对学生参与不同类型活动的频率和积极性进行统计和比较来实现的。AIGC 可以根据学生的参与情况，绘制出个人的活动偏好图谱，这有助于学校和教师更好地设计和组织符合学生兴趣的课外活动。

（3）技能发展追踪

技能发展追踪需要长期的数据积累和分析。AIGC 可以通过比较学生在不同时期参与同类活动的表现，评估其在特定语文技能（如口头表达、写作、阅读理解等）上的发展趋势。这种追踪可以帮助学生和教师了解学习进展，并针对性地调整学习计划。

AIGC 在语文课外活动中的应用，可以全面提升学生的参与度和学习效果。通过细致的数据分析和评估，AIGC 不仅可以帮助学生发现自己的兴趣和强项，同时也为教师提供了精准的教学反馈和指导建议。这样的技术创新将为语文教育带来更多的可能性，促进学生的全面发展。

6.1.5 情感和态度数据

AIGC 在教育领域中，特别是在收集和分析学生的情感和态度数据方面，展现出了巨大的优势。首先，AIGC 拥有强大的数据处理能力，可以持续不断地从各种来源收集大量数据，包括学生的课堂表现、作业提交、课堂互动以及课外活动等，这些数据的规模和复杂度远超出人类能手工处理的程度。其次，AIGC 能从多角度和多层次综合分析这些数据，不仅关注显而易见的趋势，还能发现易被忽略的、深层次的关联。比如，通过分析学生在不同时间段的情绪变化和学习态度，AIGC 可以识别出潜在的学习障碍或心理健康问题。最后，AIGC 还能根据学生的个性和学习习惯，提供个性化的学习建议和资源，有效提升学习效果和积极性。通过这些技术手段，教师能更全面地了解学生的需求与状态，进而调整教学策略，提供更加人性化和精准的教育支持，最终实现因材施教的目标。

1. 学习动机

学习动机是影响学生学习效果的关键因素之一。AIGC 可以通过多种方式来评估和分析学生的学习动机。①

（1）动机强度评估

AIGC 可以设计和实施定期的问卷调查，收集学生对学习的兴趣程度、投入时间、努力程度等信息。同时，AIGC 还可以通过分析学生的学习行为数据，如学习时长、完成作业的速度和质量、参与讨论的频率等，评估学生的学习动机强度。通过结合问卷和行为数据，AIGC 可以得出更全面、准确的动机强度评估结果。

（2）动机类型识别

AIGC 可以通过分析学生的学习行为模式和问卷反馈，识别学生的动机类型是内在驱动还是外在压力。例如，学生经常主动探索课程相关的额外资料，或在没有外部奖励的情况下持续投入学习，可能表明其具有较强的内在动机。相反，如果学生只在考试临近时才集中学习，或过分关注成绩排名，则可能表明其更多地受外在动机驱动。AIGC 可以根据这些分析结果，为学生提供更有针对性的学习建议和激励措施。

（3）动机波动追踪

AIGC 可以持续记录和分析学生的学习动机变化趋势。通过对比不同时期的学习行为数据和问卷结果，AIGC 可以识别影响学生学习动机的关键因

① 邓韵，施佐晨. AIGC 赋能智慧教学设计的模型构建研究［J］. 设计艺术研究，2024，14（3）：51－56.

素。例如，AIGC 可能发现某个学生在接触新主题时动机显著提高，或在遇到挫折后动机明显下降。基于这些发现，AIGC 可以及时调整学习内容和难度，或提供适当的支持和鼓励，以维持学生的学习动机。

（4）目标设定分析

AIGC 可以评估学生设定的学习目标是否明确、合理，并分析这些目标对学生动机的影响。AIGC 可以引导学生设定 SMART（具体、可衡量、可实现、相关、有时限）目标，并通过定期检查和反馈帮助学生调整目标。例如，AIGC 发现学生设定的目标过于宏大或模糊，可能会导致挫败感和动机下降，它可以建议学生将大目标分解为更小、更容易实现的阶段性目标。通过帮助学生设定和实现适当的目标，AIGC 可以有效提升学生的学习动机和自信心。

2. 自信水平

除了学习动机，学生的自信水平也是影响学习效果的重要因素。AIGC 可以通过以下方式评估和提升学生的自信水平。

（1）任务难度自评

AIGC 可以设计一系列不同难度的学习任务，并要求学生在完成任务前对自己的表现进行预估。通过比较学生的自评结果和实际表现，AIGC 可以了解学生的自信水平。如果发现学生普遍低估自己的能力，AIGC 可以提供积极的反馈和鼓励，帮助学生建立自信。相反，如果学生倾向于高估自己的能力，AIGC 可以引导学生更客观地评估自己，并制定更切实可行的学习计划。

（2）表现预期分析

AIGC 可以定期收集学生对自己未来表现的预期，并与实际表现进行对比。通过分析预期与实际之间的差异，AIGC 可以评估学生自信水平的准确性和变化趋势。例如，学生的实际表现经常超过预期，但自信水平仍然较低，AIGC 可以帮助学生认识到自己的进步和潜力，从而提升自信心。反之，如果学生的预期经常高于实际表现，AIGC 可以引导学生更客观地评估自己的能力，并提供针对性的学习建议。

（3）挑战接受度①

AIGC 可以通过观察学生面对困难任务时的态度和行为，评估其自信水平。例如，AIGC 可以记录学生是否主动选择具有挑战性的任务，是否在遇到困难时坚持尝试，或是否倾向于回避困难。基于这些观察，AIGC 可以为

① 赵曼云. 家庭教育，真知道：家庭教养决定成长力［M］. 北京：海豚出版社，2023：156.

学生提供适当难度的任务，并在学生成功完成挑战时给予及时的肯定和鼓励，逐步培养学生的自信心和抗压能力。

（4）进步感知①

AIGC 可以通过定期反馈，帮助学生了解自己的学习进步情况，从而提升自信心。AIGC 可以设计可视化的进度报告，清晰展示学生在各个学习领域的进步轨迹。同时，AIGC 还可以根据学生的个人特点，提供个性化的进步反馈。例如，对于更注重细节的学生，AIGC 可以提供具体的技能提升数据；对于更关注整体进步的学生，AIGC 可以提供更宏观的学习成长曲线。通过帮助学生客观认识自己的进步，AIGC 可以有效提升学生的自信心和学习动力。

3. 压力指数②

通过整合多种数据源和分析方法，AIGC 能全面评估学生的压力水平，并提供个性化的干预策略。

（1）生理指标监测

AIGC 可以与可穿戴设备无缝集成，实时收集和分析学生的生理数据。这些数据包括心率、血压、皮肤电导率等指标，能直接反映学生的压力水平。AIGC 算法可以识别这些指标的异常模式，及时发现压力过大的情况。例如，AIGC 可以通过分析学生的心率变异性（HRV）来评估其压力水平。当 HRV 降低时，通常表示压力增加。AIGC 可以根据个人基线数据，为每个学生设定个性化的压力阈值，一旦超过阈值就会发出警报。此外，AIGC 还可以结合环境因素（如噪声水平、光照强度）和学习任务难度，对学生的生理指标进行更加全面的解读。这种多维度分析能提供更准确的压力评估结果。

（2）行为压力表现

AIGC 可以通过分析学生的行为模式来识别压力表现。这包括对学生在课堂上的表现、学习过程中的行为特征以及日常生活中的行为变化进行全面监测和分析。例如，AIGC 可以通过计算机视觉技术分析学生在课堂上的肢体语言和面部表情，识别注意力分散、焦躁不安等压力表现。通过在线学习平台，AIGC 可以追踪学生的鼠标移动、点击行为和学习进度，发现异常模式（如频繁切换任务、学习效率下降）可能暗示压力增加。AIGC 还可以整合来自智能手机和其他设备的数据，如社交活动、运动量和睡眠质量，全面

① 张晥．如何在认知冲突中学与教？从理论到实践［M］．石家庄：河北人民出版社，2023：135.
② 周颖萍，尹元华．高职大学生心理健康教育［M］．济南：山东人民出版社，2012：251.

评估学生的压力状况。通过机器学习算法，AIGC 能不断优化其压力识别模型，提高准确性。

（3）压力源识别

AIGC 在识别导致学生压力的主要因素方面具有强大的能力。通过整合多源数据和应用高级分析技术，AIGC 可以揭示压力的根本原因。首先，AIGC 可以设计和实施智能问卷调查。这些调查不仅能收集学生的主观反馈，还能根据学生的回答动态调整问题，深入探究压力源。自然语言处理技术使 AIGC 能分析开放式问题的回答，从中提取关键信息。其次，AIGC 可以分析学生的学习数据、成绩记录和课程安排，识别可能导致压力的学业因素。例如，AIGC 可能发现某些科目组合或考试时间安排与学生压力水平之间存在显著相关性。此外，AIGC 还可以分析学生的社交媒体数据（在获得适当授权的情况下），了解可能影响压力水平的社交和情感因素。通过情感分析技术，AIGC 可以从学生的社交媒体数据中识别压力相关的情绪表达。通过整合这些多维度的数据，AIGC 可以构建复杂的因果模型，不仅能识别直接的压力源，还能揭示不同因素之间的相互作用如何影响学生的压力水平。

（4）压力应对能力评估

AIGC 在评估学生的压力应对能力方面发挥着重要作用。通过分析学生在面对压力时的反应和策略，AIGC 可以为每个学生提供个性化的支持。AIGC 可以追踪学生在压力情况下的行为模式，如学习策略的调整、寻求帮助的行为等。通过比较这些行为与压力水平的变化，AIGC 可以评估不同应对策略的有效性。此外，AIGC 可以分析学生的问题解决过程，评估其在压力下的决策能力和创造力。例如，在在线学习平台中，AIGC 可以分析学生在面对困难任务时的尝试次数、解决时间和最终结果，从而评估其韧性和问题解决能力。基于以上分析，AIGC 可以为每个学生生成个性化的压力应对能力报告，突出其优势和需要改进的领域。AIGC 还可以推荐个性化的压力管理策略和资源，如冥想练习、时间管理技巧和同伴支持网络等。

AIGC 能通过多种方法，全面评估学生的压力水平并提供精确的个性化干预策略。这种创新性技术不仅可以及时检测和应对学生的压力，缓解压力带来的负面影响，还能帮助学生提升整体学习体验和身心健康。

4. 情绪状态

AIGC 在分析和响应学生的情绪状态方面具有独特优势，能为个性化学习提供情感智能支持。

（1）情绪识别技术

AIGC 利用先进的计算机视觉和音频分析技术，实时捕捉学生在学习过程中的情绪变化。这种实时情绪识别能力为个性化学习提供了重要的情感维度。在面对面的学习环境中，AIGC 可以通过摄像头实时分析学生的面部表情、眼动和姿势，识别如专注、困惑、沮丧或兴奋等情绪状态。在在线学习平台中，AIGC 可以分析学生的语音输入，从语调、语速和音量变化中推断情绪状态。AIGC 还可以整合多模态数据，如将面部表情、语音特征和文本内容结合起来，提供更全面、准确的情绪识别。例如，当学生在解决问题时表现出困惑的面部表情，同时语音中透露出沮丧，AIGC 可以更准确地判断学生的负面情绪状态，并提供适当的支持。此外，AIGC 能学习和适应每个学生的独特情绪表达方式，随着时间的推移提高识别准确性。这种个性化的情绪识别能力使 AIGC 能捕捉到细微的情绪变化，为学习过程提供及时、精准的情感支持。

（2）情绪日记分析

AIGC 在分析学生的情绪日记方面具有强大的能力，能从中提取隐藏的信息。通过自然语言处理和机器学习技术，AIGC 可以深入分析学生的情绪日记内容，识别情绪模式和趋势。AIGC 可以自动提取关键词和短语，识别表达特定情绪的语言。通过情感分析算法，AIGC 能评估学生日记的整体情感倾向，如积极、消极或中性。随着时间的推移，AIGC 可以绘制学生的情绪曲线，识别周期性模式或长期趋势。此外，AIGC 可以识别情绪日记中提到的具体事件或主题，并将它们与情绪状态关联起来。这有助于了解哪些因素对学生的情绪产生积极或消极影响。AIGC 还可以比较不同学生的情绪日记，识别共同的情绪触发因素或应对策略。基于这些分析，AIGC 可以为每个学生生成个性化的情绪洞察报告，提供情绪管理建议和资源推荐。

（3）情绪波动触发因素识别

AIGC 能通过整合多源数据，精确识别导致学生情绪波动的触发因素。AIGC 可以分析学习任务、考试安排、社交互动和环境因素等多个维度的数据，寻找与情绪变化的相关性。例如，AIGC 可以将学生的情绪状态与当前学习任务的难度、截止日期压力和学习环境等因素进行关联分析。通过机器学习算法，AIGC 可以识别出哪些因素容易引发特定的情绪反应。此外，AIGC 还可以分析学生的日程安排、睡眠模式和课外活动，了解这些因素如何影响情绪状态。通过建立复杂的因果模型，AIGC 能预测可能导致学生情绪波动的情况，并提前提供支持。

（4）情绪调节能力评估

AIGC 可以通过多种方式评估学生的情绪调节能力，为个性化学习提供重要支持。AIGC 可以分析学生在面对情绪挑战时的行为反应，如学习策略的调整、寻求社交支持的行为等。通过追踪学生从消极情绪恢复到积极状态所需的时间，AIGC 可以评估其情绪恢复能力。在在线学习平台中，AIGC 可以设计情绪调节练习，如引导冥想或呼吸练习，并分析学生的参与度和效果。通过比较练习前后的情绪状态变化，AIGC 可以评估学生的情绪调节技能。基于这些分析，AIGC 可以为每个学生生成个性化的情绪智能报告，突出其优势和需要改进的领域。AIGC 还可以推荐针对性的情绪管理策略和资源，如正念练习、认知重构技巧和同伴支持小组等。

综上所述，AIGC 在情绪识别、情绪日记分析、情绪波动触发因素识别和情绪调节能力评估方面展现了强大的能力。这些技术的应用为个性化学习提供了有价值的情感智能支持，有助于提升学生的学习体验与效果。通过不断优化情绪识别和管理，AIGC 可以促进学生在情感和能力的全面发展。

5. 学习态度

AIGC 能为每个学生提供量身定制的学习体验，从而提高学习效率和效果。在这个过程中，学习态度是一个关键的维度，包括课堂专注度、作业完成质量、反馈接受度和自主学习倾向等方面。

（1）课堂专注度

课堂专注度是衡量学生学习态度的重要指标之一。传统上，教师通过观察来评估学生的参与度，但这种方法往往主观且难以量化。AIGC 通过视觉分析技术可以客观地评估学生在课堂上的专注度和参与积极性。AIGC 可以分析学生的面部表情、肢体语言和眼神接触等因素，实时生成专注度数据。此外，AIGC 还可以整合教师的反馈，结合多个维度的信息，给出更全面的专注度评估。这些数据不仅可以帮助教师及时调整教学策略，还能为学生提供个性化的专注度提升建议。例如，AIGC 可能会发现某个学生在小组讨论时参与度较高，但在教师讲解时注意力容易分散。基于这一发现，AIGC 可以建议教师增加互动式教学环节，或为该学生提供更多小组合作的机会。同时，AIGC 还可以生成个性化的专注力训练计划，帮助学生逐步提高在不同教学情境下的专注度。

（2）作业完成质量

作业完成质量是反映学生学习态度的另一个重要方面。AIGC 可以通过分析学生完成作业的认真程度、及时性和创新性，深入了解学生的学习态度。AIGC 可以自动评估作业的完成度、准确性和创意性，并与学生之前的表现进行比较，生成详细的进步报告。通过自然语言处理技术，AIGC 可以分析学生作业中的语言使用、逻辑结构和思维深度，评估学生的认知水平和学习投入度。例如，在语文作文评估中，AIGC 不仅可以检查语法和书写错误，还能分析文章的结构、论点的说服力和语言的生动性。此外，AIGC 还可以追踪学生完成作业的时间模式和修改历史，了解学生是否拖延、是否多次修改以求完美等细节。基于这些分析，AIGC 可以为每个学生生成个性化的作业计划，包括合理的时间分配建议和针对性的改进策略。

（3）反馈接受度

反馈接受度同样是评估学生成长意愿的重要指标。AIGC 可以通过分析学生对教师和同学反馈的接受程度和后续改进行动，深入了解学生的学习态度和成长意愿。AIGC 可以追踪学生在收到反馈后的行为变化，如是否查看了相关的学习资源、是否在后续作业中应用了反馈建议等。AIGC 还可以分析学生在面对不同类型反馈时的情绪反应和行为模式。例如，有些学生可能对积极的表扬反应良好，而对批评性反馈较为敏感。通过对以上内容的分析，AIGC 可以为教师提供个性化的反馈策略建议，帮助教师以最有效的方式与每个学生沟通。同时，AIGC 还可以为学生生成反馈接受能力提升计划，帮助学生建立积极的成长心态。

（4）自主学习倾向

自主学习倾向也是衡量学生学习态度的另一个关键维度。AIGC 可以通过分析学生主动寻求学习资源、提出问题和探索新知识的频率，评估学生的自主学习态度。AIGC 可以追踪学生在在线学习平台上的活动，包括浏览额外学习材料的频率、参与在线讨论的积极性、提问的数量和质量等。通过自然语言处理和机器学习技术，AIGC 可以分析学生提出的问题的深度和广度，评估学生的好奇心和探索精神。例如，AIGC 可以识别出哪些学生经常提出跨学科的问题，或者哪些学生善于将课堂知识与实际生活联系起来。基于这些分析，AIGC 可以为每个学生推荐个性化的学习资源和探索项目，激发其自主学习的兴趣和动力。

6. 学科兴趣

AIGC 能通过多维度的数据收集和深度分析，全面把握学生的学科兴趣度，从而为个性化学习提供精准指导。

（1）兴趣问卷调查

AIGC 可以设计出更加智能和个性化的调查问卷。传统的问卷通常是静态和标准化的，难以捕捉学生兴趣的细微变化，而 AIGC 可以根据学生的历史数据和最新表现，动态生成针对性的问题。例如，AIGC 发现某位学生最近在古文学习上表现出色，就可以生成更多关于古文兴趣的深入问题。这种自适应的问卷不仅能更准确地评估学生的整体兴趣水平，还能深入挖掘兴趣的具体方向和程度。

（2）学习内容偏好分析

在学习内容偏好分析方面，AIGC 可以进行更加精细和多维度的数据处理。AIGC 不仅可以分析学生在不同类型内容（如古文、现代文等）上的成绩差异，还能结合学生的学习时长、错误类型、修改次数等多项指标，构建一个全面的内容偏好模型。例如，即使一个学生在古文和现代文的考试成绩相近，但如果 AIGC 发现他在学习古文时投入的时间更多，修改作业的次数更频繁，就可能推断出他对古文有更浓厚的兴趣。这种细致入微的分析可以帮助教师更好地理解学生的学习倾向，从而提供更有针对性的教学内容。

（3）延伸学习行为分析

在延伸学习行为的记录和分析上，AIGC 的优势更加明显。AIGC 可以通过多种渠道收集学生的课外学习数据，如电子阅读器上的阅读记录、在线论坛的发帖和回复、搜索引擎的查询历史等。更重要的是，AIGC 可以对这些非结构化数据进行语义分析，理解学生探索的具体内容和深度。例如，AIGC 可以分析学生在论坛上讨论的话题是否与课堂内容相关，是否展现出对某个作家或文学流派的特别兴趣。这种全方位的行为追踪不仅能反映学生的学习积极性，还能发现他们的潜在兴趣点，为教师提供课外辅导的方向。

（4）长期兴趣变化追踪

长期的兴趣变化追踪是个性化学习中最具挑战性的任务之一，而这正是 AIGC 的强项。AIGC 可以建立学生兴趣的时间序列模型，不仅记录兴趣度的变化，还能分析导致这些变化的可能因素。例如，一个学生对现代文的兴趣突然上升，AIGC 可以回溯分析这段时间内的学习内容、教学方法、社会热点等多方面因素，找出可能的触发点。更进一步，AIGC 还可以预测学生未来的兴趣走向，为教师提供前瞻性的教学建议。比如，如果预测到某个学生可能对写作产生更大兴趣，AIGC 可以建议教师增加相关的创作练习和指导。

AIGC 通过全面评估学生的学习动机、自信水平、压力指数、情绪状态、学习态度和学科兴趣度，能为学生提供个性化的学习体验。这不仅帮助教师优化教学策略，同时也激发学生的学习兴趣和主动性，从而显著提升整体学习效果和效率。

6.1.6 社交互动数据

社交互动数据在个性化学习中扮演着至关重要的角色。通过全面、深入地了解学生的社交互动模式，AIGC 可以为每个学生提供量身定制的学习建议和支持，从而优化其学习体验和效果。这种数据驱动的个性化学习方法不仅能提高学习效率，还能培养学生的社交技能和情感智力。

1. 课堂互动

课堂作为学生语言学习和社交互动的主要场所，为 AIGC 收集和分析互动数据提供了丰富的机会。AIGC 可以通过多种方式收集和分析课堂互动数据，以全面评估学生的表现和需求。这些数据涵盖了学生在课堂中的各个方面，从语言表达到思维能力，再到社交技能，为教育者提供了一个全面的学生画像。

（1）发言频率统计

发言频率统计是一个重要的指标，AIGC 可以通过先进的语音识别技术实时记录每个学生在课堂上的发言次数和时长。这些数据不仅能反映学生的语言表达积极性，还能体现他们的自信程度。基于这些统计数据，AIGC 可以为话语较少的学生提供个性化的鼓励和支持，帮助他们克服语言障碍或自信不足的问题。例如，AIGC 可以生成针对性的练习，鼓励这些学生在小组讨论中扮演特定角色，或者提供一些简单的话题让他们在课堂上分享。同时，对于过于活跃的学生，AIGC 也可以提供适当的引导，确保课堂参与的平衡，让每个学生都有机会表达自己的想法。这可能包括建议这些学生在发言前先倾听他人的观点，或者鼓励他们帮助引导讨论而不是主导整个对话。

（2）互动质量分析

互动质量分析是对量化数据的重要补充。AIGC 不仅关注发言的频率，还能通过自然语言处理技术对学生发言的内容进行深入分析。这包括评估学生发言的逻辑性、相关性和深度。通过互动质量分析，教师可以更好地了解学生的思维模式和语言表达能力，从而提供更有针对性的指导。例如，AIGC 可以识别出学生在某些概念上的理解偏差，或者发现他们在组织语言时的特定困难，进而为教师提供精准的教学建议。AIGC 还可以分析学生使用的词汇复杂度、语法结构的多样性，以及他们表达观点的说服力，这些信息可以帮助教师制定个性化的语言学习计划。

（3）小组讨论表现评估

在小组讨论环节，AIGC 的作用同样不可忽视。通过结合语音识别和视频分析技术，AIGC 可以全面评估每个学生在小组中的表现。这包括他们的参与度、对讨论的贡献度以及与他人协作的能力。AIGC 可以追踪每个学生在讨论中的发言时间、打断他人的频率、提出新想法的次数，以及他们如何回应和建立在他人观点之上。这些数据不仅能帮助教师了解学生的团队合作技能，还能为改进小组动态提供宝贵的建议。例如，AIGC 可以识别出小组中的主导者和较为被动的成员，并为教师提供平衡小组互动的策略。这可能包括建议重新分配小组角色，或者提供特定的讨论框架来确保每个学生都有发言的机会。

（4）师生互动模式分析

师生互动模式的分析也是 AIGC 的一个重要功能。AIGC 可以详细记录和分析学生与教师互动的频率和方式，包括学生提问的次数和类型、回答问题的准确度、主动寻求帮助的情况等。这些数据能反映学生的学习主动性和沟通能力，为教师调整教学策略提供重要依据。例如，AIGC 发现某些学生很少主动提问，教师可以采取更加鼓励和支持的态度，创造更多互动的机会。AIGC 还可以分析教师的提问模式和反馈方式，帮助教师改进自己的教学技巧，以更好地激发学生的参与和思考。

2. 同伴评价

同伴评价作为一种有效的学习方法和重要的社交互动形式，在现代教育中扮演着越来越重要的角色。随着生成式人工智能技术的发展，我们现在有了更强大的工具来收集、分析和利用同伴评价数据，从而为个性化学习提供更精准的指导。

（1）互评活动数据收集

AIGC 可以在多种互评活动中收集丰富的数据。例如，在作文互评中，AIGC 可以记录学生对同伴作文的评分、评语和修改建议。这些数据不仅包括定量的分数，还包括定性的文字反馈，甚至可以分析评语的语气和情感倾向。在口头报告评价中，AIGC 可以收集听众对演讲者的评分、反馈意见以及非语言反应数据。通过语音识别和图像分析技术，AIGC 可以捕捉到听众的表情变化、肢体语言和专注度等细节信息。这些数据不仅反映了被评价者的表现，更重要的是，它们体现了评价者的判断能力、批判性思维能力和表达能力。通过分析这些数据，教师可以全面了解学生的学习进展和能力发展。例如，AIGC 可以识别出哪些学生在给予建设性反馈方面表现出色，哪些学生在评价时过于严厉或宽松。这些洞察可以帮助教师更好地指导学生如何进行有效的同伴评价，提高整体的评价质量。此外，AIGC 还可以通过分析评价内容的深度和广度，评估学生对课程内容的理解程度，从而为教学内容的调整提供依据。

（2）评价能力分析

AIGC 可以通过比较学生评价与教师评价的一致性，来评估学生的评价能力。这种分析可以揭示学生对评价标准的理解程度，以及他们运用这些标准进行判断的能力。例如，某个学生的评价与教师的评价高度一致，这可能表明该学生具有良好的批判性思维能力和对学科内容的深入理解。相反，如果存在显著差异，这可能意味着学生需要接受进一步培训或指导。AIGC 可以自动识别这些差异，并为教师提供个性化的培训建议，帮助学生提高评价技能。例如，对于那些评分与教师差异较大的学生，AIGC 可以生成针对性的练习，帮助他们更好地理解和应用评价标准。此外，AIGC 还可以分析学生评价的一致性随时间变化的趋势，帮助教师了解学生评价能力的进步情况。这种动态分析可以让教师及时调整教学策略，为学生提供更有针对性的指导。

（3）反馈接受度分析

AIGC 可以追踪学生对同伴反馈的接受程度和后续改进行为。例如，AIGC 可以记录学生是否查看了同伴的反馈，是否对反馈做出了回应，以及在后续作业中是否采纳了这些建议。这些数据可以反映学生的自我反思能力、开放性和进步意愿。通过分析这些数据，教师可以识别那些善于接受反馈并积极改进的学生，同时也可以发现那些可能需要额外支持和鼓励的学生。基于这些洞察，教师可以制定更有针对性的学习策略。例如，对于那些不善于接受反馈的学生，教师可以设计专门的课程或活动，培养他们接受和利用批评意见的能力。这可能包括角色扮演练习，让学生体验给予和接受反馈的过程，或者组织小组讨论，分享如何有效利用反馈改进自己的工作。对于那些积极接受反馈并努力改进的学生，教师可以设置更具挑战性的学习目标，或者给予他们更多的自主权，让他们参与设计自己的学习计划。此外，AIGC 还可以分析反馈的质量与学生的接受度之间的关系。例如，哪些类型的反馈更容易被学生接受和采纳，哪些表达方式更有效。这些信息可以帮助教师指导学生如何提供更有建设性的反馈，从而提高整个同伴评价过程的效果。

（4）社交网络分析

通过分析互评数据，AIGC 可以构建班级的社交学习网络。这种网络可以揭示学生之间的学习互动模式，如谁的意见最受重视，谁最常给出有建设性的反馈，或者谁在某些学科领域被视为“专家”。这些信息对于教师组织小组活动和促进同伴学习具有重要价值。例如，教师可以根据这些数据将具有互补技能的学生分到一组，以促进知识和技能的交流。或者，教师可以安排学习影响力大的学生与需要帮助的学生一组，创造更有效的同伴辅导机会。这种精确的分组和配对可以最大化学生之间的学习效果，同时也培养学生的协作能力和社交技能。此外，社交网络分析还可以帮助教师识别可能被孤立或缺乏参与的学生。AIGC 可以通过分析学生在互评活动中的参与频率、互动对象的多样性等因素，识别出那些可能需要额外关注的学生。教师可以及时干预，例如，设计特定的活动来鼓励这些学生更多地参与到班级互动中，或者提供一对一的辅导来提升他们的自信心和参与度。这种方法可以确保所有学生都能充分参与到学习社区中，创造一个更加包容和支持性的学习环境。通过社交网络分析，教师还可以了解班级的整体动态和学习氛围。例如，AIGC 可以识别出班级中的不同兴趣小组或学习圈子，这些信息可以帮助教师更好地组织课程内容和学习活动，以满足不同学生群体的需求和兴趣。同时，教师也可以利用这些信息来促进跨兴趣小组的交流和合作，扩大学生的学习视野。

3. 在线交流

随着在线学习的普及，学生的在线交流行为已成为重要的数据来源。AIGC 可以从多个方面分析这些在线交流数据，为个性化学习提供宝贵的见解。

（1）论坛参与度分析

AIGC 能全面收集、分析学生在班级或学校在线论坛中的活动。这包括追踪发帖频率、回复数量以及内容的质量和相关性。通过这些数据，AIGC 可以绘制出每个学生的参与模式图。例如，它可以识别出经常提出深刻问题的学生，或者那些善于提供有见地回答的学生。这些信息不仅反映了学生的学习积极性，还能揭示他们对课程内容的理解程度。AIGC 可以进一步分析学生发帖的时间模式，了解他们的学习习惯。比如，有些学生可能倾向于在深夜或周末进行在线讨论，这可能表明他们需要更灵活的学习时间安排。AIGC 还可以识别出某些话题或课程单元引发了更多讨论，帮助教师了解哪些内容最能引起学生兴趣或需要更多解释。

（2）协作项目表现评估

在线协作项目为 AIGC 提供了评估学生团队合作能力的独特机会。AIGC 可以追踪每个学生在共享文档中的编辑历史、在项目管理工具中的任务完成情况，以及在视频会议中的发言时间和质量。通过分析这些数据，AIGC 可以评估每个学生的贡献度、领导能力和解决问题的技巧。AIGC 可以创建详细的协作分析报告，显示每个学生在项目不同阶段的贡献。例如，它可以识别出在头脑风暴阶段特别活跃的学生，或者那些在最后期限前能高效完成任务的学生。这种分析不仅可以帮助教师公平地评估每个学生的表现，还能为学生提供有价值的反馈，帮助他们了解自己在团队中的优势和需要改进的地方。它可以根据学生的技能互补性和工作风格的兼容性来推荐团队组合，以最大化学习效果和项目成果。例如，AIGC 可能建议将一个善于组织的学生与几个富有创意但不太擅长管理的学生搭配。这种方法不仅可以提高项目质量，还能为学生创造学习新技能的机会。

（3）语言使用分析

利用先进的自然语言处理技术，AIGC 可以深入分析学生在线交流中的语言使用特点。这包括评估词汇的丰富度、句法的复杂性、表达的准确性和论证的逻辑性。AIGC 可以追踪学生随着时间推移的语言进步，识别出常见的语言错误或表达不足之处。AIGC 可以生成详细的语言使用报告，显示每个学生的语言发展轨迹。例如，它可以追踪学生在学术词汇使用方面的进步，或者识别出某些学生在特定知识内容方面的困难。这种分析不仅适用于语言课程，还可以应用于其他学科，能够帮助教师了解学生是否掌握了该学科的专业术语和表达方式。

（4）网络礼仪评估

在数字时代，培养良好的网络社交技能和道德意识变得越来越重要。AIGC 可以通过分析学生在线交流的语气、用词选择和整体表达方式来评估他们的网络礼仪。它可以识别出礼貌、尊重和建设性的交流，同时也能发现可能存在的不当行为，如网络欺凌或不恰当的言论。AIGC 可以为每个学生生成网络礼仪评分，并提供详细的改进建议。例如，它可以指出学生在哪些情况下成功地表达了不同意见，以及如何在保持礼貌的同时更有说服力。对于可能引起误解或冒犯的表达，AIGC 可以提供更恰当的替代表达方式。这种反馈不仅有助于改善学生的在线交流技能，还能培养他们的情商和跨文化交流能力。AIGC 还可以分析整个班级或学校的网络交流氛围，识别出可能存在的系统性问题。例如，AIGC 发现某些学生群体在在线讨论中被边缘化或受到不公平对待，它可以提醒教师注意这一问题，并建议采取措施促进更包容的在线环境。

4. 课外社交活动

课外社交活动作为学生语言学习和个人发展的重要补充，其价值和影响不容忽视。随着 AIGC 的快速发展，我们现在拥有了一种全新的视角和方法来分析和评估这些活动的效果。

（1）文学社团参与情况分析

AIGC 在分析学生参与文学社团活动方面具有独特优势。它不仅可以记录学生的参与频率，还能深入分析学生在这些活动中的具体表现。例如，AIGC 可以追踪学生的发言次数、阅读量、创作作品数量等定量指标，同时通过自然语言处理技术对学生的发言内容和创作作品进行质性分析。通过长期跟踪，AIGC 能绘制出每个学生的成长轨迹。比如，它可以记录一个学生从最初被动参与读书会，到后来主动组织讨论、策划主题活动的整个过程。

这种纵向数据分析为教师提供了宝贵的洞察，帮助他们更好地理解学生的个人成长和能力发展。

此外，AIGC 还可以比较不同类型文学社团对学生语言能力提升的影响。通过分析参与古典文学社团和现代文学社团的学生在词汇运用、文章结构、写作风格等方面的差异，AIGC 可以为学校和教师提供有针对性的指导建议。这些建议可能包括调整课程设置，或者鼓励学生参与多样化的文学活动，以全面提升其语言能力。

AIGC 的自然语言处理技术还可以深入分析学生在社团活动中的创作作品，评估其文学素养、创意思维和表达能力的变化。通过对比学生在不同时期的作品，AIGC 可以绘制出每个学生的文学能力发展曲线，帮助教师更精准地把握学生的进步和需求，从而制定个性化的学习计划。

（2）语言实践活动评估

在语言实践活动方面，AIGC 的作用同样不可忽视。AIGC 可以详细统计学生参与演讲、辩论、朗诵等活动的频率和表现。通过语音识别和自然语言处理技术，AIGC 能对学生的演讲内容进行深度分析，评估其语言组织能力、表达流畅度、用词丰富度等多个维度。例如，在分析辩论比赛时，AIGC 可以评估学生论点的逻辑性、反驳的及时性、语言的说服力等。通过对比不同场次的表现，AIGC 可以识别出学生的进步和不足，为教师提供精准的指导方向。通过长期追踪，AIGC 可以绘制出学生语言能力的发展曲线，识别出需要改进的方面。比如，某些学生可能在演讲内容的组织上表现出色，但在现场应变能力上略显不足。基于这些分析结果，AIGC 可以为每个学生制定个性化的提升计划，如参加即兴演讲训练来提高应变能力。

此外，AIGC 还可以分析不同语言实践活动对学生各方面能力的影响。例如，辩论活动可能更有助于提升批判性思维和快速反应能力，而朗诵活动则可能更有利于提高语言的韵律感和情感表达能力。这些洞察可以帮助学校更好地设计课外语言活动，以满足学生的多样化需求。

（3）志愿服务经历分析

AIGC 在分析学生参与语言相关的志愿服务活动方面也发挥着重要作用。AIGC 可以全面分析学生参与图书馆志愿者、语文辅导等活动的情况，这些数据不仅反映了学生的社会责任感和语言应用能力，还展示了学生在实际情境中运用语言的能力。通过分析学生在志愿服务中的表现评估，AIGC 可以了解他们的沟通能力、同理心、问题解决能力等软技能的发展情况。例如，AIGC 可以分析学生在图书馆志愿服务中的工作日志、读者反馈等数据，评估学生的服务态度、沟通效果和问题处理能力。对于参与语文辅导的学生，

AIGC 可以通过分析其教学计划、课堂录音等资料，评估学生的语言组织能力、知识传授能力和耐心程度。

AIGC 还可以分析不同类型志愿服务活动对学生语言能力的影响。比如，参与图书馆志愿服务可能更有助于提升学生的阅读理解能力和文献检索能力，而参与语文辅导可能更有利于提高学生的表达和教学能力。通过这些分析，学校可以更有针对性地设计和推荐志愿服务项目，让学生在服务他人的同时也提升自己的语言能力。

此外，AIGC 可以追踪学生在志愿服务过程中的情感变化。通过分析学生的服务日志、反思报告等文本数据，AIGC 可以评估学生的情感投入度、同理心发展和价值观变化。这些信息可以帮助教育者更全面地理解志愿服务对学生个人成长的影响，从而制定更加全面的个性化学习计划。

（4）社交活动整体影响分析

AIGC 的强大之处在于它能综合分析多维度数据，评估课外社交活动对学生语言能力和学习动机的整体影响。AIGC 可以整合学生的课堂表现、考试成绩、课外活动参与情况等数据，通过比较参与不同活动的学生在语言学习上的进步，为学生推荐最适合的课外活动。例如，AIGC 可能发现参与辩论社的学生在批判性思维和口头表达方面有显著提升，而参与写作社的学生在书面表达和创意思维方面进步更大。基于这些发现，AIGC 可以为不同特点和需求的学生量身定制课外活动建议。这种个性化的推荐可以帮助学生更有效地利用课外时间，最大化其语言学习效果。

AIGC 还可以分析课外社交活动对学生学习动机的影响。通过对比参与课外活动前后学生的课堂表现、作业完成质量和学习态度的变化，AIGC 可以评估不同社交活动对学生学习积极性的影响。这些分析结果可以帮助教育者更好地理解课外活动在激发学生学习兴趣和维持学习动力方面的作用。

此外，AIGC 还可以分析课外社交活动对学生社交能力和情感发展的影响。通过分析学生在不同社交场景中的表现，如团队合作能力、领导力、情绪管理等，AIGC 可以评估这些活动对学生全面发展的贡献。这种全方位的评估有助于学校和家长更好地支持学生的成长，注重培养学生的社交技能和情感智力。

通过全面分析社交互动数据，AIGC 在个性化学习中展现了巨大潜力。它能通过课堂互动、同伴评价、在线交流和课外社交活动等多维度数据，为每个学生提供量身定制的学习建议和支持，构建了一个更加包容和支持性的学习环境，助力学生实现全面成长。

6.1.7 学习环境数据

学习环境直接影响学生的学习成果。人工智能可以收集和分析环境数据，如噪声水平、光线条件、温度、湿度等，以及数字和家庭学习环境因素。通过这些数据，AIGC 能优化学习条件，为每个学生提供个性化的学习建议，确保他们在最佳环境中学习。这种数据驱动的方法可以显著提高学习效率和教学质量，为学生创造更好的学习体验。

1. 物理环境

物理环境是学生学习的基础，对学习效果有着直接影响。AIGC 可以通过多种方式收集和分析物理环境数据，从而为学生创造最佳的学习条件。

（1）噪声水平监测

AIGC 可以记录学生学习环境的声音状况，并分析其对学习效果的影响。例如，AIGC 可以识别出某些学生在安静环境中学习效果更好，而另一些学生可能在有轻微背景噪声的环境中更能集中注意力。基于这些分析，AIGC 可以为学生推荐最适合的学习环境或提供降噪建议。这种个性化的噪声管理不仅可以提高学生的注意力，还能减少学习过程中的干扰，从而提升学习效果。

（2）光线条件评估

光线条件评估也是 AIGC 关注的重点。通过监测学习环境的光照强度，AIGC 可以确保学生在适合阅读和写作的光线下学习。AIGC 可以根据不同时间段和季节的自然光变化，为学生提供调整人工照明的建议，以优化学习环境。适当的光线不仅可以减少视疲劳，还能提高学习效率。例如，AIGC 可能会建议在晚上学习时使用色温较低的暖光，以减少对生理节奏的影响，而在白天则推荐使用模拟自然光的照明方式，以保持清醒和专注。

（3）温度和湿度追踪

AIGC 还可以追踪学习环境的温度和湿度变化，分析这些因素对学生舒适度和注意力的影响。通过这些数据，AIGC 可以为学生推荐最佳的学习时段或建议调整室内温、湿度，以提高学习效率。例如，AIGC 可能会发现某个学生在温度略低于室温的环境中注意力更集中，因此会建议在学习时适当降低室温。同时，AIGC 也会监测室内湿度，在空气过于干燥时提醒学生适当增加湿度，以防止因干燥而导致的注意力分散或身体不适。

（4）空间布置优化

通过图像识别技术，AIGC 可以分析学生的学习空间布置，如书桌整洁度、学习资料组织等。这些数据可以反映学生的学习习惯和组织能力，

AIGC 可以据此提供个性化的空间管理建议，帮助学生创造更有利于学习的环境。例如，AIGC 可能会建议学生将经常使用的学习资料放在触手可及的位置，或者建议使用特定的文件夹系统来组织笔记和作业，以提高学习效率。对于那些容易受到视觉干扰的学生，AIGC 可能会建议清理桌面，只保留必要的学习用品，以减少分心的可能性。

此外，AIGC 还可以通过分析学生的学习内容和进度，结合环境数据，提供更加精准的学习建议。例如，当学生在学习难度较大的科目时，AIGC 可能会建议学生在安静、光线充足的环境中学习，并适当降低室温以提高注意力。对于需要创造性思维的科目，AIGC 可能会建议学生在有背景音乐的环境中学习，以激发创意。

2. 数字学习环境

生成式人工智能在指导个性化学习方面发挥着越来越重要的作用，尤其是在分析学生的数字学习环境方面。通过精确记录和分析学生使用各种数字设备进行学习的情况，AIGC 能为每个学生绘制出独特的数字学习模式图谱，从而提供更加针对性的学习建议和优化策略。

（1）设备使用情况分析

① 使用时长分析。AIGC 能准确记录学生每天、每周或每月使用数字设备学习的总时长。这些数据不仅包括整体使用时间，还可以细分到具体的学科或学习任务上。AIGC 会将这些实际使用时间与预设的理想学习时间进行比较，从而得出个性化的建议。此外，AIGC 还可以分析学生在不同时段的学习效率，比如早晨、下午和晚上的学习效果是否有显著差异。

② 使用频率分析。除了总时长，AIGC 还会密切关注学生使用设备的频率模式。这种分析可以揭示学生是倾向于集中一大块时间进行学习，还是更喜欢将学习时间分散到一天中的多个时段。AIGC 还可以分析学生的学习频率与学习效果之间的关系。

③ 多设备使用分析。在当今的数字学习环境中，学生往往会同时使用多种设备进行学习。AIGC 还能分析各种设备的使用比例和场景，从而提供更加全面和精准的学习建议。对于不同类型的学习任务，AIGC 也可以推荐最合适的设备。此外，AIGC 还可以分析学生在不同设备上的学习效率和偏好。

④ 使用高峰期分析。通过识别学生使用设备的高峰时段，AIGC 可以帮助学生更好地安排学习计划，充分利用他们的最佳学习时间。这种分析不仅考虑了学生的使用频率，还结合了学习效果的数据。

（2）学习软件和工具使用分析

AIGC 不仅关注设备使用，还会深入分析学生使用的各种学习软件和工具。这包括电子笔记应用、在线词典、学习管理系统、协作工具等。通过这些分析，AIGC 可以全面了解学生的学习偏好和习惯。

① 软件使用频率分析。AIGC 会统计学生使用各种学习软件的频率，识别出最常用的工具。这有助于了解学生的学习风格和偏好，例如，是否更倾向于使用视觉化工具或文字处理工具。

② 软件功能利用分析。除了使用频率，AIGC 还会分析学生对各软件功能的利用程度。如果发现学生只使用了某款软件的基础功能，AIGC 可以推荐一些高级功能，以提高学习效率。

③ 软件切换模式分析。通过观察学生在不同软件之间切换的模式，AIGC 可以识别出学生的多任务处理能力和注意力分散程度。如果发现频繁切换影响了学习效率，AIGC 可以提供相应的建议。

④ 协作工具使用分析。对于小组项目或协作学习，AIGC 可以分析学生使用协作工具的情况，评估其团队合作能力，并提供改进建议。

⑤ 个性化软件推荐。基于对学生学习风格和需求的深入理解，AIGC 可以推荐更适合个人的学习软件和工具。例如，对于视觉学习型的学生，AIGC 可能会推荐更多图表制作和思维导图工具。

（3）在线学习资源访问分析

在数字学习时代，学生获取知识的渠道日益多元化。AIGC 能追踪和分析学生访问各种在线学习资源的情况，包括教育网站、学习视频平台、在线课程等。这些数据为 AIGC 提供了宝贵的信息，用以了解学生的学习兴趣和知识获取偏好。

① 资源类型偏好分析。AIGC 可以统计学生访问不同类型学习资源的比例，如文字教程、视频讲解、交互式模拟等。这有助于了解学生更偏好视听材料还是文字材料。

② 学科兴趣分析。通过分析学生经常访问的学习内容，AIGC 可以识别出学生的学科兴趣倾向。这不仅有助于推荐相关的深入学习资源，还可以为学生的未来学习和职业规划提供参考。

③ 学习深度分析。AIGC 可以评估学生在各个学习资源上停留的时间和互动程度，判断学生对不同主题的理解深度。如果发现对某些主题的学习，学生只是浅尝辄止，AIGC 可以提醒学生需要更深入地学习。

④ 学习路径分析。通过追踪学生访问不同学习资源的顺序，AIGC 可以绘制出学生的知识获取路径。这有助于识别学生的学习逻辑和思维模式，进而优化学习建议。

⑤ 资源质量评估。基于大量学生的使用数据，AIGC 可以评估各种学习

资源的质量和效果。这不仅有助于为学生推荐高质量资源，还能为教育机构优化资源库提供参考。

⑥ 个性化资源推荐。结合学生的兴趣、学习风格和当前学习进度，AIGC 可以精准推荐最适合的在线学习资源。这种个性化推荐不仅能提高学习效率，还能激发学生的学习兴趣。

通过这些分析，AIGC 不仅能帮助学生更有效地利用现有的学习工具，还能推荐更适合其个人学习风格的新工具，从而全面提升学习体验和效果。

3. 家庭学习环境

家庭学习环境作为影响学生学习效果的关键因素之一，成为 AIGC 重点关注的领域。通过对家庭资源、家庭支持度、语言环境和学习规划优化等方面的全面评估，AIGC 能为每位学生量身定制更加精准的个性化学习方案。这不仅能提高学习效果，还能促进家校合作，最终实现教育的真正个性化。

（1）家庭资源评估方面

AIGC 可以设计智能问卷，通过与学生和家长的交互式对话，全面了解家庭的学习资源情况。这不仅包括传统的藏书量统计，还可以深入调查电子设备的配置、网络资源的可用性等。AIGC 可以根据收集到的数据，分析家庭资源与学生学习成效之间的相关性，为教育工作者提供宝贵的洞察。例如，AIGC 可能发现某些学生虽然家中藏书不多，但善用在线资源，学习效果反而更好。这种发现可以帮助教育者重新思考资源配置的策略。

（2）家庭支持度分析

AIGC 可以通过分析家长与学校的沟通记录、学生的作业完成情况等多维度数据，评估家长对学生学习的支持程度。例如，AIGC 可以识别出哪些家长经常辅导孩子做作业，哪些家长积极参与学校活动，从而得出家庭支持度的量化指标。更进一步，AIGC 还可以根据这些数据为家长提供个性化的建议，从而让家长更好地支持孩子的学习。对于支持度较低的家庭，AIGC 可以设计针对性的干预方案，如定期发送育儿小贴士，或者推荐适合的亲子活动。

（3）家庭语言环境评估

家庭语言环境的评估对于语文学习尤为重要。AIGC 可以通过语音识别技术，分析家庭成员日常交流的语言质量和频率。AIGC 可以识别出高质量的语言互动，如讨论书籍内容、分享日常见闻等，并鼓励家庭增加这类互动。对于缺乏优质语言环境的家庭，AIGC 可以推荐适合的阅读材料或交流话题，帮助提升家庭的语言氛围。此外，AIGC 还可以通过分析学生的口语表达和写作内容，评估家庭语言环境对学生语言能力发展的影响，为教师制定个性化教学策略提供依据。

（4）学习规划优化

在学习规划优化方面，AIGC 可以充当家长和学生之间的智能中介。AIGC 可以根据学生的学习数据和家长的反馈，生成个性化的学习目标和计划。例如，AIGC 可以分析学生的强项和弱项，结合家长的期望，制定既有挑战性又切实可行的学习目标。AIGC 还可以跟踪目标完成情况，适时调整计划，确保学习过程始终保持最佳状态。对于参与度较低的家长，AIGC 可以通过定制化的提醒和报告，增加其参与感，鼓励更多地投入孩子的学习规划中。

AIGC 在收集和分析这些数据时，不仅仅是被动的信息处理者，更是主动的学习伙伴。它可以通过自然语言处理技术，与学生和家长进行更自然、更深入的交流，从而获取更加丰富和准确的信息。例如，AIGC 可以通过日常对话，了解学生的学习兴趣和困惑，或者捕捉家长的教育理念和担忧。这些看似琐碎的信息，经过 AIGC 的分析和整合，可以形成对学生学习环境的全面而深入的理解。

此外，AIGC 的一个重要优势是其强大的模式识别能力。通过分析大量学生的家庭学习环境数据，AIGC 可以识别出影响学习效果的关键因素和潜在模式。例如，AIGC 可能发现，在某些类型的家庭环境中，特定的学习策略效果更好。这种洞察可以帮助教育工作者制定更加精准的教学策略和政策。

AIGC 还可以实现实时数据分析和反馈。随着学生学习过程的推进，AIGC 可以持续监测家庭学习环境的变化，及时调整学习建议和策略。例如，AIGC 检测到某个学生的家庭支持度突然下降，可能会提醒教师给予该学生更多关注，或者为家长提供额外的支持资源。这种动态的、个性化的支持系统，可以确保每个学生都能在最适合自己的环境中学习和成长。

4. 学校学习氛围

学校学习氛围对学生的学习态度和效果具有重要影响。AIGC 可以通过问卷调查和行为观察，全面评估班级整体的学习积极性和竞争氛围。这些数据不仅能帮助 AIGC 深入了解学生所处的学习环境，还能为每个学生量身定制个性化学习策略。AIGC 可以根据收集到的信息，分析不同学习氛围对学生的影响，并相应地调整教学方法和内容，以提高学习效果和满足不同学生的需求。这种个性化的学习体验有助于激发学生的学习兴趣，培养积极的学习态度，从而实现更好的学习成果。

（1）班级学习风气分析

AIGC 可以通过问卷调查和行为观察来评估班级整体的学习积极性和竞

争氛围。AIGC 可以设计个性化的问卷，根据学生的年龄、学习水平和兴趣爱好等因素，生成针对性的问题。这些问题可以涵盖学生对课程的兴趣程度、学习动机、对班级氛围的感受等方面。同时，AIGC 还可以通过分析学生的日常行为数据来评估班级学习风气。例如，通过分析学生的出勤率、课堂参与度、作业完成情况等，AIGC 可以构建出班级整体的学习积极性模型。此外，AIGC 还可以通过分析学生之间的互动数据，如小组讨论的频率和质量，来评估班级的竞争氛围。

（2）教师教学风格分析

AIGC 在分析教师教学风格及其对学生学习态度的影响方面也有重要作用。AIGC 可以通过多种渠道收集数据，包括课堂录像、学生反馈问卷、课后作业完成情况等。通过对课堂录像的分析，AIGC 可以识别教师的教学方法，如讲授式教学、互动式教学、项目式学习等。AIGC 还可以评估教师的语言使用、肢体语言、课堂组织能力等因素。这些数据可以帮助 AIGC 构建出每位教师独特的教学风格模型。同时，AIGC 可以将教师的教学风格与学生的学习成果和态度进行关联分析。例如，通过分析学生的考试成绩、课堂参与度、学习兴趣等数据，AIGC 可以评估不同教学风格对不同类型学生的影响。这种分析可以帮助教师了解自己的教学风格如何影响学生，从而做出相应的调整。基于这些分析，AIGC 可以为每位教师提供个性化的教学建议，帮助教师不断优化自己的教学方法，从而更好地满足学生的学习需求。

（3）同伴影响评估

在评估同伴对学生学习的影响方面，AIGC 可以通过社交网络分析发挥重要作用。AIGC 可以收集和分析学生之间的互动数据，包括课堂内的小组合作、课外的学习讨论、社交媒体上的交流等。通过这些数据，AIGC 可以构建出学生之间的社交网络图谱，识别出关键的影响者和意见领袖。AIGC 还可以分析不同社交圈子对学生学习态度和成绩的影响。例如，AIGC 可能会发现某些学习小组对成员的学习动力有显著的正面影响，而另一些社交圈子可能会分散学生的注意力。基于这些分析，AIGC 可以为每个学生提供个性化的社交建议。例如，AIGC 可能会建议某位学生加入特定的学习小组，这些建议可以帮助学生建立更有利于学习的社交网络。此外，AIGC 还可以为教师和学校管理者提供建议，促使学校采取措施，如组织更多的小组学习活动，或者实施同伴辅导计划，以充分利用积极的同伴影响。

（4）学校资源利用分析

AIGC 在分析学生对学校资源的使用情况方面也有重要价值。AIGC 可以收集和分析学生使用图书馆、语言实验室、计算机中心等学校资源的数据。这些数据可能包括访问频率、使用时长、使用目的等。通过这些数据，AIGC 可以构建出每个学生的资源利用模型。例如，AIGC 可能会发现某些学生频繁使用图书资源，但很少使用语言实验室资源。基于这些分析，AIGC 可以为学生提供个性化的资源利用建议。例如，AIGC 可能会建议某位学生使用图书馆的特定资源来补充某个方面的知识。此外，AIGC 还可以分析学校资源利用与学生学习成果之间的关系。例如，AIGC 可能会发现经常使用图书馆的学生在某些方面表现更好。这些认识可以帮助学校更好地分配和管理资源，确保每个学生都能充分利用学校提供的学习资源。

通过这些详细的学习表现、学习行为、兴趣爱好、情感状态等多个维度的数据，AIGC 可以构建出每个学生在语文学习方面的全面画像。这些数据不仅反映了学生的当前水平，还可以预测其未来的学习趋势和潜在的发展方向。教师可以基于这些分析结果，为每个学生制定个性化的学习计划，有针对性地强化薄弱环节。

6.2 学习风格报告

AIGC 通过深入分析学生日常学习行为和学习表现等多个维度，构建起复杂的学习风格评估模型。这种精准的评估不仅能帮助教师全面了解学生的学习特点，还能根据这些特点为学生提供量身定制的教育方案，优化其学习路径。评估模型可以识别每个学生独特的学习风格，并生成详细的个性化学习风格报告和班级整体风格报告。这些报告不仅能帮助师生了解学生的学习方式，还能提供具体的案例分析和改进建议，从而为实施个性化教育提供强有力的支持。

6.2.1 个性化学习风格报告

通过深度学习算法，AIGC 可以分析大量的学生学习数据，从中识别出每个学生独特的学习模式和偏好，为每位学生生成个性化学习报告。个人报告主要包含以下内容。

1. 学习风格分类

在个性化学习风格报告中，AIGC 会首先对学生的学习风格进行详细分类。常见的学习风格类别包括听觉学习者、视觉学习者、动觉学习者、读写学习者等。每种分类背后都有具体的数据支持，说明学生为什么会被归为这种类别。例如，视觉学习者和听觉学习者通常在观看视频和听讲座时表现优异，他们通过这些视觉和听觉信息来有效地获取和理解知识。而动觉学习者则在动手操作和实践中表现更好，如实验室实验、手工制作等，他们通过身体活动和实践来加深对知识的理解。读写学习者则更喜欢通过阅读文字资料和写作笔记来学习，不断地通过文字的输入和输出来强化记忆和理解。

2. 学习模式识别

通过模式识别技术，AIGC 能识别出学生的学习习惯和偏好，比如是否喜欢晚间学习、是否喜欢使用多媒体资源等。通过对学生大量行为数据的分析，AIGC 可以发现学生的学习时间规律、资源使用偏好等，为后续的建议提供依据。

3. 能力评估

评估学生在各个知识点和技能上的掌握程度，如通过分析考试成绩和作业表现，判断学生在哪些方面存在薄弱点。AIGC 会将学生的各次考试成绩、平时作业完成情况进行综合分析，得出学生在各个知识点上的掌握程度，从而识别出需要重点帮助的薄弱环节。

4. 学习障碍诊断

通过学习行为和表现的分析，AIGC 可以识别学生在学习过程中遇到的障碍，比如理解能力、记忆力或者注意力的问题。AIGC 会分析学生在哪些知识点或技能上反复出错、学习进度缓慢，从而判断出学生在某些方面可能存在的理解障碍或注意力问题，并提供相应的帮助。

5. 案例分析

为了让报告更具说服力和实用性，AIGC 会在报告中加入实际的学习案例分析，通过具体的学习情境，展示学生在不同学习任务中的表现。例如，一个学生在阅读一篇小说和一篇说明文时的阅读速度和理解程度可能会有明显差异。小说可能更容易吸引学生的注意力，让他们更快地进入情境并保持较高的阅读速度和理解力。而说明文则可能需要更多的理解和记忆工作，影响阅读速度和理解效果。通过这些具体案例，AIGC 能直观地体现学生的学习特点。进一步分析这些数据，AIGC 还可以揭示学生在不同类型学习任务中的优势和不足，从而为学生的个性化学习路径提供重要参考。例如，一个在古诗词创作中表现突出的学生，可能在文言文理解上存在一定的挑战。通过案例分析，教师可以发现这些问题，并在教学中给予更多关注和指导。

6. 改进建议

基于对学生学习风格和具体案例的分析，AIGC 会在报告中提供具体的学习策略建议。对于视觉学习者，AIGC 可以建议使用图表和思维导图来加强对学习内容的理解和记忆。通过将抽象的信息形象化，视觉学习者可以更容易地抓住重点和关键内容。此外，教师在讲解课程内容时可以更多地利用视觉辅助工具，如投影幻灯片、视频等，以符合视觉学习者的习惯。对于听觉学习者，AIGC 可以建议他们多利用听力资源，如听录音、参加讨论和口头报告等。这些方法能有效提升听觉学习者的学习效果，帮助他们更好地吸收信息。教师也可以在课堂上增加听觉学习的元素，如多进行口头讲解、组织小组讨论等，通过多样化的教学方法来激发学生的学习兴趣和参与度。对于读写学习者，AIGC 可能建议增加阅读和写作活动。例如，鼓励这些学生多做笔记、写学习日志、进行课外阅读等。这不仅能增强他们对知识的理解和记忆，还能培养他们的语言表达能力和思维组织能力。教师在布置作业时，可以增加一些阅读和写作任务，以满足读写学习者的需求。

除此之外，AIGC 还可以根据学生的学习数据，提供一些个性化的学习工具和资源推荐。例如，提供适合视觉学习者的教育视频、适合听觉学习者的有声读物或适合读写学习者的电子书等。这些个性化资源的推荐，可以帮助学生在自主学习时更加高效，进一步提高学习效果。

7. 异常检测

AIGC 的深度数据分析能力还包括异常检测，这是帮助教师及早发现和干预学生学习问题的有效工具。通过对学生日常学习数据的持续监测，AIGC 能快速检测到如突发的成绩下降或在特定任务中的持续困难等异常情况。例如，当一个学生的语文成绩突然显著下滑时，AIGC 可以分析此前的数据记录，以找出可能的原因。也许这名学生在一段时间内频繁缺席，或是因个人问题影响了学习效率。通过早期发现这些异常，教师可以及时介入，提供必要的支持或调整教学方法，避免问题进一步恶化。同样地，若 AIGC 检测到某些学生在特定类型的任务中长期表现不佳，这可能表明他们在某一方面存在特定的学习障碍。及时的检测和干预不仅可以帮助这些学生克服困难，还能防止这些小问题演变成严重的学习障碍，影响他们的总体学业进展。

可以看出，AIGC 不仅仅是一个被动的评估工具，更是一个积极的学习伙伴。它能根据不断变化的学习数据，及时调整和优化个性化学习风格报告，帮助学生认识和理解自己的学习方式，确保学生、教师和家长能获得最新、最准确的学习信息和建议。

6.2.2 班级整体学习风格报告

学习风格评估不仅对学生有帮助，也为教师提供了宝贵的教学参考。AIGC 可以根据班级整体的学习风格分布，生成班级整体学习风格报告，为教师提供教学策略建议，从而提升教学效果，最大限度地满足每一位学生的学习需求，实现更高质量的教育体验。班级整体学习风格报告主要包含以下内容。

1. 班级风格分析

AIGC 可以通过大数据分析技术，收集和处理学生在学习过程中的各类行为数据，包括课堂互动、作业完成情况、考试成绩、反馈意见等，生成关于班级整体学习风格分布的报告。这份报告不仅可以精准识别每个学生的学习风格，还能提供班级内不同学习风格学生的比例。例如，报告可能显示班级中 80％的学生是视觉学习者，15％是听觉学习者，5％是动觉学习者。

这种基于数据的分析让教师能全面了解学生的学习需求，不再是凭借经验或直觉进行教学决策，而是有科学依据的支持。AIGC 生成的学习风格报告详细、具体，能展示出各类学习风格的学生人数比例、学习效果的差异等，为教师提供了十分有价值的参考。

2. 教学策略调整

在获得班级整体学习风格分布报告后，教师可以据此调整教学策略，以更好地满足学生的需求。以下是几种常见的学习风格及针对初中语文教学的相应教学策略调整建议。

（1）视觉学习者

如果报告显示班级中绝大多数学生是视觉学习者（占 80％），教师可以增加视觉教学资料的使用比例。这包括更多地使用图表、视频、幻灯片、示意图等推进教学内容。例如，可以在讲解古诗词时展示相关的图画和视频，或者在教授《西游记》内容时使用角色示意图和情节图表。实践证明，视觉材料能帮助这类学生更好地理解和记忆知识点。[①] 此外，教师还可以在课堂上使用多媒体手段进行辅助教学，如通过电子白板展示作品中的精彩段落和名言警句，增强视觉效果。

（2）听觉学习者

对于听觉学习者，教师则应增加通过讲解、讨论、音频材料等方式传递信息的频率。这类学生通过听觉效果较好的方式获取知识。教师可以组织更多的课堂讨论、口头报告，或使用丰富的音频资料，如文学作品的朗读录音、诗歌朗诵，或者相关历史背景的播客等，以贴合这部分学生的学习特性。比如，在学习《水浒传》的章节时，可以播放相关的评书录音帮助学生理解和记忆。

（3）动觉学习者

对于占 5％的动觉学习者，教师应加强实践操作和动手实验的环节。动

① 张植．AIGC 赋能古诗词：千年文本与现代视听的交融［J］．声屏世界，2024（18）：59－61．

觉学习者通过身体运动、实践操作等方式学习效果更佳。教师可以安排更多的实践活动，如角色扮演、手工制作故事情节的简易模型，或者根据课文内容进行短剧表演等动觉活动，以锻炼这类学生的实践能力，同时增强其学习兴趣和参与度。例如，在讲解《水浒传》时，教师可以组织学生角色扮演书中的经典场景，或者让学生动手绘制人物关系图，从而加深他们对内容的理解和记忆。

通过这些策略的调整，教师能有效地满足不同学习风格学生的需求，提高教学效果和学生的整体学习兴趣。

3. 互动教学设计

除了调整教学策略外，AIGC 还可以帮助教师设计更多互动性的教学活动，从而激发学生的参与热情和学习兴趣。通过这种方式，教学不仅变得更加生动有趣，也能更好地满足不同学习风格学生的需求。以下是几种典型的互动教学设计方案。

（1）分组讨论

分组讨论是一种非常有效的互动教学形式。AIGC 可以分析学生的学习风格和兴趣点，将他们分成不同的小组，使每组成员的学习风格互补，促进知识的共享与融合。通过这种方式，学生不仅可以接触到不同的观点，更能从团队合作中得到锻炼，培养他们的沟通能力和团队合作精神。

（2）剧本演绎和角色扮演

剧本演绎和角色扮演是另一种激发学生参与兴趣的教学活动。教师可以根据课程内容编写剧本，让学生扮演其中的角色，通过表演的方式深入理解知识点。这种方法不仅适合动觉学习者，对于视觉学习者和听觉学习者也能带来新鲜的体验和深刻的印象。

（3）实践项目

实践项目是将学习与实际应用相结合的一种方式。教师可以通过 AIGC 设计并推荐适合学生的实践项目，如诗歌创作比赛、故事分享会、课本剧排演等。这类活动能让学生将课堂上学到的知识应用到实际问题中，增强他们的实践能力和创新精神。

4. 个性化反馈与持续改进

AIGC 不仅能帮助教师在教学前进行规划和设计，还能在教学过程中和教学后提供个性化的反馈。通过对课堂活动、学生表现的数据进行实时分析，AIGC 可以生成个性化的反馈报告，帮助教师了解学生的学习进度和效果。同时，AIGC 还能提出改进建议，使教师能及时调整教学方法，不断优化教学方案。例如，某个学生在某个学习模块中的表现不如预期，AIGC 可以分析其原因，提供具体的改进建议。对于全班整体学习效果不佳的情况，AIGC 能识别出教学方法的不足之处，并提出优化策略，帮助教师提升教学效果。

通过这样精细而全面的学习风格评估报告，AIGC 能为每个学生提供量身定制的学习建议，同时也为教师的个性化教学提供强有力的支持，从而显著提高整体的教学效果和学习效率。

6.2.3 学习风格动态评估与更新

在传统的教育系统中，很多学习风格评估工具都是基于静态测试方法。学生在某个特定时间点完成一系列问卷或测试后，得到一个相对固定的学习风格类型。然而，学生的学习风格并非一成不变，它会受到多种因素的影响，如年龄增长、教育环境的改变、新知识的获取以及个人兴趣的变化。因此，静态测试方法难以准确反映学生在不同阶段的学习需求和特点。

与传统的静态学习风格测试不同，AIGC 可以构建动态的学习风格评估模型。这种模型不仅可以随着时间的推移和数据的积累不断更新，还可以适应学生的学习风格变化和成长，从而生成动态的学习风格报告。

AIGC 的引入为学习风格评估提供了一种全新的模式。动态的学习风格模型能持续跟踪和分析学生的学习行为，通过对数据的不断积累和实时处理，形成对学生学习风格的全面、动态的理解。它主要有以下几个特点。

1. 持续更新

学生的学习风格并不是固定不变的。在不同的年龄阶段，学生的认知能力、兴趣爱好和学习动机都会发生变化。例如，刚升入初中的学生可能更倾向于通过游戏和互动式学习来获取知识，而到初三年级时，他们可能逐步倾向于结构化、系统性的学习方式。AIGC 能通过不断收集学生的学习数据，如作业完成情况、课堂表现、考试成绩等，及时更新学生的学习风格档案。这种持续更新的能力，使得模型能反映学生在不同时期的最新学习状态，为教育者提供更为精准的参考信息。

2. 实时调整

传统的学习风格评估通常是一段时间内进行一次，结果固定一段时间不变。这种方法在面对学生日常学习中随时可能发生的变化时，显得相对笨拙和滞后。AIGC 则不同，它能随着数据的实时输入，立即调整学习风格评估结果。例如，某个学生在某段时间内成绩突然下降，AIGC 模型可以在数据异常出现的第一时间进行分析，并给出可能的原因和建议，从而使得教育策略和学习计划能灵活适应学生的最新情况，避免问题积累带来的负面影响。

3. 个性化反馈

通过动态模型，学生可以获得更加个性化的反馈。一方面，AIGC 能根据每个学生的最新数据，有针对性地提供学习建议。例如，当某个学生在某一阶段表现出特定的学习瓶颈时，AIGC 可以分析其学习行为和数据，找出问题症结所在，并提出具体的改进方案。另一方面，AIGC 也能实时监测学生的学习进展，根据其反馈调整学习内容和方法。例如，学生在学习某一知识点时遇到困难，AIGC 可以自动调整教学策略，提供更适合学生理解的教学资源和练习题，帮助他们更好地掌握知识。

此外，AIGC 还可以辅助教师及时进行教学调整。通过对学生学习数据的分析，AIGC 能帮助教师识别班级中不同学生的学习风格和需求的变化，及时推荐针对性的教学方法和资源，提高教学效果。同时，教师也可以通过 AIGC 提供的分析结果，不断反思和改进自己的教学策略，更好地满足学生的个性化学习需求。

AIGC 构建的动态学习风格模型，凭借其持续更新、实时调整和个性化反馈的优势，为教育提供了一种全新的工具和方法。这种模型不仅能更准确地反映学生的学习变化，还能帮助教育者及时发现和解决学习过程中出现的问题，提供更加个性化和有效的教育支持，最终促进学生的全面发展和进步。

6.3 定制个性化学习计划

个性化学习计划的制定是现代教育深化改革的重要一环，而 AIGC 在这一过程中扮演了至关重要的角色。传统教育模式往往无法充分顾及每个学生的个体差异。而 AIGC 通过对学生各方面数据的分析和利用，如学习兴趣、知识掌握情况、学习速度等，可以准确地识别每个学生的学习需求和优劣势。借助这些数据，AIGC 能为每一位学生量身定制独特的学习路径，确保学习内容既具挑战性又不过于困难，从而最大化学习效果。同时，个性化的学习计划还能提高学生的学习参与度和积极性，使其在学习过程中保持高水平的兴趣和热情。这不仅促进了学习成果的提升，也为学生培养终身学习的习惯打下坚实的基础。

6.3.1 学习偏好智能匹配

基于对学生学习风格、个人特征和学习行为的深入分析，AIGC 能智能匹配适合每个学生的学习资源和方法。这种智能匹配为每个学生量身定制最适合的学习资源和方法，使得学生能在更符合自己学习习惯的环境中高效学习，这不仅大大提高了学习效率和效果，还为实现真正的个性化教育铺平了道路。

智能匹配的核心在于其强大的分析能力。它不仅能识别学生是视觉型、听觉型、动觉型还是读写型的学习者，更能深入了解每个学生的兴趣爱好、学习习惯、知识储备、认知能力等多维度特征。基于这些全面的分析，AIGC 能精准匹配适合每个学生的学习内容、学习方法和学习环境等，从而创造出最优的个性化学习体验。

1. 个性化阅读材料推荐

为了满足每位学生的独特需求和兴趣，AIGC 在阅读材料推荐方面发挥了重要作用。AIGC 利用先进的算法和数据分析技术，能在多层次上实现精细的个性化推荐，提升学生的学习体验和效果。

（1）难度匹配

首先，智能匹配系统需要对学生的阅读能力、词汇量和知识背景进行详尽的评估。通过在线测评、日常阅读数据的收集和分析，AIGC 能建立每个学生的个人阅读档案。这些数据包括学生在阅读过程中遇到的难词、理解困惑、答题正确率等，从而形成一个精准的阅读能力评估模型。其次，依据学生的个人阅读档案，AIGC 会推荐适合其阅读水平的材料。对于初学者，AIGC 可能推荐简单的短文，帮助他们建立基本的阅读能力和词汇量。当学生的阅读能力提高后，AIGC 会逐步增加材料的难度，推荐更为复杂的文本。这样的阶梯式难度增加不仅能维持学习的挑战性，还能防止学生因材料过难而产生挫折感。此外，阅读能力是动态发展的，AIGC 可以根据学生的实时反馈和阅读表现，随时调整推荐材料的难度。比如，如果一个学生在连续几次测试中表现优异，AIGC 会适当提高推荐材料的难度，反之则会调整为较容易的文章。这样，学生始终处于一个“近侧发展区”，即挑战与能力相匹配的最佳学习区域。

（2）兴趣导向

AIGC 通过数据挖掘技术，AIGC 能发现学生在阅读中倾向于哪些主题或内容，从而建立个性化的兴趣模型，推荐与学生兴趣相关的阅读材料。例如，对于对科技感兴趣的学生，AIGC 会推荐更多关于最新科技发展的文章；而对历史感兴趣的学生，则会推荐更多历史题材的读物。这样的推荐不仅能激发学生的阅读兴趣，还能使他们在感兴趣的领域内不断深入学习，形成深层次的知识积累。另外，考虑到学生的兴趣是多变且多样化的，AIGC 还会定期提供一些跨领域的阅读推荐，以帮助学生拓展兴趣和视野。例如，AIGC 可能会在学生主要兴趣领域的基础上，推荐一些相关或相邻领域的资料，这种方式有助于学生进行跨学科的知识整合，提升综合素养。

(3) 风格适配

通过分析学生的阅读历史和反馈，AIGC 能识别出学生偏好的写作风格。有些学生更喜欢叙事性强的小说，有些则偏好富有哲理的散文，还有的可能钟情于科学报道或新闻评论。AIGC 利用机器学习算法，分析这些偏好，形成针对性的风格偏好档案。一旦识别出风格偏好，AIGC 会推荐与这些风格相匹配的阅读材料。例如，对于喜欢深度思考的学生，AIGC 可能会推荐一些哲学著作或者富有哲理的散文集；喜欢轻松阅读的学生则会得到幽默风趣的短篇小说推荐。通过这种方式，学生可以在他们最喜欢的风格中享受阅读，进一步提高阅读的积极性和投入度。同时，需要注意学生的风格偏好可能随着时间和阅历的增加发生变化，AIGC 可以依照长时间的数据反馈和表现，动态调整风格推荐策略。例如，学生开始逐渐对某种新风格产生兴趣，AIGC 会识别这一趋势，并逐渐增加该风格材料的推荐比例。

此外，AIGC 还可以根据学生的阅读速度和理解能力，调整推荐文章的长度和复杂度。它甚至可以根据学生的阅读历史，推荐一些能扩展学生知识面的跨学科阅读材料，帮助学生建立更广阔的知识网络。

2. 个性化写作辅助

传统的写作教学往往面临一个难题，即如何同时满足不同写作水平和兴趣爱好的学生。而 AIGC 通过数据分析和智能算法，能快速识别学生的个体差异，并提供针对他们的个性化写作辅导。

(1) 写作提示生成

在写作提示生成方面，AIGC 能根据学生的写作水平、兴趣爱好和学习目标，生成个性化的写作题目和提示。例如，对于一个对环境保护感兴趣的初中生，AIGC 可能会生成这样的写作提示："描述你所在城市的一个环境问题，并提出你的解决方案。"这个写作提示考虑到了学生的兴趣，能充分激发他们的写作热情。此外，如果有学生对历史感兴趣，AIGC 可以生成诸如"描绘你认为中国历史上最重要的一场战役，并解释其影响"的写作题目。通过这些个性化的提示，学生可以在感兴趣的领域内进行深入思考和写作，从而提升学习效果。

(2) 写作模板推荐

对于那些在文章结构上存在困难的学生，AIGC 可以推荐适合的写作模板，帮助他们构建结构清晰、逻辑严谨的文章结构。例如，在学习议论文写作时，学生可能不清楚应如何组织论点和论据，AIGC 可以提供一个包含"提出论点—分析论据—得出结论"基本结构的模板，并在每个部分提供详细的指导。这种模板不仅给出了写作框架，还辅以具体的建议和例子，帮助学生理解如何展开论证、支持观点，从而有效提高他们的写作质量。对于记叙文写作，AIGC 则可提供“背景介绍—事件描述—结尾总结”这样的模板，帮助学生梳理事件的时间顺序和细节描写，确保文章有头有尾，情节完整。

（3）修改建议

AIGC 的重要功能是能根据学生先前的写作数据，识别并分析其常见的错误类型，并提供针对性的修改建议。这些分析可能涉及语法错误、词汇使用不当、句子结构问题等。假如 AIGC 检测到学生在写作中经常错误使用成语，可以提供成语的正确解释及其使用方法，并附上正确使用成语的例句，帮助学生理解并纠正错误。同样，如果学生常使用冗长的句子，AIGC 可以建议他们将长句分解为多个短句，以提高文章的可读性。此外，更高级的 AIGC 还能对文章的逻辑结构进行评估，并提供改进建议。例如，当 AIGC 检测到学生的文章缺乏连贯的逻辑过渡时，可能会建议增加过渡句或重新安排段落顺序，以增强文章的逻辑性和连贯性。

（4）实时写作反馈

在学生的写作过程中，AIGC 还可以提供实时反馈，这对于及时纠正错误、改进写作大有裨益。例如，当学生在写作中使用了重复的词汇时，AIGC 可以即时提醒，并推荐合适的同义词替换，避免文章内容的单一和乏味。如果 AIGC 检测到学生的句子结构过于简单，可能会建议他们尝试使用多样化的句式，如复合句或从句，以丰富文章的表现力。此外，AIGC 还可以在学生写作过程中提供风格和语气上的建议。例如，当 AIGC 检测到一篇记叙文过于正式时，可能会建议学生使用更生动和亲切的语言，或者加入对话来增加文章的生动性和趣味性。这种即时的反馈不仅提高了写作的质量，还帮助学生在写作过程中不断学习和提升写作技巧。

此外，AIGC 还可以通过数据记录，追踪学生的写作进步情况。这不仅有助于教师更加了解学生的写作发展轨迹，制定有针对性的教学策略，也能让学生自己看到进步，增强写作的自信心。例如，通过定期生成的写作报告，学生可以清晰地看到自己的写作水平提升情况，了解自己的优点和需要改进的地方，从而更加有针对性地进行练习。

3. 学习方法推荐

通过深入分析学生的学习风格、个人特征和行为模式，AIGC 能为不同类型的学习者提供量身定制的学习策略，从而最大化他们的学习潜能。这种个性化的方法不仅提高了学习效率，还能让语文学习过程变得更加愉悦和有意义。

对于视觉学习者和听觉学习者，AIGC 推荐的学习工具和方法主要集中在视觉和听觉两个方面。在视觉学习方面，思维导图、图表和流程图等可视化工具被广泛应用于语文教学中。例如，在学习古诗文时，AIGC 可能会建议使用思维导图来梳理诗歌的意象、情感和主题，帮助学生直观地理解诗歌的内在结构和艺术特色。这种方法不仅可以帮助学生快速把握诗歌的核心内容，还能促进他们对诗歌意境的深入理解。在学习文言文时，AIGC 可能会推荐使用图表来对比现代汉语和文言文的语法结构，使得复杂的语法知识变得清晰易懂。通过这种直观的对比，学生可以更容易地理解和记忆文言文的语法特点，从而提高阅读和理解古文的能力。

在听觉学习方面，有声读物、朗读练习和小组讨论等方法被认为特别有效。AIGC 可能会推荐专业朗诵音频，让学生通过聆听来感受古典诗词的韵律美和情感力量。这种方法可以帮助学生更好地理解诗词的音韵之美，感受其中蕴含的情感。在阅读教学中，AIGC 可能会建议学生进行有声朗读练习，通过朗读来体会文章的节奏和情感。这种方法不仅可以提高学生的朗读技巧，还能帮助他们更深入地理解文章的内容和作者的情感表达。此外，AIGC 还可能组织小组讨论，让学生通过与同伴交流来深化对文学作品的理解和鉴赏能力。这种互动式学习方法可以激发学生的思考，促进他们从多角度理解和分析文学作品。

对于动觉学习者，AIGC 会设计一系列互动性强、需要亲身参与的学习活动。角色扮演、实地考察和创造性活动等方法被认为特别适合这类学习者。例如，在学习戏剧文学时，AIGC 可能会推荐学生进行角色扮演活动，让学生通过亲身体验来深入理解人物性格和剧情发展。这种方法可以帮助学生更好地理解戏剧人物的心理和行为动机，从而更深入地理解整个戏剧作品。在学习散文或记叙文时，AIGC 可能会建议学生进行实地考察或采访活动，让他们通过亲身经历来感受生活，积累写作素材。这种学习方式不仅能加深理解，还能激发学生的创造力和表达能力，使得写作更加生动真实。

对于读写学习者，AIGC 会推荐更多的阅读材料和写作练习。例如，在学习某个文学主题时，AIGC 可能会推荐一系列相关的经典文学作品和现代文学评论，让学生通过广泛阅读来形成对这一主题的深入理解。这种方法可以帮助学生建立起对文学主题的全面认识，培养他们的批判性思维能力。AIGC 还可能根据学生的阅读水平和兴趣推荐适合的课外读物，帮助学生拓展阅读面，提高阅读能力。在写作方面，AIGC 会鼓励学生通过多种形式的写作来巩固和深化所学内容。这可能包括撰写读书笔记、文学评论、创意写作等。通过写作过程，学生不仅能整理和巩固所学知识，还能发展自己的思维能力和表达能力。AIGC 还可能会提供个性化的写作指导和反馈，帮助学生克服写作障碍，提高写作水平。这种个性化的写作指导可以针对学生的具体问题给出建议，帮助他们逐步提高写作能力。

4. 练习题智能推送

在初中语文教学中，练习题的智能推送是个性化学习的重要组成部分。AIGC 通过分析学生的学习数据和表现，能为每个学生提供最适合的练习题，不仅能提高学习效率，还能激发学生的学习兴趣，使学习过程更加个性化和有效。

（1）自适应难度

难度自适应是智能推送的核心功能之一。AIGC 会持续监测学生的学习进度和答题表现，根据这些数据动态调整练习题的难度。例如，发现学生在某一类型的题目上表现出色，AIGC 会逐步增加难度，以保持学习的挑战性。相反，如果学生在某些题型上遇到困难，AIGC 会降低难度，帮助学生建立信心并逐步提高能力。这种自适应难度调整确保了每个学生都能在“最近发展区”内学习，既不会因题目过难而感到沮丧，也不会因题目过易而失去兴趣。具体来说，难度自适应可以体现在多个方面。对于阅读理解题，AIGC 可能会根据学生的理解能力调整文章的长度和复杂度。对于语法题，AIGC 可能会调整句子结构的复杂程度。对于写作练习，AIGC 可能会根据学生的写作水平调整题目的开放程度和要求的详细程度。这种细致入微的难度调整能让每个学生都感受到适度的挑战，从而保持学习动力。

（2）聚焦薄弱环节

AIGC 通过分析学生的答题数据，能精确识别出学生的知识盲点和薄弱环节。例如，AIGC 发现一个学生在修辞手法的运用上频繁出错，就会有针对性地推送更多与修辞相关的练习题。这种精准的针对性练习不仅能帮助学生快速弥补短板，还能提高学习效率，避免在已经掌握的内容上浪费时间。AIGC 的针对性不仅限于题型的选择，还包括题目内容的定制。比如，如果发现学生在理解古文中的特定语法结构时遇到困难，AIGC 可能会设计一系列包含这种结构的短句练习，帮助学生逐步掌握。或者，如果学生在写作中经常出现某些常见错误，AIGC 可能会推送一些专门针对这些错误的改错练习。这种高度个性化的练习能让学生更快地克服自己的弱点。

（3）优化学习曲线

AIGC 通过分析学生的学习曲线，即学习效果随时间的变化趋势，来设计最优的练习间隔和复习计划。例如，AIGC 可能会发现某个学生在学习新知识点后的第三天和第七天进行复习效果最佳，就会相应地安排练习题。这种基于科学的间隔复习策略能显著提高记忆的持久性，帮助学生更好地掌握和巩固所学知识。学习曲线优化不仅考虑时间因素，还会考虑学习内容之间的关联性。例如，AIGC 可能会发现学习某些语法概念后立即学习相关的写作技巧效果更好，就会相应地安排练习顺序。此外，AIGC 还会根据学生的疲劳度和注意力曲线来安排练习的时长和频率，确保学习效率最大化。

（4）设计多样化题型

传统的练习题往往局限于选择题、填空题等固定形式，而 AIGC 可以根据学习目标和学生特点，设计出更加丰富多样的题型。例如，对于理解能力的培养，AIGC 可能会设计一些需要学生概括主旨、分析论点的开放式问题。对于写作能力的提升，AIGC 可能会设计一些需要学生续写故事、改写文章风格的创意题。这种多样化的题型设计不仅能全面提升学生的语文能力，还能增加学习的趣味性。

（5）跨学科整合

语文学习并非孤立存在，它与历史、地理、文学等学科密切相关。AIGC 可以根据学生的兴趣和其他学科的学习进度，推送一些跨学科的综合练习题。例如，在学习某个历史人物的相关文章时，AIGC 可能会同时推送一些与该历史背景相关的阅读理解题，既加深了学生对历史的理解，又提高了语文阅读能力。

（6）定制练习形式

还能根据学生的学习风格和偏好来定制练习形式。有些学生可能更喜欢通过游戏化的方式学习，AIGC 就可能会设计一些语文知识竞赛或闯关游戏。有些学生可能更适合视觉化学习，AIGC 就可能会推送一些图文并茂的练习题。这种个性化的学习方式不仅能提高学习效率，还能增加学生的学习兴趣和主动性。

5. 学习资源形式匹配

在个性化学习的背景下，每个学生都拥有独特的学习风格和偏好。AIGC 通过智能匹配技术，能为不同类型的学生提供最适合的学习资源形式，从而优化学习体验和效果。这种个性化的资源匹配不仅能提高学习效率，还能增强学生的学习兴趣和动力。

对于视觉学习者，AIGC 会优先推荐图片、视频等多媒体资源。这类学生通常更容易通过视觉信息来理解和记忆知识。例如，在学习古诗文时，AIGC 可以提供相关的风景图片或历史场景重现视频，帮助学生更好地理解和感受诗文的意境。通过这些直观的视觉材料，学生可以更容易地想象诗人当时的创作环境，理解诗歌中描绘的景象，从而更深入地体会诗歌的情感和主题。同样，在学习语法知识时，AIGC 可以使用生动的图表和动画来展示语言结构，使抽象的概念变得直观易懂。例如，在讲解句子成分时，可以使用不同颜色和图形来标识主语、谓语、宾语等，并通过动画演示这些成分如何组合成完整的句子。这种可视化的方法能帮助视觉学习者更快地掌握语法规则，并在实际运用中更容易回忆和应用这些知识。此外，对于一些难以理解的成语或特有用语，系统可以提供相关的漫画或短视频，通过生动的情景展示这些表达的含义和用法。这不仅能加深学生的理解，还能增强记忆效果。AIGC 还可以根据学生的学习进度和兴趣，推荐相关的纪录片或教育视频，扩展学生的知识面，激发他们对中国语言和文化的探索欲望。

对于动手能力强的学生，即动觉学习者，AIGC 会提供更多互动式学习工具和游戏化学习内容。这类学生通常更喜欢通过实际操作和体验来学习。例如，在学习词语搭配时，AIGC 可以设计一个拖拽式的词语配对游戏。学生需要将不同的词语拖到正确的位置，组成恰当的搭配。这种游戏不仅能让学生在实践中学习词语搭配，还能通过即时反馈帮助他们纠正错误，加深理解。在学习写作技巧时，AIGC 可以提供一个交互式的故事创作工具，让学生通过选择不同的情节分支来体验故事结构的构建。学生可以在这个工具中尝试不同的写作手法，如描写、对话、悬念等，并实时看到这些选择对故事发展的影响。这种互动式的学习方式不仅能增强学习的趣味性，还能让学生在实践中加深对写作技巧的理解。对于语言学习，AIGC 还可以提供 VR 或 AR 应用，让学生在模拟的真实场景中练习口语。例如，学生可以在虚拟的商店、餐厅或机场中与 AIGC 角色进行对话，练习日常会话和特定场景下的语言表达。这种沉浸式的学习体验能大大提高学生的语言应用能力和自信心。此外，AIGC 可以设计一些基于任务的学习活动，如网上寻宝游戏，要求学生运用所学的语言知识来解决问题，完成任务。这不仅能检验学生的学习成果，还能培养他们的问题解决能力和创造性思维。

对于擅长阅读的学生，AIGC 会推荐更多深度阅读材料和分析文章。这类学生通常喜欢通过广泛阅读来获取知识，并能从文本中提取关键信息。例如，在学习某篇课文时，除了课本内容，AIGC 还可以提供作者的其他作品、相关的文学评论、历史背景资料等，帮助学生进行更深入的探索和思考。通过阅读作者的其他作品，学生可以更全面地了解作者的写作风格和思想主题，从而更好地理解所学的课文。相关的文学评论可以为学生提供不同的解读角度，培养他们的批判性思维能力。历史背景资料则可以帮助学生将文本置于更广阔的社会文化背景中理解，加深对文本内涵的把握。AIGC 还可以根据学生的阅读水平和兴趣，推荐适合的课外读物，拓展学生的阅读视野。

这些读物可以包括经典文学作品、当代畅销书、科普读物等，涵盖不同的主题和体裁。通过广泛阅读，学生不仅能提高语言能力，还能积累丰富的知识和思想，培养独立思考的能力。为了提高阅读效率和理解深度，AIGC 可以为学生提供阅读辅助工具，如智能注释、关键词提取、思维导图生成等。这些工具可以帮助学生更快地抓住文章要点，理清文章结构，加深对文本的理解。同时，AIGC 还可以设计一些阅读后的反思问题或讨论题，引导学生进行深入思考和分析。

6. 学习节奏调整

每个学生的注意力持续时间和学习效率曲线都不尽相同，AIGC 通过分析学生的学习数据，可以为每位学生量身定制最佳的学习节奏和策略。这种个性化的学习节奏调整不仅能提高学习效率，还能减少学习疲劳，提升学习体验。

在时间管理方面，AIGC 能精确把握学生的注意力曲线，为每个学生匹配最优的学习时长和休息间隔。AIGC 会持续监测学生的学习状态，当发现学生注意力开始下降时，及时给出休息建议。例如，某位学生在连续学习 40 分钟后注意力明显降低，AIGC 就会智能地提示学生在这个时间点安排短暂的休息，以恢复精力。这种精准的时间管理不仅可以帮助学生保持高效的学习状态，还能有效避免过度疲劳，从而维持长期的学习动力和兴趣。除了考虑注意力持续时间，AIGC 还会结合学生的生物钟特征，合理安排不同难度的学习任务。在学生精力最充沛的时间段，AIGC 会安排较为困难或需要高度集中注意力的学习内容，如新知识点的学习或复杂问题的解决。相反，在注意力较低的时间段，AIGC 会安排相对轻松的复习或巩固练习。这种智能化的任务分配不仅确保了学习效果，还能避免给学生带来过大的心理压力，使学习过程更加轻松愉快。

在学习顺序优化方面，AIGC 通过分析学生的学习效率曲线，为其推荐最佳的学习内容顺序。AIGC 会考虑不同知识点之间的关联性和学生的个人特点，制定出最适合该学生的学习路径。例如，假若发现某位学生在学习语法后立即进行写作练习效果最佳，AIGC 就会相应地调整学习顺序，将语法学习和写作练习紧密结合。这种优化不仅可以提高学习效率，还能加深学生对知识的理解和提升运用能力，使学习过程更加连贯和有意义。此外，AIGC 还会确保学生在学习新知识时已经具备必要的基础知识。通过对学生的知识掌握程度进行实时评估，AIGC 可以识别出学生的知识盲点和薄弱环节。在引入新概念之前，系统会先匹配、安排相关的基础知识复习或补充学习，为新知识的学习打下坚实基础。这种循序渐进的学习方式可以有效减少学生的挫折感，增强学习的连贯性和系统性，使学生在学习过程中感到更加自信和有成就感。

AIGC 在学习节奏调整中的应用还体现在其动态调整能力上。AIGC 不仅能根据预设的学习计划进行调整，还能根据学生的实时反馈和学习表现进行即时优化。例如，如果发现学生在某个知识点上遇到困难，AIGC 会自动增加相关的练习和解释；如果学生表现出对某个主题的浓厚兴趣，AIGC 则会提供更多深入的学习资源和挑战性任务。这种实时响应和调整的能力使得学习过程更加灵活和个性化，能及时满足学生的学习需求，激发学习兴趣，并保持学习的持续性和有效性。在初中语文教学中，这种动态调整能力尤为重要。语文学习涉及语音、词汇、语法、阅读、写作等多个方面，每个学生在不同方面的学习能力和兴趣都可能存在差异。AIGC 可以根据学生在各个方面的表现，灵活调整学习重点和难度。例如，对于在语法方面存在问题的学生，AIGC 可以提供针对性的语法练习和解释，特别关注学生易犯错误的领域，如主谓一致或标点符号的正确使用；而对于词汇量丰富但语法掌握不佳的学生，AIGC 则会在语法学习上投入更多时间和资源，设计有针对性的语法练习和应用场景。

7. 协作学习匹配

在现代教育环境中，协作学习匹配的重要性日益凸显。AIGC 作为一种强大的工具，在学习伙伴推荐和小组分配方面展示出了极大的潜力和优势。通过分析学生的多维度数据，AIGC 可以为每个学生推荐最合适的学习伙伴，并根据学生的特点优化小组成员的组合，以提升学习效率和合作精神。

（1）学习伙伴推荐

AIGC 可以通过分析学生的多维度数据，包括学习风格、学习水平、兴趣爱好和性格特征等，为每个学生推荐最合适的学习伙伴。这种匹配不仅考虑学习能力的互补性，还注重个性和学习方法的契合度。通过这种互补性的合作，学生可以在交流和合作中互相学习，取长补短，共同进步。AIGC 能识别学生的强项和弱项，并将这些信息用于匹配过程，从而最大限度地提升学习效果。例如，A 同学善于古诗文鉴赏，而 B 同学在现代文阅读方面表现优异。AIGC 可以将他们分为一组，使擅长古诗文鉴赏的 A 同学帮助 B 同学，而擅长现代文阅读的 B 同学助力 A 同学。这样组合不仅使得两人在自己较为薄弱的领域得到提高，也促进了彼此之间的思维拓展。这种匹配方式通过综合对比学生的各方面能力和特点，尽可能多地创造互补效应，形成“1＋1＞2”的学习效果。

此外，AIGC 还可以根据学生的学习进度和当前学习内容，动态调整推荐内容，确保学习伙伴之间始终保持良好的互动和互助关系。如果某个学生在某个知识点学习中遇到困难，AIGC 可以及时调整其学习伙伴，使其能获得最有效的帮助和支持。这种灵活的匹配机制，不仅提高了学习效率，还增强了学生之间的合作精神和团队意识。与此同时，AIGC 还能分析学生当天的学习情况和情绪状态。例如，AIGC 检测到某位学生今天情绪低落或专注力不高，它可以暂时调整学习伙伴的配对，选择一个更具激励作用或帮助该学生恢复状态的同伴。这种实时调整的特性使得学习更具灵活性，也更人性化。

（2）小组分配

在进行小组活动时，AIGC 可以根据每个学生的特点，如知识储备、技能水平、性格特征和团队协作能力等，优化小组成员的组合。这种智能分组不仅考虑学生之间的互补性，还会权衡团队整体的平衡。例如，在一个项目型学习任务中，AIGC 可能会将具有不同专长的学生（如研究能力强、创意思维活跃、组织能力出色等）分配到同一小组。通过这样的组合，AIGC 确保每个小组都具备完成任务所需的全面技能，从而提升项目的整体质量和小组成员的学习体验。

除了技能和专长的平衡，AIGC 还会考虑学生之间的人际关系和过往合作经历，避免可能出现的矛盾或不和谐因素。例如，如果某些学生在以往的合作中产生过冲突，AIGC 会避免将这些学生分配到同一小组。相反，AIGC 会寻找那些在合作中展现出良好互动和协作精神的学生，以确保小组内部的和谐与高效。以课本剧表演活动为例，AIGC 可以将善于表演的学生、擅长情感分析的学生以及组织协调能力强的学生组成一组。这样多样化的组合确保了每个学生的特长都能在小组活动中得到发挥，同时也为学生提供了一个与不同性格、能力的人合作的机会，提升其团队协作和沟通能力。

此外，AIGC 还具备动态调整的能力。如果在项目进展过程中，小组的互动情况发生变化，如某个学生由于时间安排无法继续参与或小组内部出现分歧，AIGC 可以及时提供调整建议。AIGC 可以推荐角色转换，让不同的学生承担不同的职责，或增添新的团队动力活动，激发小组成员的积极性和创造力，维持小组的高效运作和良好氛围。通过 AIGC 的动态调整功能，能确保每个项目小组在执行过程中始终保持最佳状态。若某个项目组的进度比其他组快，AIGC 可以重新评估其他小组的成员分配，适当调整以平衡各组的进度。此外，如果一个小组遇到瓶颈，AIGC 可以引入新的技术支持或教育资源，帮助小组突破困境，完成任务。

8. 情感状态适配

AIGC 可以对学生的情绪状态进行实时分析和调节，从而创造最优的学习环境，提升学生的积极参与度和学习效率。通过情感状态适配，能为学生营造出既舒适又激励人心的氛围，帮助学生在整个学习过程中全身心投入，充分发挥其潜力。

（1）学习氛围调节

AIGC 通过先进的情绪识别技术，可以实时分析学生的情绪状态，从而智能推荐适合的背景音乐、环境设置和其他调节因素，以创造最佳的学习氛围。这种情感分析可能基于面部表情识别、语音分析、生理指标监测（如心率、呼吸频率）等多种技术手段。例如，当 AIGC 检测到学生处于压力较大的状态时，可能会推荐轻柔的古典音乐、自然声音（如雨声、海浪声）等舒缓心情的音效，以帮助学生放松。反之，对于注意力不集中的学生，AIGC 则可能建议使用有助于提高专注度的白噪声或节奏稳定的背景音乐，这是因为这些声音有助于减少外界干扰，集中学生的注意力。在虚拟学习环境中，AIGC 的作用更加广泛。AIGC 可以根据学生的情绪需求和学习效率，随时调整虚拟背景、界面颜色和布局。例如，当学生感到疲劳时，AIGC 可以将界面颜色调整为柔和的冷色调，以缓解视觉疲劳；在学生需要高度集中时，AIGC 则可能会选择简洁明了的界面设计，减少不必要的视觉干扰。

（2）激励机制个性化

每个学生在学习过程中可能有不同的动机和兴趣点。AIGC 通过大数据分析和深度学习技术，可以为每个学生量身定制激励机制，以最大化其学习积极性和持久性。对于内在动机驱动的学生，AIGC 可能会侧重于激励其内在的学习欲望。例如，AIGC 可以通过可视化学习进度，展示学生在知识积累和技能发展方面的自我进步。通过生成详细的技能树或知识地图，学生可以清晰地看到自己在不同知识领域的成长轨迹，获得成就感和目标感。此外，AIGC 还可以提供深入的反馈，帮助学生理解自己的优势和需要改进的地方，从而促进其内部驱动力。

对于外在动机驱动的学生，AIGC 可能会设计更加具体的奖励系统，以提供外部刺激和动力。例如，积分制度、虚拟徽章或特权解锁都是常见的激励方式。学生可以通过完成学习任务或达到学习目标，获得相应的积分。这些积分可以用来定制自己的虚拟学习空间，购买个性化的学习工具或解锁特殊的学习资源。此外，AIGC 还可以根据学生的兴趣爱好，提供与其爱好相关的奖励，如解锁与其兴趣相关的课程或资源。

AIGC 还具备动态调整激励策略的能力。例如，对于有长期学习目标的学生，AIGC 可以设置阶段性的小目标和相应的奖励，以帮助学生在长时间的学习过程中保持持久的动力。对于遇到学习瓶颈的学生，AIGC 可能会提供额外的鼓励和支持，如推荐励志故事，或组织与榜样学生的交流活动等，这些措施可以帮助学生重拾信心，克服困难。

通过这种个性化的激励机制，AIGC 不仅能提高学生的学习积极性，还能增加学习过程的趣味性和成就感。学生在参与学习的过程中，能体验到更多的满足感和成就感，从而增强其内在的学习动力，培养良好的学习习惯，最终实现自我价值的提升。

AIGC 通过对学生数据的深度挖掘与分析，能在初中语文教育中提供个性化、智能化的学习解决方案。它不仅能根据学生的学习需求和优势制定个性化学习计划，还能通过智能匹配学习资源、推荐个性化阅读材料、提供写作辅助、调整学习节奏、匹配学习伙伴以及根据情感状态优化学习氛围，有效提升学习效果和学生的积极性。这种因材施教的方式，不仅满足了学生的个性化需求，更有助于其全面发展，为实现真正的个性化教育目标创造了可能。

6.3.2 学习目标设定与分解

学习目标的设定是个性化学习计划的关键起点。通过分析大量学生数据和应用先进的算法，AIGC 能为每个中学生量身定制最适合的语文学习路径。AIGC 可以根据学生的当前水平、学习风格、兴趣爱好以及课程标准等信息，协助学生制定适合的短期和长期学习目标。这些目标不仅具体可衡量，还能根据学生的进步情况进行动态调整。AIGC 还能将大目标分解为易于管理的子目标，增强学习计划的结构性和可控性，从而提高学习效率和学生的学习动力。这种个性化的目标设定方法能充分激发学生的潜力，使学习过程更加高效和有趣。

AIGC 在设定和分解学习目标时，还会考虑到知识点之间的关联性，帮助学生构建完整的知识体系。通过创建个性化的知识地图，AIGC 能将不同的学习目标和任务串联起来，让学生理解各个知识点之间的联系，从而形成系统的学习思路。例如，在设定写作相关目标时，AIGC 会同时关注与之相关的阅读理解、词汇积累、语法运用等方面的目标，确保学生的语文能力得到全面提升。这种关联性的目标设定有助于学生建立起语文学习的整体框架，提高学习的系统性和连贯性。通过这种科学、个性化的学习目标设定与分解，AIGC 极大地提高了初中语文学习的针对性和有效性。学生不再是被动地接受统一的学习目标，而是拥有了一份量身定制、清晰可行的学习规划。这不仅有助于提高学习效率，还能培养学生的自主学习能力和时间管理技能，为其未来的学习和发展奠定坚实基础。

1. 短期学习目标设定

在初中语文教学中，短期学习目标的设定对于学生的个性化学习至关重要。这些目标通常针对近期可以完成的学习任务，如掌握某个语法点、理解某个知识点或提高特定的阅读技能。AIGC 在这一过程中可以发挥重要作用，帮助教师和学生制定更加精准、有效的短期学习目标。

首先，AIGC 通过实时收集和分析学生学习数据，识别出需要改进的领域。AIGC 可以收集学生的作业完成情况、测试成绩、课堂表现等多维度数据。通过对这些数据进行深入分析，AIGC 能准确识别每个学生的薄弱环节。例如，AIGC 可能发现某位学生在理解古诗词方面表现欠佳，或在写作中经常出现特定的语法错误。这些洞察为制定有针对性的短期目标提供了坚实的基础。

然后，AIGC 结合课程标准和教学进度，提出符合学生实际情况的短期学习目标。AIGC 可以获取并分析初中语文课程标准和教学进度安排，这使得它能全面把握教学要求和学习重点。通过将学生的个人情况与课程要求相结合，AIGC 能建议最适合的短期学习目标。比如，如果课程即将进入古文学习单元，AIGC 可能会建议学生在短期内提升文言文阅读理解能力。这种结合课程进度的目标设定不仅能帮助学生更好地掌握当前的学习内容，还能让学生为未来的学习做好准备。

AIGC 还可以根据不同学生的学习速度和理解能力，制定个性化的短期学习目标。对于学习速度较快的学生，AIGC 可能会建议更具挑战性的目标，如提前学习深奥难懂的文章或尝试更复杂的写作题材；而对于学习速度较慢的学生，AIGC 可能会建议将目标分解成更小的步骤，确保每个阶段都能获得成功，从而逐步建立学习信心。

AIGC 在制定目标时会严格遵循 SMART 原则，确保目标具体、可衡量、可实现、与学习内容相关且有时限，这对于短期学习目标的有效性至关重要。例如，对于需要提高写作能力的学生，AIGC 可能会设定这样的短期目标："在未来两周内，完成三篇不少于 600 字的议论文，每篇文章至少使用 5 个新学过的成语，并确保主题明确、论点清晰。"这个目标具体明确、可以量化评估、在给定时间内可以实现、与提高写作能力直接相关，并且有明确的时间限制。这种清晰、可操作的目标设定能有效激励学生，帮助他们专注于特定的学习任务。

通过遵循 SMART 原则，AIGC 可以帮助学生将看似宏大的学习目标分解成一系列可管理的短期学习目标。例如，"提高阅读理解能力"这个笼统的目标可以被分解为"每周阅读两篇不同体裁的文章，并完成相应的阅读理解问题”“在月末的阅读测试中，正确率达到 85%以上”等具体的短期目标。这种目标分解不仅让学习过程更加清晰可控，也能让学生在完成每个小目标时获得成就感，从而保持学习动力。

AIGC 在设定短期学习目标时还可以考虑学生的个人兴趣和学习风格。通过分析学生的阅读偏好、写作主题选择等数据，AIGC 可以推荐更加个性化的学习目标。例如，对于对科技感兴趣的学生，AIGC 可能会建议阅读科技主题的文章来提高阅读理解能力；对于喜欢创意写作的学生，AIGC 可能会设置与创意写作相关的短期目标。这种个性化的目标设定能提高学生的学习兴趣和积极性。

AIGC 还可以根据学生的学习风格来调整目标的实现方式。对于视觉学习者，AIGC 可能会建议通过绘制思维导图来梳理文章结构；对于听觉学习者，AIGC 可能会推荐通过朗读或听有声书来加深对文本的理解。这种针对不同学习风格的目标设定和实现策略，可以让每个学生都能以最适合自己的方式达成学习目标。

此外，AIGC 还可以为学生提供实现短期学习目标的具体建议和资源。例如，针对提高写作能力的目标，AIGC 可以推荐相关的写作技巧、范文分析，甚至提供个性化的写作练习。这种全面的支持能帮助学生更有效地达成短期学习目标。AIGC 可以根据学生的具体情况，提供精准的学习资源和建议。比如，对于需要提高词语运用能力的学生，AIGC 可以生成包含目标词语的例句和短文，让学生在具体语境中学习和练习；对于需要加强文学鉴赏能力的学生，AIGC 可以推荐适合其水平的文学作品，并提供相应的赏析指导。

2. 长期学习目标设定

长期学习目标关注学生在学期或学年内甚至更长时限的整体进步。在初中语文教学中，AIGC 可全面整合课程标准、地方要求和学校设置，为每位学生制定符合标准且适应个人发展的长期学习目标，提高学习积极性和主动性，助力教师和学生科学合理地规划学习路径。

首先，AIGC 会分析学生的学习历史和成长曲线，预测潜在的发展轨迹。AIGC 能全面收集和分析学生从入学以来的所有学习数据，包括各个学期的成绩变化、技能掌握程度的进展、课堂表现、作业完成情况等。通过这些历史数据，AIGC 可以绘制出每个学生独特的学习成长曲线。例如，AIGC 可能会发现某个学生在阅读理解方面进步迅速，但在写作表达上进步较慢。基于这些数据，AIGC 还可以运用先进的预测模型，推算出学生未来可能的发展轨迹。这种预测不仅考虑学生的历史表现，还会结合同龄学生的普遍发展规律和个体差异。例如，AIGC 可能预测到某个学生在接下来的学年里，阅读能力将会稳步提升，而写作能力可能会出现突破性进展。AIGC 还可以识别学生的学习模式和风格，如有些学生可能在特定时期学习效率更高，或者对某些类型的学习活动反应更积极。这些深入的分析为制定长期学习目标提供了科学依据，使得目标既有挑战性，又切实可行。教师可以根据 AIGC 的分析结果，与学生一起讨论和调整长期学习目标，确保目标既符合学生的实际情况，又能激发学生的潜力。这种协作过程不仅能提高目标的准确性和可行性，还能增强学生的参与感和责任感，使他们更加主动地投入学习中。

其次，在此基础上，AIGC 结合国家课程标准和学校课程要求，制定符合学生个人发展需求的长期学习目标。AIGC 能全面理解并整合国家义务教育语文课程标准、地方教育要求以及学校的具体课程设置，将这些标准和要求转化为具体的学习目标和技能指标，然后根据每个学生的个人情况进行调整和优化。在此基础上，AIGC 可以为每个学生制定既符合标准要求，又适应个人发展需求的长期学习目标。这些目标通常包括阅读理解能力、写作技巧、口语表达、文学鉴赏等多个方面。例如，对于语文基础较好但写作能力有待提高的学生，AIGC 可能会设定这样的学年目标："在本学年结束时，能独立完成各类文体的写作，包括记叙文、说明文和议论文，字数不少于 600 字，并在校级作文比赛中获得优秀奖。"这种个性化的长期学习目标不仅确保了学生的学习符合国家和学校的要求，还能针对学生的个人特点和需求进行调整，使学习更有针对性和成效。

AIGC 还能将长期学习目标与学生的兴趣爱好和未来规划相结合，增强学习动机。AIGC 可以通过与学生的日常互动、问卷调查以及历史数据分析，深入了解每个学生的兴趣爱好、性格特点和未来规划。在设定长期学习目标时，AIGC 会充分考虑这些个人因素，使目标更具吸引力和意义，从而增强学生的学习动机。例如，对于对新闻写作感兴趣的学生，AIGC 可能会设定这样的长期目标："在初中毕业前，能熟练运用新闻写作技巧，完成至少 10 篇校园新闻报道，并在校报上发表。"这个目标不仅符合语文学习的要求，还与学生的兴趣相结合，使学习更有目的性和吸引力。

此外，AIGC 还可以根据学生的未来规划设定相应的长期学习目标。例如，对于计划将来从事科技领域工作的学生，AIGC 可能会设定一个目标："在初中毕业前，能熟练撰写科技类说明文和议论文，并在科技创新比赛中获得校级以上奖项。"这样的目标不仅培养了学生的语文能力，还为其未来的职业发展奠定了基础。AIGC 帮助学生制定的长期学习目标不仅是学习任务，更成为学生个人发展的指引。这种个性化的目标设定方法可以显著提高学生的学习积极性和主动性，使语文学习成为一种富有意义和乐趣的过程。

AIGC 在长期学习目标设定中的应用，使初中语文教学更加科学、个性化和富有成效。它不仅考虑了学生的过去表现和未来潜力，还结合了教育标准和个人兴趣，为每个学生制定了最适合的长期学习规划。这种方法不仅有助于提高学生的语文能力，还能培养他们的学习兴趣和自主学习能力，为他们的终身学习和未来发展奠定坚实的基础。通过 AIGC 辅助的长期学习目标设定，学生能更清晰地了解自己的学习路径和预期成果，从而更好地规划和管理自己的学习。教师也可以利用 AIGC 提供的分析和建议，更有针对性地指导学生，优化教学策略。

3. 目标分解

设定目标后，AIGC 会将其分解为更小、更易管理的子目标或任务。这个过程对于帮助学生逐步实现复杂的学习目标至关重要。在初中语文教学中，这个过程不仅能提高学习效率，还能增强学生的自信心和成就感。通过系统化的目标分解，学生能更清晰地看到自己的进步，从而保持学习动力。

（1）大目标拆分，目标树构建

AIGC 会将长期学习目标或复杂的短期学习目标拆解成一系列相互关联的小目标。这种拆分不仅仅是简单的任务划分，而是一个深思熟虑的过程，需要考虑到初中生的认知特点和语文学科的特性。例如，对于“提高阅读理解能力”这一大目标，AIGC 可能会将其分解为以下子目标：提高词汇量、掌握文章结构分析技巧、提升速读能力、增强批判性思维等。在这个过程中，AIGC 会考虑到不同子目标之间的关联性。比如，提高词汇量不仅有助于阅读理解，还能为写作能力的提升奠定基础。掌握文章结构分析技巧则可以帮助学生更快地把握文章主旨，提高阅读效率。这些子目标形成一个有机的目标树结构，使学生能清晰地看到实现大目标的具体路径。

另外，AIGC 还会根据学生的个人情况调整目标树的复杂度。对于学习能力较强的学生，可能会设置更多的子目标或增加挑战性；而对于基础较弱的学生，则可能会简化目标树结构，增加一些基础性的子目标。这种个性化的目标设定能确保每个学生都能在自己的能力范围内获得适当的挑战和成长。

在初中语文学习中，目标树结构可能会更加复杂和多样化。例如，在提高写作能力这个大目标下，AIGC 可能会设置如下子目标：

扩大写作词汇量

提高句子表达能力

掌握段落组织技巧

学习不同文体的写作特点

培养创意思维能力

提高修改和润色能力

同时，每个子目标又可以进一步细分。比如，“扩大写作词汇量”可以细分为

学习并运用常用成语

掌握常见的修辞手法

积累优美的词句

学习不同场景下的专业词汇

这种层层递进的目标树结构能帮助学生清晰地了解自己的学习路径，同时也为教师提供了详细的教学指导框架。

（2）时间节点和完成标准设定

AIGC 会为目标树中的每个子目标分配合理的时间期限和明确的完成标准。这不仅有助于学生合理安排学习时间，也为评估进度提供了客观依据。例如，对于“提高词汇量”这一子目标，AIGC 可能会将标准设定为：“每周学习并正确运用 30 个新词语，在月末的词汇测试中正确率达到 90%以上。”这种具体而可衡量的标准不仅让学生清楚自己的学习任务，也为教师提供了评估学生进步的依据。同时，AIGC 还会根据学生的实际表现动态调整这些时间节点和完成标准。如果发现某个学生在某个子目标上进展迅速，可能会适当提高标准或缩短时间；反之，如果发现学生在某个方面遇到困难，则可能会延长时间或调整标准，以确保学习过程的连贯性和有效性。

在初中语文学习中，时间节点的设定尤为重要。AIGC 可能会考虑学校的学期安排、假期时间以及重要考试的时间点来制定计划。例如：

短期目标：每周完成一篇作文，并在下周一前完成修改。

中期目标：在每个月末完成一次阅读理解能力测试，并达到指定的正确率。

长期目标：在学期结束前，能独立完成一篇不少于 800 字的议论文，并在班级评比中获得良好评价。

这种多层次的时间规划不仅能帮助学生更好地管理学习时间，也能培养他们的时间管理能力，为未来的学习和工作奠定基础。

（3）合理安排学习顺序

AIGC 能分析各个子目标之间的逻辑关系，确定它们的依赖性和优先级。这有助于学生以最有效的顺序完成各项任务，避免在学习过程中出现“卡

壳”的情况。在初中语文学习中，很多能力的培养是循序渐进的，需要合理安排学习顺序。例如，在提高写作能力的目标中，AIGC 可能会建议学生先专注于增加词汇量和改善句子结构，然后再进行复杂的文章结构训练。这种安排不仅符合语言学习的规律，也能让学生在学习过程中不断获得成就感，保持学习动力。

在初中语文学习中，子目标之间的依赖关系可能会更加复杂。例如，在学习写作议论文之前，学生需要先掌握基本的论证方法和逻辑推理能力；在进行文学作品赏析之前，学生需要先积累一定的文学知识和鉴赏能力；在学习高级修辞手法之前，学生需要先掌握基本的修辞技巧……AIGC 会根据这些依赖关系制定合理的学习顺序，确保学生在学习过程中能循序渐进，不断巩固和提升自己的能力。

不仅如此，AIGC 还会考虑到不同子目标之间的互补关系。比如，在安排阅读理解和写作训练时，可能会交替进行，让学生在阅读中学习写作技巧，在写作中运用阅读所得。这种交叉学习的方式可以加深学生对语言的理解，提高学习效率。

在初中语文教学中运用 AIGC 进行目标分解，不仅能提高学习效率，还能培养学生的自主学习能力、时间管理技能和自我反思能力。通过目标分解，学生能清晰地看到自己的进步过程，增强学习信心。每完成一个小目标，都会给学生带来成就感，激励他们继续前进。这种积极的学习体验对于培养学生的学习兴趣和持久动力至关重要。

4. 目标动态调整与反馈

AIGC 在目标设定和分解过程中的一个重要特点是其动态性和适应性。系统能根据学生的实际学习情况和进度，不断调整和优化学习目标，从而为每个学生提供量身定制的学习体验。这种动态调整与反馈机制主要体现在以下几个方面。

（1）实时监测学习进度

AIGC 可以持续跟踪学生的学习活动，包括作业完成情况、测试成绩、在线学习时间等。通过这些数据，AIGC 能实时评估学生在每个子目标上的进展。例如，AIGC 可以记录学生完成每项作业所需的时间，分析其在不同类型题目上的正确率，以及统计其在线学习平台上的活跃度和参与度。这些数据不仅能反映学生的学习进度，还能揭示其学习习惯和偏好。

同时，AIGC 还可以通过自然语言处理技术分析学生的写作作业，评估其语言表达能力的提升。AIGC 可以检测学生使用的词汇复杂度、句式多样性、语法准确性等指标，从而全面评估学生的写作水平。例如，AIGC 可以识别出学生是否开始使用更多的成语、复合句，或者是否能合理使用一些学习方法。这种深入的分析不仅能帮助学生了解自己的进步，还能为教师提供详细的学生发展报告。

通过这种全方位的实时监测，AIGC 能构建出每个学生的详细学习画像，为后续的目标调整和个性化指导提供坚实的数据基础。这种学习画像不仅包括学生的学习成绩和进度，还包括学习风格、兴趣点、学习习惯等多维度信息，从而使后续的教学干预更加精准和有效。

（2）智能调整目标

基于实时监测的结果，AIGC 可以动态调整学习目标的难度和时间安排。如果发现学生在某个领域进步神速，AIGC 可能会提高相关目标的难度或增加新的挑战。例如，对于词汇学习进度超前的学生，AIGC 可能会引入更多高级词汇或增加词语运用的练习。AIGC 可能会设计一些创造性的任务，如使用新学词汇创作短文或参与角色扮演对话，以加深学生对词汇的理解和应用能力。相反，如果学生在某个目标上停滞不前，AIGC 可能会延长完成时间或提供额外的学习资源。例如，发现学生在特定语法点上表现不佳，AIGC 可能会自动生成更多相关的练习题，并提供详细的解释和例句。同时根据学生的错误模式，推断出可能的认知误区，并提供针对性的纠正材料。

这种智能调整不仅限于难度和时间，还包括学习内容和方法。譬如，AIGC 发现学生对古诗词的学习兴趣浓厚且掌握得较好，那么它可能会增加相关的学习任务。除了一般的诗词背诵，还可以安排更深入的赏析活动，增加古诗词创作练习，或推荐与相关古诗词背景故事或者影视作品的欣赏。通过这些方法，AIGC 不仅能培养学生对古诗词的兴趣，还能加深他们的理解和应用能力。而如果发现学生在语法方面存在困难，AIGC 则可能会安排更多的语法练习和相关的解释视频，同时可能会引入一些互动性强的语法游戏，以提高学习兴趣。

AIGC 还可以根据学生的学习时间模式来调整任务安排。如果发现学生在晚上学习效率较高，AIGC 会建议将较难的任务安排在晚上进行。如果发现学生喜欢短时间高强度学习，AIGC 会将学习内容分成多个小段，以适应其学习习惯。

（3）提供及时反馈

AIGC 能为学生提供即时、个性化的反馈。这些反馈不仅包括对学习进度的评估，还包括具体的改进建议和鼓励。例如，对于在写作中进步显著的学生，AIGC 可能会给出这样的反馈："你的最近三篇作文中，描述性语言的使用有明显提升。特别是在描绘人物心理活动方面，你开始运用更多丰富的词汇和细腻的表达。建议你下一步尝试在文章中加入更多生动的比喻和拟人手法，以进一步增强文章的表现力。可以尝试阅读一些优秀的散文作品，学习作者如何运用修辞手法来增强文章的感染力。”这种反馈不仅仅是简单的评分或评语，而是基于学生的学习历史和个人特点提供的针对性建议。AIGC 可以分析学生在不同类型任务中的表现模式，识别其优势和不足，然后给出有针对性的学习建议和资源推荐。例如，对于阅读理解能力较强但口语表达欠佳的学生，AIGC 可能会给出这样的反馈：“你的阅读理解能力很强，特别是在分析文章主旨和作者观点方面表现出色。建议你尝试将这种分析能力应用到口语表达中。可以选择一些你感兴趣的话题，先用书面形式整理你的观点，然后尝试口头表达出来。我们还为你匹配了一位在线语伴，你们可以每周进行 30 分钟的口语表达练习，主题可以围绕你最近阅读的文章展开。”

而且，AIGC 还可以提供情感上的支持和鼓励。AIGC 可以识别学生的学习情绪波动，在学生遇到挫折时给予安慰和鼓励，在学生取得进步时给予肯定和赞扬。这种情感支持对于维持学生的学习动力和自信心至关重要。

（4）促进自我反思

通过定期生成学习报告和进度分析，AIGC 鼓励学生进行自我反思。这些报告可以包括目标完成情况、学习强项和弱项分析，以及未来学习建议等内容，帮助学生更好地理解自己的学习状态和进展。例如，AIGC 可能会生成这样的月度学习报告：

张同学 7 月份语文学习报告

1. 学习进展

语法掌握：成功掌握了复句的概念和基本类型，能识别并运用并列复句和偏正复句。

文学分析能力：在阅读古诗文时，能初步理解作者的情感表达和写作意图。

口语表达：参与课堂讨论的积极性提高，能较为流畅地表达自己的观点。

2. 优势

对于新学概念的理解速度较快，尤其是在语法学习方面。

在写作练习中，能运用丰富的词汇和多样的句式。

3. 需要改进的方面

古文阅读理解还需加强，特别是对于一些较难的文言文。

口语表达的逻辑性有待提升。

4. 针对性学习建议

每周阅读一篇短篇文言文，并尝试翻译成现代汉语。

参与更多的小组讨论活动，锻炼口头表达能力和逻辑思维能力。

多做复句类型的辨析练习，巩固语法知识。

5. 下月学习目标

掌握至少 3 种常见的修辞手法，并能在写作中熟练运用。

提高默写能力，能准确默写 5 首指定古诗。

完成一篇不少于 600 字的记叙文，重点关注文章的结构、细节描写和情感表达。

这样的报告不仅总结了学生的学习成果，还指出了需要改进的方面，并提供了具体的学习建议。这种全面的分析有助于学生客观评估自己的学习状态，认识到自己的优势和不足，从而更有针对性地调整学习目标和计划。

AIGC 还可以基于这些反思报告，引导学生设定新的学习目标。例如，系统可能会建议："基于你在口语表达方面的进步空间，你可以考虑设定一个新目标：在下个月内，每周参与至少两次 30 分钟的口语表达练习，并尝试在每次练习中使用至少 5 个新学的词汇或表达。这将帮助你将词汇知识转化为实际的口语能力。"

通过鼓励学生定期回顾这些报告，AIGC 培养了学生的自我反思能力。学生可以比较不同时期的报告，观察自己的进步轨迹，这有助于增强学习动力和自信心。同时，这种自我反思也能帮助学生发展元认知能力，即了解自己如何学习、哪些方法最有效等，这对于长期的语文学习非常重要。

总的来说，AIGC 在初中语文教育过程中的动态目标设定和反馈机制，通过实时监测、智能调整、即时反馈和促进自我反思等方式，为每个学生创造了一个高度个性化和自适应的学习环境。这种方法不仅能提高学习效率，还能培养学生的自主学习能力和终身学习意识，为他们的语文学习之旅提供强有力的支持。

5. 设定与分解目标时教师职责的转变

在 AIGC 辅助的个性化学习目标设定与分解过程中，教师的角色正经历着深刻的转变。这种转变不仅改变了教师的工作方式，也为提升教育质量和学生学习体验带来了新的机遇。随着 AIGC 的不断发展和应用，教育领域正迎来一场革命性的变革，而教师作为这场变革的核心参与者，其角色和职责也在不断演变。

首先，教师从传统的目标制定者转变为目标审核者。在 AIGC 的支持下，教师不再需要为每个学生单独制定详细的学习目标，这项耗时耗力的工作可以由 AIGC 高效完成。教师的主要职责转向审核和调整 AIGC 生成的目标，确保这些目标既符合课程标准的要求，又能满足学生的个性化需求。这种角色转变使教师能更加宏观地把控教学方向。同时，教师需要确保 AIGC 生成的目标具有教育学意义和实际可行性。例如，教师可以根据学生的学习风格、兴趣爱好和个人背景来微调 AIGC 生成的目标，使之更加贴合学生的实际情况。此外，教师还需要确保这些目标在难度和挑战性上保持适当的平衡，既能激发学生的学习动力，又不会让学生感到过于困难而失去信心。在这个过程中，教师的专业判断和教育经验变得尤为重要。他们需要综合考虑学生的认知水平、学习进度和个人特点。在此基础上，教师可以对 AIGC 生成的目标进行适当的调整和优化。例如，对于某些学习困难的学生，教师可能需要将 AIGC 生成的目标进一步细化或简化，以确保这些学生能逐步建立信心和成就感。而对于学习能力较强的学生，教师则可能需要在 AIGC 生成的目标基础上增加一些挑战性更高的拓展内容，以满足这些学生的学习需求和潜力发展。

其次，AIGC 的应用大大增强了教师提供个性化指导的能力。AIGC 能收集和分析大量的学生学习数据，生成详细的进度报告和学习轨迹。教师可以利用这些丰富的数据资源，更精准地识别每个学生的学习需求、优势和不足。这使得教师能为学生提供更有针对性的个性化指导，制定更适合的学习策略，从而提高教学效果。例如，通过 AIGC 分析的数据，教师可以快速发现某个学生在学习特定知识点时的困难，并及时提供额外的解释或练习。同时，教师也可以根据 AIGC 生成的学习模式分析，为学生推荐最适合的学习资源和方法，帮助学生更高效地掌握知识。这种个性化指导不仅限于学习内容，还可以扩展到学习方法和学习习惯的培养上。教师可以利用 AIGC 提供的数据洞察，帮助学生发现自己最有效的学习时间、最适合的学习环境以及最有效的复习策略。通过这种精准的个性化指导，教师可以帮助每个学生建立起最适合自己的学习方法，从而提高学习效率和学习效果。

再次，在 AIGC 辅助的学习环境中，教师有了更多机会培养学生的元认知能力。教师可以利用 AIGC 生成的学习目标和分解策略作为示例，指导学生学习如何制定、分解和管理自己的学习目标。通过这个过程，学生不仅能掌握学习内容，还能培养自主学习能力、时间管理技能和元认知策略。这些能力对学生的长期发展至关重要，能帮助他们在未来的学习和工作中更好地适应和成长。教师可以设计一些活动，让学生参与到目标设定和评估的过程中，培养他们的自我反思和自我评估能力。例如，让学生尝试修改或补充 AIGC 生成的学习目标，并解释他们的理由，这不仅可以提高学生的参与度，也能锻炼他们的批判性思维能力。在培养元认知能力的过程中，教师可以引导学生思考以下问题：为什么要设定这个目标？这个目标对我的学习和发展有什么意义？我应该如何有效地达成这个目标？在学习过程中，我遇到了哪些困难，应该如何克服？通过这样的引导，学生可以逐步形成自主学习的意识和能力，学会监测自己的学习进度，调整学习策略，最终成为终身学习者。

最后，AIGC 的引入使教师能将更多精力投入学生的情感支持和社交能力培养上。由于 AIGC 可以高效处理大量的数据分析和目标管理工作，教师就有更多时间和精力关注学生的心理健康、情感需求和人际交往能力。这些方面是 AIGC 难以完全替代的，需要教师的人文关怀和专业指导。教师可以组织更多的小组讨论、合作项目和社交活动，帮助学生发展沟通能力、团队协作精神和社交技巧。例如，教师可以设计一些基于 AIGC 生成目标的小组项目，让学生在合作完成任务的过程中学会相互沟通、分工合作和解决冲突。同时，教师还可以利用更多的一对一交流时间，深入了解每个学生的情感状态和个人发展需求，提供及时的心理支持和成长指导。在这个过程中，教师可以培养学生的同理心、领导力和责任感等重要的情感和能力。例如，在小组项目中，教师可以鼓励学生轮流担任小组领导，学习如何协调团队成员的工作，处理分歧和冲突。教师还可以设计一些角色扮演活动，让学生站在不同的角度思考问题，培养他们的换位思考能力和包容性。这些活动不仅可以增强学生的社交能力，还能帮助他们建立良好的人际关系，为未来的职业发展和社会生活打下坚实基础。

不仅如此，教师在 AIGC 辅助的学习环境中还可以更好地关注学生的心理健康。通过 AIGC 提供的数据分析，教师可以及时发现学生的学习压力、情绪波动等问题，并提供及时的心理支持和辅导。例如，AIGC 检测到某学生的学习进度突然放缓或参与度下降，可能预示着这名学生正面临学习困难或情绪问题，教师就可以主动与学生沟通，了解情况并提供必要的帮助。教师还可以利用 AIGC 的分析结果，为学生设计一些减压活动或调整学习计划，帮助学生更好地平衡学习和生活。

在 AIGC 辅助的个性化学习环境中，教师的角色正在经历一场更加多元和复杂的转变。这种转变不仅改变了教师的日常工作方式，也为提高教育质量和学生学习体验带来了新的可能性。教师从单纯的知识传授者转变为学习引导者、目标审核者、情感支持者和全面发展促进者，他们的专业判断、人文关怀和教育智慧在这个过程中变得更加重要。通过有效利用 AIGC，教师可以为学生提供更加个性化、高效和全面的教育支持，帮助学生不仅掌握知识技能，还能培养终身学习能力、社交情感技能和心理健康素养。这种教育模式的变革，将为培养适应未来社会需求的全面发展人才奠定坚实基础。

6.3.3 个性化学习路径的构建

在现代教育中，个性化学习路径已成为提高教学效果和学生学习体验的关键策略。随着教育理念的不断发展和技术的进步，我们越来越认识到每个学生都是独一无二的个体，拥有不同的学习需求、能力和兴趣。基于这种认知，个性化学习路径应运而生，旨在为每个学生提供最适合其特点的学习方案。

在这一背景下，AIGC 的出现为个性化学习路径带来了革命性的变革。AIGC 的应用使得教育者能更精准地分析学生数据，包括学习进度、成绩表现、兴趣爱好等多维度信息。基于这些数据，AIGC 可以识别学生的学习模式，预测可能遇到的困难，设定个性化的学习目标。同时，AIGC 会将目标分解，充分考虑学生的学习风格、强项和弱项，以及可用的学习资源，为每个学生规划独特的学习路径。

这种个性化学习路径不仅能满足学生的个性化需求，还能显著提升学习效率和学习成果。通过 AIGC 的辅助，教师可以更好地了解每个学生的学习状况，及时发现并解决学习中的问题。同时，AIGC 还可以根据学生的学习进展动态调整学习内容和难度，确保学生始终处于最佳的学习状态。

此外，个性化学习路径还能激发学生的学习兴趣和主动性。当学生感受到学习内容与自己的兴趣和能力相匹配时，他们更容易产生学习的动力和成就感。这种正向反馈机制可以持续推动学生的学习进步，并培养其终身学习的能力。

值得注意的是，在 AIGC 的支持下，个性化学习路径正在重塑现代教育的面貌，为每个学生提供量身定制的学习体验，最大化挖掘其学习潜力。这不仅有利于提高教育质量，也为培养适应未来社会需求的人才奠定了基础。AIGC 支持的个性化学习路径不仅仅是一种技术创新，更是一种教育理念的革新。它强调以学生为中心，充分尊重每个学生的独特性，从而实现教育的公平和效率。通过这种方式，我们可以帮助每个学生发掘自身潜力，培养批判性思维和创新能力，为他们未来的发展打下坚实基础。

1. 个性化学习路径的优势

个性化学习路径规划在现代教育中的重要性已经成为教育界广泛讨论的话题。随着社会的快速发展和技术的不断进步，常规的统一教学虽然仍在发挥重要作用，但在当今多元化的学习环境中已显示出一定的局限性，无法完全满足每个学生的独特需求和学习风格。因此，个性化学习路径成为提高教育质量和效果的重要补充。

统一教学的局限性主要体现在以下几个方面。

第一，忽视学生个体差异。每个学生都是独特的个体，拥有不同的学习能力、背景知识和学习速度。统一的教学进度可能导致部分学生跟不上课程内容，感到困惑和沮丧；而对于学习能力较强的学生来说，课程进度过慢，缺乏挑战性，从而产生厌倦情绪。这种“一刀切”的方法无法照顾到每个学生的实际需求，可能会打击学生的学习积极性。长期如此，学习能力较弱的学生逐渐失去信心，而学习能力较强的学生则无法充分发挥潜力。这种情况不仅不利于学生的个人发展，也会造成教育资源的浪费。

第二，难以激发学习兴趣。标准化的课程内容往往难以满足所有学生的兴趣爱好。不同的学生可能对不同的学科或主题有着不同程度的兴趣，而统一的教学内容无法顾及这些个体差异。当学生对所学内容缺乏兴趣时，他们的学习动机和参与度就会降低，从而影响学习效果。兴趣是最好的老师，缺乏兴趣的学习往往是被动和低效的。在这种情况下，学生可能会机械地记忆知识点，而不是真正理解和掌握知识。这不仅影响了学习效果，还可能导致学生对学习产生厌倦情绪，失去探索和创新的动力。

第三，缺乏针对性。传统教学方法通常采用统一的教学计划和进度，难以针对学生的具体弱点提供有针对性的指导和练习。这意味着一些学生可能在某些领域需要更多的支持和练习，但却得不到足够的关注和帮助。同时，对于已经掌握某些内容的学生来说，重复学习可能会造成时间和资源的浪费。缺乏针对性的教学不仅降低了教学效率，还可能导致学生学习过程中出现知识断层或理解偏差。这种情况下，学生可能会在后续学习中遇到更多困难，影响整体的学习进程和效果。

第四，评估方式单一。传统教育体系中，学生的学习成果主要通过考试成绩来评估。这种单一的评估方式忽视了学生在其他方面的能力发展，如创造力、批判性思维、团队合作能力等。仅仅依靠考试成绩来评判学生的学习效果，可能会导致教育目标的片面化，不利于学生的全面发展。过分强调考试成绩可能会导致“应试教育”的倾向，使得教学活动过于注重知识的传授和考试技巧的训练，而忽视了学生综合素质的培养。这种评估方式也可能造成学生之间不必要的竞争压力，影响心理健康和社交能力的发展。

相比之下，个性化学习路径能充分考虑学生的个体特征，如学习能力、兴趣爱好、学习速度和背景知识等，能更好地激发学生的学习动机，提高学习效率，并帮助学生达成个人的学习目标。

个性化学习路径的优势主要体现在以下几个方面。

（1）适应性强

个性化学习路径能根据学生的学习进度和表现实时调整学习内容和难度。通过持续的评估和反馈，教育者可以及时了解学生的学习状况，并相应地调整教学策略。这种动态调整的过程确保了学习内容始终保持在学生的“最近发展区”内，既不会太简单而缺乏挑战，也不会太难而令学生感到畏惧。这种适应性不仅体现在学习内容上，还包括学习方式和节奏的调整。例如，对于视觉学习者，教育者可以提供更多图表和视频资料；对于听觉学习者，则可以增加音频讲解和讨论环节。通过个性化学习路径的规划，每个学生都能找到最适合自己的学习方法，从而更好地吸收和理解知识。

个性化学习路径还可以根据学生的学习风格和偏好来调整教学方法。有些学生可能更适合通过实践来学习，而有些学生则可能更喜欢理论学习。通过识别这些个体差异，教育者可以为每个学生提供最适合的学习体验。例如，对于喜欢动手实践的学生，教育者可以设计更多的实践项目任务；而对于擅长抽象思维的学生，教育者则可以提供更多的概念分析和理论探讨的机会。这种灵活的教学方法不仅能提高学习效果，还能培养学生的兴趣和热情，使学习过程变得更加愉悦和有意义。

（2）提高学习效率

通过针对性地解决学生的弱点，个性化学习路径可以避免不必要的重复学习。学生可以将更多时间和精力集中在需要改进的领域，同时在已经掌握的内容上快速推进。这种精准的学习方式不仅能节省时间，还能让学生在学习过程中保持持续的进步感，增强学习的自信心。个性化学习路径还可以帮助学生建立更加系统和连贯的知识体系。通过识别知识点之间的联系，学生可以更好地理解和记忆复杂的概念，从而提高学习效率。此外，这种方法还可以帮助学生发现自己的学习模式和最佳学习时间，进一步优化学习效果。

个性化学习路径还可以通过数据分析和人工智能技术，精准地识别学生的学习盲点和难点。通过分析学生的作业完成情况、测试结果和学习行为数据，AIGC 可以自动生成针对性的复习材料和练习题，帮助学生巩固薄弱环节。这种精准的学习干预不仅能快速提高学生的成绩，还能帮助学生建立起对学习的信心。同时，个性化学习路径还可以根据学生的学习进度自动调整学习计划，确保学生能在规定的时间内完成学习目标，避免因进度落后而产生的焦虑和压力。

（3）培养自主学习能力

个性化学习路径鼓励学生主动参与到自己的学习过程中。学生需要设定学习目标、选择学习内容、监测学习进度，这些过程都有助于培养他们的自我管理能力和终身学习的习惯。在这种学习模式下，学生不再是被动的知识接受者，而是成为学习的主人。通过参与学习决策，学生可以培养批判性思维和决策能力。他们学会了评估不同的学习资源，制定有效的学习计划，以及在遇到困难时寻求帮助。这些技能不仅对学习有益，还能在未来的职业和生活中发挥重要作用。此外，个性化学习路径还可以培养学生的元认知能力，即对自己的思维过程和学习方法进行反思和调整的能力。

个性化学习路径还可以通过设置适当的挑战和奖励机制，激发学生的内在动机。例如，教育者可以设计一系列的学习任务，每完成一个任务就可以获得相应的积分或徽章。这种游戏化的学习方式不仅能增加学习的趣味性，还能培养学生的成就感和自信心。同时，个性化学习路径还可以鼓励学生进行自我评估和反思。通过定期回顾自己的学习进度和成果，学生可以更好地了解自己的学习特点和需求，从而不断调整和优化自己的学习策略。这种自我反思的能力对于培养终身学习者来说至关重要。

（4）全面发展

个性化学习路径不仅关注学科知识的掌握，还注重培养学生的批判性思维、创新能力、问题解决能力等综合素质。通过设计多样化的学习任务和项目，学生可以在实践中锻炼这些重要的能力，为未来的职业发展和终身学习奠定基础。例如，个性化路径可以设计跨学科的项目，让学生将不同领域的知识结合起来，培养创新思维；或者通过小组协作项目，培养学生的沟通和领导能力。个性化学习路径还可以根据学生的兴趣和潜力，提供探索性学习的机会，如参与科研项目、创业小实践等，帮助学生发现自己的潜能和职业方向。

个性化学习路径还可以通过整合社会资源和实践机会，为学生提供更广阔的学习平台。例如，学校可以与企业、研究机构或社会组织合作，为学生提供参观、志愿服务或观摩甚至参与研究项目的机会。这些实践经验不仅可以帮助学生将课堂知识应用到实际问题中，还能培养他们的社会责任感和职业素养。同时，个性化学习路径还可以鼓励学生参与国际交流项目，拓宽视野，增强跨文化交流能力。通过这种全方位的发展，学生不仅能在学业上取得进步，还能成为具有全球视野和综合素质的人才。

（5）提高学习满意度

当学生能按照自己的节奏和兴趣学习时，他们的学习体验会变得更加愉悦。个性化学习路径允许学生在感兴趣的领域深入探索，同时也为他们提供了足够的时间来克服困难。这种学习方式能增强学生的学习动力，减少学习压力，从而提高整体的学习满意度。学生可以根据自己的兴趣选择学习主题或项目，这种自主选择权可以大大提高学习的积极性。同时，个性化学习路径也考虑到了学生的情感需求，通过提供及时的鼓励和支持，帮助学生建立学习自信，克服学习过程中的挫折感。例如，当学生遇到困难时，AIGC 可以提供针对性的辅导和鼓励，帮助学生克服障碍。这种情感支持对于保持学生的学习积极性至关重要。

个性化学习路径能有效克服传统教学方法的局限性，通过充分考虑每个学生的独特需求和特点，尊重学生的个体差异，保障自主选择权，关注情感需求，为学生提供了一种更加灵活、高效和有意义的学习方式。随着教育技术的不断进步和人工智能的广泛应用，个性化学习路径将在未来的教育中发挥越来越重要的作用，为每个学生提供最适合的学习体验，帮助他们充分发挥潜能，实现个人目标。

2. AIGC 构建个性化学习路径的优势

AIGC 在个性化学习路径中发挥着关键作用，为现代教育带来了革命性的变革。这种先进技术不仅能精准分析学生的学习数据，还能根据分析结果制定和调整个性化学习路径，从而显著提高学习效率和效果。随着教育领域对个性化学习需求的不断增长，AIGC 的优势愈发凸显，成为推动教育创新和改革的重要力量。

首先，在分析学生学习数据方面，AIGC 具有显著优势。它能快速处理和分析大量复杂的学习数据，包括学生的学习行为、成绩表现、兴趣爱好等，从而全面了解每个学生的学习特点和需求。AIGC 可以同时处理结构化和非结构化数据，如课堂表现记录、作业完成情况、在线学习平台的交互数据等，从而构建出全方位的学生学习档案。这种深入的数据分析、处理能力远超传统的人工分析方法，为制定个性化学习路径提供了坚实的基础。

具体而言，AIGC 在数据分析方面的优势体现在以下几个方面。

高效处理：AIGC 能在短时间内处理海量数据，远超人工分析能力。这种高效率使得教师能及时获取学生的学习状况，快速做出教学决策。例如，在一个大规模的在线课程中，AIGC 可以实时分析数千名学生的学习进度和表现，为教师提供即时反馈，使其能及时调整教学策略。这种实时分析能力不仅提高了教学效率，还能确保每个学生都得到适时的关注和支持。

模式识别：AIGC 能从复杂的数据中识别出潜在的学习模式和趋势。通过分析学生大量的学习轨迹，AIGC 可以归纳学生的学习规律，对学生的学习行为进行判定，识别出哪些学习方法最有效，哪些知识点最容易引起困惑，从而为课程设计和教学改进提供合理建议。这种模式识别能力不仅有助于个体学生的学习优化，还能为整体教学体系的改进提供数据支持。

多维度分析：AIGC 可以同时考虑多个因素，如学习成绩、学习时间分配、错题类型等，对其进行综合分析。这种多维度的分析能提供更全面、更深入的学生学习画像，有助于制定更加精准的个性化学习计划。例如，AIGC 可以结合学生的学习风格、兴趣爱好、学习环境等多个维度，为每个学生量身定制最适合的学习内容和方法。这种全方位的分析不仅考虑了学生的学习表现，还关注到了影响学习的各种外部因素，从而提供更加全面和有效的学习支持。

预测能力：基于历史数据，AIGC 可以预测学生未来的学习表现和可能遇到的困难。这种预测能力使得教师能提前采取干预措施，防患于未然，确保学生的学习进程不会受到重大阻碍。通过分析学生的学习轨迹和表现模式，AIGC 可以预测哪些学生可能会在某些科目或知识点上遇到困难，从而提前安排额外的辅导或学习资源。这种前瞻性的学习支持不仅能提高学习效果，还能增强学生的学习信心和动力。

基于这些分析结果，AIGC 能根据学生的学习风格、能力和目标生成个性化的学习路径。这种个性化的学习路径能最大限度地发挥学生的学习潜力，使每个学生都能获得最适合自己的学习体验。

其次，AIGC 在建立个性化学习路径方面也有着得天独厚的优势。主要包括以下几个方面。

精准匹配：AIGC 能精准匹配学生的学习需求和适合的学习资源。这种精准匹配确保了每个学生都能获得最适合自己的学习材料和方法，避免了“一刀切”的弊端。通过分析学生的学习数据、兴趣爱好和学习风格，AIGC 可以为每个学生量身定制学习内容和进度。这不仅提高了学习效率，还能激发学生的学习积极性，让他们更好地发挥自身潜力。

动态调整：根据学生的实时反馈和学习进度，AIGC 可以动态调整学习内容和难度。这种灵活性使得学习路径能随时适应学生的变化，保持最佳的学习状态。例如，当 AIGC 检测到学生在某个知识点上遇到困难时，可以自动提供更多的练习和解释；当学生掌握知识较快时，则可以加快进度或提供更具挑战性的内容。这种持续优化的学习过程能确保学生始终处于最佳的学习区间，既能保持适度的挑战性以激发学习动力，又能确保学习内容难度适中以维持学习信心。

多样化推荐：AIGC 能提供多样化的学习资源和活动，满足不同学习风格的需求。这种多样性不仅能激发学生的学习兴趣，还能帮助学生发现最适合自己的学习方式。AIGC 可以根据学生的喜好和学习效果，推荐各种形式的学习资料，如视频、音频、交互式练习、游戏化学习等。这种丰富多样的学习体验不仅能让学习过程更加有趣，还能培养学生的全面能力，包括创造力、批判性思维和问题解决能力等。

个性化反馈：根据学生的具体表现，AIGC 可以提供个性化的学习建议和反馈。这种及时、针对性的反馈能帮助学生快速识别自己的优势和不足，有针对性地改进学习方法。AIGC 不仅可以指出学生的错误，还能分析错误的原因，并提供针对性的改进建议。这种深入的分析和指导可以帮助学生更好地理解自己的学习过程，培养自主学习能力。此外，AIGC 还可以根据学生的学习表现，预测可能出现的学习困难，并提前给出预防性建议，帮助学生避免潜在的学习障碍。

总的来说，AIGC 在个性化学习路径中的应用为现代教育带来了革命性的变革。它在学习数据分析方面的优势，如高效处理、模式识别、多维度分析和预测能力，为制定个性化学习路径奠定了坚实的数据基础。同时，在建立个性化学习路径方面，AIGC 通过精准匹配、动态调整、多样化推荐和个性化反馈等方式，确保了每个学生都能获得最适合自己的学习体验。

3. 个性化学习路径的关键要素

在个性化学习路径中，学习目标、学习内容、学习活动和评估方法是四个关键要素。这些要素相互关联，共同构成了一个完整的个性化学习体系。每个要素都在学习过程中扮演着重要角色，通过精心设计和有机结合，可以为学生创造出最优化的学习体验。在初中语文教育中，AIGC 可以在这些要素的实施过程中发挥重要作用，为个性化学习提供强有力的支持。

（1）学习目标

明确的学习目标能为整个学习过程提供方向，帮助学生和教育者清晰地了解学习的预期结果。在个性化学习路径中，学习目标应该遵循 SMART 原则。AIGC 可以根据学生的个人特点、学习历史和当前水平，为每个学生制定符合 SMART 原则的个性化学习目标。

具体而言，学习目标应该清晰明确，避免模糊不清或过于宽泛的表述。例如，AIGC 可以为学生设定“在一周内掌握 10 个新的成语及其用法”这样具体的目标，而不是笼统地说“提高成语运用能力”。可测量的目标意味着我们可以通过某种方式来评估是否达成了目标，这有助于学生和教育者跟踪学习进度。AIGC 可以设计相应的测试或练习，来衡量学生是否真正掌握了这些成语。可实现的目标要求我们在设定目标时要考虑到学生的实际情况和能力水平，既要有一定的挑战性，又不能过于困难而打击其学习积极性。

AIGC 可以分析学生的学习数据，根据学生的能力水平和进步速度，动态调整学习目标的难度。相关性强调学习目标要与学生的长期发展和当前需求相符。AIGC 可以结合学生的兴趣爱好和未来发展方向，选择与之相关的语文学习目标，如为对新闻感兴趣的学生设定新闻写作相关的目标。最后，有时限的目标可以帮助学生更好地规划学习进度，增强时间管理能力。AIGC 可以根据学生的学习习惯和时间安排，为每个学习目标设定合理的时间框架，并在学习过程中提供及时的提醒和进度跟踪。

通过利用 AIGC 的强大能力，我们可以为每个初中生制定个性化的语文学习目标，这些目标不仅符合 SMART 原则，还能充分考虑到学生的个人特点和需求。这种个性化的目标设定可以激发学生的学习兴趣，提高学习效率，同时也为教师提供了更精准的教学指导方向。在未来的初中语文教育中，AIGC 将成为实现真正个性化学习的重要工具。

（2）学习内容

学习内容是实现学习目标的核心载体。在个性化学习路径中，学习内容应该根据学生的能力水平、兴趣爱好和学习风格进行选择和组织。学习内容包括教科书、在线资源、多媒体材料等多种形式。首先，AIGC 可以根据学生的起点水平自动生成适合的学习内容。AIGC 能分析学生的历史学习数据，了解其知识掌握程度，然后生成既不会过于简单导致学习兴趣下降，也不会过于困难而使学生感到挫败的内容。例如，对于阅读理解能力较弱的学生，AIGC 可以生成篇幅适中、主旨相对浅显的文章；而对于阅读能力较强的学生，AIGC 则可以生成包含更多复杂情感和更深刻主题的文章。其次，AIGC 能根据学生的学习偏好，以多样化的方式呈现内容。有些学生可能更喜欢通过视频学习，AIGC 就可以生成相关的教学视频；有些学生则更倾向于阅读文字材料，AIGC 就可以生成图文并茂的学习笔记。这种灵活性使得每个学生都能找到最适合自己的学习方式。再次，AIGC 还可以将学习内容与实际生活和未来职业发展相联系，增强学习的实用性和吸引力。它可以根据学生的兴趣爱好，生成与之相关的主题文章或对话练习。例如，对于喜欢体育的学生，AIGC 可以生成有关体育明星或赛事的阅读材料；对于对科技感兴趣的学生，AIGC 可以生成描述最新科技发展的文章。这不仅能提高学生的语言能力，还能拓展他们的知识面。最后，AIGC 还可以实时调整和优化学习内容。通过持续分析学生的学习进度和反馈，AIGC 可以动态地调整内容难度，确保学习内容始终处于学生的“最近发展区”，从而最大化学习效果。这种个性化和动态调整的能力，使得 AIGC 成为初中语文个性化学习中不可或缺的工具，为每个学生提供量身定制的学习体验。

（3）学习活动

学习活动是学生与学习内容互动的具体方式。在初中语文个性化学习中，AIGC 可以根据每个学生的学习特点和需求，设计和推荐多样化的学习活动，以满足不同学生的需求和偏好。这些活动可能包括自主学习活动、协作学习活动、实践活动和反思活动等。

自主学习活动如阅读、观看视频、完成在线练习等，可以培养学生的自学能力和时间管理技能。AIGC 可以根据学生的阅读水平和兴趣，推荐适合的文章或视频材料，并生成个性化的阅读理解问题或练习题。例如，对于对古诗词感兴趣的学生，AIGC 可以推荐相关的古诗词鉴赏视频，并生成针对性的问题，引导学生深入理解诗词的意境和写作技巧。

协作学习活动如小组讨论、项目合作等，不仅可以深化学生对学习内容的理解，还能培养学生的沟通和团队合作能力。AIGC 可以根据学生的学习进度和能力水平，组织虚拟小组讨论或在线协作项目。例如，AIGC 可以为不同水平的学生分配不同的角色和任务，让他们共同创作一篇科幻小说，并在过程中提供适时的指导和反馈。

实践活动如角色扮演、写作练习、实地考察等，能将理论知识与实际应用相结合，增强学习的趣味性和实用性。AIGC 可以根据学习内容设计情境化的实践活动。例如，在学习描写性文字时，AIGC 可以生成一系列图片或场景描述，让学生进行细致观察并尝试用优美的语言描绘出来。或者，AIGC 可以模拟不同的社会角色，与学生进行对话练习，提高他们的口语表达能力。

反思活动如写学习日记、自我评估等，有助于学生深入思考学习过程，培养元认知能力。AIGC 可以提供反思提示和引导问题，帮助学生更有效地进行自我反思。例如，在学生完成一篇作文后，AIGC 可以生成一系列问题，引导学生思考自己的写作过程、遇到的困难以及可以改进的地方。

在选择和设计这些活动时，AIGC 可以充分利用其数据分析能力，考虑学生的学习风格、兴趣和能力水平，确保活动既有挑战性，又能让学生感到愉悦和成就感。例如，对于喜欢动手操作的学生，AIGC 可以设计更多的实践活动，如制作思维导图或创作小剧本；对于善于思考的学生，AIGC 可以增加一些需要深度分析和讨论的任务，如文学作品的主题探讨或写作技巧分析。

（4）评估方法

评估是个性化学习路径中不可或缺的一部分，它不仅用于衡量学习效果，也是调整学习路径的重要依据。在初中语文个性化学习中，AIGC 可以设计和实施多元化、持续性的评估方法，包括形成性评估、总结性评估、自我评估和同伴评估等多种形式。

形成性评估如课堂提问、小测验、作业等，可以及时了解学生的学习进度，发现问题并及时调整学习策略。AIGC 可以根据学生的学习内容和进度，实时生成个性化的测试题目或练习题。例如，在学习某个语法点后，AIGC 可以立即生成一组针对性的练习题，帮助学生巩固所学知识。同时，AIGC 还可以分析学生的答题情况，识别出他们的薄弱环节，并提供相应的补充学习材料。

总结性评估如期末考试、项目展示等，则用于全面评价学习成果，检验是否达成了预设的学习目标。AIGC 可以根据学习目标和学生的个人情况，设计个性化的总结性评估任务。例如，AIGC 可以为每个学生生成一份独特的作文题目，这些题目既能考查学生的写作能力，又能与他们的个人兴趣和经历相联系，从而激发他们的写作热情。

自我评估鼓励学生反思自己的学习过程和成果，培养自我监测和自我调节的能力。AIGC 可以为学生提供自我评估的工具和指导。例如，AIGC 可以生成一份详细的评估量表，引导学生从多个角度评价自己的学习表现，并提供具体的改进建议。

同伴评估让学生互相评价，不仅可以从不同角度审视学习内容，还能培养批判性思维和沟通能力。AIGC 可以组织同伴评估活动，并提供评估标准和反馈模板，帮助学生更有效地进行互评。例如，在进行作文互评时，AIGC 可以为每个学生生成一份个性化的评估指南，指导他们如何从内容、结构、语言等方面评价同学的作文。

以上评估方法应该与学习目标紧密相连，并能提供有意义的反馈，帮助学生了解自己的学习状况，指导后续学习。AIGC 可以分析评估结果，为每个学生生成详细的学习报告，包括他们的优势、不足以及具体的改进建议。例如，学生的学习目标是提高口语表达能力，那么评估方法可以包括口头报告、角色扮演等，而不应仅仅依赖笔试。AIGC 可以通过语音识别和自然语言处理技术，分析学生的口语表现，并提供针对性的改进建议。

在实施个性化学习路径时，学习目标、学习内容、学习活动和评估方法这四个关键要素需要有机结合，相互支持。学习目标是整个过程的指引，它决定了学习内容的选择和学习活动的设计。学生通过完成精心设计的学习内容和参与相应的学习活动来达成学习目标。评估方法则用于检验学习内容和活动的完成情况，衡量学习目标的实现程度。评估结果不仅反映了学习效果，还为调整学习目标和优化学习内容、活动提供了依据。这种循环往复的过程使得个性化学习路径能不断适应学生的需求，持续优化学习体验。通过这种动态调整机制，个性化学习路径可以更好地满足每个学生的独特需求，从而提高整体学习效果，实现因材施教的教育理念。

4. AIGC 构建个性化学习路径的过程

AIGC 辅助构建个性化学习路径的过程是一个动态、循环的整体系统，致力于根据学生的个人特点和需求，提供最佳的学习方案。通过数据收集、数据分析、路径生成、实施与监测及动态调整这几个关键步骤，AIGC 能顺利实现这一目标。

(1) 数据收集

数据收集是整个过程的起点。AIGC 需要收集学生的各种数据，这些数据主要包括前文提及的学习表现、语言能力、学习行为、兴趣爱好、情感态度、社交互动、学习环境等数据和学生基本信息。基本信息是对学生背景的基本了解，如年龄、性别、年级、学习背景等，能够帮助 AIGC 了解学生的总体情况。通过收集这些信息，AIGC 能初步框定学生的知识水平和学习阶段，为后续的路径打下基础。

(2) 数据分析

AIGC 会对收集到的数据进行深度分析，以全面理解学生的学习特点和需求，然后生成个性化学习报告，给出学习路径预测结果。学习路径预测结果是 AIGC 基于以往数据和当前学习状态，预测学生在不同学习路径下可能达到的学习效果，从而帮助选择最有效的学习路线。通过对学生过往学习表现的综合分析，系统可以预测学生在不同路径下可能的进步空间和最终效果，从而选择最适合的个性化学习路径。

(3) 路径生成

基于数据分析结果，AIGC 生成个性化的学习路径。这个路径包含以下几个部分。

① 学习目标设定：根据学生的能力水平和学习需求，设定适当的学习目标，确保目标具有挑战性但又可实现。AIGC 考虑学生的实际水平和学习需求，分阶段设定短期和长期的学习目标，使目标既具有挑战性，又不过于遥不可及，从而激发学生的学习动力。

② 内容推荐：选择适合学生学习风格和能力水平的学习内容。如果学生是视觉型学习者，AIGC 会推荐更多的图表和图片资料。通过分析学生的学习风格和能力水平，AIGC 推荐最适合的学习资料，包括教材、视频、练习题等，确保学习内容既符合学生的兴趣，又能有效提升其知识和技能。

③ 活动安排：设计符合学生偏好的学习活动，比如小组讨论、实验操

作、项目研究等，使学习过程更加有趣和有效。AIGC会根据学生的兴趣和学习风格，设计多样化的学习活动，使学习过程充满趣味和互动，从而提高学习效果和参与度。

④ 时间规划：合理安排学习时间，平衡不同科目和内容的学习，确保学生不会因为语文科目投入过多时间而影响其他科目。AIGC会综合考虑各科目的学习需求和学生的时间安排，制定科学合理的时间规划，确保学生能在规定时间内完成各科目的学习任务。

⑤ 评估计划：制定适合的评估方案，包括形成性评估和总结性评估，以便教师及时了解学生的学习进度和效果。AIGC会设计多种形式的评估方案，包括在线测试、小组讨论、项目报告等，通过多角度的评估方法，及时了解学生的学习进度和效果，并根据评估结果进行相应调整。

（4）实施与监测

学生按照生成的学习路径开始学习，AIGC会持续监测学生的学习进度和表现，监测内容包括以下内容。

① 学习进度跟踪：记录学生完成的学习内容和活动，确保其按照预定的学习路径前进。AIGC会实时记录学生的学习进展，包括完成的学习资料、参与的活动等，保证学习路径的实施。

② 学习效果评估：通过各种评估方法（如在线测试、小组讨论等）评价学生的学习成果，及时发现和解决问题。AIGC会定期进行学习效果评估，通过在线测试、课堂讨论等，了解学生的知识掌握情况，及时发现学习中的问题并提出改进建议。

③ 学习行为分析：观察学生的学习时间、资源使用等情况，了解其学习习惯和可能的改进方向。通过记录学生的学习行为，AIGC分析出学生的学习时间安排、资源使用情况等，从而发现学习中的问题和改进方向。

④ 情感状态监测：通过学习行为或专门的情感识别技术，AIGC能了解学生的学习情绪，如是否表现出厌学情绪，是否对某些内容特别感兴趣等。通过行为数据和情感识别技术，AIGC能及时了解学生的情感状态，判断出学生的学习积极性和情绪变化，并提供相应的调整措施。

（5）动态调整

基于监测结果，AIGC会对学习路径进行实时调整，确保其始终适合学生的需求。调整可能包括以下几个方面。

① 难度调整：如果发现学生在某些内容上遇到困难，AIGC会降低难度或者增加辅助资源；如果学习内容对学生来说过于简单，AIGC则可能增加挑战性内容。AIGC根据学生的学习表现，实时调整学习内容的难度，确保

学生处于“最近发展区”。

② 内容优化：根据学生的反馈和行为数据，调整学习内容。如果学生对某些主题特别感兴趣，AIGC 可以增加相关内容的深度和广度。AIGC 根据学生的学习反馈和行为数据，动态优化学习内容，确保内容始终满足学生的兴趣和需求，提高学习效果。

③ 活动调整：根据学生的参与度和反馈，调整学习活动的类型，比如增加互动性的内容或者提供更多的实操机会。AIGC 根据学生的活动参与度和反馈，动态调整学习活动的类型和安排，使学习活动更符合学生的兴趣和需求。

④ 进度调整：根据学生的学习速度和效果，调整学习进度，以确保每个学生都能在适合自己的节奏下进行学习。AIGC 根据学生的学习速度和效果，实时调整学习进度，确保每个学生都能在适合自己的节奏下进行学习，提高学习效果和效率。

通过这些步骤，AIGC 能为每个学生提供高度个性化和动态调整的学习路径。AIGC 不断从学生的学习过程中获取新的数据，进行新的分析，并对学习路径进行优化和调整，从而确保学习路径始终保持最佳状态。这种个性化和动态调整的学习路径，不仅提升了学生的学习效果，还大大提高了学生的学习体验，使其在学习过程中能获得更多的成就感和满足感。

5. 个性化学习路径案例

以下是一份 AIGC 辅助张同学制定的初中语文个性化学习路径规划。

张同学语文学科个性化学习路径规划

1. 学生基本信息

年龄：14 岁

性别：女

年级：初二

学习背景：小学期间语文成绩一直保持在中等水平，但进入初中后，语文成绩有所下滑。

2. 数据收集

(1) 学习表现

考试成绩：最近语文考试成绩为 85 分，整班排名倒数 25%。

作业完成情况：作业质量一般，字迹比较潦草，错误较多。

课堂参与度：参与度中等，回答问题时经常犹豫不决。

(2) 语言能力

词汇使用：活跃词汇量和被动词汇量偏低，词汇多样性较差。

句法结构：写作时使用复杂句式较少，表达方式较为简单。

语法掌握：在时态、语态的使用等方面存在一定错误。

表达流畅度：口语表达时有较多停顿和重复，写作连贯性较弱。

（3）学习行为

学习时间分配：每天用于语文学习的时间约为 30 分钟，多集中在晚上。

资源使用情况：主要依靠学校提供的教材和作业，很少使用课外资料。

错题类型分析：阅读理解部分错题较多，特别是语句分析题和文章主旨把握题。

（4）兴趣爱好

学生喜欢阅读文学小说，尤其对悬疑推理和科幻类作品感兴趣。

对诗歌和散文的兴趣较低。

（5）情感态度

学习动机：学习语文的主动性和积极性较低。

学习自信：对自身语文能力缺乏信心，容易产生挫折感。

情绪管理：在面临困难时常表现出焦虑和沮丧的情绪。

（6）社交互动

课堂互动：在课堂讨论中很少主动发言，更多担任被动倾听的角色。

同伴评价：在小组合作中表现不够出色，缺乏与他人有效沟通的能力。

在线交流：很少主动参与在线论坛或讨论群，缺乏主动学习的习惯。

（7）学习环境

物理环境：学习环境较为嘈杂和光线偏暗，影响学习专注度。

数字环境：使用电子设备学习的效率较低，缺乏合理的学习规划。

家庭环境：家庭学习资源较为贫乏，家长对学习的支持和参与度较低。

学校氛围：班级学习气氛较为紧张且竞争激烈，缺乏轻松愉悦的氛围。

3. 数据分析

（1）学习风格

视觉型：通过视觉资料（如图表、图画、视频）学习效果更好。

（2）学习模式识别

学生倾向于晚间学习，喜欢阅读视觉资料，但很少系统性学习。

（3）能力评估

阅读理解能力偏弱，特别是语句分析和整篇文章的逻辑把握有困难。

写作能力中等，但有时表达不够清晰，描述不够生动形象。

（4）学习障碍诊断

学生在应对复杂的阅读材料时经常感到困惑，可能存在理解能力不足的问题。

作业中反复出现的错题表明仍未掌握某些知识点。

(5) 学习潜力预测

学生对文学作品有兴趣，有潜力通过增加阅读材料和指导提升阅读理解能力。

写作能力可以通过系统性的写作训练和反馈得到提高。

4. 路径生成

(1) 学习目标设定

短期目标：在下次语文考试中成绩达到 95 分以上。

长期目标：提升阅读理解能力，能独立分析复杂的文学作品。

(2) 内容推荐

阅读视觉资料，包括带插图的书籍、短视频解析及图表分析的文章。

推荐一些由经典文学作品改编的电影，提升其兴趣和理解能力。

(3) 活动安排

定期小组讨论：每周一次，与其他同学分享阅读感受，讨论文章主旨。

案例分析：每周选择一篇文学作品进行深度剖析，特别关注语句和结构分析。

(4) 时间规划

每天晚上安排 40 分钟语文学习时间，其中 20 分钟用于阅读推荐内容，20 分钟完成相应的练习和讨论准备。

(5) 评估计划

形成性评估：每个单元结束后进行小测试，及时反馈错题并进行讲解。

总结性评估：每月进行一次模拟考试，总结学习效果。

5. 实施与监测

(1) 学习进度跟踪

记录每天的学习内容和完成情况，确保路径按计划执行。

(2) 学习效果评估

每周小组讨论后，由教师进行点评，记录学生的进步和存在的问题。

(3) 学习行为分析

分析学生使用的资源、时间分配和参与度，及时调整学习计划。

(4) 情感状态监测

观察学生的学习行为和反馈，监测其学习情绪和状态，必要时进行心理辅导。

6. 动态调整

(1) 难度调整

针对难度问题，适时调整阅读材料的难度，增加辅助资源如注释和引导问题。

(2) 内容优化

根据学生的反馈，增加与悬疑推理和科幻类相关的文学作品，激发兴趣。

(3) 活动调整

如果小组讨论效果不好，可以尝试增加个别辅导和一对一讨论，提高针对性。

(4) 进度调整

根据学生的学习效果和进步速度，适时调整学习进度，确保任务不过于紧张或松散。

以上 AIGC 辅助的个性化学习路径设计，能帮助学生在语文学科中逐步克服困难，提升学习效果和兴趣，达到最佳的学习状态。

6.4 个性化智能题库

为更好地实施个性化学习，我们还可以建设个性化智能题库。AIGC 在这一过程中发挥着不可或缺的作用。首先，它能自动生成多样化且相关性强的题目，建立学生个性化的智能题库。题库不仅涵盖了教材中的重点难点，还融合了最新的教育趋势，使题目内容不断更新。这种动态性的更新确保学生能接触到最新的知识点和考试热点，从而提高学习效果。其次，AIGC 能为每个学生量身定制学习体验，根据他们的学习进度和兴趣，从题库中推荐合适的练习题，从而提高学生的参与度和学习效果。通过智能题库，学生能按照自己的节奏进行学习，不再受统一教学进度的限制，让他们在学习语文的过程中更加自信和积极。此外，智能题库还具备自动分析错题并提供有针对性的练习的功能，帮助学生及时巩固薄弱环节，避免重复性错误。通过这种个性化的练习模式，学生能逐步找到符合自己学习风格和兴趣的最有效的学习路径，有针对性地提高语文核心素养。

6.4.1 题库建设与管理

AIGC 在题库的建设与管理方面发挥了重要的技术支持作用，使题库不仅在内容上更加丰富多样，还能在实时性和精准性方面不断更新和优化。它通过智能算法和自然语言处理技术的有机结合，大大提升了题库的建设效率和管理水平。一方面，AIGC 能减轻教师创建和管理题库的工作量，减少重复性和机械性的劳动，教师可以将更多的时间和精力投入教学创新和个性化辅导中。另一方面，它为学生提供了更符合其个性化需求的学习资源，通过智能分析每个学生的学习情况和薄弱环节，生成适合其水平和学习目标的题目，从而提升学习效果。

AIGC 具备自动更新能力。随着教育内容和考试形式的变化，题库中的题目可以及时调整和补充，确保学生面对的是最新、最具代表性的学习材料。它还能进行数据分析和挖掘，通过对学生答题情况的统计和分析，发现共性问题和难点，生成针对性的练习题，从而更有效地支持学生的学习提升。

首先，题目多样性是 AIGC 在题库建设中的一大优势。AIGC 可以自动生成多种类型的题目，比如单选题、填空题、断句题、阅读理解和作文题等。这些题型的多样性确保学生能在不同的题型中进行练习，全面提升各方面的语文能力。基于语义理解技术，AIGC 能精准地分析和理解语文教材内容，从而生成符合课程标准的题目。例如，对古诗文的分析可以生成翻译题，对文学常识的分析可以生成选择题，对现代文阅读的分析可以生成阅读理解题。这样的题目不仅涵盖了基础知识，还包含了更高层次的知识点，如历史背景分析、文学主题探讨等，有助于全面提升学生的综合能力。多样化的题目设计对学生学习的全面性和综合性起到了重要的促进作用。学生通过接触不同类型的题目，不仅能巩固所学知识，还能培养应对各种考试形式的能力。现代文阅读理解题有助于学生提升阅读速度和理解能力，而作文题则可以锻炼学生的表达能力和逻辑思维。例如，当古诗文学习仅限于文本理解和背诵时，AIGC 可以通过对诗文背景的深入解析，设置一些开放性问题，让学生从时代背景、文化脉络等多维度去理解和解读诗文，从而提升学生的综合素养。AIGC 还可以生成流行文化相关的题目，如结合现代歌曲、电影中的经典台词进行填空或阅读理解，增强学生的学习兴趣，提升学习的趣味性，让教学情境更贴近学生的生活和兴趣。

其次，自动更新功能确保了题库的内容始终保持新鲜和与时俱进。随着语文教材和考试形式的不断变化，AIGC 能实时捕捉这些变化，并据此更新题库内容。例如，当教育部发布新的课程标准或者考试要求时，AIGC 能迅速识别这些变化，并自动生成符合新标准的新题目。自动更新功能强化了题库的动态性和前沿性，很大程度上解决了传统题库内容老旧、更新慢的问题。每当教材进行新的修订，或是考试模式有所变化，AIGC 能迅速反应并做出相应的题库调整。例如，当历史事件或者经典小说的新诠释出现在教材中，AIGC 会捕捉到这些新信息，迅速生成相关的练习题，从而保证学生从原始信息到新观点的无缝衔接。同时，AIGC 还可以根据社会热点和当前社会问题设计相关题目，帮助学生联系实际。这不仅使学生的学习内容更具实际关联性，还增强了学生对现实世界的理解和思考能力，提升他们的社会责任感。例如，AIGC 生成与最新航天科技成果或奥运会等重大活动相关的阅读理解题，能将枯燥的语文学习与生动的社会现实联系在一起，提高学生的学习兴趣和对现实问题的感知力。

再次，智能标注功能极大地方便了教师和学生对题目的使用和管理。AIGC 能通过自然语言处理技术，为每道题目添加详细的知识点标签和难度级别。这意味着教师在布置作业和出考试题时，可以根据需要快速筛选出符合特定知识点和难度要求的题目。例如，针对阅读理解题目，AIGC 会标注其涉及的文学体裁、时代背景、人文主题等信息，并根据题目难度进行分级。学生在自主学习时，也能根据自身的学习进度和能力选择合适的题目进行练习，避免因题目过难或过易而影响学习效果。智能标注不仅提高题目检索的效率，还提升题目选择的针对性和科学性。教师可以依靠题目的标签和难度值，迅速构建出具有不同侧重点和层次结构的试卷。例如，在准备期中考试或期末考试时，教师可以根据学生平时的作业反馈，使用智能标注功能挑选出既能覆盖主干知识点，又能挑战学生认知能力的题目，这对于评估学生的真实水平具有重要价值。对于学生而言，智能标注提供的难度分级和知识点标注，使他们能高效定位自身薄弱点，有针对性地进行强化练习，大大提升了自主学习的效果和学习的针对性。

智能标注功能还为大数据分析提供基础。① AIGC 可以对题库的使用情况进行全面的数据分析，形成详细的报表，帮助教师掌握每个学生或整个班级的学习情况。例如，通过分析学生在不同知识点上的答题正确率，教师可以发现哪些知识点是学生普遍的弱项，从而在教学中给予更多的关注并进行重点讲解。这种基于数据的反馈机制，有助于优化教学策略，实现教学的精细化和科学化，显著提升教学的有效性和针对性。

此外，AIGC 还能生成地域特色的题目，让本地文化和语文学习紧密结合，增强学生对本地域文化的理解和认同。例如，针对某些少数民族地区的学校，AIGC 可以设计包含当地文化元素的阅读题或作文题，引导学生融入并理解本民族的文化传统，从而在语文学习中增强文化自信。

---

① 刘健，田喜平，苏志军. 基于 Maplex 的智能标注功能应用探析 [J]. 测绘技术装备，2017，19 (2)：27-29.

由此可见，AIGC 在题库建设与管理中的应用，不仅提高题库的质量和更新速度，还使题库管理更加科学和高效。这对于提升教学质量和学生的学习效果具有重要意义。通过题目多样性、自动更新和智能标注等功能，AIGC 赋能语文教育，推动了个性化学习和精准教学的发展。

在未来，随着 AIGC 的不断进步和应用的深入，题库建设与管理会变得更加高效、精准和智能化。它不仅能提升教育资源的质量和使用效率，还将推动整个教育系统向智能化和个性化方向发展，为教师减负，为学生增效，助力教育事业迈向新的高度。

6.4.2 题库使用与反馈

借助 AIGC，智能题库能根据每个学生的具体学习进度和个性化需求，实时推荐最合适的练习题目。这一系统不仅提高了学习效率，还能显著提升学生的学习体验。在题库的使用过程中，动态匹配及错题分析与针对性练习功能是其最突出的特色。

1. 动态匹配

通过分析大量的学生答题数据，AIGC 为每个学生建立一个详细的个性化学习档案。这些数据包括但不限于答题的正确率、答题时间以及每道题目的尝试次数。在此基础上，AIGC 能精确地了解每个学生的当前学习水平和学习中遇到的困难。分析数据后，AIGC 会动态调整推荐题目的难度和类型。对那些答题正确率较高的学生，AIGC 会推荐稍难一些的题目以提供进一步的挑战，从而促进他们在更高层次上的思考与学习。这样的挑战能激发学生的潜力，促使他们不断进步和提升自己的水平。这一过程能有效避免学生因为题目过于简单而感到学习乏味，从而失去学习兴趣。同时，对于那些在学习中遇到困难的学生，AIGC 则会推荐难度适中的题目，帮助他们进行巩固练习，逐步提升学习信心和水平。这种针对性强的推荐机制，使得每个学生都能以最适合自己的速度和方式进行学习，有效提升学习效果。[①] 尤其在中学语文教育中，动态匹配能帮助学生更好地掌握语言的细微差别和表达方式，从而提高他们的综合语文素养。

同时，动态匹配机制还能根据学生的最新学习表现，实时调整推荐策略。例如，当某个学生在特定类型的题目上表现出显著进步时，AIGC 能迅速识别这一变化，并适时提高题目的难度或转换题型，以保持学习的挑战性和新鲜感。反之，如果学生在某一阶段的表现有所下降，AIGC 也会

① 彭绍东. AIGC 时代基于双向赋能的人工智能教育创新框架 [J]. 教育文化论坛，2023，15 (4)：12-26.

及时调整推荐内容，提供更基础或辅助性更强的题目，帮助学生迅速找回状态。

利用动态匹配机制，学生不仅获得了量身定制的适当挑战，还能感受到学习过程中的持续进步。这种个性化的学习体验有助于培养学生的自主学习能力和探索精神，使他们成为更加独立和具有批判思维的人。特别在中学语文教育中，学生需要掌握和运用大量复杂的语言知识和表达技巧，在 AIGC 的动态匹配机制的辅助下，他们能一步步夯实基础，逐渐掌握更加复杂的语文知识，形成良好的语言应用能力。

2. 错题分析与针对性练习

AIGC 的错题分析与针对性练习功能在初中语文个性化学习中起着至关重要的作用。通过全面分析学生的错误，AIGC 不仅能识别出学生在不同类型题目中的具体问题，还能深入挖掘出错误背后的根本原因，从而为学生量身定制有效的巩固练习。这一过程有助于学生弥补知识短板，实现真正的个性化学习体验。

（1）错题分析

① 全面的错因识别：AIGC 能分析学生的答题模式、错误类型和频率，快速准确地识别出错误可能属于哪一类或几类原因。例如，频繁的书写错误可能指向基础知识不扎实，而理解偏差则可能表明理解能力不足。AIGC 可以细致地区分不同类型的错误，如区分因粗心导致的偶然性错误和因知识缺陷导致的系统性错误。这种全面的错因识别为后续的针对性训练奠定了坚实基础。

② 历史数据追踪：AIGC 的一大优势在于其强大的数据处理能力。通过记录和分析学生长期的学习数据，AIGC 可以追踪学生错误原因的变化趋势，如某些错误类型是否在减少或增加，帮助评估学生的进步情况。这种长期追踪不仅能反映学生的学习曲线，还能帮助发现潜在的学习问题。例如，如果某类错误长期存在且没有改善，可能需要调整学习方法或寻求额外帮助。

③ 多维度分析：AIGC 的分析不局限于单次测试的错误，而是能综合考虑学生的学习习惯、作业完成情况、课堂表现等多个维度的因素，提供更全面的错因分析。例如，AIGC 可能识别出时间管理不当、学习方法不适合或注意力不集中等问题。通过整合这些多维度的信息，AIGC 可以构建出学生更完整的学习画像，为个性化教育提供更全面的指导。

④ 关联性分析：AIGC 的强大之处还在于其能分析不同类型错误之间的关联性。例如，AIGC 可能发现理解能力不足导致阅读技巧不足，或者词汇

量贫乏影响了写作表现。通过揭示这些错误之间的内在联系，AIGC 帮助找出问题的根本原因，使得纠错过程更加有的放矢。这种关联性分析为制定全面的改进策略提供了重要依据。

⑤ 情感因素考虑：AIGC 甚至可以通过分析学生的答题模式、语言表达和作答时间等因素，推测学生的心理状态。例如，频繁的放弃作答可能反映学生的自信心不足，而答题时间过长则可能暗示焦虑问题。通过识别这些潜在的心理因素，AIGC 可以提醒教师和家长关注学生的心理健康，并提供相应的支持和鼓励。

⑥ 考试技巧分析：AIGC 能通过分析学生在不同题型上的表现，识别出学生在考试技巧方面的不足。例如，AIGC 可能发现学生练习后半部分难度较低的题未完成，或在作文题中常常偏离主题。基于这些分析，AIGC 可以提供针对性的考试技巧训练建议，如时间分配策略、答题顺序优化等，帮助学生在考试中更好地发挥实力。

⑦ 生活经验关联：AIGC 的分析还能延伸到学生的生活经验领域。通过分析学生在特定主题或背景知识相关题目上的表现，AIGC 可以识别可能由生活经验不足导致的理解偏差。例如，学生在描写农村生活的文章理解题中表现欠佳，AIGC 会建议增加相关阅读或实地体验。这种分析有助于拓展学生的知识面，丰富其生活阅历。

⑧ 快速反馈：相比传统的人工分析，AIGC 可以在学生完成练习后立即提供错因分析，使学生和教师能及时了解问题所在，快速调整学习策略。这种即时反馈机制不仅提高了学习效率，还能在学生记忆最深刻时纠正错误，加深正确概念的印象。快速反馈也使教师能及时调整教学计划，更好地满足学生的学习需求。

⑨ 个性化错因分析报告：基于全面的错因识别，AIGC 能为每个学生生成详细的个性化错因分析报告。这些报告不仅指出学生在不同类型错误上的具体表现，如基础知识、理解能力、表达能力等方面的具体不足，还能提供错误样本和正确答案的对比分析。报告可以图文并茂，使用图表、百分比等直观方式呈现学生在各个方面的表现，使学生和家长能清晰地了解学习状况。

基于全面的错题分析结果，AIGC 可以为学生和教师生成针对性的改进建议。对于基础知识不扎实的问题，AIGC 可能推荐相关的复习材料和练习题；针对表达能力欠缺，AIGC 可能提供写作指导和范文分析。这些建议不仅针对具体的错误，还考虑到学生的学习风格和兴趣，以提高学习效果和积极性。

（2）针对性练习

AIGC 除了在指导学生掌握答题技巧、强化心理素质等方面提供有效建议，对于学生没有完全掌握的知识点也能采取多种措施予以强化。

① 深入概念讲解：针对学生经常出错的知识点生成式，AIGC 会提供更深入的概念解释，包括相关的背景知识、使用技巧和实际应用案例，帮助学生全面理解和掌握。例如，在讲解成语时，AIGC 不仅会解释成语的字面意思，还会深入探讨其历史由来、典故出处以及在现代语境中的恰当用法。通过多角度、多维度的讲解，学生能更好地理解成语的内涵，避免使用错误。此外，AIGC 还会结合学生的兴趣爱好和生活经验，提供贴近实际的例子，使抽象的概念变得具体可感，增强学习效果。

② 知识关联强化：AIGC 会帮助学生建立知识点之间的联系，如通过思维导图或知识网络图展示不同语法概念之间的关系，促进学生形成系统化的语文知识体系。例如，在学习词性时，AIGC 可以创建一个互动式的知识网络，展示名词、动词、形容词等不同词性之间的关系和转化规律。学生可以通过点击不同节点，了解各个词性的特点和用法，以及它们在句子中的作用。这种可视化的学习方式不仅能帮助学生更好地理解和记忆知识点，还能培养他们的逻辑思维能力。

③ 生成针对性练习题：AIGC 会根据学生的错误类型和频率，生成对应的练习题。例如，在学习《桃花源记》时，学生可能在“阡陌交通，鸡犬相闻”一句中频繁出错，AIGC 可以生成其他类似结构的句子，如“篱落疏疏，行人相望”，进行多样化练习，以强化学生对文言句式的理解。此外，AIGC 还可以根据学生的错误模式，生成一系列递进式的练习题。从简单到复杂，逐步提高难度，帮助学生循序渐进地掌握知识点。这种个性化的练习方式能有针对性地解决学生的薄弱环节，提高学习效率。

④ 情境化练习：AIGC 会创建与学生日常生活相关的情境练习，将知识点融入具体场景中，加深学生印象，避免错误。比如，针对形容词误用问题，AIGC 可能会设计一个描述校园生活的作文练习，要求学生恰当运用各类形容词，加深对词语使用的理解。AIGC 还可以根据学生的兴趣爱好，设计个性化的情境练习。例如，对于喜欢体育的学生，AIGC 可以设计一个关于运动会的写作练习，让学生运用丰富的词汇和修辞手法描述比赛场景和运动员的表现。这种贴近生活的练习方式不仅能提高学生的学习兴趣，还能帮助他们将所学知识应用到实际生活中。

⑤ 交互式练习：为提高学习兴趣和参与度，AIGC 会设计互动性强的练习，如语文知识小游戏、对话式问答等。这些练习能让学生在轻松愉快的氛

围中巩固知识点，提高学习效率。[①] 例如，AIGC 可以设计一个“成语接龙”游戏，学生需要根据给出的成语最后一个字，快速想出以该字开头的新成语。这种游戏不仅能帮助学生复习和记忆成语，还能培养他们的反应能力和联想能力。另外，AIGC 还可以设计角色扮演类的对话练习，让学生在模拟的社交场景中运用所学的语言知识，提高语言表达能力和社交技能。

⑥ 定期复习安排：AIGC 会根据遗忘曲线理论，为学生安排定期的复习计划，巩固已学知识。这些复习练习会融合新旧知识点，确保学生能长期记住并灵活运用所学内容。例如，AIGC 可以根据学生的学习进度和薄弱环节，制定个性化的复习计划。在复习古诗文时，AIGC 不仅会安排学生复习最近学习的内容，还会将之前学过的相关诗文穿插其中，帮助学生建立知识联系，加深理解。此外，AIGC 还可以设计一些综合性的复习练习，如写作练习，要求学生在一篇文章中运用多个知识点，既能巩固所学内容，又能培养学生的综合运用能力。

通过这些全面而有针对性的知识点强化措施，AIGC 能帮助学生有效克服学习中的困难，不断提升语文水平，实现真正的个性化学习。

总体而言，AIGC 在初中语文教学的个性化学习中，充分利用了大数据分析和智能生成技术，全面提高了学生的学习效率和学习质量。这一综合性的智能学习系统，不仅弥补了传统教育模式中的不足，还为未来的教育发展提供了新的思路和方向。[②]

---

① 战希臣，付用军，郑海平，等. 军校学习新论 [M]. 北京：兵器工业出版社，2021：112.
② 张衍标. 数据赋能中学语文教学评价运用与启示 [J]. 华夏教师，2023 (10)：73 - 75.

第7章

AIGC 助力初中语文课外活动

初中语文课外活动有助于学生拓展知识面、提高语言能力、培养综合素质、增强文化理解、激发学习兴趣和潜力，并提高学生的交流合作能力，是课堂教学的重要补充。随着 AIGC 的不断发展，其在初中语文课外活动中也能发挥重要作用。它能生成丰富的学习资源，提供个性化指导，拓展学习渠道，为语文教育注入新活力，推动学生语文素养的全面提升。

7.1 写作兴趣小组

一般而言，写作兴趣小组成员的写作能力高于班级整体水平，且爱好写作。因此对他们的指导，无论是主题生成还是技巧指导，都会有别于课堂写作教学。

AIGC 通过分析学生的阅读历史、写作偏好和日常兴趣，能够为兴趣小组成员提供个性化的写作主题，激发学生的探索欲和创造力。AIGC 不仅能生成丰富多样且高度个性化的创意写作主题，还能抓取实时新闻热点，将社会关注的话题转化为写作主题，培养学生的社会责任感和批判性思维。此外，AIGC 可以促进小组成员之间的讨论和合作，增强他们的写作能力和团队协作精神，为学生创造一个富有启发性和合作精神的写作环境。

7.1.1 创意写作主题生成

AIGC 在创意写作主题生成方面展现出了令人瞩目的能力。通过深入分析学生的个人特点、学习经历和兴趣爱好，AIGC 能生成丰富多样且高度个性化的创意写作主题，不仅有助于激发学生的写作热情，还能持续培养他们的创作灵感。

1. 基于学生兴趣的个性化主题推荐

在日常生活中，学生有各自的兴趣和爱好。这些兴趣爱好是 AIGC 生成个性化写作主题的宝贵资源。例如，一个热爱运动的学生可能经常关注篮球比赛、喜欢户外活动，那么 AIGC 可以根据这些兴趣生成“篮球明星的成功之路”或“探险家的一天”这样的写作主题，让学生通过写作来表达自己对运动的热爱和对自然的敬畏。此外，AIGC 还能发现学生的一些潜在的兴趣。例如，一个学生一直喜欢观看动物纪录片，但从未尝试将其作为写作题材。AIGC 会建议“探索非洲野生世界”的主题，鼓励学生把日常兴趣转化为创作灵感。个性化的推荐还能帮助学生克服写作障碍。一些学生常因为找不到合适的写作灵感而苦恼。AIGC 通过分析学生的特点和喜好，生成的主题往往能直击他们的兴趣和内心需求，使得写作过程更加顺畅和愉快。例如，对一个对玄幻世界有无限遐想的学生，AIGC 可能会为他推荐“创世神话：一个全新的奇幻世界”的题目，这既调动了学生的创作激情，也提供了一个广阔的创作空间。

AIGC 生成的主题还能够根据学生的兴趣爱好进一步细化。例如，虽然两位同学都喜欢探索，但他们的具体兴趣点可能有所不同：对于热爱自然探索的学生，AIGC 可能会生成“我的校园生物观察日记”的主题，鼓励学生在校园里探索植物和小动物的生活，记录它们的变化和有趣行为。而对于偏好探索历史的学生，AIGC 则可能会推荐“探访我家乡的古迹”的主题，激发学生实地考察本地历史遗迹，了解家乡的文化传统和历史变迁。这种高度个性化的推荐不仅能让学生找到与自己内心共鸣的写作主题，还能帮助他们发现新的兴趣点。对于那些兴趣较为广泛的学生，AIGC 还能提供更多元化的主题选择，鼓励他们在不同领域进行探索。例如，对历史和文学同样感兴趣的学生可能会得到“历史人物中的英雄形象”的主题，从而激发他们结合两种兴趣进行创作的动力。通过这种方式，AIGC 不仅激发了学生的写作热情，还拓展了他们的知识视野，培养了多角度思考的能力。

AIGC 利用先进的数据分析算法，全面了解学生的阅读历史、写作偏好及日常兴趣。它不仅仅是简单地匹配关键词，还通过深度学习模型来理解学生的兴趣倾向和性格特征，进而生成高度个性化的写作主题。例如，当 AIGC 发现某位学生对探险小说表现出浓厚兴趣时，它会进一步分析这种兴趣背后的动机——是对未知世界的好奇，还是对挑战自我的渴望？基于这种深层次的理解，AIGC 可能会生成如“在亚马逊雨林的奇幻旅程”的主题，激发学生对未知的探索欲；或者提出“挑战极限：珠穆朗玛峰之巅”的主题，鼓励学生思考人类面对自然挑战时的勇气和决心。这种个性化推荐方式不仅能调动学生的写作积极性，还能帮助学生发现新的兴趣点，激发写作热情，从而在写作中获得最大的成长和进步。

AIGC 在个性化写作主题推荐中的应用，不仅提高了学生的写作兴趣和创作质量，还帮助他们发掘了新的兴趣点，开阔了视野。正如前文提到的 AIGC 生成的“挑战极限：珠穆朗玛峰之巅”主题，它不仅是一个单纯的探险故事，更是一种精神的象征。这类主题能激发学生思考深层次的问题，比如人类如何面对极限、如何在艰险环境中生存和战斗，这远比一个简单的故事更有教育意义。另外，通过这样的主题，学生还能了解更多有关自然科学、户外生存的知识，从而在写作中融入更多的科学性和现实性。AIGC 不仅能帮助学生找到并提升他们的兴趣点，还能为学生提供意想不到的创作灵感。例如，一个曾经对历史不感兴趣的学生在 AIGC 的推荐下，可能会发现“古埃及文明的辉煌与衰落”这样一个主题激发了他对古代文化的兴趣，从而开始更多地探索自己从未接触过的领域。

总而言之，AIGC 在个性化写作主题推荐中的应用，不仅能够提高学生的写作兴趣和创作质量，还通过多样化的主题和深度分析，帮助学生发掘新的兴趣点，开阔视野。这种基于深度学习和数据分析的技术应用，代表了教育领域的一大革新，为学生的发展提供了更加个性化和多元化的支持。[①] 在未来的发展中，随着 AIGC 的不断进步，个性化推荐系统将会变得越来越智能，为更多学生提供更贴心、更精准的创作帮助，助力他们在写作的道路上不断前行。AIGC 的应用注定将会成为教育领域的重要工具，推动教育形式的多元化和创新性。面对不同背景、不同爱好的学生群体，AIGC 所提供的个性化推荐无疑是最贴心和高效的支持方式之一，是现代教育不可或缺的一部分。

2. 时事热点与社会议题的及时整合

在当今快速发展的教育环境中，AIGC 为学生提供了一个探索当代社会议题、培养批判性思维的宝贵平台。AIGC 的独特优势在于其能实时追踪并分析当下的时事热点和社会议题，进而生成与学生年龄和认知水平相适应的个性化写作主题，使写作内容更具时代感和现实性，从而帮助学生更深入地理解社会问题并提升综合素质。

（1）提供最新话题

AIGC 的主要优势之一在于其实时信息更新能力。[②] 通过连接互联网，AIGC 能迅速获取和分析最新的新闻、社会热点和时事议题，为学生生成与时俱进的写作主题。这样的功能让学生能在第一时间了解到当前最热门的话题，并以此为基础进行写作。这种实时更新不仅保证了写作主题的时效性，还能让学生的写作紧跟社会的步伐，反映出最新的时代特征。同时，AIGC

① 马天诣，王方群，华少. AIGC+机器人［M］. 北京：中国科学技术出版社，2024：30.
② 李白杨，白云，詹希旎，等. 人工智能生成内容（AIGC）的技术特征与形态演进［J］. 图书情报知识，2023，40（1）：66-74.

能根据不同时事热点生成多种写作主题建议，覆盖面广泛。例如，环保问题、科技发展、社会公益等主题，不同的主题能激发学生的写作欲望，丰富他们的写作视野和素材库。通过提供多元化的写作主题，AIGC 能帮助学生广泛接触和了解各种社会现象，进而全面成长。新的话题和事件往往能激发学生的好奇心和写作兴趣，促使他们主动参与写作活动。

（2）激发创作热情

AIGC 根据热点话题生成的写作主题，通常具有较强的趣味性和吸引力，如科技创新、环境保护、社会公益等内容，这些主题能激发学生的创作热情，使他们对写作产生更大的兴趣和动力。讨论和写作时事热点能让学生感受到与现实世界的紧密联系，增强他们的参与感，让写作不再是抽象的练习，而是贴近实际生活的表达。参与到热点话题的讨论和写作中，学生会感觉自己与现实社会的距离更近，能增强他们的社会参与感和责任感。此外，当学生看到自己的作品能反映社会热点，并引起共鸣，会获得极大的成就感。这样的正面反馈机制能进一步激发他们的写作兴趣和热情，促进他们在写作之路上的持续努力和成长。

（3）多样化表达方式

AIGC 不仅能提供丰富、及时且具有现实意义的写作主题，还可以引导学生从不同的角度和形式来表达。例如，通过新闻报道形式讲述事件，通过人物采访展示观点，通过故事叙述反映现实等。这种多样化的表达方式，不仅让学生的写作更加丰富多样，也能激发他们在写作中探索新形式、新风格的热情。对于初中生来说，尝试不同的写作形式是一种重要的成长体验。通过不同的写作形式，学生不仅能提高逻辑思维能力和语言表达能力，还能提升组织能力和创意思维。例如，学生可以运用叙事、议论、说明等多种写作方式，来讲述同一个事件或解决一个问题。这样的多样化尝试，能帮助他们更全面地掌握各种写作技巧，提升综合素养。

（4）增强时代感和现实感

学生通过 AIGC 提供的最新主题进行写作，能让作品密切反映当前时代的社会特征和现状，使其富有时代感。在写作中融入现实问题，能帮助学生思考并讨论实际的社会现象，加深对社会的理解。例如，当代科技的迅猛发展对人类生活带来的深远影响、环境污染带来的紧迫生态问题，以及社会公益行为对城市发展的正面作用，这些都是典型的时代话题。此外，通过 AIGC 的辅助，学生的写作不仅能展示个人观点，还能体现其对社会的关注和思考。这样的写作不仅有利于培养学生的社会责任感和观察力，还能使其作品更具现实意义和社会价值。这种方式的写作能让学生从小培养起对时代特征与社会问题的敏感度，形成良好的社会洞察力和责任感。

（5）引导批判性思维

AIGC 生成的写作主题往往涉及复杂的社会问题，学生需要从多角度进行分析和思考，从而锻炼他们的批判性思维能力。面对复杂的议题，学生需要学习用批判性思维来看待问题，并从不同的角度、立场进行深入分析，努力形成独立的判断和见解。例如，面对“人工智能的利弊”这样的主题，学生需要考虑人工智能技术带来的便利，同时探讨其对就业、隐私等方面的影响。在深入探讨社会议题过程中，学生能培养独立判断和批评的能力，形成自己的观点和见解，这在写作中表现尤为重要。通过写作，小组成员之间的讨论和交流，将促进他们之间的思想碰撞，深化对问题的认识和理解。这样一来，不仅可以提升学生的思辨能力，还能培养其团队合作精神和沟通协调能力。最终，这些批判性思维的训练，将使学生在未来面对复杂社会问题时，具备更强的分析与解决问题的能力。

（6）提供写作素材

AIGC 不仅可以提供写作主题，还能搜索并提供相关的背景信息和参考资料。这些资料可能包括新闻报道、专家评论、数据统计等，帮助学生全面了解和分析写作主题。通过这种方式，AIGC 能在写作素材的搜集和整理上为学生提供极大的帮助，这不仅节省了学生搜集资料的时间，还能提高写作的深度和质量。有了丰富真实的素材，学生在写作时能更深入地挖掘主题，写出有广度和深度的文章，而不仅仅是停留在表面的文字叙述上。例如，在讨论“全球气候变化”这一话题时，AIGC 可以提供最新的气候数据、科学家的研究报告以及各国的环境政策措施，帮助学生全面而深入地理解和阐述这一议题。

综合来看，AIGC 通过提供丰富、及时且有现实意义的写作主题，极大地拓展了教育的深度和广度。AIGC 不仅帮助学生掌握学科知识，提高分析和写作能力，还激发了他们对社会问题的关注，培养了他们的社会责任感和公民意识。

3. 跨学科主题融合与创新

AIGC 的一大优势在于其强大的知识整合能力。这种能力不仅体现在其拥有各个学科的海量知识储备上，更重要的是，它能灵活地将这些知识进行跨领域的融合与创新。利用 AIGC，教育领域可以进一步打破学科界限，为学生提供全新的学习体验，激发他们的创造力和综合思维能力。例如，AIGC 可能会提出“《西游记》中的孙悟空可以运用哪些物理知识来应对八十一难?”这样的主题，鼓励学生将物理知识与名著阅读结合起来。又如

“山水诗词如何反映中国的地理特征和地貌形成?”这个主题，既涉及古典诗词，也包含地理学科知识的运用。这种跨学科的主题设计不仅能激发学生的创造力，还能培养他们的综合思维能力。

在当今教育领域，培养学生的创造力和综合思维能力已成为重中之重。通过与人工智能的深度互动，学生不仅能接触到更为广泛的知识领域，还能通过跨学科的写作主题进行深层次的思考和探索，从而培养出更加开放和富有创意的思维方式。以“用诗歌描述光合作用的过程”为例，学生需要巧妙地将生物学知识与中国古典诗歌的格律相融合。他们不仅要深入理解植物的生理过程，还要运用优美的诗句来生动表达。这种跨学科的写作练习不仅涉及科学知识的学习，更培养了学生的文学创作能力和审美素养，使他们能以独特的视角诠释科学现象。同样，“探讨‘水’字的演变与水资源保护”这一主题，引导学生在研究汉字历史变迁的同时，深入探讨地理学中的水资源问题。学生需要仔细分析“水”字从甲骨文、金文到现代汉字的演变过程，并思考水资源保护的重要性和具体方法。这不仅拓展了学生的语言文字知识，还深化了他们对环境保护的认识，让他们意识到语言与自然环境之间的密切联系。通过这种跨学科的写作训练，学生不仅学会了如何将不同领域的知识融会贯通，更重要的是，他们培养了独立研究和创新思维的能力。这种全方位的学习方法有助于塑造具备综合能力的新型人才，使他们能从多角度分析问题，提出创新性解决方案。

此外，AIGC 还可以根据学生的阅读历史，量身定制跨学科写作主题，使得学习过程更加个性化和互动化。例如，对于经常阅读自然科学类书籍的学生，AIGC 可以为其生成“描述你最喜欢的自然景观，并探讨它是如何形成的”这样的写作题目，结合地理知识和写作技巧，让学生在自己感兴趣的领域深度探究。而对于经常阅读童话故事的学生，AIGC 可以提供：“选择一个你喜欢的童话故事，分析其中的主人公如何运用智慧或科学原理解决问题。请你设计一个新的情节，让主人公运用现代科技或数学知识来解决一个难题。”这样的题目，结合了文学分析、科学知识和创意写作，鼓励学生在熟悉的童话背景下探索科学和技术的应用，体现了文学与科学的跨学科特点。通过这种个性化和跨学科的写作练习，学生不仅可以提升自己的综合知识和技能，还能激发他们的创造力和解决问题的能力，在不同学科之间建立更加紧密的联系。

AIGC 还可以通过生成一些极具现实意义的跨学科主题，帮助学生理解和探讨当今社会面临的重大挑战。例如，AIGC 可以生成“全球化背景下的文化交流”这一主题，让学生从历史、地理和社会学等多个角度探讨全球化带来的文化交流。这不仅拓宽了学生的知识面，还培养了他们的全球视野。同样，AIGC 还可以生成如“科技发展对日常生活的影响”这一主题，帮助学生从科技和社会生活的角度探讨现代科技的进步对日常生活的改变。这样的主题不仅涉及技术层面的知识，还引导学生思考科技带来的新现象和新问题。此外，“人工智能对未来职业的影响”这一主题，也可以引导学生从职业教育和技术变化的角度了解人工智能技术的发展对未来职业选择的影响，让学生在学习技术知识的同时，也能形成对未来职业发展的初步认识。再如，“网络时代的信息安全”这一主题，可以让学生从信息技术和社会生活等多方面入手，了解和探讨在网络环境里的信息安全问题，培养他们对信息安全的基本认识和防护意识。① 这些跨学科的学习和写作主题不仅向学生传递了丰富多样的知识，还引导学生从不同角度思考和解决现实问题，提升他们的综合素质和创新能力。

通过 AIGC 生成的跨学科写作主题，学生能更全面地理解知识，不再局限于某一学科内的狭隘视角，从而形成更加广阔的认知视野和综合能力。这种跨学科、综合性的教育模式，为学生未来面对复杂多变的社会和科技环境做好了充分的准备。通过这些创新的跨学科写作任务，学生能学会如何用整合的方式去解决问题，如何在多元文化和跨学科的背景下进行交流和合作。这不仅让他们成为知识的“多面手”，更培养了他们在实际操作中的综合运用能力。

7.1.2 写作技能优化辅导

AIGC 不仅能提供创意写作主题，还能在兴趣小组成员写作的全过程中提供实时、精准的指导，帮助他们优化文章结构，提升语言表达水平，从而全面提高他们的写作能力。

1. 语言表达的精进

AIGC 能有针对性地帮助具备一定写作水平的写作兴趣小组成员提升语言表达能力，使其写作更加精准、生动和具有表现力。

具体来讲，推荐高级且适合特定语境的词汇是 AIGC 的一个非常突出的功能。② 一般来说，学生可能会习惯依赖于他们熟悉的词汇，从而导致文章语言较为单调。通过语义分析技术，AIGC 可以在同义词的建议上提供更多

---

① Wang F, Wang A, Pan M, et al. Recognizing large-scale AIGC on search engine websites based on knowledge integration and feature pyramid network [J]. Proceedings of the Association for Information Science and Technology. 2024, 61 (1): 679-684.

② Zhang D, Yi T. Structure and process: A theoretical model of intelligent elementary Chinese vocabulary teaching [J]. Heliyon. 2024, 10 (19): e38358.

维度的选择。首先，通过 AIGC，学生可以选择更多样化、更生动的词语。例如，当学生描写大自然的美景时，AIGC 不仅会提供“美丽”“壮观”等常见词汇，还会建议如“璀璨的银河”“碧绿的草原”这样的高级表达，以增强文章的文学性和艺术感。其次，相较于普通的同义词替换，AIGC 还可以根据词语的微妙差别和使用情境，提供更精确且富有表现力的词汇。举例来说，“激动”可以替换为“心潮澎湃”或“热血沸腾”等，不同词汇细微的差别能帮助学生更好地表达自己的情感和思想，而且避免了频繁使用同一个词汇的单调感。再次，AIGC 也能分析学生写作中的文风和语境，推荐恰当的替换词，使文章整体更加和谐流畅。例如，学生频繁使用“美丽”一词，AIGC 可能会推荐“优雅”“瑰丽”“绚丽多彩”等词汇，进一步丰富文章的语言层次。通过这种方式，学生能更灵活地运用语言，提高文章的表现力。在撰写涉及科学知识、历史史实等文章时，AIGC 还可以提供特定领域的专业词汇。AIGC 会推荐相关的术语，使文章更具学术性和专业深度。例如，当学生写作涉及科学实验时，AIGC 可以建议使用“化学反应”“物质转化”等专业术语，而不是泛泛地说“变化”。这种专业词汇的引入，不仅使文章更加准确，提升了文章质量，还能扩展学生的词汇量和知识面，也能提高学生的学术素养。

高级修辞技巧的运用是 AIGC 指导学生提升文字表达的重要环节。复杂的修辞手法，如反讽、双关语、拟人等，能使文章更具吸引力和深度。AIGC 可以通过引导学生在恰当的地方使用反讽，以增加文章的讽刺味道，加深读者的印象。例如，在阐述环境问题时，AIGC 可以根据上下文提供适当的讽刺表达建议，推荐学生使用反讽来突出人类对环境的破坏，以增强文章的感染力。如果学生在写作过程中想要使用拟人手法，AIGC 可以推荐如何更巧妙地将无生命的事物拟人化，使描写更加生动。例如，把“春天的风很温柔”改为“春风像母亲的手一样轻轻抚过大地”，这种修辞手法的运用使文章更具诗意和感染力。

AIGC 在典故和成语的使用上也能为学生提供重要的帮助。许多学生在撰写某些主题时可能不熟悉相关的文化典故，而 AIGC 可以根据文章的主题和语境，适时地推荐合适的典故和成语。例如，在写友谊的文章时，除了常用的“友谊的桥梁”“死党”等常见词汇之外，AIGC 能推荐如“管鲍之交”这类经典成语，使文章更具文化底蕴和历史感。这样，不仅丰富了学生的语言表达手段，也提升了文章的文学水平。

除此之外，AIGC 在引导学生使用复杂句式方面同样具有重要作用。AIGC 可以通过分析文章结构，提出具体的句式优化建议，指导学生使用分词、倒装句和复合句等更复杂的句式。例如，将简单句“他跑得很快”改为“在运动会的跑道上，他像一阵风一样飞驰而过”，这种改写不仅增加了句子的表现力，还使文章更加生动形象。此外，AIGC 能识别文章中重复使用的句型，建议不同的表达方式，使文章更具变化和吸引力。例如，如果学生常使用“因为……所以……”的句式，AIGC 可能会建议使用“由于……”或“鉴于……”等多种表达方式，以丰富文章的句式结构。多种句式交替出现能增强文章的节奏感和吸引力，AIGC 可以推荐学生在描述环境时使用长句，以便详细刻画细节；同时在推进情节时使用短句，使故事更加紧凑和有冲击力。这种句式的交替，不仅增加了文章的可读性，还能帮助学生掌握不同句式的使用技巧。

整体来看，AIGC 能根据写作兴趣小组成员的实际情况，在高级词汇和表达方式、丰富的词汇选择、高级修辞技巧运用以及复杂句子结构的指导方面，提供更高级、专业和复杂的写作指导，增强他们对语言的理解和驾驭能力，帮助学生进一步提升语言表达能力。

2. 情节构建与结构优化

对于已具备一定写作水平的初中学生，AIGC 在情节构建与结构优化方面可以提供更深入、复杂的指导。这种指导不仅能帮助学生提升写作技巧，还能激发他们的创造力，引导他们创作出更加成熟、复杂和引人入胜的作品。通过 AIGC 的辅助，学生可以探索更广阔的创作空间，突破自身的写作局限，最终达到一个新的创作高度。

（1）生成详细故事大纲

AIGC 能根据学生提供的初始创意或主题，生成一个结构完整的故事框架。这包括设定关键的情节转折点，设计引人入胜的冲突，以及规划角色的发展路径。例如，AIGC 可以提出一个三幕结构的大纲，包括引子、发展和高潮，并在每个阶段提供具体的情节建议。这样的大纲能帮助学生更好地把握故事的整体走向，构建出更加复杂和吸引人的叙事结构。AIGC 还可以根据不同的文学体裁和风格，提供相应的结构建议。比如，对于悬疑小说，AIGC 可能会建议学生设置伏笔和误导性线索；对于成长小说，AIGC 可能会提出如何安排主角面临的一系列挑战和成长时刻。这种针对性的指导可以帮助学生更好地理解和运用不同类型写作的特定技巧。此外，AIGC 可以帮助学生在大纲中融入更多的元素，如主题的深化、情感的发展、环境的变化等。它可以提供建议，说明如何通过情节的安排来体现这些元素，使故事更加丰富多彩。例如，AIGC 可能会建议在某个关键情节添加一个意想不到的转折，或在平静的故事中埋藏一个潜在的危机，以增加故事的张力和吸引力。

（2）多线情节构建

AIGC 可以指导学生如何创造和管理多条并行的情节线索。它可以建议如何将不同的子情节相互交织，创造出更加丰富和立体的故事世界。比如，AIGC 可能会建议如何在主要情节之外添加副线，或如何通过不同角色的视角展现同一事件的不同侧面，从而增加故事的深度和复杂性。在这个过程中，AIGC 可以提供具体的策略，如如何在不同情节线之间建立联系，如何控制每条情节线的节奏，以及如何在适当的时候将它们汇合。这种多线叙事的指导可以帮助学生创造出更加丰富和引人入胜的故事结构，同时也锻炼他们处理复杂叙事的能力。AIGC 还可以提供关于如何平衡不同情节线的建议。它可能会建议如何分配篇幅，如何在不同情节线之间切换以保持读者的兴趣，以及如何确保每条情节线都对整体故事有所贡献。这种指导可以帮助学生避免创作出松散或不连贯的多线故事，从而创造出一个紧密相连、互相支撑的叙事网络。

（3）深化角色塑造

AIGC 能协助学生深入挖掘角色的背景故事、性格特征和成长轨迹。它可以提供建议，帮助学生更好地描绘角色的内心世界，展现人物之间复杂的关系网络。例如，AIGC 可能会建议通过回忆、内心独白或特定场景来揭示角色的内心变化，使人物形象更加丰满和真实。此外，AIGC 可以指导学生如何通过人物的行为、对话和反应来间接展现其性格特征，而不是简单地直接描述。它还可以建议如何设计角色的成长弧线，使人物在故事的发展过程中产生可信的变化。这种深入的角色塑造指导可以帮助学生创造出更加立体、复杂和令人信服的人物形象。AIGC 还可以提供关于角色之间关系的建议。它可能会建议如何通过互动、对话和冲突来展现人物之间的复杂关系，如何设计角色之间的矛盾和冲突以推动情节发展，以及如何通过不同角色的互动来揭示他们各自的性格特点。这种指导可以帮助学生创造出一个更加真实、复杂的人物关系网络，使故事更加引人入胜。

（4）高级叙事技巧

AIGC 可以分析学生作品的整体结构，并推荐一些高级的叙事技巧来提升作品的艺术性。这可能包括非线性叙事方法，如倒叙或插叙；多视角叙述，让不同角色轮流讲述故事；或是象征性写作手法，通过特定的意象或情节暗喻更深层次的主题。AIGC 可以解释这些技巧的运用方法，并提供具体的实施建议，帮助学生尝试更加复杂和富有创意的写作方式。例如，对于非线性叙事，AIGC 可以指导学生巧妙地安排时间跳跃，以及通过回忆或预示来增加故事的张力。对于多视角叙述，AIGC 可以建议学生选择合适的视角切换点，以及通过不同视角的对比来揭示故事的真相或主题。对于象征性写作，AIGC 可以引导学生选择和运用恰当的象征物，将象征意义与故事主题有机结合。AIGC 还可以指导学生如何运用更复杂的叙事技巧，如元叙事（故事中的故事）、不可靠叙述者，或是打破第四面墙等。它可以解释这些技巧的效果，以及如何恰当地将它们融入故事中。这种高级技巧的指导可以帮助学生创作出更加独特和富有创意的作品，同时也能培养他们对文学创作的更深入理解。

通过这些深入的指导，AIGC 不仅能帮助学生掌握更加高级的写作技巧，还能激发他们的创造力，鼓励他们尝试更加复杂和富有挑战性的写作形式。这种指导可以帮助学生突破自身的写作局限，探索更广阔的创作空间，最终达到新的写作高度。

3. 高级文学技巧分析

在文学创作的世界里，高级写作技巧犹如画家手中的调色板，能让作品呈现出丰富多彩的层次和深度。掌握这些技巧不仅能提升写作水平，更能帮助我们深入理解文学作品的精髓。AIGC 在指导兴趣小组成员分析高级文学技巧方面可以发挥重要作用，有助于提升学生的文学素养和创作能力。

（1）深入解析经典文学作品

AIGC 可以提供多层次的文本分析，不仅指出作品中的高级写作技巧，还能解释这些技巧如何与作品主题、情节发展和人物塑造相互作用。例如，AIGC 可以展示莎士比亚如何通过象征主义来强化《哈姆雷特》中的核心主题，分析哈姆雷特手持骷髅的场景如何象征生命的脆弱和死亡的不可避免。AIGC 可以深入探讨这个场景为何不仅仅是一个视觉上的冲击，更是整个戏剧主题的缩影，反映了哈姆雷特对生命意义的思考和对死亡的态度。此外，AIGC 还可以深入探讨加夫列尔·加西亚·马尔克斯在《百年孤独》中如何运用魔幻现实主义手法来反映拉丁美洲的历史和文化，解释作品中飞向天空的美丽少女如何象征着拉丁美洲人民对自由和美好生活的向往。AIGC 可以分析这种超现实的描述如何与现实世界的政治和社会状况相呼应，作者如何通过这种独特的叙事方式来表达对现实的批判和对未来的期望。通过这种深入的分析，学生可以更好地理解高级文学技巧的应用及其效果，学会如何在自己的写作中融入象征和隐喻等高级技巧。

（2）引导学生运用高级技巧

AIGC 可以根据学生的写作目标和风格，提供定制化的建议。比如，学生想要在描述场景时增加情感深度，AIGC 可以建议使用联觉的手法，并提供具体的例子说明如何将视觉、听觉、嗅觉等感官描述结合起来，创造出更加丰富和引人入胜的场景。AIGC 可能会建议学生描述一个雨天的场景时，不仅要描述雨滴落下的视觉效果，还可以加入雨水的气味、雨打在不同表面上的声音，甚至可以描述雨水在皮肤上的触感，从而创造出一个多感官的、富有情感共鸣的场景。

（3）促进文学技巧讨论

AIGC 可以创建虚拟的讨论环境，模拟不同观点的交流。例如，就同一篇文章的不同写作技巧，AIGC 可以扮演多个角色，从不同的文学批评角度进行分析，帮助学生理解文学技巧应用的多样性和复杂性。AIGC 可以模拟形式主义批评家、心理分析批评家和社会批评家等不同角色，就同一作品提出不同的观点和解读。这种多角度的讨论可以帮助学生认识到文学作品的丰富内涵，以及不同解读方法的价值。例如，在分析《百年孤独》时，AIGC 可以从形式主义角度分析其魔幻现实主义的叙事结构和时间跨度，从心理分析角度探讨人物的孤独感和家族命运，从社会批评角度讨论作品反映的拉丁美洲历史和政治问题。这种多维度的讨论可以帮助学生全面理解文学作品，并学会从不同角度解读和创作文学作品。

（4）对比分析

AIGC 可以选取与学生作品主题或风格相近的知名文学作品进行对比分析。通过这种方式，学生可以直观地看到自己的作品与成熟作品之间的差异，了解如何在结构、语言和主题处理等方面进行提升。例如，某学生正在写一篇关于成长的短篇小说，AIGC 可以选取类似主题的经典作品，如杰罗姆·大卫·塞林格的《麦田里的守望者》进行对比，指出两者在叙事视角、语言风格和主题表达上的异同。AIGC 可能会分析《麦田里的守望者》如何通过第一人称叙述来展现主角霍尔顿·考尔菲德复杂的内心世界，以及这种叙事方式如何增强了读者对主角成长困惑的共鸣。AIGC 还可以分析作者如何通过独特的口语化写作风格来塑造一个真实可信的青少年形象，并将这些技巧与学生的写作进行对比，提出具体的改进建议。通过这种对比分析，学生可以学习到如何更好地运用叙事视角来展现人物内心，如何通过语言风格来塑造独特的人物形象，以及如何通过细节描写和象征手法来深化主题。这种学习方式不仅能帮助学生理解高级文学技巧的具体应用，还能促使他们在写作中尝试这些技巧。

总的来说，AIGC 在指导初中学生掌握高级文学技巧方面具有显著优势。它能提供深入的文本分析，个性化的写作指导，培养批判性思维，促进多角度讨论，并通过对比分析帮助学生更好地理解和应用高级写作技巧。通过这些方式，AIGC 可以成为学生提升文学素养和创作能力的有力工具，帮助他们在写作道路上不断进步和成长。

7.1.3 作品在线展示与点评

有效的作品展示与反馈平台对于提升学生的写作能力有举足轻重的影响，AIGC 在这方面同样能发挥显著作用。在初中语文写作兴趣小组活动中，AIGC 不仅能提升学生的写作水平，还能持续激发他们的写作动力。通过一系列相互关联的功能，AIGC 可以为学生们创建一个充满活力和互动性的写作学习环境。

1. 多维度评分

AIGC 能搭建学生作品评分系统，从而对学生的作品进行多维度评分，如创意性、结构完整性和语言表达等方面。例如，AIGC 会根据作品的内容创新程度、情节发展、人物塑造以及语言质量等因素，给出详细的评分和反馈。这样，学生可以清晰地了解到自己在哪些方面表现优异以及需要改进的地方。对于初中生来说，AIGC 评分提供了一种客观、公正的评价方式，减少了人为因素带来的偏见。同时，AIGC 还能通过数据分析功能，追踪学生的写作进展情况，生成成长曲线图，帮助学生直观地看到自己的进步。例如，在每次作文后，平台会生成一个图表，展示学生在不同维度上的得分变化，通过分析这些数据，学生可以更好地理解自己的进步轨迹和趋势，进而树立信心并激发写作积极性。此外，AIGC 还能借助大数据分析，从海量优秀范文中提炼出共通的写作技巧和模式。这些技巧随后会应用于对学生作品的评价中，从而为学生提供更为精准和针对性的指导。例如，AIGC 可以指出某一段文字中存在的逻辑漏洞，或是建议学生使用更为生动的描写手法。通过这样的反馈，学生不仅能纠正具体的错误，还能学习到先进的写作技巧，从而在整体上提高写作水平。

2. 同伴互评

同伴互评与 AIGC 评价结合的方法不仅有助于学生获得更全面的反馈，还能促进他们在写作中的互动与合作。学生在平台上发布作品后，除了获得 AIGC 的评价，还会收到来自同学们的评论与建议。例如，同学之间可以在平台上进行匿名互评，提出建设性的批评和鼓励。这种同伴互评的评价机制使学生能从多个视角获得反馈，了解自己的作品在不同人眼中的优缺点。同伴互评不仅增进了学生间的交流与互动，还培养了学生的批判性思维和合作能力。在初中语文写作兴趣小组中，通过同伴间的积极互动，学生可以互相学习借鉴，共同提高，这种竞争与合作并存的环境大大激发了他们的写作热情。

为了进一步激发学生的写作积极性，平台还支持写作挑战和比赛。例如，每个星期或每个月组织一次写作竞赛，学生可以在规定的时间内完成一篇主题作文，通过 AIGC 和同伴的双重评价后，评选出优胜者。这样的活动不仅能调动学生的参与热情，还能使他们在竞争中提高自己的写作水平，激励学生不断挑战自我，突破写作的瓶颈期。写作比赛还可以分为不同的主题和类别，鼓励学生在各种写作类型中进行尝试和探索，如科幻写作、诗歌创作、散文随笔等。不同的主题和类型能激发学生的创意细胞，让他们在写作的过程中发现更多的乐趣和无限的可能性。同时，写作比赛也可以设置为团队合作形式，要求学生组队完成一篇作品。这样不仅可以锻炼他们的团队协作能力，还能促进同学之间的深度交流和合作。

3. 虚拟读者群模拟

AIGC 能模拟不同类型读者的反应，为作者提供多角度的读者反馈。例如，AIGC 可以分别模拟儿童、青少年和成人读者的反应，帮助作者了解其作品在不同读者群体中的受欢迎程度。这不仅增强了作品的阅读体验，也培养了学生的读者意识。例如，当学生写作一篇童话故事时，AIGC 可以模拟小朋友的阅读反应，指出哪些部分生动有趣，哪些部分可能有些复杂难懂。通过这样的反馈，学生可以更加清晰地了解不同受众的阅读需求和偏好，从而在写作中做出相应调整。对于初中学生来说，理解不同读者的需求是提升写作能力的重要途径。通过 AIGC 提供的多角度反馈，学生能学习如何在不同的写作场景中调整自己的表达方式，以满足不同受众的需求。这不仅拓宽了学生的写作视野，还培养了他们的共情能力和读者意识，使他们的写作更加具体、真实和具有针对性。学生在撰写不同风格和题材的作品时，可以根据虚拟读者的反馈不断调整和优化自己的写作策略，使作品更加贴近实际读者的需要。

通过整合 AIGC，初中语文写作兴趣小组的作品展示与反馈平台可以为学生提供全方位的支持和指导，帮助他们持续改进写作能力，同时保持对写作的热爱和兴趣。这不仅有助于学生在学业方面的成长，也为他们未来的发展打下坚实的基础。

7.2 朗诵与演讲训练营

朗诵与演讲不仅可以有效提升学生的语言表达能力，还能显著增强他们的自信心和表现力。在这一过程中，AIGC 可扮演至关重要的辅助角色。它能为兴趣小组成员提供从发声训练、语调调整到情感表达等全方位指导，帮助学生克服朗诵和演讲中的困难，进一步提高他们的表现。同时，AIGC 还能根据学生的个性化需求，定制训练方案，使得学习过程更加有针对性和高效性，从而帮助学生全面发展，提高综合素质。

7.2.1 语音识别与情感表达分析

朗诵和演讲不仅是语言表达的艺术，更是情感传递的过程。在这个过程中，发音的准确度、语调节奏的控制以及情感表达的得体与否，都会直接影响听众的感受和反应。传统的朗诵和演讲训练往往依赖于教师的指导和个人的自我练习，然而，由于人类听觉和情感辨识的复杂性，教师的精力和时间也往往有限，学生难以在短时间内得到有效的反馈和提升。AIGC 利用其强大的语音识别和情感分析能力，可以极大地提高训练的效率和效果，帮助学生在自信和表现力方面取得突破性进步。

1. 发音准确度评估

在朗诵与演讲训练营中，AIGC 可以实时分析学生朗诵或演讲的发音，指出发音不准确的地方并提供改正建议。通过精细的音素分析，AIGC 能识别出不同音节中的微小误差，帮助学生精准改正，确保每一个字都发音准确。尤其对于一些不易察觉的细微差别，如普通话中的前后鼻音，AIGC 可以精确指出并提供详细的纠正方案，使学生的发音逐步趋近于标准。这种发音训练不仅可以提升学生的普通话水平，还可以增强他们在正式场合中的表达自信。例如，在学生朗读时，如果将“星”误读为“辛”，AIGC 能通过分析音频波形和频谱，识别出发音部位的差异，并给出具体的发音调整建议，教学生如何将注意力从口腔前部转移到鼻腔共鸣，从而确保最终发音准确无误。此外，对于普通话中难度较高的翘舌音和平舌音，AIGC 也能予以准确分辨和指导，确保学生不再因为发音问题而感到尴尬或不自信。

这种实时的发音矫正功能使得学生能在练习过程中不断进步，逐渐掌握准确的发音技巧。无论是日常交流还是公开演讲，准确的发音都是成功的关键之一。AIGC 通过不断地反馈和纠正，帮助学生建立正确的发音习惯，从而提升整体语言表达水平。此外，AIGC 还能提供多种语言发音的比较和训练，如英语中的音标和发音技巧，帮助学生在学习第二语言时也能准确无误地发音。

AIGC 不仅限于单字或词语的发音指导，还能对整段文字、复杂句子的发音进行实时矫正。例如，当学生在朗诵或演讲一段长篇文字时，AIGC 能根据上下文和句子的连贯性，实时分析每一个字词的发音，确保整个段落的发音连贯、准确，使学生能更加自信地进行长篇朗诵和演讲。同时，AIGC 还能记录学生在每次练习中的发音数据，生成详细的报告，帮助学生了解自身的进步过程和需要进一步改进的地方。

2. 语调、节奏、停顿的智能分析

语调、节奏和停顿是朗诵和演讲的关键要素，直接影响其表现力和听众的感受。AIGC 通过对语音波形和音频特征的深度解析，能精确捕捉到学生语音中的细微变化，从而评估朗诵或演讲的韵律感，并提供针对性的语调变化、节奏控制和停顿处理建议，为学生的朗诵和演讲艺术提供全方位的支持。

（1）语调分析

在朗诵或演讲过程中，语调不仅仅是一种声音的高低变化，更是情感表达的重要手段。AIGC 可以通过语音波形和频谱分析，识别出学生在朗诵或演讲时的语调波动和情感表达是否到位。例如，在朗诵诗歌时，AIGC 通过分析每一句话的音调波动，能建议学生在不同段落间改变语调，以增加表现力。具体来说，AIGC 会提示学生在重要段落中适当延长停顿，并加重音调，以突出文字的力量和情感。而当学生在诵读一段激昂的文字时，AIGC 可能会建议他在关键字词前后稍作停顿，加重音调，使得这些词语更具冲击力和感染力。例如，在朗诵《满江红》时，AIGC 会提示学生采用更为激昂的语调和急促的节奏，以传达诗中的豪情壮志。

（2）节奏掌控

节奏在朗诵中同样至关重要。不同的节奏变化可以传达不同的情感和氛围。AIGC 通过对语音波形的深度分析，能识别出学生在朗诵或演讲时的节奏是否符合文本的情感要求，并提供相应的调整建议。例如，在朗诵一段平静的叙述时，AIGC 会建议学生保持均匀的语速和较低的音调，全程保持一种平稳感。相反，当学生朗诵一段紧张的情节描写时，AIGC 会建议学生通过加快语速来增强紧张感，从而更好地吸引听众的注意力。例如，在朗诵《静夜思》时，AIGC 会建议学生在“举头望明月，低头思故乡”的部分放慢语速，带出一种清冷和思乡的情感。而在《满江红》的朗诵中则建议通过急促的节奏和强烈的语调变化来传达豪情壮志。通过 AIGC 的智能分析和建议，学生能更好地掌握朗诵的节奏，使整个朗诵过程更具层次感和表现力。

（3）停顿处理

停顿是朗诵中不可或缺的一部分，适当的停顿不仅可以帮助学生在朗诵或演讲过程中调整呼吸，同时还能增强语句的表现力和听众的理解力。AIGC 通过对音频特征的分析，能识别出学生在朗诵或演讲时的停顿是否合理，并提供改进建议。例如，当学生朗诵一段饱含深刻情感的文字时，AIGC 可能会建议学生在关键句子后稍作停顿，以便听众更好地消化和理解文字的情感内涵。这种停顿的处理不仅仅是技巧上的调整，更是情感表达的延伸。通过对停顿的智能分析，AIGC 能帮助学生在朗诵或演讲时更好地控制情感的传达，使整个过程更加动人心弦。

（4）整体指导

通过智能分析技术，AIGC 不仅能帮助学生调整单个句子的语调，还能指导整体文本的情感走向，确保一整篇朗诵或演讲的连贯性和节奏感。例如，在朗诵《再别康桥》时，如果学生在情感表达上遇到困难，AIGC 会通过实时反馈提供情感调整建议，帮助学生更好地传达诗歌的整体情感。在朗诵“轻轻的我走了，正如我轻轻的来”时，AIGC 会提醒学生使用轻柔而悠长的语调，塑造一种离别的淡淡哀愁；而在朗诵“那河畔的金柳，是夕阳中的新娘”时，AIGC 会建议学生增添一些绚烂与温馨的情感，表现出对康桥美景的深情与赞美。这样，通过 AIGC 的指导，学生可以更准确地传达出诗歌中复杂且深沉的情感层次。

通过语调、节奏和停顿的智能分析，AIGC 能为学生提供精确的发音指导和情感表达建议，使朗诵和演讲更具有表现力和感染力，最终提高学生的语言表达能力和艺术素养。

3. 情感表达的深度识别与反馈

情感表达的能力对于朗诵和演讲至关重要。AIGC 精准的情感识别和反馈可以帮助学生在练习中不断提升情感表达技巧，使他们能在不同的场合自如地展现情感的深度和复杂性。这不仅能提高他们的语言表达能力，也会增强他们在公开场合中的自信和表现力。通过 AIGC 的帮助，学生可以在各种情境——不论是正式的演讲比赛还是日常的语言交流中，都能表现出自如而有感染力的情感表达。

AIGC 能识别朗诵或演讲中的情感变化，评估情感表达的丰富度和适当性。通过对声音波形和频谱的解析，AIGC 可以判断出情感表达的强度和真实性，帮助学生在不同情境下恰当地表达情感。具体来说，AIGC 可以通过分析声音中的频率变化、音高波动和音调强度，判断出学生是否在合适的地方表达出应有的情感。例如，学生在朗诵《红楼梦》中的《枉凝眉》一诗时，应当在“一个是阆苑仙葩，一个是美玉无瑕”这句中表达出对人物命运的惋惜和感叹。如果 AIGC 检测到学生的语调过于平淡或情感投入不足，会即时给予反馈，建议学生在这一部分放慢语速，并增加声音中的颤音，以传递更多的情感。反之，在展现一段激昂的演讲时，AIGC 会帮助学生调整语速和音调，增强语气中的力量感和感染力，使演讲更具冲击力。

AIGC 还能在情感表达的细微之处提供指导。一段充满激情的演讲如果没有恰当的情感变化，可能会显得过于单调。AIGC 可以检测出学生演讲中的情感强度，建议在适当的地方加入情感的高低起伏，使情感表达更具层次感和吸引力。在处理悲伤或沉重的内容时，AIGC 能通过分析声音的低频部分，建议学生用更低沉的声调和更慢的节奏来表达情绪，从而更好地打动观众。AIGC 的这种能力是基于对大量语音数据进行深度学习和解析。通过分析学生的历史数据和当前的表现，AIGC 可以给出针对每一个学生的具体改进建议，使他们能快速提升自己的情感表达能力。对于一些情感表达较为复杂的文本，AIGC 还能模拟不同情境下的情感表达方式，帮助学生更好地理解和表现文本中的情感深意。例如，在朗诵李白的《将进酒》时，学生需要在“君不见，黄河之水天上来，奔流到海不复回”这一句中表达出豪放的气势和对人生短暂的感叹。如果 AIGC 监测到学生在这一段的朗诵中情感不够激昂，会建议他们提高音量，增加语调的抑扬顿挫，并加快语速，以更好地传达诗中的豪情壮志。而在《将进酒》中的“人生得意须尽欢，莫使金樽空对月”这句，则要表现出一种洒脱和劝慰的情感。AIGC 会通过分析声音的强弱变化，指导学生在这部分适度放慢语速，增加声音的舒缓感，使朗诵更为生动形象。在演讲方面，AIGC 也能提供不可或缺的帮助。比如在学生准备一篇关于环保的演讲时，AIGC 不仅会指导他们如何在数据陈述部分保持专业冷静的语态，还会建议在谈论到环境破坏的具体案例时，加入更多情感，通过语调的变化来唤起听众的共鸣和关注。当学生谈到气候变化对未来的威胁时，AIGC 可能会建议他们放慢语速，适当降调，以制造一种紧迫感和沉重感；而在呼吁大家行动起来，保护环境时，AIGC 会建议他们提高音调和语速，传递出一种积极和动员的情感，以激励听众参与到环保行动中来。

此外，AIGC 在情感识别上的高精度还能帮助学生纠正情感表达上的细微偏差。例如，在朗诵杜甫的《春望》时，如果学生在“感时花溅泪，恨别鸟惊心”这句中没有表现出足够的忧国忧民和离别之愁，AIGC 会提示他们在“花溅泪”和“鸟惊心”这两个词上增加情感力度，通过声调的高低变化和适当的停顿来进一步突出诗句的悲伤情绪。这样，学生不仅能通过练习提高朗诵技巧，还能更深刻地理解作品的情感内涵，达到文与情的高度融合。

在 AIGC 技术的帮助下，学生不仅可以提高朗诵和演讲的情感表达水平，还可以更有效地与听众产生情感共鸣。AIGC 技术的发展使得这项技能训练变得更加高效和有针对性，为学生提供了一个安全且科学的练习平台，从而在不断地反馈和调整中，逐步提升自己的口才和情感表达能力。无论是面对未来的演讲比赛，还是在日常的语言交流中，这种能力都将成为他们不可多得的优势和财富。

4. 表情与肢体语言的辅助分析

生动的表情和适当的肢体动作是增强朗诵和演讲感染力的重要元素，而AIGC在这一过程中能发挥关键作用。通过先进的视频分析和机器学习技术，AIGC可以全面评估学生在朗诵或演讲过程中的表情变化和肢体语言表现，并提供精细化的改进建议。

首先，AIGC能通过摄像头捕捉学生的面部表情和肢体动作，迅速解析其中的情感信息。具体而言，AIGC可以识别出学生在各个时刻呈现出的微笑、惊讶、愤怒、悲伤等表情，并通过分析这些表情的频率和时长，评估其是否与朗诵内容或演讲内容的情感基调相符。例如，在讲述一个感人的故事时，AIGC会检查学生是否表现出适当的悲伤情感，而不是保持过于僵硬或无表情的面部状态。通过面部识别技术，AIGC可以检测到细微的情绪变化。比如微笑的弧度是否自然，眼神的变化是否传达了真诚，眉毛的动作是否增加了情绪的表达力等。AIGC不仅可以帮助学生在演讲时将情感表达得更加淋漓尽致，还能避免因表情不自然而导致的尴尬。例如，当学生在表达愤怒情绪时，AIGC会建议他们在表情上保持适当的严肃和愤怒，而不是显得过于夸张或虚假，这样可以更真实地传递出发言内容的情感。在肢体语言方面，AIGC也能提供精准的反馈。通过分析学生的手势、姿势、步态等动作，AIGC可以判断这些肢体语言是否增强了朗诵或演讲内容的表达效果。肢体语言是朗诵或演讲中的重要“无声讲话者”，例如，手势的变化可以强调朗诵或演讲的重点，姿势的调整可以显示朗诵或演讲者的自信，步态的控制可以影响朗诵或演讲的节奏。AIGC可以生成一份个性化的报告，指出在朗诵或演讲中的哪些时刻，表情和肢体语言存在不足之处，并提供具体的改进建议。例如，AIGC可能会发现学生在阐述某个重要观点时，手势过于频繁，导致观众的注意力被分散，这时，AIGC会建议学生减少手势的使用，以更集中观众的注意力。在表达强烈情感时，AIGC会提醒学生加强手势的力度和幅度，以便情感表达更加外露和富有感染力。动态姿势和目光接触在朗诵或演讲中也至关重要，AIGC会建议学生通过更加稳重的站姿和适时的目光交流，增强与听众的互动感，进而提升朗诵或演讲的影响力。

其次，通过AIGC的详细反馈，学生可以获得进一步具体而深入的指导意见。这些建议可以包括如何提升微笑时嘴角的弧度，调整眉毛的动作，确定目光的方向，控制手势的力度与频率，以及身体与听众的互动方式等方面。AIGC 还能提醒学生避免不必要的动作，如频繁转头或无意识地摆弄衣角，这些都会分散听众的注意力，削弱朗诵或演讲的整体效果。有些学生可能在紧张时出现诸如抖腿、紧张地捏拳头等无意识动作，AIGC 可以迅速识别出这些行为，并提供相应的缓解方案，帮助学生在台上保持镇定和自信。

最后，为了更好地帮助学生应用这些建议，AIGC 还能提供一些视频示范。这些示范视频可以展示优秀的朗诵者或演讲者在类似情境下如何运用表情和肢体语言，展示各种情感表达的正确方式，以及具体场景下的最佳实践，譬如在介绍背景知识时保持的姿势，在总结时使用的手势等。通过对比和模仿，学生能更直观地理解和掌握如何在朗诵或演讲过程中自然、自信地表现自己。

在语文课外活动“朗诵和演讲训练营”中，AIGC 的应用不仅帮助学生提升朗诵和演讲技巧，还能增强他们在公共场合表达的自信心。对于那些在公共演讲中感到紧张和不自在的学生来说，AIGC 辅助的训练能显著减少他们的焦虑感，提升表现的自信。随着这些技术的不断进步，我们可以预见，AIGC 将在教育领域扮演越来越重要的角色，帮助学生更好地表达自己、说服他人，进而在各类公共场合中脱颖而出。

7.2.2 个性化训练计划制定

AIGC 的出现，为优化学生的朗诵和演讲训练提供了新的路径。通过准确的语音分析、情感识别和实时反馈，AIGC 不仅能帮助学生提高发音准确性和情感表达能力，还能制定个性化的训练计划，满足每个学生的个性化需求，全面提升学生的语言表达水平和自信心。

1. 阶段性目标设定与调整

AIGC 在朗读与演讲训练中，不仅能帮助学生制定阶段性目标，还可以通过动态调整目标来确保训练的有效性和科学性，从而最大限度地提升学生的语言表达能力和自信心。这一过程涵盖了制定、监测和调整训练目标的各个方面，既考虑了学生的当前水平，也兼顾了他们的长期进步趋势，确保每一步的训练都有针对性和实际效果。

首先，制定科学合理的训练目标是学生进步的基础。AIGC 能根据学生的个人特点和当前水平，制定渐进式的训练目标。这些目标通常是具体且可量化的，能帮助学生在逐步达成的过程中建立信心。例如，对于初学者，AIGC 可能会设定每周完成若干段落的精准朗诵目标。朗诵训练的初期，学生并不需要在语音语调或情感表达上有多么出色的表现，只需专注于字正腔圆地完成任务即可。这类小目标不仅容易实现，还能明确地展示学生的进步，从而增强他们的自信心。随着进阶，AIGC 会逐步挑战学生完成更复杂的任务，可能包括理解和表达文本的情感、变化语音语调等高级技能训练。这种分阶段的目标设定，不仅能帮助学生稳步提升，还避免了因目标过于简单或过于困难而造成的学习挫败感。

其次，AIGC 会对每个目标的可达成性和挑战性进行精细的计算和分析。AIGC 系统通常依赖大量数据，包括学生过去的训练记录、当前表现以及同级别其他学生的表现等，来制定出既有挑战性又具可行性的目标。例如，学生在当前阶段的朗诵任务中表现出色，AIGC 则会在下一阶段增加任务的难度，可能涉及更长的段落、更复杂的语言结构或更丰富的情感表达等。这种渐进式挑战确保了学生在适当的压力下不断进步，不至于因为任务过于简单而失去兴趣。同样的，如果 AIGC 发现某个学生在训练中的某些方面遇到了明显困难，如发音不准或情感表达不到位，AIGC 会相应地降低目标的难度，集中训练这些薄弱环节，确保学生能在不失去信心的情况下不断前进。

再次，AIGC 最大的优势之一在于其目标调整的动态性。传统的训练目标设定往往需要人工依据一定的固定标准来确定，这样的方式难免存在不灵活和滞后的问题。而 AIGC 则能实时监测学生的训练表现，及时调整训练目标。例如，某个学生原本在发音准确度方面进步迅速，但随着训练的深入，出现了瓶颈，发音准确度提升缓慢。AIGC 就会基于此信息，分析产生瓶颈的原因，并相应调整训练计划，如增加更多的发音练习或引入新的训练方法，帮助学生突破瓶颈，继续向前发展。AIGC 的这一动态调整的特性不仅能确保训练目标始终保持科学性和有效性，也能让学生在训练中感受到来自 AIGC 的个性化关注和支持，从而增强他们的学习动力和自信心。

此外，AIGC 在目标设定时不仅关注当下的训练效果，还会结合学生的长期学习趋势来进行综合分析。通过对学生长时间训练数据的研究，AIGC 能发现学生的进步模式和学习瓶颈，并据此制定出更具前瞻性和个性化的训练计划。例如，某个学生在朗诵训练初期语音准确度提升迅速，但随后进展变慢。AIGC 会通过分析得出这一现象的原因，可能是学生对基础技能掌握较好，但在进阶技能上还需更多的训练和指导。因此，在设定新目标时，AIGC 会重点关注这些进阶技能的训练，调整任务量和难度，确保学生能在不同阶段都有相应的提升和进步。这种基于长期趋势的目标调整，使得 AIGC 能提供更为精准和个性化的训练方案，最大程度地促进学生的语言表达能力提升。

AIGC 通过科学合理的阶段性目标设定与灵活调整，能够有效地帮助学生在朗读与演讲训练中不断进步。这不仅体现在学生的语言表达能力的不断提高上，还体现在他们自信心和实际应用能力的提升上。

2. 基于学生特点的训练内容推荐

AIGC 在学生朗读与演讲训练中的应用，革新了传统教育方法，使得学生能得到更加个性化和精准的训练内容推荐。通过分析每个学生的语音特点和表现水平，AIGC 能为每位学生量身定制最合适的训练材料，从而促进学生在语言表达方面的全面提升。

首先，AIGC 利用先进的语音识别和自然语言处理技术，能深入分析学生的语音数据，不仅涵盖了基本的语音稳定性、语速、发音准确性，还包括更为细致的情感表达和语气把握。基于这些分析，AIGC 能识别出学生的强项和弱项，为其推荐适合其当前能力水平的训练材料。例如，对于语音稳定但情感表达较为欠缺的学生，AIGC 会特别推荐一些情感丰富的篇章，使其在训练中加强这方面的能力。

其次，在训练材料的选择上，AIGC 不仅局限于传统的经典朗诵作品，还会根据学生的兴趣爱好进行多样化推荐。对于喜欢科技的学生，AIGC 可能会推荐一些科技领域的经典演讲片段，如特斯拉的首席执行官埃隆 • 马斯克的演讲。这不仅能激发学生的兴趣，还能帮助他们更好地融入特定的情境。而对于喜爱文学的学生，AIGC 则会选择经典文学作品片段，如莎士比亚的名作或是现代文学名家的作品。这种兴趣驱动的个性化推荐，能使学生在保持高昂学习兴趣的同时，进行更加有效的训练。

这些个性化的推荐并不仅仅是为了满足学生的兴趣，还要确保训练材料与学生当前的能力水平相匹配，进而在逐步提升难度中实现进步。AIGC 可以根据学生每一次训练中的表现，实时调整推荐的内容。如果发现某个学生在某一方面取得了显著进展，AIGC 会相应地增加训练材料的难度，挑战学生，使其在不断克服困难中成长。此外，AIGC 还会根据学生的学业进展和语言习惯，动态调整训练方案，为学生提供最有针对性的学习路径。

此外，在实际操作中，AIGC 的精准分析不仅限于单一的兴趣领域，而是综合考虑了学生的多方面表现。例如，学生在语音稳定性上表现较好，新的训练内容可能会包含更多需要情感表达的部分，帮助其增强在情感表达方面的能力。与此同时，AIGC 还会持续监测学生在训练过程中的反馈，不断优化其培训内容，通过这些实时调整，确保学生始终处于最佳的学习状态。AIGC 的反馈机制还能识别出学生在学习中遇到的难点，使教师能更好地给予辅导，从而进一步优化学生的学习体验。

AIGC 通过个性化和精准化的推荐，使得学生能在其感兴趣的领域中不断进步，同时又兼顾其能力水平的逐步提升。这不仅提高了学生朗读与演讲的兴趣，还在潜移默化中提升了他们的语言表达能力和自信心，从而帮助他们在未来的各种语言表达场合中脱颖而出，展示出最佳的自我。

3. 多种练习形式整合

传统的朗诵和演讲练习一直是语言训练的重要内容，这些形式的练习对于学生的语言能力提升具有重要作用。然而，仅依靠这些传统方法有时可能无法充分调动学生的积极性和兴趣。为了全面提升学生的语言表达能力，结合 AIGC 的创新技术，可以推荐多种练习形式，帮助学生在不同情境下锻炼自己的表达技巧和适应能力。

（1）游戏化训练

将游戏元素融入朗诵和演讲训练中，AIGC 可以极大地增强学生的兴趣和参与度。例如，通过设计任务得分、等级提升、挑战排行榜等机制，让学生在一个充满乐趣且富有竞争性的环境中学习。通过游戏化的训练，学生在完成各种任务的过程中，不仅提高了语言表达能力，还提升了团队合作、问题解决等综合素质。这种有趣且富有互动性的训练方式，使学习过程变得更加生动有趣，学生的参与度和积极性大大提高。同时，学生在这种轻松愉快的氛围中，能有效克服对演讲和表达的紧张感，从而更自信、更自然地进行语言交流。

（2）语速变化练习

语速变化练习的目的是提高学生在不同语速下的朗诵能力。通过使用 AIGC 生成同一文本的多种语速版本，包括慢速、中速和快速，学生先感受语速的变化。从慢速开始练习，逐渐加快速度，同时注意保持发音的清晰和准确。学生再练习不同语速的自如切换，如快慢交替或渐变。在快速朗诵时，应特别关注如何保持清晰度和表现力，从而确保语速变化不会影响演讲效果。

（3）多模态训练

AIGC 结合视频、音频和文本等多种模态，为学生提供综合训练。例如，学生可以观看名人朗诵的视频然后模仿，或听一段音频后进行即兴演讲，这不仅锻炼了学生的观察力、听力和理解能力，还提高了他们的口语表达和思维组织能力。通过多模态训练，学生能全面提升语言技能，适应不同的交流方式和表达途径。①

（4）动态场景模拟

AIGC 能创建多样化、复杂的场景剧本，要求学生在不断变化的场景中

---

① 丁艳. 人工智能基础与应用［M］. 2 版. 北京：机械工业出版社，2024：104.

进行即兴演讲或表演。这种训练方式不仅提高了学生的应变能力和表达能力，还能增强他们的创意思维。例如，可以模拟新闻发布会、危机应对场景等各种复杂环境，学生需要在这些模拟场景中扮演不同角色，体验不同情境，快速反应并清晰表达自己的观点。这种情况下，学生不仅需要具备良好的语言表达能力，还需培养敏锐的观察力和思维灵活性，从而提升综合素质。这类动态场景模拟训练能有效增强学生在现实生活中的实际应用能力，使他们在面对真实复杂环境时更加自信从容。

（5）虚拟角色对话

AIGC 能模拟多种角色和情境，让学生与这些虚拟角色进行对话训练。这种互动式的训练形式涵盖正式演讲、辩论以及日常对话，有助于学生提升演讲和沟通技巧。例如，学生可以与虚拟的辩论对手进行逻辑辩论，或模拟与不同类型的陌生人进行交流，这不仅提高了他们的实际沟通能力，还增强了他们的逻辑思维和情感表达的精准性。虚拟角色对话使学生能在安全、可控的环境中反复练习，及时发现并纠正语言表达中的不足之处，有效提升整体沟通水平。

在这些创新训练形式的支持下，AIGC 不仅丰富了学生的学习方式，还提供了一个多样化、互动性强且有效的训练平台。通过这些形式多样的练习，学生不仅能提升语言表达能力，还能培养应变能力、逻辑思维、情感表达等多方面的综合素质。

4. 进度跟踪与成效分析

在初中生的朗诵与演讲训练中，AIGC 是精确进度跟踪与成效分析的核心工具。

AIGC 能详细记录学生的训练数据，生成进步曲线和能力雷达图，通过对比不同时期的表现，帮助学生和教师清晰地了解训练成效，及时调整训练策略。例如，AIGC 可以通过分析学生在一定时间内的发音和情感表达变化，生成详尽的报告，指出他们的进步和有待改进的方面。这种全面的反馈不仅有助于学生了解自己的训练效果，也为教师提供制定更具针对性的指导方案的依据，从而提升整体教学效果。

AIGC 生成的进度报告还可作为学生成长档案的一部分，为家长和教师提供翔实的参考，更好地支持学生的发展。通过持续的成效分析和反馈，学生能清晰地看到自己的进步，增强学习的动力和信心。进度跟踪不仅限于单向的数据记录和分析，AIGC 还可以通过互动式的反馈机制，与学生进行有效的沟通。例如，在每次训练后，AIGC 提供即时反馈，包括具体的优缺点分析和下一步建议，并针对学生的表现提出详细的改进方案。这种实时互动的反馈不仅有助于学生及时调整训练方法，也能让他们在训练中每次都看到自己的进步，从而保持高昂的学习热情。

在朗诵与演讲训练中，AIGC 不仅关注短期成果，还对学生的长期进步进行全面评估。通过分析学生在不同阶段的表现，AIGC 能发现其学习过程中的关键点和瓶颈期，并制定相应的长期发展计划，帮助学生在稳步进步的同时突破自我。此外，AIGC 还可以将进度跟踪与成效分析的结果直观地呈现给家长和教师，通过详细的图表和报告，使家长和教师能更好地理解学生的学习进程和成效，并根据实际情况给予相应的支持和指导。这种透明的沟通方式促进了家校合作的有效性，共同提升学生的朗诵与演讲能力。AIGC 不仅通过进度跟踪与成效分析帮助学生了解自身进步，还为其未来的学习路径提供科学依据。AIGC 在语言训练中的应用，能够确保学生在明确的目标下不断进步，在精确的反馈中持续提升，最终培养出自信而优秀的语言表达能力。

在具体实践中，AIGC 的进度跟踪与成效分析能结合多种数据源和分析方法。例如，AIGC 可监测学生朗诵或演讲的发音准确度、词汇量、语法准确性及流利程度等，通过语音识别和自然语言处理技术，生成详细的学习轨迹图。同时，AIGC 能采集并分析情感表达和互动情况，提供更为全面的学习效果评估。

进一步地，AIGC 还可以与 VR 和 AR 等技术相结合，提供沉浸式的语言训练环境。这种技术不仅让学生在真实语境中进行语言练习，还能生成更为细致的行为数据，为成效分析提供更丰富的素材。有了这些深入的数据分析，AIGC 能为每个学生量身定制个性化的学习方案，持续优化教学效果。

AIGC 还能根据学生的进度跟踪与成效分析，进行持续的个性化调整。AIGC 能在训练过程中，根据学生的表现和反馈，结合语音、表情、动作等方面的综合分析，动态调整训练计划和内容，确保训练内容和目标始终贴合学生的实际需求。例如，学生在某一阶段的训练中表现出特别的优势或薄弱环节，AIGC 会进行深入分析，并及时调整训练内容和目标。如果学生在发音方面有明显进步，AIGC 可能会增加语调和情感表达的训练比重，或者引入更具挑战性的练习模块。如果学生在某些方面存在困难，AIGC 会提供更多相关的练习和指导，帮助学生在该领域进一步提升。通过 AIGC 的智能分析和调整，训练内容始终能紧密贴合学生的实际需要，确保每个学生都能在最佳的环境里进行训练，获得最佳的训练体验和效果。

AIGC 赋能的朗诵与演讲训练不仅是技术上的飞跃，更是教育理念上的创新。通过精准的进度跟踪与成效分析，AIGC 打造了反馈闭环，使语言学习变得更加高效、有趣且富有成效，实现了教学方式与学习体验的双重提升。

5. 个性化心理支持

在语言训练过程中，情绪和心理状态的管理至关重要。朗诵和当众演讲往往需要面对大量听众，对于许多初中生来说，这种场景极具挑战性。由于初中生正处于心理和情绪发展的关键时期，他们在朗诵和公开演讲时常常会感到紧张和不安，情绪管理不当会导致紧张、焦虑等消极情绪，从而影响他们的表现和语言表达效果。因此，个性化的心理支持成为提升学生语言表达能力和自信心的关键环节。

AIGC 通过对学生情绪和心理状态的分析，可以提供高度个性化的心理支持。这种支持不仅涵盖一般的心理安慰，更是基于学生在训练过程中的具体反应，提供精准且及时的帮助。例如，当 AIGC 检测到学生在训练中出现紧张和焦虑时，它可以通过语音或视觉提示，建议学生进行一些放松技巧，如深呼吸或冥想。通过指导学生进行这些放松技巧，AIGC 能有效地帮助他们减轻紧张焦虑的情绪，使他们能集中注意力，更好地发挥自己的语言表达能力。

同时，AIGC 还会给予学生鼓励性的话语，帮助他们减轻心理压力，增强自信心。实时的鼓励性反馈不仅能让学生感到被支持和理解，还能有效提升他们的自我效能感[①]，从而更加自信地面对训练和实际演讲。比如，当学生表现出由于紧张而导致的发音不准确时，AIGC 可以及时指出，并通过提出放松的建议帮助学生重新找回状态。这种即时的心理支持能帮助学生更好地管理情绪，从而提升训练效果。

情绪的管理和调节直接影响到学生在公众场合的表现。一个放松且自信的心态能显著提高朗诵或演讲的效果。许多初中生在面对公众时会出现手心出汗、心跳加速、喉咙干涩等生理反应，这些都是紧张情绪的表现。AIGC 可以通过分析学生的语音或面部表情，识别出这些紧张信号，并提供相应的放松技巧，帮助学生缓解紧张，稳定情绪。借助 AIGC 的帮助，学生可以学会更好地控制自己的情绪，在面对众人时更加从容自信。

AIGC 不仅在实时支持方面有所贡献，还能通过记录和分析学生的情绪状态和反应，进一步优化心理支持策略，提供更加个性化和有效的帮助。基于长期的数据积累，AIGC 可以识别出学生情绪状态变化的规律，并预测学

---

① Shang，Geng S. Empowering learners with AI-generated content for programming learning and computational thinking：The lens of extended effective use theory ［J］. Journal of Computer Assisted Learning，2024，40（4）：1941－1958.

生在不同训练环节可能会出现的情绪问题。通过这些数据分析，教师可以更有针对性地调整训练内容和节奏，从而更有效地帮助学生提高语言表达能力和心理素质。例如，AIGC 可以根据学生的表现历史，识别出哪些情境或话题最容易引发学生的紧张情绪，并为此制定专门的训练计划。通过对这些特定情境进行反复练习和模拟，帮助学生逐步适应并降低紧张感，从而提升他们在真实情境中的表现能力。

此外，AIGC 还能帮助教师更好地理解和把握每个学生的心理状态和需求，从而在教学过程中提供更为个性化的指导和支持。例如，对于一些特别容易紧张或自信心较弱的学生，AIGC 可以提供更加频繁和积极的鼓励性反馈，而对于一些表现较为稳定的学生，则可以调整反馈频率和内容，使之更具挑战性和进阶性。

AIGC 的个性化心理支持通过对学生情绪和心理状态的深入分析，提供针对性的放松技巧和鼓励性反馈，帮助学生减轻情绪压力，增强自信心，提高其语言表达和公众演讲的表现。在此过程中，学生的整体心理素质也得到了提升，他们在各种场合下都能从容应对，表现卓越。

7.2.3 虚拟观众与舞台互动

对于初中阶段的学生而言，朗诵和公开演讲时常常感到紧张和不安，这种情绪负担不仅影响他们的表现，也阻碍了他们对语言艺术的热爱和深入探索。AIGC 通过创建多样化的虚拟环境、模拟真实观众反应、提供实时反馈与自我评估，以及突发情况应对训练等方式，帮助学生在安全且富有挑战性的环境中不断提升朗诵和演讲能力，从而增强自信心和心理素质。

AIGC 能创建丰富多样的虚拟朗诵和演讲环境，这极大地扩展了学生的练习场景。传统的朗诵与演讲训练往往局限于课堂或特定的练习室，环境单一且缺乏变化。而 AIGC 通过先进的图像处理和声音合成技术，可以为学生打造各种逼真的虚拟场景，如教室、礼堂、会议室、户外舞台等。这些虚拟环境不仅在视觉上栩栩如生，还能模拟不同场地的声学效果。例如，在虚拟礼堂中，学生可以体验到声音在大空间中的回响，感受观众视线聚焦的压力。通过在这些多样化的环境中练习，学生能提前适应不同场合的特点，减少在真实朗诵或演讲时的紧张感和不适感。此外，AIGC 还能根据学生的需求和进步情况，动态调整环境的细节。比如，可以改变灯光强度、调整观众数量、增加背景噪声等。例如，学生可以在一个模拟的全黑环境中进行演讲训练，感受掌控整场的难度；在一个喧闹的户外环境中演讲，学习如何引起观众的注意力并保持专注。这种个性化的训练使得学生能循序渐进地挑战自我，从简单的环境逐步过渡到更复杂、更具挑战性的场景。

AIGC 可以模拟不同类型的虚拟观众，让学生能根据不同的听众调整自己的朗诵和演讲风格。这种练习可以帮助学生学会如何根据听众的需求和偏好调整自己的表达方式，从而提高沟通效率。AIGC 可以模拟以下几种类型的虚拟观众。

① 专业听众：这类观众对朗诵或演讲的内容有深入的了解，他们可能会提出一些深层次的问题或给出专业的反馈。学生在面对这类观众时，需要准备充分的内容，并能清晰地解释和回答问题。

② 普通听众：这类观众对朗诵或演讲的内容可能不太了解，他们可能会提出一些基础性的问题或需要更多的解释。学生在面对这类观众时，需要使用通俗易懂的语言，并能耐心地解答问题。

③ 挑剔的听众：这类观众可能会对朗诵或演讲的内容提出批评或质疑，他们可能会表现出不满或厌烦的情绪。学生在面对这类观众时，需要保持冷静，并能有效地应对批评和质疑。

④ 热情的听众：这类观众对朗诵或演讲的内容表现出积极的反馈，他们可能会给予掌声和赞赏。学生在面对这类观众时，需要学会如何自然地接受和回应积极的反馈，并进一步激励自己的表现。

AIGC 在模拟观众的实时反应与互动中表现出了巨大潜力，这也是增强学生演讲应变能力的重要环节之一。在传统的训练中，学生通常面对的是固定的或没有反馈的观众，这种方法的局限性较大。而 AIGC 模拟观众可以根据朗诵、演讲内容和表现，实时给予不同的反应，如点头赞赏、掌声、笑声、疑惑的表情甚至是负面的反馈。这些反应能逼真地还原现场观众的情绪变化，使学生在演讲过程中更好地感知观众的反馈。例如，当模拟观众表现出疑惑或不理解时，AIGC 会建议学生通过调整语速、重述关键点或使用更清晰的表达方式来回应观众的需求。这样，学生不仅能学习如何根据观众的反馈调整自己的演讲内容，还能提升与观众的互动性和吸引力。例如，面对虚拟观众的点头肯定，学生可以练习如何自然地回应，进一步激励自己的表现；当虚拟观众表现出厌烦或倦怠时，学生则可以学会如何迅速调整自己的表达方式，确保吸引听众。

传统的朗诵与演讲练习往往受制于场地、时间和人员的限制，可能无法随时随地进行。而 AIGC 打破了这些限制，为学生提供了一个没有时间和空间约束的学习平台。通过创建多样化的虚拟舞台和虚拟观众，AIGC 使学生得以在无须依赖实际舞台和观众的情况下进行练习。不论时间和地点，学生都可以在这些虚拟环境中自由练习。比如，学生可以在家里、课余时间甚至是旅行途中练习，只要有合适的设备和互联网连接，就能随时进入这些虚拟场景开始他们的练习。这种灵活性不仅让学生能根据自己的时间安排进行练习，还确保了学习过程的连续性和持久性。

此外，在突发状况应对技巧的训练方面，AIGC 同样能发挥举足轻重的作用。在实际演讲中，突发状况是难以避免的，如设备故障、观众的突发提问等，这些突发事件可能会严重影响朗诵或演讲者的表现。而 AIGC 可以模拟这些突发情况，帮助学生提前进行应对训练。例如，AIGC 可以模拟朗诵或演讲过程中麦克风突然失灵的情况，让学生练习如何在设备故障时保持镇定并继续演讲；模拟观众提出一些难以回答的问题，训练学生如何在紧张的情况下快速组织语言、冷静应对。这些训练不仅可以增强学生的应对能力，还可以提升他们在紧急情况下的恢复力和冷静思考的能力。通过这种高仿真的突发事件模拟训练，学生能在安全的虚拟环境中反复练习，掌握应对技巧，从而在真实的演讲场合中更从容地面对各种突发状况。例如，当虚拟观众突然站起来打断演讲，学生需要在模拟的环境中学会如何有效地应对和调整自己的情绪。同时，AIGC 还可以根据学生的表现记录和反馈，提供相关的解决策略和建议，帮助学生迅速找到应对方法。这种动态更新的训练内容，使得学生在面对各种突发事件时，能胸有成竹，冷静应对。

AIGC 不仅仅限于提供环境和观众模拟，它还可以为学生提供持续的鼓励和反馈。在传统教学中，教师很难为每一个学生提供个性化的反馈和鼓励，尤其是在大型班级中。而 AIGC 可以根据每个学生的表现，对他们的进步和不足之处进行详细记录和分析，当他们取得进步时适时给予表扬和建议。例如，当学生成功地完成了一次高难度的演讲训练，AIGC 可以通过虚拟掌声、欢呼声等方式，给予他们肯定和奖励，从而进一步激发他们的学习热情和积极性。

整体来看，AIGC 不仅在提升朗诵和演讲能力方面具备显著效果，还在培养学生的综合素质方面发挥了重要作用。在 AIGC 的帮助下，学生能在一个无限接近于真实的环境中反复练习，不断积累经验和勇气。AIGC 模拟的虚拟观众不仅可以提高学生的演讲能力，还能使学生逐渐习惯各种观众的反应，增强他们的应变能力和心理素质。学生能通过不断的虚拟练习，逐渐克服紧张情绪，从而更加自信地面对真实的演讲场合。无论是应对突发情况、调整演讲内容，还是与观众互动反馈，AIGC 都为学生提供了全方位的训练，帮助他们在安全的虚拟环境中进行自我提升，积累经验，提高应变能力，增强自信心。长时间的高仿真模拟训练还可以使学生在面对真实场景时更加从容不迫，表现出更高的专业素养和心理素质。例如，通过不断的虚拟演练，学生逐渐学会在观众打断时保持冷静，并能迅速调整内容继续演讲。AIGC 能根据学生的表现提供反馈和建议，如如何调整开场白、更好地与观众互动，甚至可提出改善语言表达的具体方法。现实中，教师不可能随时为每个学生提供全天候、一对一的个性化指导，而 AIGC 则可以充分弥补这一点，为每一个学生提供全天候的个性化反馈和建议。

作为一项革命性的技术，AIGC 在提升初中生朗诵与演讲训练中的作用不可忽视。通过创建多样化的虚拟环境、模拟观众反应、实时反馈和个性化心理支持，AIGC 为学生提供了极具灵活性和针对性的训练平台。它不仅能精准分析和矫正学生的发音、语调、情感表达，还通过动态调整训练计划，满足不同水平学生的个性化需求。更重要的是，AIGC 让学生在一个安全的虚拟环境中反复练习，帮助他们克服演讲时的紧张，增强自信心，全面提高语言表达能力和应变能力。总之，AIGC 无疑为学生的朗诵与演讲训练开启了新的篇章，赋予他们在各种公共场合中自信展现自我的能力。AIGC 的应用为初中语文课外活动中的朗诵与演讲训练注入了新的活力和无限可能，必将在未来的教育中发挥越来越重要的作用。

7.3 语文知识竞赛活动

在初中语文教育中，常见的语文知识竞赛形式有笔试和现场问答等。知识竞赛作为一种有效的课堂教学补充手段，不仅能激发学生的学习兴趣，还能帮助学生巩固所学知识，提高综合应用能力。随着 AIGC 的不断发展，其在知识竞赛中的应用也越来越广泛，不仅能实现定制化问答题库的生成，还能提供实时的反馈与表现分析，并能创建多媒体互动竞赛环境，大大提升了竞赛的趣味性和参与感。

7.3.1 智能出题与难度控制

知识竞赛不仅可以激发学生的学习兴趣，还能有效提升他们的综合素养和解决问题的能力。AIGC 在这一方面具备独特的优势，可以根据课程标准和学生的个人需求生成定制化的问答题库，确保竞赛内容的难度适当，同时又具有趣味性和挑战性。

1. 基于课程标准的题目自动生成

AIGC 在初中语文教学中的题目生成方面，展现出巨大潜力。AIGC 不仅能深度分析和理解初中语文课程标准中的各种知识点，如文学常识、古诗文赏析、现代文阅读及写作技巧等，还能通过对这些知识点的精准解析，自动生成多样化的题目，为知识竞赛、期末考试及日常练习提供丰富的题库。

这种技术不仅帮助学生在竞赛中复习和巩固课堂所学，还能通过系统化的题目训练，提升他们的综合知识水平和解决问题的能力。

首先，AIGC 在生成试题时可以涵盖语文学科的多个方面，包括文学常识、古诗文赏析、现代文阅读等。在文学常识方面，AIGC 能生成关于作家生平、作品背景、文学流派等方面的选择题或填空题。例如，针对鲁迅这位现代文学巨匠，AIGC 可以提出选择题："鲁迅的原名是什么？A. 周作人，B. 周树人，C. 周建人，D. 周豫人。"或是填空题："鲁迅的代表作《阿 Q 正传》属于哪种文学体裁？________"通过类似的题目，学生能复习并掌握重要的文学常识，了解作家作品的基本背景和特点等内容，达到巩固基础知识的效果。在古诗文赏析方面，AIGC 能依据课程标准中的重点篇目，生成名句背诵、主旨分析、意象解读等填空题、选择题或简答题等。例如，对于课文《观沧海》中的重要诗句，AIGC 可以设计"填空：星汉灿烂，____________"这样的填空题，帮助学生背诵和记忆经典诗句。而在简答题方面，AIGC 可以生成更为深入的分析题，如："简述《记承天寺夜游》中作者如何通过景物描写表达自己的情感。"这种题目不仅要求学生对文本有较为深入的理解，还需要他们具备一定的分析和表达能力。在现代文阅读方面，AIGC 能生成考查学生理解能力、分析能力的阅读理解题。一篇关于人与自然关系的短文，AIGC 可以设计出多个层级的问题，从简单的内容理解到复杂的观点分析。例如，"请简述文章中关于人与自然关系的主要观点"这类问题可以帮助学生在阅读现代文的过程中，锻炼他们的概括能力和逻辑思维能力，培养独立分析文本的意识。

其次，AIGC 基于课程标准生成的题目种类繁多，包括选择题、填空题、判断题、简答题等，这些题目形式多样、内容丰富，全方位覆盖了语文学科的各个知识点。因此，学生在做这些题目时，能有效地复习课堂所学，全面提升自己的知识水平。例如，一个典型的选择题可能是："《水浒传》的作者是谁？A. 罗贯中，B. 施耐庵，C. 吴承恩，D. 曹雪芹。"通过这样的题目，学生能复习文学常识。对于古诗文赏析，AIGC 也可以设计判断题，如"判断正误：张继《枫桥夜泊》中的'月落乌啼霜满天，江枫渔火对愁眠'两句描绘了一幅宁静祥和的夜景图"。这样的题目有助于学生理解古诗意境和作者情感，培养他们的文学鉴赏能力。简答题的设计则可以注重学生的理解和分析能力，如："请简述《西游记》中孙悟空的性格特征。"这样的题目不仅考查学生对《西游记》内容的掌握，更要求他们具备一定的归纳和总结能力。

此外，在实际应用中，AIGC 能分析具体年级和课程的需求，生成适合不同学习阶段的题目。对于七年级的学生，他们刚刚开始接触一些基础的文学常识和古诗文，AIGC 会生成与其学习进度相符的题目。例如，“请描述李白的《静夜思》的意境。”这样的题目设计不仅根据课程标准，还能通过语言简洁、内容直观的题目形式，帮助学生更好地加深对知识点的理解和记忆。这些入门级的题目形式简单、内容精准，旨在夯实学生的基础知识。而在九年级，学生已经具备了一定的文学积累和语文分析能力，AIGC 会生成较为复杂和深入的问题。例如，“分析杜甫《春望》中对国家情感的表达。”这种问题要求学生通过课内外知识的积累，理解并剖析诗中的情感表达和艺术手法，不仅能检测学生的知识广度，还能培养其深度思考和文学鉴赏能力，增强他们的语文综合素养。

AIGC 通过分析课程标准和课程需求，生成多样化的竞赛题目，大大提升了学生的学习效果，能帮助学生在不同年级的语文学习中进行有针对性的复习和巩固，确保他们在知识和技能上的全面发展。

2. 难度梯度的智能调节

AIGC 的应用将逐渐改变传统的知识竞赛模式，与过去仅仅提供问题库的简单方式不同，AIGC 如今能通过先进的算法和数据分析技术，为每个学生量身定制难度适宜的竞赛题目。这种智能调节机制，不仅极大地提升了每个学生的学习体验，也在很大程度上确保了竞赛的公平性。

首先，AIGC 通过对每个学生在竞赛中的答题表现进行分析，自主调整题目的难度。对于那些在某一领域表现突出的学生，AIGC 会适时增加题目的挑战性，帮助他们不断提升自身能力。例如，学生在现代文阅读题中表现出色，AIGC 可能会增加一些更具挑战性的问题，如要求学生对文本中的隐喻和深层含义进行详细解析。这种高层次的题目不仅可以继续激发学生的兴趣，还能促使他们进一步深挖文本内涵，从而提高理解和分析能力。然而，对于那些在竞赛中遇到困难的学生，AIGC 则会采取不同的策略，适当降低题目的难度，使他们能逐步适应竞赛的节奏，重拾自信心和成就感。这种方式的一个典型例子是对古诗文的理解。如果学生在古诗文的理解上存在障碍，AIGC 可以生成更多基础性的理解和解释题，如“解释诗句的表面意思”。通过这种方式，学生可以打牢基础知识，逐步提高自己的文学素养和文本分析能力。

这种个性化的学习路径让学生在竞赛中获得了更加公平的机会。传统的竞赛通常会设置统一的题目，这种方式虽然方便了组织和评判，但却忽视了学生之间的差异。每个学生的知识水平、学习能力和兴趣点不尽相同，统一的竞赛题目无法充分考虑这些差异。而通过 AIGC 的智能调节，不同水平的学生都能在适宜的难度等级中获得适度的挑战和成长。这样不仅能提升学生的参与度和积极性，还能有效防止因为题目过难或过易而导致的不公平竞争。

AIGC 在这一过程中不仅仅扮演着一个题库生成工具的角色，更是一个动态的学习辅助系统。它的智能调节机制能灵活地根据每个学生的实时表现，调整竞赛题目的难度，让每个学生都能在适宜的挑战中成长，从而避免了传统竞赛模式中因统一题目而导致的两种极端问题：一些学生因题目过难而承受过大压力，另一些学生因题目过于简单而失去学习兴趣。这一智能调节的过程不仅依赖于学生在竞赛中的直接表现，更重要的是依赖于 AIGC 所收集并分析的大量数据。这些数据包括学生的答题情况、反应时间、错误类型及其答题策略等。通过这些数据，AIGC 可以精准地了解每个学生的学习状态，并作出相应的调整。这种数据驱动的机制，使得 AIGC 的调节策略不断优化，从而更好地服务于学生的学习和成长。举个例子，当学生在某个特定的竞赛题型中表现出持续的错误，AIGC 可以识别出这个学生在该知识点上的薄弱环节，并生成一些更基础、更有针对性的练习题，帮助学生逐步克服困难。这不仅提高了学生的成绩，还提升了他们的自信心和学习积极性。[①] 反之，当学生在某个竞赛领域表现出色时，AIGC 会适当增加题目的难度，提供更富有挑战性的高级题目，促使学生在掌握基础知识的同时，向更高层次的思维能力发展。

其次，AIGC 还可以根据学生的兴趣和学习进度来定制个性化的竞赛试题。在知识竞赛中，学生们各自的知识水平和兴趣领域各不相同，AIGC 可以根据这些差异提供定制化的竞赛题目，使得每个学生都能在自己的兴趣领域内得到充分的锻炼和提升。例如，对文学感兴趣的学生，可以在竞赛中收到更多关于当代文学、著名作家及其作品的问题；而对科技感兴趣的学生，则可以收到更多有关最新科技动态、重要科技成果的题目。这种个性化的题目设置，不仅能提升学生的竞赛积极性，还能帮助他们在自己擅长的领域内精耕细作，深入学习。

AIGC 还通过实时反馈机制，确保调节的及时性和有效性。AIGC 可以在学生每次完成答题后，对他们的表现进行评估，并自动调整下一轮题目的难度。这样的实时反馈，不仅让学生能及时了解自己的知识掌握情况和能力水平，也使得他们的学习路径变得更加个性化，更加符合他们的实际需求。

---

① Artemova I. Bridging motivation and AI in education：An activity theory perspective［J］. Digital Education Review，2024（45）：59－67.

这种方式有效避免了因题目难度不合适而导致的学习停滞或挫败感。

此外，AIGC 能在这一过程中积累大量的数据，通过大数据分析，进一步优化题目的设计和难度调节策略。这不仅包括对题目的难度调整，还包括对题型、题目的内容和呈现方式的优化。例如，通过分析学生在不同题型上的表现，AIGC 可以发现哪些题型更能有效地检验学生的理解能力，哪些题型更适合作为基础练习，从而辅助教学设计和策略制定。

AIGC 在中学语文竞赛中的应用，特别是难度梯度的智能调节，标志着教育方式的一个重要变革。AIGC 通过对学生答题表现的智能分析和调节，使不同层次的学生能在各自的能力范围内找到适合自己的挑战和成长路径，为每个学生提供了个性化的学习体验。这不仅确保了学生在竞赛中获得适合自己的挑战，提升学习体验，还在很大程度上维护了竞赛的公平性，为学生提供了更加科学和人性化的学习环境。通过智能调节，AIGC 能帮助每个学生在知识的海洋中找到属于自己的航道，激发他们的潜能，实现个性化成长。

3. 社会热点与时事生活的实时融入

在知识竞赛这类活动中，AIGC 的引入为学生们开辟了新的学习途径，尤其是通过将最新的文化热点和时事内容融入竞赛题目，使得题目内容更加丰富和有趣。这不仅能提高教育效率，还能极大地提升学生的兴趣和参与度。

首先，AIGC 具有强大的数据处理和信息更新能力，它能迅速更新题库，把最新的文化热点和时事内容融入其中。这一特点使得知识竞赛题目不再局限于传统教材中的固定内容，而是能延伸到更广泛的社会和文化背景，帮助学生建立更为全面的知识体系。例如，在诺贝尔文学奖刚刚揭晓时，AIGC 可以实时生成相关的问题，如“请简述今年诺贝尔文学奖得主的代表作及其主要内容”，让学生及时了解当代文学的动态，推动学生阅读优秀的文学作品。这种实时更新的竞赛题目不仅使学生在参与竞赛的过程中紧跟时代脉搏，还能培养他们对文学和文化的深层次理解。AIGC 在重大传统节日到来之际，也能精准地生成与节日相关的文化题目，帮助学生深入了解和传承传统文化内涵。例如，在春节前后，AIGC 可以设计一些关于春节习俗和传统文化的问题，如“请描述春节期间‘守岁’这一习俗的意义和历史由来”。通过这些题目，学生不仅能了解传统节日的风俗习惯，更能体会到这些习俗背后的文化意义和精神价值，从而增强对民族文化的认同感和自豪感。此类题目，有助于学生从多维度理解和传承中华优秀传统文化，提高文化素养。

其次，AIGC 在知识竞赛中的应用，还能帮助学生拓宽阅读视野，增加对社会时事的关注和理解。比如，当某个重要的科技发现或者社会热点事件发生时，AIGC 能快速生成相关的竞赛题目，引导学生去了解和思考这些事件的背景、过程及其影响。例如，当某项新的人工智能技术取得突破，AIGC 可以生成类似“请简述最新的人工智能突破及其对未来生活的影响”的问题。这不仅能激发学生的好奇心和求知欲，还能培养他们的批判性思维和独立思考能力。学生在应对这些题目时，必须学会从多个角度分析问题，形成自己的观点和见解，这对他们的学业发展和个人成长具有重要意义。

此外，AIGC 能将动态更新的知识融入课堂教学中，使学科知识与现实生活紧密融合。通过知识竞赛的形式，教师可以设计与教学内容紧密结合的试题，让学生在竞答过程中不断接受新的信息和挑战。这不仅激发了学生的学习兴趣，还培养了他们将课堂知识应用于实际生活的能力。例如，在讲解古诗词时，教师可以利用 AIGC 生成与当前社会热点相关的试题，帮助学生更好地理解诗词的意境和思想，提高他们的认知水平和文学素养。通过这种方式，竞赛试题与课堂教学紧密结合，使教学更加生动有趣，学生在实践中不断验证和完善自己的知识体系。

AIGC 对中学语文知识竞赛的作用是多方面的。它不仅能实时更新题库，将最新的文化热点和时事内容融入竞赛题目，增强题目的丰富性和趣味性，还能帮助学生拓宽阅读视野，增加对社会时事的关注和理解。更重要的是，这些竞赛题目通过将课堂知识与现实生活相结合，使得学生在竞赛中学有所获，更在日常生活中学有所用。在未来的发展中，随着技术的不断进步，AIGC 将在教育领域发挥更加重要的作用，为学生们提供更加丰富的学习资源和体验。

7.3.2 实时反馈与表现分析

传统的知识竞赛一般仅反馈比赛结果，现场作答的知识竞赛可能会当场展示正确答案，但限于时间一般也不会做深入阐释，更不会对学生的答题表现予以深入分析和反馈。AIGC 在知识竞赛中的应用，将彻底改变这种现状。

1. 答题过程的即时评估

传统的评估方式往往需要相当的时间来批改和反馈，而 AIGC 可以做到实时评估、即时反馈，这是其显著的优势之一。特别是在语文知识竞赛或类似的学科比赛中，AIGC 的即时评估功能尤为突出。这种革新性的评估方式不仅提高了知识竞赛的成效，还为学生提供了更加个性化和深入的竞赛体验。

首先，在竞赛过程中，AIGC 能实时分析学生的答题情况，这不仅是对题目本身的正确与否进行判断，还包括对学生答题逻辑、解题思路的全面分析。每当学生提交一个答案，AIGC 就能立刻处理并给予反馈。这种反馈不仅包括告知学生答案的正误，还配有详尽的解析。例如，当学生答错了某个阅读理解的选择题时，AIGC 不仅会告诉学生正确答案，还会解释为何该答案正确，其他选项存在哪些误区。这种即时反馈机制能帮助学生迅速纠正错误，理解其犯错的原因，并在接下来的学习和答题中加以避免。这对于知识点的深度学习和记忆固化是极其有益的。

AIGC 的即时评估功能还可以对学生的竞赛答题过程进行全方位的分析。它不仅关注最终结果，还能洞察学生的思维过程。这种深入的分析能帮助学生更好地理解问题的本质，培养其逻辑思维能力和解题技巧。例如，在一场初中语文课文竞赛中，学生需要分析鲁迅的《故乡》这篇文章。AIGC 不仅会评估学生的最终答案，还会分析整个答题过程。如果学生在解读人物形象时只停留在表面描述，AIGC 会立即指出这一点，并引导学生思考人物言行背后的深层含义。AIGC 会追踪学生如何分析“闰土”和“我”这两个人物形象的变化，是否注意到了作者通过对比手法突出的主题。如果学生忽略了某些关键细节，如“我”对故乡的复杂情感，AIGC 会详细解释这些细节，如何阐明了作者想要传达的主要思想。另外，AIGC 还会评估学生对文章结构的把握，如果学生没有认识到文章采用的“三次相逢”结构，AIGC 会指出这种结构如何加强了文章的主题。通过这种全面的分析和即时反馈，学生不仅能改正错误，还能深入理解文章的写作技巧和思想内涵，从而提高自己的文学鉴赏能力和批判性思维能力。① 同时，AIGC 还可以提供相关的扩展知识，如鲁迅其他作品中类似主题的探讨，或者同时期其他作家对乡土题材的处理，从而帮助学生建立更加全面和系统的文学知识网络。

其次，AIGC 还可以根据学生的答题行为进行进一步的赛后针对性辅导。例如，某学生在某种竞赛题型上频繁出错，AIGC 能判断出该学生可能在某个知识点上存在理解障碍，进而在后期提供有针对性的补充学习材料和练习题。这种个性化的学习方案能极大地提高学生的学习效率，使其在短时间内取得显著的进步。AIGC 还可以根据学生的竞赛错误类型，推荐相应的学习资源，如视频教程、互动练习或者深度解析文章，帮助学生全面攻克难点。

再次，AIGC 的即时评估还具有自适应学习的特点。随着学生答题量的

---

① Maphoto K B, Sevnarayan K, Mohale N E, et al. Advancing students' academic excellence in distance education: Exploring the potential of generative AI integration to improve academic writing skills [J]. Open Praxis, 2024, 16 (2): 142-159.

增加，AIGC 能不断优化其评估算法，更准确地预测学生可能犯错的地方，并提供更加精准的指导。这种动态调整的能力使得 AIGC 评估系统能与学生的学习进度同步发展，始终保持最佳的辅导效果。

此外，AIGC 的即时评估功能还可以为教师提供宝贵的教学反馈。通过分析大量学生的答题数据，AIGC 可以帮助教师识别出普遍存在的学习难点，发现教学中的薄弱环节。这使得教师能更有针对性地调整教学策略，优化课程设置，从而提高整体的教学质量。

总的来说，AIGC 在答题过程中的即时评估功能，不仅变革了传统的教学评估方式，还为学生提供了更加个性化、高效和全面的学习体验。它的应用不仅限于竞赛环境，还可以扩展到日常学习和考试准备中，成为提升教育质量的重要工具。随着 AIGC 的不断发展，我们可以期待这种智能评估系统在未来发挥更大的作用，为教育领域带来更多创新和突破。

2. 知识点掌握程度的数据分析与驱动

AIGC 在教育评估领域的应用正在引发一场革命性的变革，这项技术的核心优势在于其强大的数据分析能力，为学生、教师和教育管理者提供了一个前所未有的宝贵资源。通过系统地记录和分析学生在各类竞赛和考试中的答题数据，AIGC 能生成极其详尽的个性化报告。这些报告不仅仅是对学生整体表现的总结，更是对其在各个知识点上掌握程度的深入剖析，为教育评估带来了全新的维度。

这些由 AIGC 生成的竞赛报告具有极高的实用价值，它们可以采用各种直观的可视化方式，如图表、数据图形等，清晰地展示学生在不同知识领域的表现。例如，在一次语文竞赛中，某学生的整体成绩可能相当出色，但报告可能会通过不同的颜色标注出该学生在文言文部分的正确率明显低于现代文部分。这种细致的分析让学生和教师能一目了然地识别出需要改进的领域，从而更加精准地制定学习和教学策略。更进一步，AIGC 还能在竞赛报告中提供深入的对比分析。有些竞赛可能是全体学生参加，它可以将学生的个人表现与班级平均水平进行比较，帮助学生清楚地了解自己在班级中的相对位置，找出差距和提升空间。这种对比不仅限于整体成绩，还包括各个具体知识点的掌握程度，使得分析更加全面和精确。通过这种方式，学生可以更好地认识自己的优势和不足，从而有针对性地调整学习方向和重点。对于教师而言，这些详细的竞赛分析报告有时也是制定教学计划的重要依据之一。例如，报告显示班级大多数学生在古诗文赏析题上表现较差，教师就可以据此调整教学重心，增加这方面内容的讲解和练习。这种数据驱动的教学方法能让教师更加精准地把握教学重点，提高课堂效率。同时，教师也可以根据报告中的数据，设计更加有针对性的课堂活动和作业，以帮助学生巩固薄弱环节，提升整体学习效果。

同时，竞赛报告中关于每个学生的个体数据，为教师提供了进行个别化辅导的基础。教师可以根据这些数据，为每个学生制定针对性的学习计划，帮助他们克服个人的薄弱环节。这种个性化的教学方式不仅能提高学生的学习效果，还能让教师更好地了解每个学生的学习特点和需求，从而在整体上提升教学质量。例如，对于在文学赏析方面表现出色但在文言文阅读理解上遇到困难的学生，教师可以设计特定的辅导方案，帮助学生将其强项应用到薄弱领域，从而实现全面提升。

对学生而言，这些竞赛报告不仅仅是一份成绩单，更是一个强大的自我评估工具。通过仔细查看自己的报告，学生可以清晰地了解到自己在哪些方面表现出色，哪些方面还存在不足。这种客观、详细的自我认知，是制定有效学习计划的关键第一步。学生可以根据报告中的数据，合理分配学习时间和精力，重点攻克自己的薄弱环节，同时也不忽视对优势领域的进一步提升。更重要的是，AIGC 不仅仅提供问题诊断，还能根据分析结果给出针对性的学习建议。例如，对于在古诗文理解方面表现欠佳的学生，AIGC 可能会推荐一系列相关的练习题，或是一些经典的古诗文赏析文章和书籍。这些建议不但针对性强，而且可以帮助学生在课外时间进行高效的自主学习。AIGC 还可以根据学生的学习进度和兴趣，动态调整推荐的内容，确保学习建议始终保持最佳的相关性和有效性。AIGC 的这种数据分析能力，实际上创造了一个持续改进的良性循环。学生通过竞赛报告了解自己的不足，并基于 AIGC 的建议进行针对性学习；教师根据整体竞赛报告调整教学计划，为学生提供更有针对性的指导。这些学习和教学的结果又会反映在下一次的评估中，形成新的数据，推动教学和学习的进一步优化。这种循环不仅能持续提高学生的学习效果，还能帮助教师不断完善自己的教学方法和策略。

值得注意的是，这种数据分析方法还可以扩展到更广泛的教育领域。例如，学校管理者可以利用这些数据来评估不同教学方法的效果，或发现某些普遍存在的学习难点，从而在更高层面上改进教育策略。通过对大量学生数据的分析，学校可以识别出某些特定教学方法在提高学生某些能力方面的显著效果，进而在全校范围内推广这些成功的教学实践。教育研究人员也可以利用这些丰富的数据来进行深入的教育理论研究，为教育改革提供科学依据。例如，通过分析不同背景学生的学习模式和竞赛成绩表现，研究人员可以探索影响学习效果的各种因素，从而提出更加有效的教育方法和政策建议。

AIGC 在初中语文课外活动中的应用，展现了其独特而强大的潜力。通过个性化写作主题的推荐、实时反馈与精确指导，学生的自我表达与反思写作能力得到了显著提升。[①] 在朗诵与演讲训练中，AIGC 为学生提供了从发音到情感表达的全方位辅导，增强了学生的自信心和表达能力。此外，通过智能出题与难度控制、实时反馈与表现分析，知识竞赛变得更加具有挑战性和趣味性，为学生全面发展提供了丰富的资源支持。AIGC 的引入，不仅为语文教育注入了新的活力，更促进了教学形式的多样化和个性化，有助于学生在知识的海洋中自由探索，全面提升其语文素养和综合能力。展望未来，AIGC 将继续在教育领域发挥重要作用，为学生的全面发展提供更加智能、精准、个性化的支持和服务。

---

① Abdallah M M S. Using self-regulated learning supported by artificial intelligence (AI) chatbots to develop EFL student teachers' self-expression and reflective writing skills [J]. Academic Joural of Eaculty of Education, Assiut University, 2024, 40 (9): 1-50.

第 8 章

AIGC 促进教师专业发展

当前，在移动互联网、大数据、超级计算、传感网等新理论新技术的驱动下，“人工智能加速发展，呈现出深度学习、跨界融合、人机协同、群智开放、自主操控等新特征，正在对经济发展、社会进步、国际政治经济格局等方面产生重大而深远的影响”。① 这种影响必然对教师的专业发展产生一种震动与推动的效应。

教师的专业发展水平对教育质量和学生学习成效具有至关重要的影响。作为教育体系的核心，教师的专业水平直接决定了学生的学习体验和效果。因此，教师的持续成长和进步显得尤为重要。这不仅有助于教师掌握创新的教学方法和策略，提升课程设计能力和教学效果，更能为整个教育体系的优化和进步提供强大动力。

在促进教师专业发展的进程中，AIGC 展现出了巨大的辅助潜力。② 首先，AIGC 能通过高效生成和管理教学资源，为教师提供丰富的教学素材。教师可以借助 AIGC 技术快速获取所需的教学资料，极大地提高备课和教学效率。其次，AIGC 能通过智能分析提供教研建议，助力教师更好地开展教学研究和实践。AIGC 可以通过对海量教学数据的分析，发现教学中的问题和改进点，为教师的教学研究提供科学的建议和参考。再次，AIGC 还可以搭建经验分享平台，促进教师间的交流和学习。借助 AIGC 技术，教师可以方便地分享自己的教学经验和心得，并从同行的经验中汲取有益的启示和借鉴。最后，AIGC 能支持教师的继续教育，通过个性化的学习推荐和自适应学习路径，为教师提供持续的学习机会和支持，帮助他们不断提升专业水平和教学能力。

总之，教师的专业发展对教育质量和学生学习效果至关重要，而 AIGC 在这一进程中正发挥着越来越重要的作用。通过高效生成和管理教学资源、

---

① 习近平. 致第三届世界智能大会的贺信 [N]. 人民日报，2019-05-16.

② 刘颖，向磊，杨清涵，等. AIGC 赋能乡村教师专业发展：可及类型、行动逻辑与实施路径 [J]. 现代远距离教育，2024 (4)：84-96.

智能分析提供教研建议、搭建经验分享平台以及支持继续教育，AIGC 不仅为教师提供了丰富的学习资源和工具，还极大地提高了专业发展的效率和效果，有力推动了教育事业的持续进步。在未来，AIGC 有望成为教师专业发展的重要助力，为打造高质量的教育体系做出更大贡献。

8.1 教学资源生成与整理

AIGC 在教育领域的迅猛发展，为教师专业发展提供了多方位的支持。特别是在教学资源生成与管理方面，可以帮助教师生成并管理教学资源，如课件、讲义、试题等，节省教师大量的时间和精力。这使得教师能将更多的时间投入与学生互动和个别辅导上，不仅提升了效率和质量，也为个性化教育和跨学科教学创造了更多可能性。

8.1.1 个性化教学资源生成

AIGC 通过高效班级教学资源创建、丰富多媒体资源制作、跨学科知识整合、学生个性化学习资源定制、自适应学习资源生成、协作式资源开发等方式，大幅提升了教学资源的质量和生成效率。这些技术不仅帮助教师节省时间，专注于教学创新，也使得学生在一个更加个性化和互动的环境中进行学习，促进了教学效果的全面提升。

1. 高效班级教学资源创建

AIGC 能根据教师的需求快速生成多样化的教学资源，如课件、讲义和试题等，从而大幅提升备课效率。它不仅能显著提升教师的备课效率，更能确保教学资源的质量和针对性。教师只需输入教学主题和核心概念，AIGC 便能迅速构建出一个全面的课件框架，包括内容纲要、重难点剖析以及相关案例。这种智能辅助大大简化了备课流程，为教师节省了宝贵的时间和精力。例如，初中语文教师只需提供课文内容，AIGC 就能生成一份包含文本梳理、关键词句解读和背景资料等内容翔实的课件，可直接应用于课堂或进行进一步优化。更为可贵的是，AIGC 能为教学资源注入独特的个性化元素。它可以根据班级学生的整体水平和兴趣倾向，在课件中融入与课文主题相关的趣味故事或互动活动建议，从而增强教学内容的吸引力和参与度。这种定制化方式不仅提高了教学效果，还能激发学生的学习热情。

通过利用 AIGC，教师能以前所未有的效率准备高质量、个性化的教学资源。这不仅优化了备课流程，更为因材施教提供了有力支持，可以实现教学质量和学习成效的双重提升。在这个 AIGC 赋能的教育新时代，教师可以将更多精力投入与学生的直接互动和个性化指导中，真正实现教育的本质目标。

2. 丰富多媒体资源制作

AIGC 的另一大优势在于其生成多媒体教学资源的能力。这些资源包括教学视频、交互式动画以及虚拟实验等，极大地丰富了教学手段。传统的文本和图像教学资源在吸引学生注意力和帮助理解上有一定的局限性，而多媒体资源则可以将抽象概念形象化，使学习过程更加生动有趣。例如，在讲解《孔乙己》这篇短篇小说时，AIGC 可以帮助教师制作一部虚拟鲁镇场景的动画，让学生直观地感受小说的环境氛围，从而更好地理解作品中的人物形象和主题思想。AIGC 不仅能生成这些多媒体资源，还能根据课堂需要进行实时调整。例如，教师发现某一段视频对于部分学生来说过于复杂，便可以通过 AIGC 辅助简化视频内容或提供更多的讲解。此类多媒体资源的互动性和灵活性，不仅有助于提升学生的学习兴趣和参与度，也使整个教学过程更加流畅和高效。

AIGC 在制作多媒体教学资源方面的能力，为初中语文教师开辟了新的教学方法探索空间。这不仅丰富了教学手段，也促使教师思考如何更有效地利用多媒体资源来提升语文教学的趣味性和深度。通过使用和调整这些资源，教师能不断提升自己的多媒体教学能力。

3. 跨学科知识整合

现代教育强调对学生综合素质的培养，其中跨学科知识的整合是重要手段之一。而 AIGC 在这一方面具备巨大的潜力和优势。传统的跨学科教学需要教师具备多个学科的深厚知识储备，这对教师提出了较高要求。而 AIGC 能整合不同学科的信息并生成连贯且系统的教学材料，极大地减轻了教师在这方面的负担。例如，AIGC 可以将语文中的古诗词与历史学科中的相关朝代背景结合，生成分析《念奴娇·赤壁怀古》这首词的教案。这种跨学科的资源不仅能让学生学习词的内容和写作技巧，还能通过具体的历史背景分析，培养学生对文学作品更深层次的理解能力。同样，AIGC 还可以结合文学和历史，制作关于某一历史时期文学作品的教材，使学生能在理解历史事件的同时，更深入地欣赏和分析文学作品。

AIGC 的跨学科知识整合能力为初中语文教师提供了拓展知识面的机会。通过与 AIGC 的互动，教师可以拓展自己的知识边界，在教学过程中更加灵活地应用不同学科的知识。这不仅帮助教师更好地理解和讲解文本，也鼓励他们建立跨学科思维，提升自身的知识储备和教学视野。通过与 AIGC 的互动，教师能不断学习新知识，提高自己的综合教学能力。

4. 学生个性化学习资源定制

AIGC“可以创建教学内容并完成学习任务，为学习者提供更具个性化的内容，具有实时反馈、智能辅导和技能发展的能力”①。学生的学习需求和能力各不相同，这使得个性化教学变得尤为重要。AIGC 在这方面提供了强有力的支持，能够通过分析学生的学习水平、风格和兴趣，生成有针对性的教学资源。这种个性化定制不仅可以满足不同学生的需求，还能显著提升他们的学习效果和满意度。例如，对于语文阅读理解练习，AIGC 可以根据学生的答题情况和错误类型，生成涵盖不同难度级别的阅读文章和练习题。对于写作能力较强的学生，AIGC 可以提供更具挑战性的写作主题和指导，而对于需要更多帮助的学生，AIGC 则会推荐基础写作技巧练习和详细的写作步骤指导。此外，对于喜欢视觉学习的学生，AIGC 可以生成更多图像和视频素材，而对于倾向于阅读学习的学生，AIGC 则提供更多文本和图表内容。这种个性化资源定制不仅能在教师的日常教学中发挥作用，还可以用于备考和复习。教师可以利用 AIGC 为学生制定个性化的复习计划和资料，确保每个学生都能以最适合自己的方式进行复习，提升备考效率和效果。

AIGC 能根据学生的个体差异生成针对性的学习资源，这为初中语文教师提供了实践差异化教学的有力工具。通过使用这些个性化资源，教师能更深入地了解学生的学习需求，提高自己的教学针对性。同时，在设计和调整这些资源的过程中，教师的教学反思能力和个性化教学策略也能够得到提升。

5. 自适应学习资源生成

AIGC 的另一个重要应用是自适应学习资源的生成。自适应学习是一种根据学生实时表现和学习数据，动态调整教学内容和策略的教学方式。相比传统的“一刀切”教学，自适应学习能更精准地满足每个学生的个性化需求，提升学习效果。② 通过 AIGC，教师可以获得学生的详尽学习数据，包括学习进度、理解水平、错误类型等。基于这些数据，AIGC 可以生成有针对性的教学资源，如习题集、复习资料、补充说明等，使学生能得到即时、准确的学习辅助。例如，学生在语文测试中频繁出错的知识点，AIGC 会自动生成相关的解释和练习题，帮助学生集中攻克难题。此外，自适应学习还

① 赵建华. 人工智能时代的教育转型与重塑［J］. 电化教育研究，2024，45（12）：37－43.

② 中国人工智能学会，陈向东. 中国智能教育技术发展报告：2019—2020［M］. 北京：机械工业出版社，2020：76－77.

可以帮助教师及时调整教学策略。例如，AIGC 检测到多数学生对修辞手法的运用理解存在偏差，教师可以立即调整教学进度，要求 AIGC 生成关于修辞手法的专题讲解材料和练习题，避免问题积累，从而确保教学活动能更加高效地达成预期目标。

自适应学习资源的生成为初中语文教师提供了实时调整教学策略的可能。通过分析学生学习数据和 AIGC 生成的资源推荐，教师能更准确地把握学生的学习状况，及时调整教学重点和难点。这个过程不仅提高了教师的教学决策能力，也培养了他们利用数据分析来优化教学的技能。

6. 协作式资源开发①

教学资源的质量和多样性是教学效果的重要保证，而这些资源的开发往往需要教师间的密切协作。AIGC 为教师提供了便捷的协作平台，使他们能共同开发高质量的教学资源。这种协作不仅提升了资源的专业性和丰富性，也促进了教师间的经验交流和共同进步。AIGC 可以为教师提供版本控制和协作编辑功能，使他们能在同一平台上讨论、修改和完善教学资源。例如，一组语文教师可以共同设计一系列以“中国传统文化”为主题的课件。AIGC 在其中扮演辅助编辑和整合的角色，确保最终课件涵盖诗词欣赏、文言文阅读、传统节日介绍等多个方面，并保证内容的科学性和完整性。通过共享和讨论，教师可以借鉴彼此的教学经验和创意，开发出更为优质和适用的资源。这种协作式资源开发不仅有助于提升资源质量，还能营造积极的教研氛围。教师在交流中相互启发，不断提升自身的专业能力和创新思维。同时，这种协作模式也能缩短资源开发周期，节省教师的时间和精力，使他们能更专注于教学实践和学生发展。

AIGC 为初中语文教师提供了便捷的协作平台，促进了教师间的资源共享和经验交流。通过参与协作式资源开发，教师能接触到不同的教学理念和方法，从而不断反思和改进自己的教学实践。这种协作模式也培养了教师的团队合作能力和创新思维，对其专业发展起到了积极的推动作用。

综合来看，AIGC 的应用为初中语文教师的专业发展提供了新的路径和机会。它不仅提高了教学资源的质量和效率，更重要的是，它创造了一个持续学习和成长的环境。教师在使用 AIGC 的过程中，不断提升自己的信息技术应用能力、教学设计能力、跨学科整合能力、个性化教学能力及数据分析能力。这些能力的提升直接推动了教师的专业发展，使他们能更好地适应现代教育的需求，不断提高教学质量和效果。

---

① 李德仁. 不停歇的思索：李德仁院士文集［M］. 武汉：武汉大学出版社，2008：189.

8.1.2 资源质量智能评估

AIGC 能对生成的教学资源提供多维度的智能评估，为教师提供客观、详细的资源质量报告，并给出针对性的优化建议。这不仅有助于教师持续提升教学资源的质量，也能促进他们在语文教学设计和实施方面的专业成长。借助 AIGC 的支持，初中语文教师可以更好地适应学生的学习需求，提高教学效果，从而在职业发展道路上不断进步。

1. 结构分析

AIGC 能深入分析语文教学资源的结构，评估其逻辑连贯性和组织合理性。对于一篇文章或一个单元的教学设计，AIGC 会检查其结构是否清晰，各部分之间的过渡是否自然，是否符合初中学生的认知发展特点。例如，AIGC 可以识别出文章的引言、主体和结论部分，评估这些部分是否能有效地引导学生理解文章主旨。AIGC 还会评估每个部分是否有明确的学习目标，是否包含足够的引导性内容来激发学生的阅读兴趣，以及是否有适当的总结和反思环节来巩固所学知识。对于教学设计，AIGC 会检查是否包含了课前预习、课堂讲解、课后练习等完整环节，确保教学过程的完整性和有效性。如果发现结构不合理之处，AIGC 会给出具体的调整建议，如调整某些段落的顺序，增加过渡段落，或建议在某些关键概念前增加背景知识的介绍，以帮助学生更好地理解文章内容。

AIGC 对语文教学资源结构的深入分析，不仅能帮助教师优化教学设计，更重要的是提升了他们的课程设计能力。通过 AIGC 的反馈，教师能学习如何构建逻辑清晰、组织合理的教学内容，这种能力对于初中语文教师的专业发展至关重要。例如，AIGC 可能会建议在某个单元的教学设计中增加一个反思环节，这不仅改进了当前的教学资源，还启发教师在未来的教学设计中更注重学生的反思和总结能力的培养。这种持续的学习和改进过程，能使教师不断提升自己的教学设计水平。

2. 内容难度评估

AIGC 可以根据初中语文课程标准和学生认知特点，评估教学资源内容的难易程度是否适合。AIGC 会分析文本的词汇难度、句子复杂度、修辞手法的运用等因素，确保内容既有挑战性，又不至于过于困难。对于初中语文教学资源，AIGC 会检查其中是否使用了适合初中生理解的语言，是否通过具体的例子来解释抽象概念。通过对文本细致的分析，AIGC 能评估教学内容是否能有效地促进学生的语言能力发展。AIGC 还会评估教学资源是否充分利用了图表、思维导图等直观的表现形式，以帮助初中生更好地理解和记忆重要知识点。图表和思维导图等直观工具可以将复杂的信息可视化，帮助学生更容易地抓住关键点。如果发现某些部分过于简单或太难，AIGC 会建议适当调整难度，如修改部分表达方式，增加解释性素材，或提供更多的例句和练习，以确保学生能在适当的难度范围内进行学习，从而更好地吸收和应用所学内容。

AIGC 对教学内容难度的评估，能帮助教师更好地把握初中生的认知特点和学习需求。这个过程不仅优化了教学资源，更重要的是提升了教师对学生认知发展规律的理解。例如，当 AIGC 建议调整某些内容的难度时，教师需要思考如何更好地解释复杂概念，如何设计更适合学生水平的练习。这种反复思考和调整的过程，实际上是教师专业能力提升的过程。通过不断接收 AIGC 的反馈并做出调整，教师能逐步形成一种敏锐的判断力，能更准确地预估学生的学习难点，从而设计出更加有效的教学方案。

3. 知识点覆盖度检查

AIGC 能对照初中语文课程标准，检查教学资源是否全面涵盖了所需知识点。例如，对于修辞手法的单元，AIGC 会检查单元内容是否涵盖了比喻、拟人、夸张等常见修辞手法，是否提供了足够的例句和练习。这一步骤确保教学资源的内容全面、系统，能帮助学生建立完整的知识体系。通过系统的知识点覆盖检查，教师可以更清晰地了解教学资源的优势和不足，及时进行调整和优化。AIGC 会分析每个知识点在教学资源中的呈现方式，包括概念解释、例句分析、练习题等多个方面。AIGC 还会评估不同知识点之间的联系是否得到充分阐述，以帮助学生建立起完整的语文知识体系。如果发现某些重要知识点被遗漏或覆盖不足，AIGC 会提醒教师补充相关内容，确保教学资源的完整性和全面性。知识的全面覆盖不仅可以帮助学生扎实地掌握基础知识，还可以激发他们对语文学习的兴趣，培养他们的综合素养。

AIGC 的知识点覆盖度检查不仅确保了教学资源的完整性，更重要的是帮助教师形成了系统化的知识体系。通过 AIGC 的分析，教师能清晰地看到各个知识点之间的联系，这有助于他们在教学中更好地建立知识间的联系，培养学生的综合思维能力。例如，在古诗文的教学单元中，AIGC 可能会提示教师不仅要关注诗歌的意境和修辞，还应该联系诗人的生平和创作背景。这种全面的视角不仅丰富了教学内容，也促进了教师自身知识体系的完善和教学视野的拓展。

4. 多媒体元素评估

对于包含图片、视频等多媒体元素的语文教学资源，AIGC 可以评估这些元素的质量和适用性。例如，对于古诗文教学，AIGC 会评估配图是否能有效地展现诗文意境，帮助学生理解诗文内容。多媒体元素的恰当使用可以极大地增强教学效果，使教学过程更加生动有趣。AIGC还会评估这些多媒体资源是否能有效融入教学内容，起到辅助理解的作用。例如，一段关于朗读技巧的视频，AIGC会检查其中的示范是否清晰，讲解是否能帮助学生掌握正确的朗读方法。如果某些多媒体元素质量不佳或不匹配，AIGC会提出替换或改进建议，以提高教学效果。高质量的多媒体资源不仅可以吸引学生的注意力，还可以帮助他们更直观地理解和掌握知识。通过多媒体元素的合理设计和使用，教师可以创造出更加丰富多彩的教学环境，激发学生的学习兴趣。

AIGC对多媒体元素的评估，不仅提高了教学资源的质量，更重要的是提升了教师运用现代教育技术的能力。通过AIGC的反馈，教师可以学习如何更有效地选择和使用多媒体资源，如何将这些资源与传统教学方法有机结合。这种能力在当今信息化教育环境中尤为重要。例如，AIGC可能会建议在讲解某个抽象概念时使用动画演示，这不仅改进了当前的教学资源，还启发教师思考如何利用技术手段使抽象知识具象化，从而提升自己的教学技能。

5. *互动性分析*[①]

AIGC能评估语文教学资源中的互动设计，如讨论题、写作练习等。AIGC会分析这些互动活动是否能激发学生的思考和创造力，是否有助于培养学生的语文素养。例如，对于阅读理解练习，AIGC会评估问题是否涵盖了文章的主要内容和写作特点，是否包含了需要学生进行深入思考和分析的开放性问题。互动设计的好坏直接影响到学生的参与度和学习效果。对于写作练习，AIGC会评估题目的开放性和创新性，是否能激发学生的写作兴趣和想象力。如果发现互动设计不足，AIGC会提供改进建议，如增加小组讨论、角色扮演或创意写作任务，让学生能在互动中更深刻地理解和运用语文知识。通过合理的互动设计，教师可以营造一个积极主动的学习氛围，帮助学生在交流和合作中提升语言表达能力和思维能力。

AIGC对互动设计的分析和建议，帮助教师提升了课堂互动和学生参与度的设计能力。这种能力对于创造生动、有效的语文课堂至关重要。通过AIGC的反馈，教师能够学习如何设计更有吸引力的讨论题、如何组织更有效的小组活动、如何设计能激发学生创造力的写作任务。这个过程不仅优化了教学资源，更重要的是培养了教师设计高质量课堂互动的能力，有助于教

---

① 倪丹. 小学语文教学中的互动性分析［J］. 新校园（阅读），2018（11）：16.

师创造更加活跃和有效的语文学习环境。

总的来说，AIGC 的智能评估系统为初中语文教师提供了一个强大的专业发展工具。它不仅帮助教师改进了教学资源，更重要的是通过持续的反馈和建议，促进教师在课程设计、学生认知理解、知识体系构建、教育技术应用和课堂互动设计等多个方面的能力提升。这种全方位的支持，使教师能在日常教学实践中不断学习和成长，逐步提升自己的专业水平。同时，AIGC 的智能评估也为教师团队的协作和交流提供了客观依据，促进了教学经验的有效分享和集体智慧的积累。通过与 AIGC 系统的持续互动，初中语文教师能更好地适应教育信息化的发展趋势，不断创新教学方法，为学生提供更高质量的语文教育。

8.1.3 智能化资源管理

在当今教育领域，尤其是对于初中语文教师而言，有效管理和利用教学资源不仅是提升教学质量的关键，更是促进教师专业发展的重要途径。AIGC 在智能化资源管理方面的广泛应用，为教师提供了强大的支持，不仅显著提升了资源管理的效率和精准度，也为教师的专业成长创造了有利条件。

1. 智能标签和分类系统

AIGC 通过先进的深度学习算法，对教学资源进行自动化的标签分配和分类，这不仅大幅提高了资源管理效率，更有助于教师构建系统化的知识体系，为高质量教学奠定坚实基础。

AIGC 能从多个维度为资源添加标签，便于教师全面把握教学内容。例如，学科标签（如“语文”“文学赏析”“写作指导”等）；年级标签（如“初一”“初二”等）；主题标签（如“古诗文”“现代散文”“语法知识”等）；难度级别标签（如“易”“难”等）；教学目标标签（如“提高阅读理解能力”“增强写作技巧”等）。这种多维度标签使教师能把握教学内容的结构和关联，有助于形成更为完整的知识图谱。例如，关于崔颢《黄鹤楼》的教学设计，可能会被标记为“初中语文”“古诗文鉴赏”“唐诗”“思乡主题”等多个标签。这种多维度的标记方式不仅方便教师快速定位所需资源，还能帮助他们深入理解教学内容之间的内在联系，从而更好地设计课程和教学活动。

AIGC 还能将资源自动分类到适当的类别中，如教案、课件、试题、教学视频等。这种自动化分类方式能够帮助教师更好地理解不同类型资源的特点和用途，有效提升教学设计能力。通过观察和学习多样化的教学资源，教师可以获得丰富的教学灵感，不断扩充自己的教学方法库。例如，一位习惯使用传统课件的教师，在接触到精心制作的教学视频后，可能会受到启发，开始尝试将多媒体元素巧妙融入自己的教学中，从而提升课堂的吸引力和教学效果。

AIGC 具备动态调整标签和分类的能力，确保资源库始终保持最优的组织结构，紧跟教育发展前沿。这种持续优化的过程不仅反映了学科知识的发展趋势，更促进教师不断更新自己的知识储备。当新的教学理念或方法出现时，AIGC 会自动调整相关资源的标签和分类，使教师能及时了解和学习。这种动态更新机制不仅保证了资源库的时效性，也为教师的终身学习提供了持续的动力和明确的方向。

2. 智能搜索和推荐功能

基于智能标签和分类系统，AIGC 提供高效的搜索和个性化推荐功能，为教师的专业发展提供精准支持。

AIGC 能深入理解教师的搜索意图，提供更加精准的搜索结果。这种功能不仅大大节省了教师查找资源的时间，还能帮助教师发现新的教学思路和方法。例如，当一位教师搜索“如何提高学生的阅读理解能力”时，AIGC 不仅会提供相关的教学策略和方法，还可能推荐一些创新的阅读教学模式或最新的阅读教育研究成果，从而拓展教师的视野，为他们的教学注入新的活力和灵感。

基于教师的使用历史、教学风格和当前需求，AIGC 能智能推荐相关资源。这种个性化推荐机制可以针对教师的专业发展需求，提供有针对性的学习资源和培训建议。例如，如果 AIGC 发现一位教师经常查看关于写作教学的资源，可能会推荐一些高级写作技巧的教学视频或最新的写作教学研究论文，帮助教师进一步提升这一方面的专业能力，实现持续成长。

AIGC 能深入分析资源之间的关联性，推荐互补的教学材料。这种功能有助于教师拓展知识面，形成跨学科、多角度的教学视角。例如，在推荐古诗文教学资源时，AIGC 可能会同时推荐相关的历史背景资料或艺术作品，帮助教师构建更加丰富和立体的教学内容。这不仅提升了教师的专业素养，也为学生提供了更为全面和深刻的学习体验，促进了学科融合和综合素质的培养。

3. 协作共享平台

AIGC 支持建立智能化的协作共享平台，促进教师间的资源共享和经验交流，为教师专业发展提供强大的社群支持。

AIGC 能根据教师的专长和需求，精准推荐适合合作的同事，促进跨校或跨地区的教学资源协作开发。这种协作机会有助于教师拓宽视野，学习不同的教学方法和理念。例如，一位擅长古诗文教学的教师可能会匹配到一位在现代文学教学方面有独特见解的同事，他们可以共同开发一个融合古今的语文课程单元，从而实现互相学习、共同提高的目标。

对于合作开发的资源，AIGC 提供智能的版本控制功能，这是一种集体智慧的积累和传承过程。教师在参与其中时，可以学习他人的优秀做法，通过多次修订教案等资源，清晰地了解每次修改的内容和理由，从中学习不同教师的教学思路和设计理念。这种功能不仅促进了教师之间的深度合作，也提升了集体智慧的应用效率，为教育资源的持续优化提供了可靠保障。例如，在一个协作开发的语文阅读教学单元中，不同教师可能会针对同一篇文章提出不同的教学策略。通过版本控制功能，每位参与者都能清楚地看到教案的演变过程，了解每次修改背后的教学考量，从而在这个过程中不断反思和改进自己的教学方法。

AIGC 通过深入分析每位教师在资源开发和共享中的贡献，促进公平合理的激励机制的建立。这种机制可以有效激发教师持续参与资源开发和分享的积极性，形成良性的专业发展循环。例如，AIGC 可能会根据教师贡献的资源质量、数量以及被其他教师使用的频率等多维度因素，给予教师相应的认可和奖励，从而鼓励更多高质量资源的产生和分享。这种科学的贡献度分析不仅能客观评估教师的专业成长，还能为教育管理者提供有价值的参考，用于制定更加精准的教师培养和晋升政策。同时，它也为教师提供了一个清晰的专业发展路径，激励他们不断提升自己的教学能力和资源开发水平。

通过以上智能化资源管理功能，AIGC 为初中语文教师的专业发展提供了全方位、多层次的强有力支持。AIGC 技术的应用不仅显著提高了资源管理的效率，更重要的是，它为教师创造了一个持续学习和成长的智能化环境。在这个环境中，教师能更便捷地获取所需资源，接触到最前沿的教学理念和方法，并有机会与同行进行深度交流和协作。这不仅是对教师个人发展的有力支撑，也是推动整个教育事业不断向前发展的重要动力。

8.1.4 资源使用数据分析

在现代教育环境中，数据分析已成为提升教学质量和促进教师专业发展的重要工具。AIGC 在教学资源使用数据分析方面的应用，为初中语文教师的专业发展提供了强大支持。通过全面的数据分析，AIGC 不仅帮助教师优化教学实践，还促进了他们在多个方面的专业成长。

1. 资源使用情况追踪

AIGC 能全面追踪教学资源的使用情况，为教师提供详细的反馈报告。

这些报告通常包含以下几个方面。

① 资源受欢迎程度。AIGC 可以统计每个资源被访问和使用的频率，帮助教师了解哪些资源最受欢迎，鼓励他们尝试新的教学形式。例如，一个关于修辞手法的教学视频可能比传统的文字讲解更受学生欢迎。通过分析不同类型资源的受欢迎程度，教师可以调整自己的教学策略，增加更多学生喜欢的互动性资源，如在线小测验、虚拟实验等，从而提高学生的学习兴趣和参与度。

② 使用时长分析。AIGC 可以记录学生在每个资源上花费的时间，这有助于教师了解资源的实际使用情况，帮助教师评估资源的有效性，促使教师不断调整和优化教学设计，提高资源开发能力和教学效率。例如，如果一个关于古诗文赏析的资源平均使用时间远低于预期，教师可能需要考虑是否内容太过深奥，或者呈现方式不够吸引人。通过这种分析，教师可以不断优化资源，使其更符合学生的认知水平和学习习惯。

③ 使用模式识别。AIGC 能识别资源使用的模式，如某些资源是否经常被一起使用，或在特定时间段（如考试前）使用频率是否会增加。这些信息可以帮助教师更好地组织和安排教学资源。例如，AIGC 发现学生在学习某个语法点后，经常会使用相关的练习资源，教师可以考虑将这些资源打包在一起，形成一个完整的学习单元，提高学习效率。同时，教师也可以根据资源使用的时间模式，在适当的时候推送复习资料或补充材料，以巩固学生的学习成果。这种分析能力培养了教师的数据思维，提高了他们利用数据优化教学的能力。

2. 学习成效追踪

AIGC 可以将资源使用数据与学生的学习成绩相关联，提供深入的学习成效分析。

① 资源效果评估。通过比较使用特定资源前后的学生成绩变化，AIGC 可以评估每个资源的实际教学效果，帮助教师识别高效资源，促使教师不断反思和改进教学方法，提高教学质量评估能力。例如，AIGC 发现使用某个阅读理解练习集后，学生的阅读测试分数显著提高，那么这个资源就可以被认为是高效的。这种分析可以帮助教师识别出最有效的教学资源，并在日后的教学中更多地使用和推广这些资源。同时，对于效果不佳的资源，教师可以进行深入分析，找出问题所在，进行适当的调整和改进。

② 个性化学习路径分析。AIGC 可以分析不同学习风格的学生在使用不同资源后的学习效果，帮助教师为不同类型的学生推荐最适合的学习资源，帮助教师开发个性化教学策略，提升教师的差异化教学能力，促进教育公

平。例如，对于视觉学习者，AIGC 可能会推荐更多的图表和视频资源；而对于听觉学习者，则可能推荐音频讲解或朗读材料。通过这种个性化的资源推荐，每个学生都能获得最适合自己的学习材料，从而提高学习效率和学习兴趣。

③ 知识点掌握程度追踪。通过分析学生在不同类型资源上的表现，AIGC 可以帮助教师了解学生对各个知识点的掌握程度，从而有针对性地调整教学策略，提高教师的教学诊断能力和精准教学水平。例如，如果 AIGC 发现大多数学生在使用关于“通过标点符号体察人物心理”的练习资源时表现不佳，教师就可以意识到这是一个普遍的难点，需要在课堂上进行更详细的讲解和更多的练习。这种精准的知识点掌握分析可以帮助教师更好地分配教学时间和资源，确保每个重要的知识点都得到充分的关注和练习。

3. 教学反馈分析

AIGC 能收集和分析来自学生、家长甚至其他教师的反馈，为资源改进提供宝贵意见。

① 情感分析。AIGC 可以通过自然语言处理技术分析学生的反馈内容，了解他们对不同资源的情感态度，如喜欢、困惑或不满。这种分析不仅限于文字反馈，还可以包括学生在使用资源时的表情、语气等多模态数据。通过这种全面的情感分析，教师可以更深入地了解学生的学习体验，及时发现并解决可能影响学习效果的情感问题，提高教师的情商和对学生心理的理解能力。

② 问题识别。通过分析学生的问题和疑惑，AIGC 可以帮助教师识别教学资源中可能存在的不清晰或难以理解的部分。例如，多个学生在使用某个语法讲解视频后都提出了类似的问题，AIGC 就会提醒教师这个视频可能存在解释不清楚的地方，需要进行修改或补充说明。这种及时的问题识别可以帮助教师不断完善教学资源，提高教学质量。

③ 改进建议生成。基于收集到的反馈，AIGC 可以自动生成资源改进建议，如调整难度、增加更多例子或改变呈现方式等。这些建议不仅基于学生的直接反馈，还会考虑学生的学习表现和教育心理学原理。比如 AIGC 发现某个阅读材料的难度超出了大多数学生的理解能力，它可能会建议教师增加预热活动，或者将材料分解成更小的学习单元。这些智能化的改进建议可以帮助教师更有针对性地优化教学资源，使其更符合学生的认知水平和学习需求，这提高了教师的教学资源开发能力和创新能力。

4. 教学趋势预测

利用大数据分析和机器学习技术，AIGC 可以对未来的教学趋势进行预测，为教师的长期教学规划提供指导。

① 热门话题预测。通过分析最近的资源使用情况和教育政策变化，AIGC 可以预测未来可能成为教学热点的主题。比如 AIGC 发现与环境保护相关的资源使用频率在不断上升，同时相关的教育政策也在加强，它可能会预测环境主题将成为未来初中语文教学的一个重要方向。这种预测可以帮助教师提前准备相关的教学资源，在课程设计中适当增加相关内容，使教学更具前瞻性和时代性。

② 技能需求预测。AIGC 可以通过分析社会发展趋势和就业市场变化，预测学生未来可能需要的关键技能，从而指导教师调整教学重点，提高教师的课程设计能力和教育前瞻性。譬如，当 AIGC 预测到批判性思维和创新能力将在未来变得更加重要，教师就可以在语文教学中增加更多培养这些能力的活动，如辩论、创意写作等。这种基于未来技能需求的教学调整可以帮助学生更好地适应未来的社会和职业需求。

③ 教学方法趋势分析。AIGC 可以分析不同教学方法的效果和受欢迎程度，预测未来的教学方法趋势，鼓励教师尝试新方法，促进教师的教学创新能力和专业适应性。比如 AIGC 发现基于项目的学习方法在语文教学中越来越有效，它可能会预测这种方法将在未来更加普及。教师可以根据这些预测，及时调整自己的教学方法，尝试新的教学模式，如翻转课堂、混合式学习等，以保持教学的先进性和有效性。

通过以上功能，AIGC 不仅提供了数据支持，更重要的是促进了初中语文教师在多个方面的专业发展。它培养了教师的数据分析能力、个性化教学能力、自我反思能力、创新能力和前瞻性思维等关键素质。这些能力的提升不仅有利于提高教学质量，也为教师的持续专业成长奠定了坚实基础，推动整个教育领域向更智能、更个性化的方向发展。

8.2 教学反思与改进

AIGC 在教师的“教学反思与改进”进程中展现出卓越的应用价值和广阔的发展前景。随着教育技术的日新月异，AIGC 正逐步在教学领域崭露头角，通过优化反思流程、提供个性化改进建议等多种途径，有力助推教师提升教学质量和促进专业成长。

8.2.1 提供多元化的反思视角

AIGC 为教师提供了前所未有的多元化反思视角，彻底改变了传统的教学反思模式。通过自动化的课堂记录与分析，AIGC 不仅能客观捕捉教学细节，还能深入解析学生反馈，为教师的专业成长提供全方位的数据支持。

首先，AIGC 具备自动生成课堂记录与分析的能力，为教师提供多角度深度反思的宝贵契机。在传统教学模式中，教师往往依赖课堂笔记和个人回忆进行反思，但这种方式难免存在主观性和局限性。AIGC 则可以通过先进的音频和视频技术全方位捕捉课堂实况，并运用自然语言处理技术精准提炼关键教学事件和学生反馈。通过生成详尽而全面的课堂总结报告，AIGC 不仅能客观记录学生的参与度和情绪变化，还能深入分析学生在各个教学环节的理解程度，并生成直观易懂的数据可视化图表。这些图表使教师能一目了然地洞察课堂上哪些部分成功吸引了学生的注意力，哪些内容需要进一步阐释和加强。通过对比分析不同课时、不同学生的反馈，AIGC 有效地帮助教师及时发现并精准解决教学中的盲点和难点。例如，AIGC 通过深度分析学生的提问和回答，发现某个知识点的理解存在普遍性问题，它可以向教师提出建设性建议，如增加相关练习或改变讲解方式。对于某些班级普遍存在的共性问题，AIGC 还可以智能推荐成功的教学案例，帮助教师借鉴并创新性地改进自身的教学方法。通过这种数据驱动的精细化分析和反馈，教师能持续优化教学设计和课堂管理策略，从而显著提升整体教学效果。

其次，AIGC 提供基于海量数据的深度反馈。传统评价方式往往局限于考试成绩和作业完成情况的简单统计，而 AIGC 能通过跨学期或跨学年的长期学习趋势分析，帮助教师全面洞察教学效果的长期变化规律。AIGC 能生动展示学生学习进步的动态趋势，精准指出特定阶段学习效果波动的深层原因。这些丰富而翔实的信息为教师优化教学策略提供了强有力的数据支撑。例如，通过长期跟踪某个班级的学习数据，AIGC 可以敏锐识别出不同教学方法在各个阶段的有效性，并就如何进一步改进提出具体且可操作的建议。对于教师而言，这种基于数据的深度反馈具有极高的参考价值，有助于制定更加科学、合理且富有针对性的教学计划。

此外，AIGC 还能全面对比不同班级和学科的海量数据，深入揭示教学中的共性问题和个性化挑战。通过对各班级的考试成绩、作业完成情况进行多维度的比较分析，AIGC 帮助教师准确识别出不同教学环境下方法的有效性差异。例如，在同一学科的不同班级中，通过系统分析考试数据，AIGC 可以清晰呈现出哪种教学策略在某一特定年级或班级中表现更为出色，从而帮助教师因材施教，全面提升整体教学效果。对于跨学科的复杂教学问题，AIGC 还能跨领域整合数据，提供多元化且富有创意的改进建议，有力推动教师在多个维度不断提高教学水平。

除了优化教学反思和提供改进建议，AIGC 还能智能整合外部资源和典型案例，精准推荐前沿的教育学理论和优秀教案，使教师能高效汲取先进的教育理念和成功经验。AIGC 能根据全球最新的教育研究成果和实践案例，结合教师的具体需求生成量身定制的学习资料，有力推动教师不断更新教学理念和创新教学方法。这种资源推荐包括最新的教育技术应用案例、创新教学方法的研究以及成功的教学改革实践案例。例如，教师希望改进课堂互动效果，AIGC 可以智能推荐成功的互动教学案例和相关前沿研究，帮助教师在实际教学中灵活实施和持续改进。

通过推荐高度个性化的学习资源，AIGC 帮助教师在繁忙的教学工作中也能高效地获取最新的教育动态和先进实践。这种资源不仅包括深入的学术论文和理论研究，还涵盖了实际操作案例和具体的教学工具，使教师能即学即用，从而快速提升教学水平和专业素养。例如，AIGC 可以为希望提高学生自主学习能力的教师精准推荐相关的研究成果和实践案例，提供具体而详细的教学设计和策略，帮助教师有效引导学生进行自主学习，培养其终身学习的能力。

AIGC 通过提供多元化的反思视角、基于海量大数据的深度反馈和前沿教育资源的智能推荐，不仅帮助教师精准识别和有效解决教学问题，还持续推动他们不断学习和成长，全面提升教学效果和专业水平。未来，随着 AIGC 技术的飞速发展和不断革新，其在教育领域的应用前景将更加广阔多元，为教育变革和教师发展带来前所未有的机遇和可能性。这种革命性的技术进步必将深刻重塑教育生态，为打造更加个性化、高效化和智能化的教育体系奠定坚实基础。

8.2.2 促进反思的系统化和持续性

通过构建个性化的反思框架，AIGC 不仅能极大地丰富教师反思的维度与深度，还可增强反思的系统性和持续性，为教师的成长提供强有力的支持。这种创新性的应用正在改变教育领域，为教师专业发展注入新的活力。

AIGC 能基于不同的教学目标、学生特征和教学情境，精心打造多样化的反思问题模板。这些模板不仅涵盖了基础的教学反馈问题，还深入探讨课前准备、课堂管理、学生情感、互动方式等多个层面。例如，AIGC 会生成诸如“本次教学活动是否达到了预期目标？如果没有，主要原因是什么”“哪些学生在课堂上表现活跃？他们的参与度与哪些因素相关？如何激发其他学生的参与热情”等深度问题。通过这些具体而富有洞察力的问题，教师能更全面、更客观地审视自己的教学方式和策略，找出优势与不足，为下一步的教学改进提供明确的方向指引。此外，AIGC 还能根据不同年级、不同班级的教学特点，量身定制针对性的反思问题。在初一语文教学中，AIGC 可以生成问题："学生在理解古文时遇到哪些主要困难？哪些文学概念或写作技巧学生掌握得较快？如何优化文言文教学方法？"在初三作文教学方面，AIGC 则可以提出："学生在议论文写作中常见的逻辑问题有哪些？他们对不同文体的掌握程度如何？如何提高学生的阅读理解能力和批判性思维？"这些具体且富有针对性的问题，不仅能帮助教师在自己的教学领域中找到反思的切入点，还能启发教师从多角度思考教学策略，从而不断优化教学方法，提升教学效果。

AIGC 的记录和追踪功能，使得反思与改进能形成一个持续、动态的循环机制。在每次教学活动后，AIGC 会协助教师记录详尽的反思日志，全面捕捉教学过程中的每一个细节和反思点。这些日志不仅包括教师的主观感受和观察，还融合了学生的反馈、课堂表现数据、学习成果分析等多维度信息，形成全方位、立体化的反思记录。基于这些丰富的数据，AIGC 会根据教师的反馈和改进成效，动态调整反思计划，提供阶段性总结和评估。例如，AIGC 可以根据反思日志的内容，生成深度反思报告，帮助教师全面梳理教学改进的具体成效，精准指出仍需努力的方向，并提供有针对性的改进建议。通过这种系统化、可视化的反思档案，教师能清晰地追踪自己的专业成长轨迹，这不仅有助于教师形成客观的自我评价，还能激发教师持续反思和改进的内在动力。当教师看到自己的教学水平在不断提升，学生成绩有明显进步，课堂氛围越来越活跃时，会对 AIGC 辅助反思和改进的效果有更加深刻的体会，从而更加积极主动地投入反思与改进的良性循环中，形成自我驱动的专业发展模式。

AIGC 在促进教师教学反思方面的交流与合作方面也发挥了举足轻重的作用。AIGC 协助教师创建和管理高效的线上学习社区，这些社区不仅是教师们进行智慧交流的平台，也是他们互相学习和借鉴的宝贵资源库。通过先进的智能匹配技术，AIGC 可以将具有相似教学困惑或研究兴趣的教师精准联系在一起，促进他们之间的深度交流和协作。例如，AIGC 可以识别出同一地区、同一学科的教师，组织他们参与在线研讨会，共同探讨教学中的共性问题，分享教学经验、教训或创新方法。此外，AIGC 还可以定期推送主题相近的学习伙伴，推荐高质量的交流话题和学习资源，进一步丰富教师们的学习内容，拓宽他们的教学视野，激发教学创新的灵感。在这些充满活力的学习社区中，AIGC 能系统性地组织和记录讨论内容，生成结构化的社区知识库。每次交流活动结束后，AIGC 可以将讨论的精华内容提炼出来，形成有条理、易于理解的文档，方便教师随时查阅和学习。这些知识库不仅是教师分享知识和经验的宝库，也是他们进行教学反思和改进的重要参考资源。通过查阅这些结构化的知识库，教师可以了解到同行们在解决类似教学问题时采用的创新策略和有效方法，从中获得启发和灵感，进一步丰富自己的教学反思和改进过程，推动教学实践的不断创新和优化。

AIGC 能在教师的“教学反思与改进”环节发挥多方位、深层次的辅助作用，为教师的专业成长赋能增效，推动整个教育生态系统的持续革新和进步。从生成个性化的反思问题模板，到记录和追踪反思过程，再到促进教师间的交流与合作，AIGC 为教师提供了全方位、智能化的支持。通过这些功能，教师不仅能更加系统和深入地进行教学反思，持续提高教学水平，还能在不断地改进过程中，全面提升自己的专业素养和创新能力。

8.2.3 提升改进方案的针对性和有效性

在初中语文教学改进的进程中，如何提升改进方案的针对性和有效性一直是教育工作者们关注的焦点。随着 AIGC 技术的快速发展，我们迎来了一个全新的教育变革时代。AIGC 不仅能为教师提供个性化的教学反思建议，还能从多个维度优化教学改进方案，极大地提升了教学质量和效率。这充分体现了 AIGC 对教师专业发展的强大辅助作用，为教师们提供了更加精准和高效的专业成长途径。

首先，AIGC 的个性化教学反思建议能大幅度提升教师的专业发展效率。通过深度分析教师日常语文教学中的行为数据和学生的学习数据，AIGC 能精准识别出教师在不同教学环节的优势和不足。例如，对于那些在古诗文教学方面表现出色的教师，AIGC 会为其推荐更高层次的教学技巧和拓展性知识；而对于在写作指导方面需要提升的教师，AIGC 则会提供针对性的教学资源和培训建议，确保每位教师都能在适合自己的节奏上获得最大限度的专业成长。这种高度个性化的反思与改进方式不仅能提高教师的专业发展效率，还能增强教师的自信心和教学热情。通过 AIGC 的精准分析和建议，教师可以更加清晰地认识到自己的教学特点，并有针对性地进行改进，从而在语文教学的各个方面都能取得显著进步。

其次，AIGC 为初中语文教师提供的基于数据驱动的教学决策支持系统，正在彻底改变教学反思的方式。通过对海量教学数据进行深入分析和挖掘，AIGC 能敏锐地发现语文教学过程中的潜在问题和改进机会。比如，如果某一篇文言文的教学效果普遍不佳，AIGC 系统能自动识别这一情况并及时提醒教师，建议对相关教学策略进行调整和优化。同时，AIGC 还可以实时跟踪学生的语文学习进度和表现，即时反馈教学效果，并为教师提供具体可行的改进建议，推动语文教学质量的持续优化。这种数据驱动的教学反思模式，使得教师的专业发展过程变得更加科学、精准和高效。教师们可以根据 AIGC 提供的数据分析结果，快速识别教学中的薄弱环节，并采取相应的改进措施，从而不断提升自己的教学水平和学生的学习效果。

再次，在教学设计和资源开发方面，AIGC 对初中语文教师的专业发展同样起着关键作用。AIGC 能根据不同的语文教学目标生成多层次、多维度的教学反思方案，精准适应不同教学风格和能力水平的教师需求。举例来说，AIGC 可以为每位教师量身定制个性化的专业发展计划和资源配备。对于教学经验较少的新手教师，AIGC 可能会推荐一系列循序渐进的基础教学技能培训和大量针对性的教学案例分析；而对于教学能力较强的资深教师，AIGC 则会推荐更具挑战性的教学创新项目和高阶教学研究课题，从而实现真正意义上的因材施教式教师培养。这种高度个性化的专业发展资源配置，不仅能满足每位教师的独特需求，还能激发教师的自我提升热情，提高整体的教师队伍素质。通过 AIGC 的智能推荐，教师可以更加有效地利用各种教育资源，不断拓展自己的教学视野和技能，从而在语文教学领域不断取得新的突破。

与此同时，AIGC 还能为初中语文教师提供丰富多样的教学反思资源，以适应教师们各不相同的学习和反思风格。对于那些偏好可视化分析的教师，AIGC 可能会生成包含丰富图表、数据可视化和教学视频分析的反思报告；对于更倾向于文字总结的教师，AIGC 则会推荐更多的文字反思模板和结构化思考工具。这种多层次、多样化的反思资源配备，不仅能大大提高教师的反思兴趣和参与度，还能最大程度地满足每位教师的个性化需求，全面提升教师的专业反思能力。通过这些丰富多样的反思资源，教师可以更加深入地分析自己的教学实践，发现问题并找到解决方案，从而不断提高自己的教学水平和专业素养。

此外，AIGC 还能通过 VR 技术模拟真实的初中语文课堂情境，为教师提供沉浸式的教学反思和改进体验。这种创新的反思方式能显著提升教师的实际教学能力和课堂管理水平。AIGC 能根据教师的教学表现提供实时、精准的反馈，帮助教师不断优化教学方案，提高课堂应变能力。例如，AIGC 可以模拟各种复杂的语文课堂突发情况，如学生对文本的意外解读、突发的写作障碍等，帮助教师提前进行系统的应对训练，全面提升他们在实际教学中的应变能力和问题解决能力。通过反复模拟学生在语文课堂上的各种真实情境，教师可以不断练习和完善教学技巧，提高处理各种教学难题的能力，从而确保语文教学质量的持续提升。这种虚拟现实技术的应用，为教师提供了一个安全、高效的练习平台，使他们能在没有实际风险的情况下不断尝试和创新教学方法，从而在实际教学中表现得更加从容和专业。

不仅如此，AIGC 还能帮助初中语文教师进行高度个性化的职业发展规划。通过对教师长期的教学反思记录和职业目标进行深入分析，AIGC 能为每位教师制定出符合其个人特点和职业期望的发展路径。例如，对于有志于成为教研专家的教师，AIGC 可能会推荐一系列高级教学研究课题和学术发表机会；而对于希望在教学管理方面有所发展的教师，AIGC 则可能会建议其参与相关的管理培训课程和实践项目。这种个性化的职业规划不仅能帮助教师更清晰地认识自己的职业发展方向，还能为其提供实现目标所需的具体资源和建议，从而大大提高教师的职业满意度和长期发展潜力。

整体而言，AIGC 作为教师的“智能助手”，不仅能帮助教师从多个维度、更加深入地进行教学反思，还能提供高效、个性化的改进建议和解决方案。通过 AIGC 的全方位辅助，教师可以持续提升专业能力，不断优化教学方法，从而实现教育质量的全面提升。这不仅有助于显著提高教师的教学水平，也能促进学生的全面发展和教育事业的长足进步。

8.3 教研活动与经验分享

在现代教育环境中，AIGC 正在迅速崛起，成为辅助教师专业发展的有力工具。通过 AIGC，教师能更高效地获取最新研究成果、共享教学经验、开展跨区域协作，并优化备课过程。

8.3.1 AIGC 驱动的教研准备阶段

1. 教研需求分析与目标设定

AIGC 在教研需求分析方面展现出强大的能力。它能通过对教师历史教研数据、学生反馈和现行课程标准的综合分析，自动生成详尽的教研需求报告。这种自动化需求分析工具不仅大幅降低了教师在数据收集和分析上的时间投入，还能更精准地识别当前教学中的痛点和需求。例如，AIGC 可以通过分析近年的教研数据和学生期末考试反馈，发现学生在文言文理解和应用方面存在的显著困难，进而生成提高文言文教学质量的专项报告，为语文教师的教研活动提供有力支持。这种深入细致的分析能力使教师能更加准确地把握教学中的关键问题，从而制定更有针对性的教研策略。在明确教研需求后，科学合理的目标设定是确保教研活动高效进行的关键因素。AIGC 能综合现有资源和教师的专业发展需求，为教研活动提供科学的目标设定和优化建议。例如，在完成需求分析之后，AIGC 可以预测未来语文教学中的新需求，结合教师个人发展目标，提出一套既具挑战性又可操作的教研目标，并提供详细的优化建议。这种指导确保教研活动目标明确，避免盲目和低效。此外，通过对大量历史教研数据的分析，AIGC 能预测未来的教研趋势，为教师提供前瞻性的洞察。这使得教师能提前布局相关研究，掌握未来教研的主动权，进行更加前瞻性的研究。例如，AIGC 可能会预测到未来几年内，跨学科融合教学将成为语文教学的重要趋势，从而建议教师提前开展相关的教研工作，为未来的教学改革做好准备。

2. 教研主题智能推荐与研究方向指导

在确定教研需求和目标后，下一步是选择合适的研究主题。结合教师的兴趣、学生需求及当前教育热点，AIGC 能推荐最适合的教研主题，提高教研活动的相关性和实用性。这不仅极大地提高了研究的针对性，也提升了教师的科研积极性与研究成果的影响力。AIGC 不仅能推荐教研主题，还能自动匹配相关的研究资源，如文献、案例、专家等，为教师提供全方位的研究方向指导。这极大地减少了教师查找和筛选资源的时间和精力，提高了教研效率。例如，当 AIGC 推荐“利用多模态教学提升学生的文学鉴赏能力”这一主题时，它可以同时提供相关的学术论文、成功案例以及该领域的专家联系方式，使教师能迅速深入研究。更进一步，通过强大的算法能力，AIGC 可以自动生成跨学科的教研主题。这种跨学科的合作不仅丰富了研究内容，也推动了教育科研的多元化和创新性，更好地培养了学生的综合素质。比如，AIGC 可能会建议将语文教学与历史、艺术或科技等学科相结合，开发新的教学方法和课程内容，从而培养学生的跨学科思维能力。

3. 个性化教研计划生成

在确定研究主题和方向后，AIGC 根据教师的个人风格、教学背景和具体需求，能自动生成个性化的教研计划模板。这些模板既符合教师的个人特点，又能科学指导教研活动的开展。例如，对于偏好实践研究的教师，AIGC 可能会生成一份以行动研究为主的教研计划；而对于擅长理论分析的教师，AIGC 则可能提供一份侧重文献综述和理论构建的计划。基于生成的教研计划，AIGC 系统能自动整合调度所需资源，确保资源配置达到最优化，从而保证教研活动的顺利进行。这包括推荐相关的教学软件、实验设备，以及协助联系可能的合作伙伴等。通过这种智能化的资源整合，教师可以更加专注于研究本身，而不必为资源获取而烦恼。另外，AIGC 提供智能时间管理工具和进度追踪系统，帮助教师合理规划教研时间。通过定期推送进度提醒和调整建议，确保教师能按时完成各项研究任务，提高教研效率，避免因时间安排不合理导致的教研活动延误或质量下降。例如，AIGC 可以根据教师的日常工作安排和研究进度，自动生成每周的研究计划，并在关键节点提醒教师完成相应任务。

通过 AIGC 的智能预设与资源整合，教研准备阶段的各个环节都得到了极大优化，这不仅提升了初中语文教师的教研效率和科研水平，也使得整个教研活动更加科学和有序。AIGC 的应用为教研工作注入了新的活力，使教师能更加高效、精准地开展研究，从而促进教学质量的持续提升。

8.3.2　基于 AIGC 的教研过程优化

在当代教育领域快速发展的背景下，AIGC 已成为提升教研活动质量与效能的创新性策略。通过实现多维互动与深度分析，AIGC 技术能全面优化教研过程，为教师的专业发展提供强有力的支持。

1. 教研会议记录与总结

教研活动是教师分享经验和提出改进措施的重要环节。然而，传统的会议记录方式效率低下，容易遗漏关键信息。AIGC 的出现为这一问题提供了解决方案，它能实现智能会议记录和内容总结。通过语音识别与自然语言处理技术，AIGC 可以自动记录所有讨论内容，并生成详细的会议总结报告。这些报告不仅能准确捕捉会议要点，还方便教师后续查阅和深入分析。例如，AIGC 可以在会议结束后迅速生成包含主要议题、讨论要点和决策结论的总结，并自动发送给与会人员。这不仅大幅提高了会议效率，也确保了信息的准确传递，有助于教师更好地开展后续教研工作，提升职业能力。面对海量会议记录，AIGC 还能通过先进的数据处理算法，提取关键信息，并整合生成可操作的洞察和建议。借助关键词提取、情感分析等技术，AIGC 能自动生成简明扼要的摘要或报告，使教师能快速掌握会议核心内容。这些功能极大地提高了教研会议的效率和实际效果，帮助教师更好地跟踪和记录教研活动进展，及时调整教研计划和策略，确保工作的连续性和高效性，从而不断提升专业能力。值得注意的是，教研会议除了文字记录，还包含大量语音和视频内容，AIGC 可以通过多模态分析技术处理和分析这些复杂数据，使会议记录更加全面和深入。无论是将语音转化为文字，还是分析视频中的关键画面和行为，AIGC 都能整合生成全面的会议记录和总结报告。这使教师能结合语音和视频内容，全面理解会议背景和细节，从而制定更加有效的教学策略。

2. 教学案例库构建

教学案例是教师教研活动的结晶之一。人工智能技术能自动收集、整理、标签化和分类管理各种教学案例，大大提高案例的可检索性和使用效率，便于教师随时获取所需资源，从而提升教学效果。AIGC 通过自然语言处理技术分析内容并添加标签，包括学科、年级、教学方法和目标等信息，使教师能根据不同需求精准检索和使用。这不仅促进了资源的高效利用，还为教师的教研活动提供了丰富的学习材料，助力其专业成长。同时，AIGC 能提供高效的案例库管理工具，推动教学案例在教师间的共享与协作。通过在线教学案例库平台，教师可以便捷地上传、下载和分享教学案例，AIGC 自动进行分类整理，并提供智能搜索和推荐功能。这不仅提高了教学案例的利用效率，也促进了教师间的交流合作，推动整体专业发展。同时，AIGC 也能运用案例相似度分析算法，智能推荐相关或相似的教学案例，激发教师的教学创新思路，提高教研成果的质量和创新性，帮助教师从优秀案例中汲取灵感和经验，开展更加高效和创新的教学研讨活动。

3. 教学方法比较分析

不同教学方法各有优劣，AIGC 能协助教师在进行教研活动时，系统地比较和分析各种方法的效果，为教师选择和优化教学策略提供可靠依据，从而提升教学质量。AIGC 通过收集和分析学生的学习数据、课堂互动信息以及教学评价，全面评估各种教学方法的效果，并生成详细的对比报告。教研活动中，教师可以借助这些报告，深入讨论、比较每种方法的优缺点，进而选择并完善最适合的教学策略，提高教学水平和专业素养。同时，AIGC 还可以在开展集体教研活动时，通过模拟不同教学场景，帮助教师预测各种教学方法的潜在效果。借助虚拟仿真技术，AIGC 能创建各种教学情境，使教师在实际应用前就能体验和评估不同教学方法的效果。这种预测性分析不仅能帮助教师规避潜在的教学问题，还能激发他们的创新思维，鼓励尝试新颖的教学方法和策略。

4. 教学经验可视化

AIGC 运用先进的数据可视化工具，将教学经验数据多维度呈现。这种可视化方式使教师能更轻松地理解和应用数据，不仅提升了教研活动的直观性和效果，还实现了成果共享。AIGC 将教学经验数据转化为直观的图表和报告，涵盖教学方法使用情况、学生表现和教学效果等方面。通过这些可视化成果，教师能全面把握和运用数据，从而提高教研活动的效果和效率，促进自身专业发展。更进一步，AIGC 提供交互式可视化界面，让教师深入探索教学数据的各个层面。例如，教师可以通过动态图表观察学生在不同时期的学习进展，或利用热力图分析课堂互动的频率和质量。这种交互式可视化不仅帮助教师更直观地理解复杂的教学数据，还能激发他们对数据的深入思考和分析。此外，AIGC 还能够结合 AR 和 VR 技术，以沉浸式方式呈现教学经验数据。比如，教师可以通过 VR 设备“走进”虚拟教室环境，直观感受不同教学方法对学生学习氛围的影响。这种沉浸式的数据可视化体验不仅加深了教师对教学数据的理解，还能推动教学方法的革新。

5. 成效动态展示与多角度分析

AIGC 动态展示教研成效并提供多角度数据分析报告，使教师能全面了解结果，科学地改进策略。AIGC 通过实时监测和分析教研活动数据，生成详细的分析报告和成效展示，帮助教师及时调整策略，提高活动效果和效率，从而提升专业水平。而且 AIGC 能运用机器学习算法对教研成效进行预测性分析。通过分析历史数据和当前趋势，AIGC 可以预测未来教学效果和潜在问题，为教师提供前瞻性决策支持。例如，AIGC 可预测特定教学方法在不同学生群体中的长期效果，协助教师做出更明智的教学决策。此外，AIGC 利用社交网络分析技术展示教研活动对整个教师团队的影响。通过分析教师间的合作模式、知识共享和创新扩散，AIGC 生成团队协作网络图，帮助学校管理者了解教研活动对教师专业发展共同体建设的贡献。这种宏观分析不仅评估教研活动的整体成效，还为学校制定教师培养策略提供重要参考。

通过上述 AIGC 技术的应用，我们可以全面提高教研活动效率和质量，帮助教师应对教育挑战，推动教育事业发展。这些技术不仅为教师的日常教研工作提供了强有力的支持，还能使之保持自身专业知识和技能的与时俱进。

8.3.3 AIGC 辅助的教研成果转化与应用

随着 AIGC 技术的迅猛发展，教研活动的效果评估、成果管理和知识共享等关键环节正在经历一场深刻的智能化革新。这场革新不仅提高了教研活动的效率和质量，更为教育工作者开辟了全新的发展路径。

1. 教研活动效果评估的智能化革新

AIGC 能设计出科学合理、全面深入的评估指标体系，对教研活动效果进行多维度、多角度的精准衡量。这些指标不仅涵盖了教师的反馈意见、学生的学习成效、教学方法的创新改进等常规维度，还能深入分析教学过程中的微观细节和隐性因素。通过 AIGC 的自动化分析，教师能快速获取活动成效的科学依据，确保评估结果的客观性、全面性和深度。例如，AIGC 可以识别出最具创新性和效果显著的教学方法改进点，同时精准定位需要进一步优化的薄弱环节，从而为教学实践提供更加精准、个性化的指导建议。

依托 AIGC 的强大数据处理能力和自然语言生成技术，系统可以自动生成内容丰富、结构清晰的评估报告。这些报告不仅包括对教研活动效果的全面分析和量化评估，还会提出具有前瞻性和可操作性的改进建议。通过深度学习算法，AIGC 能从海量数据中挖掘出潜在的规律和趋势，帮助教师深入了解教研活动的成效和不足，提供有针对性的优化方案。这种智能化的反馈机制使得教师能更加清晰地认识自身的教学优势和短板，有的放矢地调整和创新教学方法，从而不断提升教学质量和效果，实现教学水平的持续进步。

AIGC 还具备长期追踪教研活动效果的能力，能进行动态分析和实时反馈。通过构建复杂的数据模型和预测算法，AIGC 可以对教研活动的长期效果进行持续监测和趋势预测，提供实时的数据分析和可视化展示。这种智能化的动态分析系统不仅能追踪短期效果，还能更好地洞察教研活动的长期影响，为持续改进提供可靠的数据支持和决策依据。例如，AIGC 可以预测某项教学改革在未来几年内可能产生的影响，帮助教育管理者做出更加科学的决策。这种前瞻性的分析能力推动教研工作朝着更深入、更有效、更具可持续性的方向发展，为教育质量的长期提升奠定坚实基础。

2. 教研成果智能分类与知识图谱构建的创新应用

为了更好地系统化和结构化教研成果，AIGC 通过不断优化的智能分类算法将教研成果进行科学、精准的分类。AIGC 不仅可以自动梳理不同类型的研究成果，将其按主题、内容、重要性等维度进行多层次分类，还能根据教育领域的最新发展趋势动态调整分类标准，形成一个与时俱进、层次分明的知识体系。例如，某个研究成果可以被同时分类到“创新教学方法”“学生互动策略”和“信息技术应用”等多个类别，并根据其影响力和创新程度进行权重分配。这种多维度、动态化的分类方式大大提升了教研成果的检索效率和应用价值，使教师能在繁杂的信息中快速定位所需资源，有效提升教研活动的效率和质量。

基于智能分类的教研成果，AIGC 可以构建出复杂而富有洞察力的知识图谱。这种知识图谱不仅能动态展示教研成果之间的多维关联和演化过程，还能通过交互式界面让教师更直观、更全面地理解和应用教研成果。AIGC 驱动的知识图谱具备实时更新能力，可以自动整合最新的研究发现和教学实践，确保教师始终掌握教育领域的前沿动态和知识脉络。此外，通过可视化技术和交互设计，知识图谱能以更加生动、易懂的方式呈现复杂的知识关系，帮助教师快速把握关键信息，激发创新思维。例如，教师可以通过图谱界面探索不同教学方法之间的关联，发现潜在的创新点，为教学实践提供新的视角和灵感。

值得关注的是，AIGC 不仅能对教研成果进行静态分类，还能深入挖掘不同成果之间的动态关系，进行演化分析和趋势预测。通过运用复杂的机器学习算法和自然语言处理技术，AIGC 可以从海量的教研数据中识别出隐藏的知识模式和创新路径。这种深度分析能力使得教师和研究者能发现表面数据之下的新知识和新规律，从而推动教学和科研活动的持续创新，全面提升教育科研能力。例如，AIGC 可以通过分析历年的教研成果，预测未来可能出现的教育热点和研究方向，为教育工作者的学术规划和决策提供前瞻性的指导。同时，通过关联分析、聚类分析等高级技术手段，AIGC 还能识别出不同学科、不同地区甚至不同文化背景下教研成果的共性和差异，为跨学科、跨地区的教育合作与创新提供新的可能性。

3. 教研成果共享平台与智能推荐系统的深度整合

AIGC 可以打造一个高度智能化、互动性强的教研成果共享平台，极大促进教师之间的深度协作与资源共享。在这个平台上，教师不仅可以方便地上传、分享和检索教研成果，还能借助 AIGC 的智能分析能力，获得对这些成果的深度解读和应用建议。AIGC 还能帮助优化这些成果的整合与应用，推动教研活动的整体水平提升。例如，平台可以自动识别相似的研究主题，推荐潜在的合作伙伴，或基于教师的研究兴趣自动组建虚拟研究小组。通过这个智能化平台，教师不仅可以获取现有的教学资源，还能参与到整个教研过程的知识构建与共享中，形成一个良性的、自我进化的知识生态系统。这种协作环境不仅打破了地域和时间的限制，还能促进跨学科、跨领域的创新合作，为教育研究注入新的活力。

依托先进的深度学习算法和用户画像技术，AIGC 能构建出高度精准的智能推荐与个性化推送系统。这个系统不仅能根据教师的个人需求、教学风格、学科背景和历史行为数据，智能推荐相关的教研成果和资源，还能预测教师可能感兴趣的新兴研究方向和教学方法。通过持续学习和优化，该系统能不断提高其准确性和相关性，为教师提供越来越贴合个人需求的资源。例如，系统可以根据教师最近查阅的资料和参与的讨论，推送相关的最新研究成果或教学案例，甚至预测教师可能面临的教学挑战，提前推荐解决方案。这种智能化的个性化服务大大提高了资源配置的合理性和利用效率，使教师能在海量信息中快速找到最有价值的内容，极大地提升了教学的针对性和有效性。

AIGC 不仅支持单一平台内的协作，还能实现跨平台、跨系统的智能化协同工作。[①] 通过开发先进的应用程序编程接口和数据整合技术，AIGC 可以无缝连接不同的教学平台和资源库，帮助教师在各种教育技术环境中高效地整合和应用教研成果。这种跨平台协作能力大大拓展了教研活动的范围和深度，推动教育研究向更加开放、互联的方向发展。例如，AIGC 可以自动协调和整合来自不同学校、不同地区甚至不同国家的教育数据和研究成果，形成一个全球化的教研生态系统。在这个系统中，教师可以轻松获取和比较不同教育背景下的研究发现，激发新的研究思路和教学创新。同时，AIGC 还能对跨平台协作过程中产生的新知识和见解进行实时分析和优化，不断提炼和升华教研成果，最终形成更加系统化、科学化的教育理论和实践指导。

AIGC 在教研活动后反馈循环与持续改进中的应用涵盖了多个方面，这些技术的融合应用不仅大幅提升了教研活动的效率和质量，还为教育科研的创新与发展开辟了新的路径。通过 AIGC 技术的赋能，教师能更加精准地把握教育规律，更有效地应对教学挑战，不断提升自身的专业能力和教学水平。

8.4 继续教育与在线学习

随着全球教育环境的不断变革和科技的迅速发展，教师专业发展面临着前所未有的挑战和机遇。教师不仅需要掌握最新的教育理论和实践方法，还需要不断更新自己的知识体系，以适应不同的教学需求和学生的变化。AIGC 作为一种新兴的工具，正逐渐在教师继续教育和在线学习中发挥重要的作用。通过全面的学习需求分析、智能的学习资源推荐、实时的学习监测以及终身学习的支持，AIGC 能为教师提供便捷、灵活且高效的专业发展路径。这不仅能帮助教师不断提升他们的专业能力，还有助于他们在职业生涯中实现更高的价值和成就。

8.4.1 全方位学习需求分析与路径规划

在现代教育领域，教师专业发展的需求不断增加，特别是在继续教育和在线学习方面。AIGC 在这一过程中展现出巨大潜力，成为辅助教师专业发展的有力工具。结合详尽的学习需求分析和个性化学习路径规划，AIGC 不仅可以提升教师的专业素养，还能激发他们的学习热情和参与度。

1. 全方位学习需求分析

AIGC 能提供全面和精准的学习需求分析。[②] 在过去，教育管理者和培

① 段娟. 人工智能时代高校思想政治教育治理体系构建研究 [D]. 电子科技大学，2024.

② 卢兆麟，宋新衡，金昱成. AIGC 技术趋势下智能设计的现状与发展 [J]，包装工程，2023，44 (24)：18-33.

训机构主要依靠手动调研和数据汇总来分析教师的学习需求，这种方法不仅耗时费力，而且容易产生偏误。AIGC 则通过问卷调查、教学评估和数据分析等手段，系统地收集和整理教师的相关信息，全面评估教师的当前知识水平和技能状况。AIGC 能高效地处理大量数据，分析教师在专业知识、教学技能、学生管理和教学评估等各个方面的表现，生成详细的学习需求报告。这些报告不仅指出教师的优势和劣势，还能通过对教学过程的深入分析，识别出他们在教学方法和策略上需要改进的部分。

这种全方位的学习需求分析，可以帮助教育管理者更准确地了解教师的实际需要，制定针对性的培训计划。例如，通过分析教师在课堂管理中的表现，AIGC 或许会发现某些教师在处理升格作文时存在困难，从而建议增加相关培训内容。此外，通过对教师教学评估数据的深入分析，AIGC 还可以发现不同教师在评估学生学习效果方面的不足，进而推荐适合的改进方法和策略。这种精准的需求分析，使得培训计划更具针对性和实效性，避免了“一刀切”的培训方式所带来的资源浪费。

2. 个性化学习路径规划

AIGC 在个性化学习路径规划方面拥有显著优势。基于全面的学习需求分析结果，AIGC 能结合教师的个人背景、职业目标和学习偏好，推荐个性化的学习路径和计划。AIGC 不仅考虑到教师的当前水平和能力，还会根据他们以前的学习经历和教学经验，提供具有针对性的学习路径。这些个性化的学习路径包括具体的学习目标、步骤和时间安排，帮助教师系统性地提升专业能力。例如，对于一位希望在教学科技应用方面提升技能的教师，AIGC 可以推荐相关的在线课程、研讨会和实践活动，并制定详细的学习计划，明确每个阶段的学习目标和预期成果。通过这种方式，教师可以有条不紊地开展学习，提高学习效果。同时，个性化的学习路径规划还可以考虑教师的学习习惯和偏好，如一些教师可能更倾向于通过视频学习，而另一些则更喜欢阅读文献。AIGC 能根据这些偏好，推荐最合适的学习资源，确保学习过程更加顺畅和美好。

同时，使用 AIGC 进行学习路径规划，不仅提高了教师的学习效果，还增强了他们的学习动机和参与感。个性化的学习路径意味着每位教师都能获得量身定制的学习方案，满足他们的独特需求和目标，减少了盲目学习的困惑和压力。这种精准匹配的学习方式，让教师感受到被重视和支持，从而更积极地投入学习过程中，自发地追求进一步的专业提升。

通过 AIGC 的应用，教师的专业发展得到了更有力的支撑。AIGC 以其高效、精准和个性化的特点，为继续教育和在线学习注入新的活力。

在教学需求分析和学习路径规划方面，AIGC 提供了前所未有的方法和工具，使教师能更好地认识自己的长处和短板，并在此基础上制定系统的提升计划。通过这种方式，AIGC 不仅帮助教育系统提高了培训的效能和效果，也为教师的职业生涯注入了新的动力和希望。随着技术的不断发展和应用的深入，AIGC 将在教师专业发展中发挥更加重要的作用，助力教育事业的全面发展与进步。

8.4.2 学习过程实时识别与即时反馈

为了确保教师在继续教育和在线学习中的有效性，实时识别他们的学习进度和表现是必不可少的。同时，提供即时的反馈也能帮助教师及时调整学习策略，提高学习效果。AIGC 在这一过程中，依托其强大的数据分析能力和智能化算法，能为教师的专业成长提供精准、及时的指导。这种先进技术的应用不仅能提高教师培训的效率，还能显著提升教育质量，为教育事业的发展注入新的活力。

1. 学习分析平台

利用 AIGC 可以开发出先进的实时学习分析平台。这些平台能对教师的学习数据进行全面而深入的分析，包括学习进度、参与度、互动情况及学习成果等多个维度。通过对这些数据的智能处理，AIGC 可以生成详细的学习报告，帮助教师和教育管理者清晰地了解学习过程中的每个环节。更重要的是，AIGC 可以识别出潜在的学习障碍和改进机会，为教师的专业发展提供精准的指导。

这种学习分析平台不仅能帮助教师更好地了解自己的学习状况，还能为教育管理者提供宝贵的数据支持，以便他们制定更加科学、合理的教师培训计划。通过对大量教师学习数据的分析，AIGC 还可以发现普遍存在的问题和趋势，为教育政策的制定和调整提供重要参考。

2. 即时反馈机制

基于学习分析平台生成的数据，AIGC 能为教师提供即时、个性化的学习反馈。这种反馈不仅限于简单的进度报告，还包括深入的学习建议和资源推荐。例如，AIGC 可以根据教师的学习表现，自动生成针对性的练习题，或推荐相关的扩展阅读材料。此外，AIGC 还能模拟不同的教学场景，让教师在虚拟环境中练习和改进教学技能，从而在实际教学中更好地应对各种挑战。

这种即时反馈机制的优势在于其高度个性化和实时性。每位教师都能获得针对自己特定情况的建议和指导，而不是泛泛而谈的一般性建议。这种个性化的反馈能大大提高教师学习的效率和积极性，使他们能更快地掌握新知识和技能，并将其应用到实际教学中。

3. 智能评估系统

利用 AIGC 建立的智能评估系统，能对教师的学习结果进行全面评估和分析。这些评估不仅包括对课程内容掌握程度的测试，还涵盖教师在实际教学中的应用情况。智能评估系统可以生成详细的学习效果报告，帮助教师了解自己在哪些方面取得了进步，哪些方面还有改进空间。基于这些评估数据，教师能更有针对性地进行下一阶段的学习和提升。

智能评估系统的一大优势是其客观性和全面性。传统的评估方法往往依赖于主观判断，容易受到个人偏见的影响。而 AIGC 则可以基于大量数据和客观标准进行评估，提供更加公正和准确的结果。此外，AIGC 还可以跟踪教师的长期发展轨迹，为教师的职业规划提供有力支持。

AIGC 在辅助教师专业发展方面具有巨大潜力。通过实时监测、即时反馈、个性化学习路径、协作学习支持以及创新的评估方式，AIGC 正在为教师的终身学习和职业成长提供前所未有的支持。这些技术不仅能提高教师培训的效率和效果，还能促进教育资源的优化配置，推动教育体系的整体升级。[①] 随着技术的不断进步，我们有理由相信，AIGC 将成为推动教师专业发展、提升教育质量的关键力量，为建设一支高素质、专业化的教师队伍做出重要贡献。

8.4.3 终身学习和职业发展

在教育事业不断发展的背景下，教师的职业发展和终身学习显得尤为重要。在提供终身学习支持方面，AIGC 能通过推荐职业发展的学习资源和机会，帮助教师持续提升专业能力，实现职业生涯的长足发展。

1. 职业发展资源库

职业发展资源库是终身学习支持的核心内容。通过创建专门的职业发展学习资源库，AIGC 可以定期推荐最新的职业发展课程和培训机会。这些资源库不仅包括在线课程，还涵盖各类研讨会、工作坊和学术交流机会，支持教师在不同阶段的职业发展需求。AIGC 可以通过分析教师的个人背景、教学经验、专业兴趣及当前职业发展阶段，精准匹配并推荐最适合的学习资源。例如，对于刚入职的新教师，AIGC 可能会推荐课堂管理和教学技巧相

---

① 刘颖，向磊，杨清涵，等. AIGC 赋能乡村教师专业发展：可及类型、行动逻辑与实施路径［J］. 现代远距离教育，2024（4）：84－96.

关的资源；而对于有经验的教师，则可能推荐更高级的教学方法或学科前沿知识的学习机会。

同时，AIGC 还可以实时监测教育领域的最新发展趋势和政策变化，及时更新资源库内容，确保教师能获取最新、最相关的学习材料。通过智能推荐算法，AIGC 可以根据教师的学习历史和反馈，不断优化推荐结果，提供越来越精准的资源匹配。这种动态更新和个性化推荐的机制，能有效激发教师的学习兴趣，提高学习效率。

2. AIGC 导师系统

AIGC 导师系统的开发是 AIGC 支持教师终身学习的另一个重要方面。智能化的 AIGC 导师系统可以为教师提供长期的学习指导和支持。这个系统不仅仅是一个简单的资源推荐工具，而是一个全方位的职业发展助手。AIGC 导师系统可以根据教师的职业发展阶段、个人目标和专业需求，制定个性化的学习计划和职业发展路径。例如，对于希望提升语文教学能力的教师，AIGC 导师系统可以制定包括高级文学教学策略、写作和阅读理解技能教学方法，以及语言教学中的技术整合等主题的学习计划。系统会根据教师的学习进度和反馈，动态调整学习内容和难度，确保学习过程既具有挑战性又不会令人感到沮丧。而且 AIGC 导师系统还可以模拟各种教育场景，提供实践机会，帮助教师将所学知识应用到实际工作中。

AIGC 导师系统还具备持续评估和反馈功能。它可以通过分析教师的学习行为、完成情况和实际应用效果，为教师提供详细的进步报告和改进建议。这种即时、个性化的反馈机制，能帮助教师及时调整学习策略，保持学习动力。

此外，AIGC 导师系统还可以促进教师之间的协作学习。通过分析不同教师的学习需求和专长，AIGC 导师系统可以推荐合适的学习伙伴或小组，鼓励教师之间的知识分享和经验交流。这不仅能丰富学习体验，还能培养教师的团队协作能力。

AIGC 通过构建全面的职业发展资源库和智能 AIGC 导师系统，为教师提供了持续、个性化的终身学习支持。这种支持不仅涵盖了学习资源的推荐，还包括学习规划、进度跟踪、实践应用和协作交流等多个方面。通过这种全方位的支持，AIGC 能有效促进教师的专业成长，提高教育质量，最终有益于整个教育生态系统。

综上所述，AIGC 技术正在深刻改变教师专业发展的模式和路径。通过优化教学资源生成和管理、提升教学反思与改进的效率、促进教研活动的智能化转型，以及为教师提供个性化的继续教育和在线学习支持，AIGC 正在成为教师专业发展的强大助手。[①] 这些创新应用不仅大幅提升了教师的工作效率和专业能力，更为教师职业生涯的长期发展注入了新的动力。随着 AIGC 技术的不断进步，我们有理由相信，它将在未来为教育事业的持续进步做出更大贡献，助力构建更加智能、高效的教育生态。

---

① 华子荀，王炜，吴开华，等．如何发挥 AIGC 的教育效能?：基于响应面分析的数字素养高意识能力培养［J］．现代教育技术，2024，34（9）：14－25．

第 9 章

AIGC 应用的安全与伦理问题

随着生成式人工智能技术的迅猛发展，越来越多的初中语文教学引入了这一新型技术，以提升教学效率和教育质量。然而，AIGC 的应用也带来了如数据隐私、信息保护、伦理道德等诸多问题。在使用 AIGC 时，学生的个人数据和隐私保护成为关键，必须采取有效的措施来确保信息安全。此外，教师和家长需要共同致力于维护教学过程中的伦理规范，防止技术滥用对学生造成不良影响。① 尽管 AIGC 在教育领域展示出巨大的潜力，但我们在享受其带来便利的同时，也必须切实关注并致力于解决其带来的安全和伦理挑战，以便为学生创造一个安全、优质的学习环境。②

9.1 数据隐私与保护

在当今数字化时代，数据隐私与保护已经成为全社会的重要课题，教育领域也是如此。就初中语文教学而言，AIGC 的引入能极大地提升教学效率和个性化学习体验，但也带来了学生个人信息和作文数据安全的隐忧。对于初中学校而言，如何制定合规的数据保护措施，确保学生隐私不受侵犯，是探索和实践 AIGC 的重要前提。

9.1.1 学生个人信息和作文数据的收集、存储与使用规范

在引入 AIGC 进行语文教学的实践中，保护学生的个人信息和作文数据至关重要。首先，制定详细的数据收集政策是必不可少的。这一政策应明确指出学校只会收集与学生学习直接相关的必要数据，如学习表现、反馈意见等，严禁收集任何与教学无关的个人敏感信息。例如，学生的家庭背景、信仰、健康状况等数据应被严格禁止收集，以防止数据滥用。另外，学校必须透明地列出所需数据的细目，并让学生和家长知情并同意。为了确保这些政

① 毛晨宇，何旻霞，杨远霞，等. AIGC 在高校行为伦理规范中的应用：辅助治理 VS 技术陷阱 [J]. 信息技术时代，2024 (9)：133 - 135.

② 陈建兵，王明. 负责任的人工智能：技术伦理危机下 AIGC 的治理基点 [J]. 西安交通大学学报 (社会科学版)，2024 (1)：111 - 120.

策的有效实施和持续改进，定期的审核和更新必不可少。学校应针对数据使用协议进行透明公开的审核，并将相关信息及时通报给学生及其家长，加强各方对数据处理的知情权和监督权。审核的内容应包括数据收集的合法性、数据使用范围的合理性，以及数据存储和销毁的安全性等，以确保数据管理的各个环节都符合法律和规章制度要求。

对教育工作者和学生进行规范培训也是提升数据保护意识的重要途径。通过定期培训，让教育工作者了解并掌握数据隐私保护的法规和规范，确保其在日常教学中对学生数据进行规范、合法的使用。培训内容应包括《中华人民共和国个人信息保护法》的基本内容、学校的具体数据隐私政策，以及实际操作中的注意事项等。同时，学生也应接受相关教育，了解自身的权利和个人数据保护措施，如如何识别和报告数据泄露风险，从而形成全员参与的数据保护氛围。只有这样，AIGC 的应用才能在合规安全的前提下推动教育的进步。

在数据的存储和使用方面，学校也需要建立严格的管理制度，确保数据只能被有权限的人员访问和使用。例如，学校可以采取分级权限管理，根据不同岗位的需求设置访问权限，防止数据滥用。所有访问数据的操作都应被记录并定期审计，以防止内部数据泄露。学校应采用先进的数据加密技术保护数据在存储和传输过程中的安全，防止数据在传输过程中被未经授权的第三方截取或修改，增强数据的安全性。同时，学校应规定数据使用期限，到期自动删除或匿名化处理，避免长期存储数据带来的潜在风险。例如，学生在校期间的数据应当在毕业后一段时间内删除，除非存在合法的继续保存的理由。

9.1.2 匿名化与加密技术在教学数据安全中的应用

为了全面保证学生个人信息的安全，在数据收集的初期便应用匿名化技术是至关重要的。数据脱敏处理可以有效地将学生身份信息从数据中剥离出来，使数据与个体的关联度降低，从而在确保数据利用价值的同时，极大地提高信息安全系数。这种处理方法既能保护学生隐私，又能确保教师和AIGC 在评估学生学习进展时所需的数据完整性。常见的匿名化方法包括数据加噪、数据置换和数据概化等。

加密技术的使用同样不可忽视。[①] 高级加密技术在数据的存储和传输过程中提供了有力保障，尤其是在数据通过网络传输时，加密技术能有效防止数据被截取和篡改。学校需要定期进行安全评估，以检测系统的安全漏洞和

---

① 卜彦芳. 中国传媒经济发展报告. 2023 [M]. 北京：中国国际广播出版社，2023：104.

潜在的泄露风险。这种评估不仅包括技术层面的分析，还应包括对实际操作流程和人员行为的审查。例如，端到端加密技术的使用可以确保数据在整个传输过程中是加密的，只有接收端才能进行解密，从而有效防止中途拦截。如果学校使用的是云存储服务，那么选用具备高安全标准的服务商是非常重要的。云存储的安全性直接关系到学生数据的安全，服务商的安全故障同样可能造成数据泄露风险。学校需要对云服务商的安全标准进行严格筛选和审查，并对服务商的安全操作进行定期监测和评估。具体来说，可以确认云服务商的 ISO/IEC 27001 等认证情况，审查其数据保护措施以及故障响应机制，以确保其符合相关标准和政策。

学校还应积极引入并不断更新安全防护措施，包括模拟数据泄露场景，测试现有的安全措施，根据实际检测结果进行系统更新和修补。例如，学校可以定期开展网络钓鱼模拟演练，测试教职工的安全意识，并根据演练结果调整培训策略和安全政策，通过定期安全评估和及时整改，确保数据保护政策的有效实施和数据安全的持续有效。

9.1.3 建立教学数据安全管理制度与应急预案

要确保数据安全，建立系统完善的数据安全管理制度是关键。学校应制定具体的安全政策和管理流程，覆盖数据生命周期的各个阶段，包括数据收集、传输、存储、使用、共享和销毁。每一阶段的数据操作都应有完善的规章制度进行规范，并严格按照规范操作，以防止数据在各个环节出现泄露风险。例如，在数据收集阶段，学校要明确数据采集的范围以及采集目的，确保数据采集的合法性和必要性。

对于数据的存储，学校应使用安全的存储系统，确保这些系统具有良好的灾难备份与恢复能力，以防止数据的意外丢失和破坏。学校应配置高可用性存储设备，并设置异地备份，确保数据在突发情况下能迅速恢复。在数据处理阶段，根据数据使用目的的不同，学校可以考虑进一步对数据进行细化的权限管理，确保数据处理过程的安全可控。例如，学校可以启用多因素认证、使用权限变更日志等手段来降低数据误用和泄露的风险。

数据销毁阶段，学校应制定详细的数据销毁流程，确保过期或无用数据的彻底清除，以避免数据在销毁过程中被恢复和非法利用。学校可以采用物理销毁和软件销毁相结合的方法，确保数据在规章制度下被安全彻底地销毁。例如，学校可以使用碎纸机、粉碎机等设备对数据存储介质进行物理销毁，以及使用符合国家标准的数据擦除软件。

同时，设立数据泄露应急预案也是数据安全管理的重要组成部分。预案应明确责任分工和应急措施，确保一旦发生数据安全事件，相关人员能迅速反应，采取有效的补救措施，最大限度地减少不良影响。[①] 数据泄露应急预案不仅需要明确具体的技术处理措施，还应包括对外沟通方案、法律应对方案及善后处理措施。通过全面的应急预案规划，学校应对数据泄露事件时能做到有条不紊，最大限度地保护学生的隐私和权益。

在此基础上，学校还应定期开展数据安全培训，提高全体教职工的数据安全意识，确保每一位教职工都能正确、负责地处理学生数据。培训内容应包括数据泄露风险的识别与防范、数据安全操作的规范、应急事件的处理流程等。

此外，与家长和学生的沟通同样重要。学校应定期向家长和学生通报数据使用和保护的相关政策，并通过家校平台开展数据安全教育活动，让家长和学生了解数据泄露的风险及其防范措施，从而形成学生、家长和学校三方合力，共同保护学生的数据隐私。例如，学校可以组织家长会，邀请数据安全专家讲解相关知识，为家长和学生提供指导，介绍当前的数据保护措施和政策，让家长和学生更好地理解学校在数据保护方面所做的努力。通过这种互动方式，可以增强家长和学生对学校数据保护工作的信任与支持。

综上所述，AIGC 在初中语文教学中的应用，既为教育带来了新的机遇，也提出了新的挑战。只有在数据隐私和保护方面做好充分准备，全面提升数据使用的安全性和规范性，才能真正发挥 AIGC 的优势，为教育创新提供坚实的保障。

9.1.4 数据保护的持续优化与创新

随着技术的不断进步，数据保护的策略和技术也需要不断优化和创新。学校需要与时俱进，持续关注最新的技术动向和法律法规的变化，及时调整和改进数据保护措施。例如，区块链技术在数据保护中的应用可以显著提高数据的安全性和可追溯性。通过区块链技术，数据在每一次操作中都会被记录和验证，从而减少数据被篡改的可能性。

同时，增强与其他教育机构和技术公司的交流与合作，也是提升数据保护水平的重要途径。通过分享经验和共同探讨，学校可以借鉴先进的管理和技术手段，不断完善自身的安全防护体系。此外，学校还应积极参与各类数据安全研讨会和培训，了解行业标准和最佳实践，提升自身的数据保护能力。

---

① 徐伟，李文敏. 生成式人工智能的依法治理：基于法规文本的扎根理论运用［J］. 岭南学刊，2025（1）：107－117.

值得一提的是，数据保护不仅是一项技术问题，更需要在整个教育体系中形成广泛的认同和共同的行动，从决策层到执行层，每一个环节都应意识到数据保护的重要性，并在实际工作中自觉践行相关规范。例如，学校应制定明确的数据保护战略和管理目标，确保数据保护工作有条不紊地推进；教师和技术人员则需要在日常工作中严格遵守数据处理的规章制度，确保学生数据的安全和隐私不受侵犯。

9.2 著作权与知识产权

使用 AIGC 进行作文辅助，涉及大量的文本生成和引用问题，这就不可避免地涉及著作权和知识产权问题。在教学实践中，应当明确 AIGC 生成内容的著作权归属，并对引用内容进行适当注释，防止剽窃和抄袭。同时，应教育学生了解和尊重知识产权的重要性，培养他们的著作权意识和学术诚信。①

9.2.1 AIGC 生成内容的著作权归属与使用规范

随着 AIGC 在语文教学中的应用日益广泛，AIGC 生成内容的著作权归属问题变得尤为重要。中共中央、国务院印发的《知识产权强国建设纲要（2021—2035）》明确指出，要“构建响应及时、保护合理的新兴领域和特定领域知识产权规则体系……研究完善算法、商业方法、人工智能产出物知识产权保护规则”。AIGC 能根据输入的提示词或问题生成相应的文本，这类文本的所有权问题较为复杂。

此外，在确保教育目的的前提下，也要尊重内容创作者的权益。例如，可以规定在教学过程中使用 AIGC 生成内容的具体场景和方式，以防止滥用。此外，还应强调必要的著作权标注，尊重原作者的知识产权，避免剽窃和侵权行为。这不仅有助于保护原作者的劳动成果，还能培养学生的著作权意识，使他们在未来的创作中更加尊重他人的知识产权。为了更好地规范 AIGC 生成内容的使用，可以制定以下几点使用规范：

① 明确使用范围：规定 AIGC 生成内容仅限于教学、学习和研究等非商业用途，禁止将其用于商业化目的。

② 避免滥用生成内容：教师应当引导学生合理使用生成内容，避免依赖 AIGC 进行大量的创作，鼓励学生进行原创思考和写作。

③ 著作权标注和引用：在使用 AIGC 生成内容时，应当明确标注内容来

---

① 王长征，论使用人作为生成式人工智能作品版权归属者的根据［J］. 上海对外经贸大学学报，2024（6）：79－91.

源，尊重 AIGC 生成算法和其开发者的知识产权。

④ 定期审查和更新规范：随着 AIGC 的发展，使用规范也应当相应地进行更新和调整，以保持与时俱进，确保合理使用生成内容。

制定并严格执行这些使用规范，可以在保证教育质量的同时，有效保护原创内容的著作权，推动 AIGC 应用在教学中的健康发展。

9.2.2 文学作品在 AIGC 辅助教学中的合理使用与引用

在 AIGC 辅助教学中，使用文学作品时必须遵守著作权法，确保依法使用。在用到具体文学作品时，应优先选择公开授权的作品，这不仅能确保教学的合法性，还能为课程提供丰富的教学资源。例如，教师可以选择那些已经进入公共领域的经典文学作品，或使用创作共用许可下的作品。对于任何文学作品，在引用时都应当注意合理使用的原则：引用部分应当是受引用内容所限制，而非对整个作品的大段复制。这确保了使用者不会因为大量引用而侵害原作者的著作权。

在引用文学作品时，教师应确保对引用的部分进行适当标注，明确注明出处，尊重原作者的知识产权。通过这种方式，学生能学会如何正确引用他人的作品，理解并尊重知识产权的重要性，培养学术诚信。为了更好地在 AIGC 辅助教学中合理使用文学作品，教师和学生可以参考以下几点建议。

① 选择合法资源：优先选择合法授权的电子书、公开著作权的文学作品以及使用创作共用许可下的作品，确保教学资源的合法性。

② 合理引用：在引用文学作品时，除了明确注明出处，还应当遵循合理引用的原则，保持引用部分适度。

③ 著作权教育：通过课程或专题讲座形式，对学生进行著作权和知识产权教育，让他们了解著作权的意义和重要性，学会如何保护自己的创作成果和尊重他人的知识产权。

④ 使用公开数据库：利用学校图书馆或其他合法的公开数据库获取资源，这些平台通常会标注著作权信息，便于教师和学生明确著作权归属。

以上措施可以在合理使用文学作品的同时，增强学生的著作权意识和知识产权保护能力，从而更好地推动 AIGC 辅助教学的深入发展。

9.2.3 教师和学生原创内容的知识产权保护与尊重

在 AIGC 辅助教学中，教师和学生的原创内容同样需要得到充分的知识产权保护。教师的教案、课件以及学生的作文、项目作品等，都是他们创造性劳动的成果，应当受到知识产权法的保护。应当建立相应的著作权登记和保护机制，为教师和学生原创内容的权益保护提供保障。具体措施包括：

① 建立著作权登记渠道：学校可以为教师和学生提供便捷的原创作品登记渠道，确保他们的创作获得法律保护。例如，通过在线登记系统，方便教师和学生对自己原创内容进行著作权登记，获得法律上的著作权保护。

② 著作权保护培训：定期举行知识产权讲座和培训，提升教师和学生的著作权意识和保护能力。通过案例分析、法律知识讲解等方式，让师生认识到保护自己原创内容的重要性，学会如何使用法律手段保护自己的权益。

③ 制定著作权保护政策：应当制定明确的著作权保护政策，规定教师和学生的原创内容如何进行保护、使用和授权。例如，规定学校拥有教师和学生原创内容的非商业使用权，而商业使用权则需经过创作者的同意。

④ 鼓励原创创作：通过定期举办创作比赛、展示会等活动，鼓励教师和学生进行原创创作，提高他们的创作热情，同时加强著作权意识。例如，学校可以设立“优秀原创作品奖”，奖励在创作中表现出色的师生。

⑤ 建立著作权纠纷解决机制：为应对可能发生的著作权纠纷，学校应当建立著作权纠纷解决机制，提供协商、调解和法律援助等多种解决途径，确保教师和学生的原创内容得到充分保护。

9.3 AIGC 生成内容的质量与可信度

在语文教学中，AIGC 生成内容能极大地丰富教学资源，提高教学效率，增强学习体验。然而，如何确保生成内容的质量与可信度，是 AIGC 在语文教学中有效应用的关键问题。通过评估、教学策略、技能培养等多方面的探索与实践，可以提升 AIGC 生成内容的教学价值。

9.3.1 AIGC 生成内容的质量与可信度评估

评估 AIGC 生成内容的质量，是确保其在语文教学中有效应用的基础。教师需要利用多种指标对 AIGC 生成的文本进行详细的质量审核。这些评估指标可以包括内容的准确性、逻辑性、语言的规范性以及与教学目标的契合度。准确性是指生成内容是否符合事实；逻辑性则关注内容的前后连贯和思维严谨程度；语言的规范性是指语言表述是否规范无误；而契合度则衡量生成内容是否符合当前教学需求。

在实际的语文课堂教学中，内容的准确性是教师和学生最关注的一个方面。若 AIGC 生成的内容存在事实性错误，可能会误导学生，使其形成错误的知识体系。例如，AIGC 可能会在生成古诗解释时出现错漏百出的解读，或者在历史背景介绍时出现错误信息，这些都需要教师进行细致地审查和校对。

逻辑性同样是一个重要指标。语文教学中，逻辑的连贯性直接影响学生对文章内容的理解和接受程度。如果 AIGC 生成的内容在逻辑上前后矛盾，那么学生在学习过程中将会感到困惑，无法准确抓住文章的中心思想和论点。教师在评估时应特别注意内容的逻辑性，确保条理清晰，思想连贯。

语言的规范性也是一个不容忽视的方面。在语文教学中，语言的准确使用至关重要。如果 AIGC 生成的内容在用词造句上存在较多错误，或语法不完善，不仅会影响学生的阅读体验，还可能使学生模仿错误的语言结构，最终影响其语言能力的提升。

契合度主要指 AIGC 生成的内容是否和当前的教学目标相一致。例如，在讲授古诗时，AIGC 生成的内容是否能准确地传达诗歌的内容和情感；在讲授现代文时，AIGC 生成的分析是否能帮助学生更深入地理解文章的主旨和结构。如果生成的内容无法满足这些教学要求，那么其教学价值就很难得到体现。

为了确保 AIGC 生成内容的高质量，有效的评估机制是必不可少的。除了教师的评估，学生的参与也是不可忽视的部分。教师和学生通过双重评估机制，共同对 AIGC 生成内容进行审核，可以确保生成内容更加符合实际的教学需求，提升教育效果。在这种机制下，学生不再是被动的接受者，也成为主动的参与者。通过评估 AIGC 生成的内容，学生可以提升自己的批判性思维和鉴别能力。

学生参与评估的一种方式是通过小组讨论和反馈。在课堂上，教师可以将 AIGC 生成的内容分发给学生，组织他们进行小组讨论，并提出自己的见解和建议。这样的互动不仅可以激发学生的兴趣，还能帮助他们在评估过程中发展批判性思维和团队合作能力。学生通过分析和讨论 AIGC 生成内容的优缺点，既能深入地理解文本的结构和内容，也能提高他们的信息素养和评估能力。

为了进一步提升生成内容的可信度，可引入专家审查机制。专家凭借专业判断，能够发现并纠正潜在的问题，从而保障内容的高品质和适用性。专家的深度审查有助于发现 AIGC 生成内容中的细微错误和偏差，这对提供高水平的语文教育至关重要。在引入专家审查机制时，可以考虑邀请大学教授或研究机构的专家参与审查工作。这些专家具有丰富的专业知识和经验，能从多个角度对 AIGC 生成内容进行深入分析，并提出建设性的意见和建议。另外，定期举办内容审查研讨会也是一种有效的方式，教师和专家可以共同讨论AIGC生成内容的优劣，并针对具体问题进行深入探讨，寻找解决方案。[①]

此外，还可以建立生成内容的质量反馈循环系统。通过不断收集和分析教师和学生的反馈，调整和优化AIGC内容生成算法，使其生成的内容更加符合语文教学的实际需要。这种反馈循环不仅可以提高内容生成的质量，还能不断推动AIGC的发展和进步。在质量反馈循环系统的设计中，可以设置多个反馈收集渠道。例如，教师和学生可以通过在线平台提交反馈意见和建议，AIGC开发团队则可以根据这些反馈不断调整和改进算法。同时，可以定期举办教师和学生的测评活动，收集更多的实用数据，以便更好地优化AIGC的性能和效果。

9.3.2 辨别AIGC生成内容的技能培养与教学策略

随着人工智能技术日益成熟，AIGC生成的内容已经渗透到我们的日常生活中。无论是新闻报道、学术论文，还是文学作品，AIGC都能生产出看似真实的内容。然而，这些AIGC生成的内容并不总是准确或可靠的，因此提升学生的信息素养，尤其是辨别AIGC生成内容与原创内容的能力，变得尤为关键。在语文教学中，我们可以通过专门的训练和教学策略，使学生在面对海量信息时，依然能保持理性和批判的态度。

首先，语文课程的设计应当包括实际操作和案例分析，从而帮助学生在实践中提升辨别能力和批判性思维。例如，教师可以安排学生分别阅读AIGC生成的文章和作者原创的文章，然后通过讨论和分析，辨别其中的差异。这种训练不仅能提升学生的辨识能力，同时也能促使他们更深入地理解语言的细微之处。通过这种方式，学生能更好地筛选和判断信息。例如，在课堂上，教师可以提供几篇AIGC生成的新闻报道和几篇记者撰写的新闻报道，要求学生分析这些报道的真实性、逻辑性和语言风格的差异。通过讨论，学生可以发现AIGC生成内容可能存在的逻辑漏洞、不合适的措辞和缺乏深度的分析，从而提高辨别能力。

其次，通过案例教学，教师可以引导学生对不同类型的AIGC生成内容进行分析。例如，可以选择一些AIGC生成的文学作品和作者原创的文学作品进行对比分析，帮助学生发现其中的差异和特点。通过这样的案例分析，学生能更好地理解和把握人工智能技术在语言生成方面的优势和局限性，进而提升他们的辨识能力和批判性思维。具体来说，教师可以让学生阅读一些AIGC生成的短篇故事，并与经典的文学作品进行对比，引导学生发现AIGC在细节处理、情感表达和情节安排等方面的不足之处。这样的分析不

① 周濛. AIGC论文检测系统的技术缺陷与学术期刊因应［J］. 出版与印刷，2024（4）：20－30.

仅能让学生了解 AIGC 的技术特性，还能增强他们对文学创作的鉴赏能力。

与此同时，开发专门的教学资源，帮助教师培养学生的辨识技能，也显得十分必要。这些教学资源应当包括教学案例分析、评估工具以及相关的指导手册，要确保教师能系统地开展教学，逐步提升学生的辨识能力和批判性思维。在教学资源的开发方面，可以考虑以下几个方面。

① 案例分析：提供丰富的案例，包含不同类型的 AIGC 生成内容和相应的辨别方法。分析这些案例有助于学生理解和掌握识别技巧。例如，选择一些 AIGC 生成的新闻报道、学术论文和文学作品进行详细分析，引导学生发现其中的逻辑错误和语言问题，从而提高他们的辨识能力。具体来说，教师可以设计一个案例库，包含各种风格和类型的 AIGC 生成内容，并附上辨别指南和分析提示，供学生自主学习和实践。

② 评估工具：开发标准化的评估工具，帮助教师和学生对 AIGC 生成内容进行系统的评价，评价应涵盖内容准确性、逻辑性、语言规范性等多方面。通过科学的评估，提升内容审核的效率和准确性。评估工具还可以包括评分标准和评价指南，帮助教师和学生更好地进行评估和反馈。例如，教师可以设计一个评分表，列出评价 AIGC 生成内容的关键指标，如事实准确性、逻辑清晰度、语法和措辞使用等，学生可以根据这些指标对 AIGC 生成的文章进行打分和评价。

③ 技能培训：除了提供案例分析和评估工具，教师还应进行专项的技能培训，帮助学生掌握辨别 AIGC 生成内容的实用技巧。例如，教师可以设置专题讲座和实践活动，邀请专家分享辨别 AIGC 生成内容的经验和方法。通过与专家的互动，学生可以学到更多实际操作的技能，增强他们在实际生活中的应用能力。

④ 技术支持：借助现代教育技术，开发在线学习平台和应用程序，方便学生随时随地进行学习和练习。例如，可以开发一个包含丰富学习资源和互动练习的在线平台，学生可以通过平台进行自我评估和知识点的巩固。此外，利用大数据和人工智能技术，跟踪学生的学习进度，提供个性化学习建议，进一步提高教学效果。

总之，通过系统的课程设计、丰富的教学案例、科学的评估工具、专项的技能培训和现代技术的支持，我们可以有效培养学生辨别 AIGC 生成内容的能力，提升他们的信息素养和批判性思维。①

---

① 陆建平，党自强. AIGC 时代虚假信息的制造传播与国家安全及公民权益的维护 [J]. 浙江大学学报（人文社会科学版），2024，54（5）：42－58.

9.4 AIGC 依赖与语文素养提升的平衡

在 AIGC 的辅助下，学生的写作和阅读能力或许会得到较快提升，但过度依赖 AIGC 也可能导致学生独立思考能力和自身创新能力退化。① 因此，在教学过程中，如何在 AIGC 辅助和语文素养提升之间找到平衡，成为当前教育界亟须解决的重要问题。

9.4.1 明确 AIGC 工具在学习过程中的定位和使用边界

为了防止学生过度依赖 AIGC，学校和教师需要制定明确的 AIGC 工具使用规范，规定哪些任务可以使用 AIGC 辅助，哪些任务必须依靠学生自主完成。具体可以从以下几个方面着手。

首先，学校应制定 AIGC 使用规范。明确规定在哪些科目或任务中允许使用 AIGC 辅助。这一规定应根据不同学科的特性和教学目标而定。例如，在复杂的数据分析、信息搜索等任务中，可以适度使用 AIGC 工具以提高效率。这类任务通常涉及大量信息的整理与分析，AIGC 工具可以显著提升学生的工作效率，使他们能更快地获得有价值的信息，从而集中精力解决更具挑战性的部分。而对于需要展现学生自身理解和创造力的任务，如写作、演讲等，则应禁止或严格限制使用 AIGC。写作和演讲是培养学生思维能力和表达能力的重要手段，学生应在这些任务中独立思考和创作，展现个人才华和思想深度。教师在布置作业时，也应明确说明哪些部分可以借助 AIGC 完成，哪些部分必须独立完成。这种清晰的规定不仅有助于学生明确各项任务的要求，也能防止他们在完成作业时出现投机取巧的行为。

其次，学校应制定详细的 AIGC 使用指南，明确规定学生在不同学习阶段和不同科目中使用 AIGC 的具体规则与注意事项。② 指南的内容应包括但不限于以下几方面。

① 允许使用 AIGC 的情况。明确哪些任务可以使用 AIGC 辅助，如数据分析、信息检索等。

② 禁止或限制使用 AIGC 的情况。明确哪些任务必须独立完成，如个人论文、创意写作等。在这些任务中，学生需要凭借个人的理解和创造力独立完成，以培养其独立思考和解决问题的能力。

---

① 吕白，机器猫. AIGC+：100 倍速生产爆款内容的底层逻辑［M］. 北京：北京理工大学出版社，2023：193.

② 陈曦. AIGC 赋能教师教学创新：路径、挑战和展望［J］. 中国医学教育技术，2025，39（1）：16－22.

③ 引用 AIGC 生成内容的规定。明确学生在使用 AIGC 生成内容时需要注明来源，以维护学术诚信，防止学术不端行为。这不仅是对他人劳动成果的尊重，也是培养学生诚信品格的重要手段。

④ 更新与反馈机制。定期更新指南内容，以适应 AIGC 的发展和教育需求的变化，同时收集师生反馈，不断完善规则。随着 AIGC 的发展和教育需求的变化，AIGC 使用指南也需要不断更新和完善，以确保其始终适应最新的技术状况和教育需求。师生的实际使用反馈是指南更新的重要参考，学校可以通过定期的问卷调查、座谈会等形式收集反馈意见，不断改进和优化指南内容。

⑤AIGC 使用的伦理规范：在指南中纳入 AIGC 使用的伦理规范，强调尊重知识产权、保护个人隐私等重要原则，培养学生负责任地使用 AIGC 的意识。

此外，学校还应通过课堂教育、专题讲座与研讨会、家庭指导等多种途径，帮助学生和家长理解 AIGC 的作用和局限，指导如何合理使用 AIGC 工具。

在课堂上，教师应向学生详细解释 AIGC 工具的功能、优点和缺陷，帮助学生认识到 AIGC 只是一种辅助工具，而不是答案的最终来源。可以通过案例分析的方式，展示 AIGC 可能出现的错误和局限，培养学生批判性地看待 AIGC 输出的能力。

学校可以定期组织专题讲座或研讨会，邀请 AIGC 领域的专家和教育学专家分享关于 AIGC 工具使用的经验和建议，帮助教师、学生和家长建立正确的认知。[①] 这些活动可以涵盖 AIGC 的最新发展、AIGC 在不同领域的应用、AIGC 使用伦理等主题，全面提升学生对 AIGC 的理解。学校还可以组织有关 AIGC 伦理的讨论，让学生了解使用 AIGC 时需要遵守的伦理规范和法律法规，增强其社会责任感。通过这些专题讲座和研讨会，学生不仅能学到具体的技术知识，还能提升其伦理意识和社会责任感。同时，学校还可以通过这些活动以及家长会、在线讲座或发放指导手册等方式加强与家长的沟通，帮助家长了解如何在家庭环境中监督和引导孩子合理使用 AIGC 工具。

9.4.2 AIGC 辅助与独立思考能力培养的平衡

在初中语文教学中，平衡 AIGC 辅助与独立思考能力培养至关重要。合

① 潘征宇．AIGC 赋能中小学教师数字素养提升策略研究［J］．西部素质教育，2024，10（21）：133－136．

理利用 AIGC，提高学习效率，能让学生更便捷地获取知识资源，拓宽视野。然而，值得注意的是，全面发展的教育不仅仅依赖于科技工具，还要注重培养学生的创新思维和独立分析能力。因此，初中语文教学中需要不断探索和寻求最佳方法，找到科技辅助与人文素养之间的平衡点，以实现学生的全面发展。

第一，需要设计结合 AIGC 辅助和独立思考的混合式学习任务。[①] 教师应精心设计综合性任务，使学生在使用 AIGC 进行信息获取和数据分析的同时，依然需要进行深度思考和创新。这种混合式学习任务可以帮助学生既学会利用 AIGC 工具提高学习效率，又培养独立思考的能力。在设计任务时，教师可以考虑让学生使用 AIGC 进行数据的初步分析，然后基于分析结果提出自己的见解和论证。例如，在一项社会调查任务中，学生可以使用 AIGC 工具进行问卷设计和数据收集，但对数据的解释和结论的得出则必须由学生独立完成。最终报告的撰写应完全由学生独立完成，确保学生在使用 AIGC 辅助的同时，仍需承担主要的思考和创造性工作。此外，还应引导学生进行深度思考。教师可以通过设定开放性问题，要求学生对数据进行批判性解读和独立思考。例如，AIGC 可以生成数据的统计分析结果，但学生需要从理论角度解释这些结果，提出独到的见解或进一步的研究方向。教师还可以将学习任务分为多个阶段，在不同阶段分别规定 AIGC 的使用程度。例如，教师在初始阶段允许学生广泛使用 AIGC 收集信息和生成初步想法，但在后续阶段要求学生逐步减少对 AIGC 的依赖，最终独立完成任务。这种渐进式的方法可以帮助学生逐步培养独立思考的能力。

第二，需要调整教学方法。为促进学生独立思考能力的培养，教师应调整教学方法，增加互动性和实践性。具体可以采取以下措施。

① 增加课堂互动。教师通过课堂讨论、小组辩论和角色扮演等活动，鼓励学生主动表达观点和倾听他人意见，从而激发思维碰撞和创造。例如，教师可以组织学生就某一社会热点问题进行辩论，要求学生在准备过程中可以使用 AIGC 收集资料，但在辩论中必须独立思考和表达。

② 采用项目式学习。教师组织学生进行项目式学习，鼓励他们通过团队合作共同解决复杂问题。在项目过程中，各小组成员需分工合作，从不同角度出发进行深入研究和独立思考。例如，可以让学生设计一个“校园文学节”的项目，从主题策划、活动设计、宣传推广到具体实施，全面锻炼学生

① 康玥媛，张俊宏，宋春立. 数智时代下国际数学教育研究的前沿热点与未来展望：基于 ICME-15 邀请平行报告的述评［J］. 数学教育学报，2024，33（5）：67-73.

的语文综合能力和组织协调能力。

③ 设计开放性问题。教师设置需要多角度思考的课题，如社会热点问题或学科前沿问题，鼓励学生从不同角度分析和提出解决方案，而不仅仅依赖 AIGC 生成的标准答案。例如，教师可以让学生探讨“如何在网络时代传承和发展中华优秀传统文化”这类复杂问题，要求他们考虑语言、文学、文化传播、现代科技等多个方面，提出创新性的思路和方案。

第三，需要强调写作的创意和原创性。为了培养学生的创造力和独立思考能力，教师可以通过设计多样化的写作任务，鼓励学生独立思考和表达。例如，教师可以要求学生在撰写文章时，不仅要利用 AIGC 提供的辅助工具，更要添加自己的观点和创意思路。通过这种方式，学生能将 AIGC 的优势与自身的独立思考结合起来，创作出既有深度又有新意的作品。在写作指导过程中，教师可以运用丰富多样的教学方法，激发学生的创作灵感。同时，强化原创性写作训练也是防止学生过度依赖 AIGC 的有效途径。教师应设计多样化的写作任务，如记叙文、议论文、说明文等，要求学生分别完成。在写作训练中，教师可以引导学生对 AIGC 生成内容进行批判性评价，鼓励他们找出生成内容的不足之处，并提出改进建议。

第四，需要培养对 AIGC 反馈的批判性思维。教师应引导学生对 AIGC 输出的信息进行多角度评价，考虑这些信息的准确性、来源的可靠性等，通过对比 AIGC 提供的数据与权威来源的数据，帮助学生识别和排除错误信息。① 例如，在讲解古诗文时，教师可以让学生比较 AIGC 生成的诗歌翻译或赏析与权威注释书籍的解释，找出差异并分析原因。这不仅能帮助学生更深入地理解古诗文，还能培养他们对信息的辨别能力和对经典文学作品的鉴赏能力。教师还可以设置反思性任务，要求学生对 AIGC 生成的结果进行分析和评论，找出其中的缺陷和不足，并提出改进建议。这样可以培养学生的批判性思维和独立判断能力。例如，在写作课上，教师可以让学生分析 AIGC 生成的文章，指出其中的逻辑漏洞、表达不当之处，并进行修改和完善。

9.4.3 防止学生滥用 AIGC 完成作业

在人工智能技术迅速发展的今天，防止学生滥用 AIGC 完成作业即将成为教育界面临的一大挑战。为了确保学生能真正掌握知识、培养独立思考能力，同时合理利用 AIGC 工具辅助学习，我们需要采取一系列有效

---

① 陶婷婷，李本乾. 基于算法机理的生成式人工智能伦理评价指标体系构建与治理研究［J］. 新闻与写作，2024（11）：74－86.

措施。

首先，需要制定明确的作业规范和使用 AIGC 的规则。为了有效防止学生滥用 AIGC 完成作业，学校和教师首先应该制定详细而明确的作业规范。这些规范应该清晰地界定哪些作业可以使用 AIGC 辅助，哪些必须由学生独立完成。在制定这些规则时，要充分考虑到初中语文学科的特点和需求，做到既不过分限制 AIGC 的使用，又能保证学生的独立思考和实践能力得到充分锻炼。具体而言，教师在布置作业时应该明确指出每个部分的要求。例如，在进行一项古诗文赏析任务时，教师可以允许学生使用 AIGC 进行初步的背景资料搜索和词语解释，但要求学生必须独立完成对诗文主旨和艺术特色的分析。这样既能让学生享受到 AIGC 带来的便利，又能确保他们在关键环节发挥自己的思考能力。为了确保这些规则得到有效执行，教师需要定期检查学生的作业完成情况。可以采取随机抽查的方式，或要求学生定期进行古诗文背诵和解析。通过这些方式，教师可以及时发现学生是否过度依赖 AIGC，并给予适当的指导和纠正。

其次，需要设计多样化的作业形式。为了有效防止学生滥用 AIGC 完成作业，教师应该设计多样化的作业形式。这些作业应该包括需要亲自动手完成的任务、实地调研或亲身体验的作业，以及一些难以被 AIGC 直接解答的开放性问题。① 通过这种多元化的作业设计，可以全面考查学生的语文能力，同时也让学生体会到学习的乐趣和挑战。

口头报告是一种非常有效的作业形式。② 教师可以要求学生定期进行经典文学作品的口头讲解，通过公开演讲和答辩等形式，展示自己对作品的理解和分析能力。这种形式不仅可以考验学生对文学知识的掌握程度，还能锻炼他们的口语表达能力和临场应变能力。在报告过程中，教师可以随时提问，进一步验证学生的理解深度。

创作类的作业也是防止滥用 AIGC 的有效手段。例如，在写作课上，教师可以安排学生进行命题作文或续写经典文学作品的结尾。这类需要发挥创意和想象力的作业，AIGC 难以直接替代，能有效培养学生的写作能力和创造力。

实地调查报告是另一种很好的作业形式。教师可以组织学生进行本地方言调查，要求他们采访社区居民，记录方言词汇和用法，然后撰写调研报

① 陶楠楠. 基于“C-POTE”模型的小学高段语文单元实践性作业设计研究［D］. 海南：海南师范大学，2024.

② 史利国. 高校教学理论与实践的创新研究［M］. 北京：北京理工大学出版社，2014：99.

告。这种作业形式不仅能让学生获得第一手语言资料，还能培养他们的语言学习能力和文化理解能力。

再次，需要了解学生的作业完成过程。为了确保学生真正理解和掌握所学知识，教师需要深入了解学生的作业完成过程，这可以通过随机提问、面试等方式实现。在这个过程中，教师应该要求学生提供详细的思考过程和推理步骤，而不仅仅是最终结果。随机提问是一种简单而有效的方法。教师可以在课堂上或作业提交后随机选择学生，询问他们对某篇文章的理解或某个成语的运用。这种方式不仅可以检验学生是否真正参与了作业过程，还能激励学生更认真地对待每一项语文作业。定期安排一对一面试或小组面试也是很好的方法。通过面对面的交流，教师可以更深入地了解学生的阅读理解和写作思路，考查他们对语文知识的掌握程度。在面试中，教师可以针对学生的回答提出更深入的问题，引导学生进行更深层次的文学分析和语言运用。

此外，还可以使用 AIGC 检测工具识别可能的 AIGC 生成内容。随着 AIGC 的发展，已经出现了一些能识别 AIGC 生成内容的工具。学校可以考虑引入这些工具，用于检测学生提交的作文或读后感，确保其原创性和独立性。在使用这些检测工具时，教师应该注意以下几点。

① 要选择可靠的、准确率高的检测工具。

② 要正确解读检测结果，不能完全依赖工具的判断。

③ 对于检测出可能存在问题的作业，要与学生进行及时沟通和反馈，给予他们解释和澄清的机会。

检测结果出来后，教师应该及时与学生进行反馈和讨论。[①] 对于被检测出可能由 AIGC 生成的内容，教师可以要求学生重新完成或提供进一步的解释。这个过程不仅是为了确保作业的真实性，更是一个教育的机会，可以帮助学生理解文学创作的独特性和个人风格的重要性。

最后，建立作业完成过程的监督机制。为了更全面地监督学生的作业完成过程，学校可以建立一个包括家长和同学在内的监督机制。这种多方参与的机制可以更好地确保作业的真实性和独立性。家长的参与是非常重要的。学校可以与家长建立合作关系，鼓励他们在家中监督孩子完成语文作业，确保他们不过度依赖 AIGC。同时，家长也可以定期与教师沟通，反馈孩子的阅读和写作情况。这种家校合作不仅有利于防止滥用 AIGC，还能促进学生

① 廖宏建，王慧敏. 从信息到生态：融入 AIGC 的反馈素养与教学意涵［J］. 开放教育研究，2024，30（6）：55－65.

的语文能力全面发展。[①] 同学之间的互相监督也是一种有效的方式。教师可以鼓励学生成立读书小组或写作互助小组，在完成作业时相互交流、相互监督。通过小组协作，学生不仅可以相互帮助，提高语文水平，还能培养团队合作精神和责任感。

总体而言，AIGC 在初中语文教学中的应用不仅带来了教学创新的无限可能，也引发了数据隐私、知识产权保护与学生独立思考能力培养等重要安全与伦理问题。通过制定严谨的数据保护措施，建立完善的著作权保护机制，以及设计平衡 AIGC 辅助与独立思考的教学策略，我们能在保障学生权益的前提下充分发挥 AIGC 的教育潜力。未来，教育工作者需要不断学习和探索，将 AIGC 与初中语文教学有机结合，为学生提供一个安全、高效、具有创新性的学习环境，引导他们在数字化时代下全面发展、健康成长。

① 陈曦. AIGC赋能教师教学创新：路径、挑战和展望［J］. 中国医学教育技术，2025，39（1）：16－22.

致谢

本书得以顺利完成与出版，离不开众多专家、同仁的无私指导与大力支持，谨致以最诚挚的感谢。

首先，衷心感谢邓大一校长。正是他的悉心指导与鼓励，促成了这本书的问世。邓校长在教育信息化、人工智能赋能教学等前沿领域的深刻见解，为我的写作提供了重要启发，从最初的构思到最终的出版，邓校长均予以了全方位帮助和鼎力支持。

特别鸣谢华东师范大学终身教授陈玉琨先生与语文教育资深专家黄厚江先生为本书赐序。两位先生德高望重，对后学关怀备至，不吝提携与扶持。其序中所展现的深厚学术造诣与独到学术见解，不仅为本书增色，更为后学树立了治学典范。

诚挚感谢华东师范大学夏志芳教授。在书稿写作过程中，夏教授为我查找文献资源提供了大力支持，并认真细致地帮我校对，确保内容的学术规范性、丰富性和严谨性，同时还给予我许多富有洞察力和睿智的反馈。

感谢华东师范大学博士生导师张际平教授。在人工智能与初中语文教学融合的研究过程中，张教授针对 AIGC 在教学场景中的创新应用与实效价值，提出了诸多建设性意见，为研究的深入开展提供了重要指导。

感谢华东师范大学教育学部马和民教授在本书创作过程中给予的宝贵理论指导。马教授深厚的教育哲学造诣，引导我从教育本质的维度深入思考人工智能赋能教学这一前沿课题。

同时感谢江苏省特级教师刘恩樵老师。自 2018 年共事以来，刘老师以其深厚的专业素养、持续的督促指导，使我在学术写作过程中始终保持前行动力。有此良师益友，乃我人生幸事。

感谢苏州大学曹金元老师在书稿审校、出版等各环节的指点与帮助。

本书的完成亦离不开广大一线语文教师，尤其是苏州大学附属昆山市兵希中学语文组全体同仁，在 AIGC 辅助语文教学过程中的不断探索与实践。字短意长，难以尽述感激之情。

谨希望本书能为教育界同仁和研究者提供些许参考，水平所限，谬误之处，敬请各位读者不吝批评指正。